China Agriculture
Research System
现代农业产业技术体系

现代农业产业技术体系建设理论与实践

水稻
体系分册

SHUIDAO TIXI FENCE

程式华　主编

中国农业出版社
北　京

现代农业产业技术体系建设理论与实践
编委会名单

水稻体系分册
编委会名单

体系建设与创新发展

TIXI JIANSHE YU CHUANGXIN FAZHAN

▲ 水稻产业技术体系在浙江杭州召开2008年工作总结会

▲ 2008年，水稻产业技术体系执行专家组在浙江杭州开展年终考评工作

▲ 2008年2月，水稻产业技术体系第一次全体会议合影

2009年，水稻产业技术发展
报告会暨北方超级稻现场考
察会在黑龙江佳木斯举行。
会议期间，与会专家参观了
超级稻示范田，并进行技术
交流

◀ 2010年，水稻产业技术发展报告会暨超级再生稻现场考察会在福建福州举行

▶ 在超级再生稻示范田现场，首席科学家程式华（右一）与朱英国院士（左一）、谢华安院士（左三）、颜龙安院士（右二）进行交流

▲ 2011年8月，水稻产业体系育种与繁育研究室工作交流会在四川成都召开

▲ 2011年，水稻产业技术发展报告会暨南方超级稻现场考察会在江苏南京举行

▲ 2013年，水稻产业技术发展报告会暨两系杂交中稻现场考察会在安徽合肥举行。图为
朱英国院士（右一）、颜龙安院士（右二）、谢华安院士（右三）在现场进行考察

2014年，水稻产业技术发展报告会暨湖南超级稻新品种新技术现场考察会在湖南长沙举行

2015年8月25日，水稻产业技术发展报告会暨吉林超级粳稻新品种新技术现场考察会在吉林长春召开。下图为首席科学家程式华在现场为与会代表讲解。

▲ 2016年8月，水稻产业技术发展报告会暨四川超级稻新品种新技术现场考察会在成都召开。下图为正在举行会议承办的会旗交接仪式（左至右分别为长江上游稻区籼稻品种改良岗位科学家任光俊、体系首席科学家程式华、华南稻区三系杂交稻岗位科学家王丰）

▲ 2017年，水稻产业技术发展报告会暨广东超级稻新品种新技术现场考察会在广东广州举行

2017年8月，西南稻区水稻新品种新技术展示现场会在四川成都召开。图为部分与会专家在现场合影留念（左二为首席科学家程式华，左四为长江下游稻区粳稻品种改良岗位科学家万建民，右二为长江下游稻区籼稻品种改良岗位科学家胡培松，右三为长江上游稻区籼稻品种改良岗位科学家任光俊）

2018年，水稻产业技术发展报告会暨水稻直播新品种新技术现场考察会在宁夏银川举行

科技调研

KEJI DIAOYAN

◀ 2011年8月，稻米加工岗位科学家卢淑雯（右一）到黑龙江鹤岗万源米业调研

2012年8月，通化综合试验站站长赵基 ▶
洪（左一）在吉林省通化市通化县进行
水稻施肥情况科技调研（初秀成 供图）

▲ 2014年8月，首席科学家程式华（右五）在四川绵阳市农业科学研究院试验田调研

◀ 2017年2月4日，栽培与土肥研究室岗位科学家彭少兵（左一）在湖北省天门市石家河镇的再生稻田里与"全国十佳农民"、华丰农业专业合作社理事长吴华平（左二）共话发展（乐明凯 供图）

2017年11月29日，柳州综合试验站站长覃瑞德（右四）到广西壮族自治区柳州市鹿寨县寨沙镇教化村对农户进行经济情况调研（向花香 供图）▶

▲ 2018年7月，萍乡综合试验站站长刘建萍（右一）在国家级贫困县江西省萍乡市莲花县开展产业扶贫调研

◀ 2019年9月，汉中综合试验站站长葛红心（中）在陕西省汉中市南郑区金正米业调研应对"秋霖"，确保水稻收获颗粒归仓情况（周凯 供图）

2019年9月3日，首席科学 ▶ 家程式华（中）一行调研武汉综合试验站工作（左一为武汉综合试验站站长游艾青研究员，周雷 供图）

◀ 2019年10月，长江下游稻区粳稻品种改良岗位科学家万建民（右二）、扬州综合试验站站长戴正元（右一）在试验站科研基地调研水稻遗传育种研究进展（季红娟 供图）

2020年4月，赣州综合试验站站长张红林（右一）在江西省赣州市上犹县营前镇开展早稻生产调研（汪雨萍 供图）

2020年10月，野生稻利用岗位科学家颜龙安（左六）到江西省抚州市东临新区东乡野生稻原位保护区就东乡野生稻开发利用进行实地调研（蔡耀辉 供图）

2021年5月3日，牡丹江综合试验站站长柴永山（左二）到黑龙江省虎林市856农场进行春季苗情调研（魏才强 供图）

▲ 2011年4月，首席科学家程式华（前一）、华南稻区三系杂交稻岗位科学家谢华安（前二）、长江下游稻区籼稻品种改良岗位科学家胡培松（前三）在海南指导水稻新品种选育

▲ 2011年9月，长江下游稻区高产栽培岗位科学家张洪程（右）与首席科学家程式华（左）在研讨亩产1000公斤目标水稻的技术要素

2011年9月，湖南省水 ▶
稻体系专家对长江中游优
质常规稻品种改良岗位科
学家黎用朝（右二）团
队选育的优质稻新品种
创香5号进行现场评议
（黎用朝 供图）

◀2016年9月，水稻遗传改
良研究室岗位科学家潘国
君（右三）正与团队成员在
田间选种（周通 供图）

2017年5月，生物防治 ▶
与综合防控岗位科学家娄
永根（左六）在广东江
门市新会区进行水稻诱
导抗虫剂应用技术示范
（周国鑫 供图）

▲2018年5月，水稻水分生理与节水栽培岗位科学家朱德峰（右二）在江西成新农场介绍水稻大钵苗宽窄行机插侧深施肥一体化技术

2018年5月，银川综合试▶验站站长殷延勃（右二）在宁夏农林科学院农作物研究所望洪试验基地进行水稻直播试验播种（殷延勃 供图）

◀2018年6月长江下游稻区籼稻品种改良岗位科学家胡培松（右一）正与团队成员在田间选种（焦桂爱 供图）

2011年9月，湖南省水 ▶
稻体系专家对长江中游优
质常规稻品种改良岗位科
学家黎用朝（右二）团
队选育的优质稻新品种
创香5号进行现场评议
（黎用朝 供图）

◀ 2016年9月，水稻遗传改
良研究室岗位科学家潘国
君（右三）正与团队成员在
田间选种（周通 供图）

2017年5月，生物防治 ▶
与综合防控岗位科学家娄
永根（左六）在广东江
门市新会区进行水稻诱
导抗虫剂应用技术示范
（周国鑫 供图）

2018年5月，水稻水分生理与节水栽培岗位科学家朱德峰（右二）在江西成新农场介绍水稻大钵苗宽窄行机插侧深施肥一体化技术

2018年5月，银川综合试验站站长殷延勃（右二）在宁夏农林科学院农作物研究所望洪试验基地进行水稻直播试验播种（殷延勃 供图）

2018年6月长江下游稻区籼稻品种改良岗位科学家胡培松（右一）正与团队成员在田间选种（焦桂爱 供图）

2018年9月，稻飞虱防
控岗位科学家傅强在衡阳
综合试验站基地安装马氏
网调查示范区天敌多样性
（刘龙生 供图）

◀2018年10月9日，东北
南部粳稻品种改良岗位科
学家陈温福（右一）在沈
阳农业大学科研基地选种

2019年4月14日，长江▶
中下游粳稻岗位科学家万
建民（前排中间）带领团
队在海南陵水南繁基地田
间指导团队育种工作

◀ 2019年9月，品种设计岗位科学家李家洋（左二）正与团队及种业代表在吉林省吉林市2000亩示范片考察中科发系列品种示范推广情况

2019年10月，华南稻区常规稻品种改良第一任岗位科学家陈志强（左二）、第二任岗位科学家王慧（左一）、华南稻区三系杂交稻岗位科学家谢华安（右一）等在华南农业大学良种繁育基地开展新品种选育（陈淳 供图）▶

◀ 2020年3月，长江上游稻区高产栽培岗位科学家徐富贤（右三）在四川省泸州市泸县指导农民旱育秧苗床管理（王洪明 供图）

2020年4月19日，华南▶
稻区三系杂交稻岗位科学
家王丰（左一）在广东广
州白云基地指导团队成员
开展水稻叶面积指数快速
测定（王丰 供图）

◀2020年7月，杭州综合试
验站站长张小明（右二）
在浙江海宁指导籼粳杂交
稻浙粳优1578高产制种
（叶胜海 供图）

2020年7月，桐城试验站▶
站长汪向东在安徽省桐城
市天泰农业种植专业合作
社举办"水稻秸秆纤维化
同步再生秸混肥"现场会
上介绍秸秆纤维化同步再
生秸混肥技术原理及其优
势（张长海 供图）

▲ 2020年8月，智能化管理与精准作业岗位科学家王永维在江苏省金湖县杂交水稻制种基地进行智能化授粉试验示范（王永维 供图）

2021年4月，华南稻区常 ▶
规稻品种改良岗位科学家
王慧（左三）正与团队成
员在海南水稻公园实验基
地考察团队新品种示范情
况（陈淳 供图）

◀2021年5月，纹 枯 病 及
稻曲病防控岗位科学家魏
松红（左三）在辽宁省沈
阳市辽中卡力玛水稻试验
站介绍设计的菌核收集网
使用方法（魏松红 供图）

▲ 插秧机械化岗位科学家李革（拿旗杆者）在吉林白城进行水稻侧深施肥技术
地头培训

▲ 水稻细菌性病害防控岗位科学家朱小源（左一）在广东省广州市从化区吕田
镇连麻村进行水稻细菌性病害绿色防控田间技术培训

▲2011年4月，机械化研究室岗位科学家马旭（左一）在黑龙江省八五六农场进行水稻精密育秧技术培训（马旭 供图）

2012年6月，南京综合试验站站▶长王才林（左二）在江苏省南京市溧水县石湫镇指导农户分析秧苗生长情况（查贵生 供图）

◀2012年7月17日，水稻侧条施肥现场会在湖南湘阴开展（右五为岳阳综合试验站站长李平）

2015年4月，水稻水分▶
管理与节水栽培岗位科
学家朱德峰（左四）到
浙江省金华市婺城区琅
琊镇新朱村进行"钵形
毯状秧盘育秧技术"培
训（周建霞 供图）

◀2015年7月，五常综合
试验站站长闫平（右三）
在黑龙江省哈尔滨市阿
城区料甸镇进行水稻病
虫草害绿色防控技术培
训（张书利 供图）

2017年03月，内江综合▶
试验站站长陈勇（左二）
到四川省资中县唐明渡
村进行"旱育秧苗管理
技术扶贫"培训

2017年5月，德宏综合试验站站长董保柱（右二）在云南省德宏州农科所试验田进行"四省丰产栽培技术"培训（肖光秀 供图）

2017年9月，铁岭综合试验站站长卢铁钢（左四）到辽宁省铁岭县凡河镇莲花湖村优质高产水稻示范基地进行指导（崔月峰 供图）

2018年4月10日，三峡综合试验站站长雷树凡（右一）在重庆三峡农业科学院甘宁试验基地进行水稻喷直播技术培训（黄成志 供图）

2018年4月20日，吉林省镇▶
赛县召开稻草还田农机农艺
配套技术现场会（左二为东
北稻区高产栽培岗位科学家
侯立刚）

◀2018年6月，贵阳综合
试验站站长杨占烈到贵州
省金沙县岩孔街道金龙村
进行"水稻病虫害防治技
术"培训（杨占烈 供图）

2018年7月，稻田生态与▶
环境治理岗位科学家章秀福
（持话筒者）在浙江海盐"水
稻精量直播技术"现场会上
作讲解（章秀福 供图）

◀2018年9月，螟虫防控岗位科学家方继朝（左一）到江苏省淮安市淮安区施河镇进行"水稻重大病虫害综合防控技术"培训（罗光华 供图）

2019年4月，水稻收获与干燥机▶械化岗位科学家王金武（左一）在吉林省柳河县联合水稻产业体系多位专家开展水稻秸秆翻埋还田技术培训（唐汉 供图）

◀2019年4月，徐州综合试验站站长王健康（报告人）在江苏省徐州市铜山区对新型职业农民进行"水稻新品种绿色高效栽培技术"专题培训（毛振荣 供图）

2019年7月，株洲综合试验站站长凌文彬（左一）到湖南省醴陵市泗汾镇开展洪涝灾后水稻减灾临田技术指导（黄国龙 供图）

2019年10月，稻纵卷叶螟防控岗位科学家吕仲贤（左三）指导农技人员和种粮大户评价害虫绿色防控技术的效果（吕仲贤 供图）

2020年1月，永胜综合试验站站长奎丽梅（持话筒者）在云南省勐海县勐遮镇黎明农场进行水稻直播技术培训（徐雨然 供图）

◀ 2020年3月14日，直播机械化岗位科学家罗锡文（中）率团队赴广东省廉江市安铺镇急水超超农业机械专业合作社指导水稻精量穴直播技术早季生产应用（王在满 供图）

2020年5月，黔南综合试验站站长罗廷松（左一）在贵州省贵定县盘江镇红旗村对种田大户进行"水稻旱育秧"技术指导 ▶

◀ 2020年5月，水稻产业体系草害防控岗位科学家陆永良在浙江桐乡进行稻田杂草防控技术培训（张建萍 供图）

2020年6月，南昌综合试 ▶
验站站长肖叶青（左二）
与团队成员在江西省鄱阳
县开展工厂化育秧技术指
导（束爱萍 供图）

◀ 2020年6月，南方稻田
重金属污染防治岗位科
学家纪雄辉（左二）在
湖南郴州市宜章县农业局
进行受污染耕地安全利用
技术培训（柳赛花 供图）

2020年9月，沈阳综合试 ▶
验站站长隋国民（左三）
为示范户培训宽窄行栽培
技术（李跃东 供图）

◀ 2020年9月，乌鲁木齐综合试验站站长王奉斌（左四）正与团队成员在新疆乌鲁木齐市米东区三道坝镇进行水稻后期管理技术培训（李冬 供图）

2020年12月，东南区土壤重金 ▶ 属污染防治岗位科学家徐建明到浙江省温岭市温峤镇金溪村进行〝轻中度污染土壤安全利用技术〞成果介绍和培训（施加春 供图）

◀ 2020年12月，恩施综合试验站站长吴双清（报告人）在湖北武汉水稻品种区试技术培训会上进行〝水稻品种抗稻瘟病全程监控技术方法与评价指标〞培训（王林 供图）

2021年3月，荆州水稻综▶
合试验站站长谢磊（持话
筒者）在湖北省石首市
高基庙镇百子庵村霞松
生态种养合作社进行鸭
蛙稻生态模式技术培训
（钟正发 供图）

◀2021年4月，哈尔滨综合
试验站站长孙世臣（左三）
在黑龙江省哈尔滨市呼兰
区许堡乡华中农作物种植
专业合作社指导水稻育苗

2021年4月，衡阳综合试▶
验站站长刘龙生在湖南省
衡南县伟利米业公司为种
粮大户上优质稻种植技术
培训课（刘龙生 供图）

▲ 2010年8月，首席科学家程式华（中）在北京接受国家重点新闻媒体《中国网》采访

▲ 2010年11月，水稻产业技术体系功能基因组应用岗位科学家张启发在作物学会学术年会上作特邀报告《稻之道求索》，讲述绿色超级稻、双水双绿和新时期稻米营养健康品质（徐行 供图）

▲ 2017年9月，红莲型水稻种质创新岗位科学家朱仁山（右二）在武汉市科技成果转化大会武汉大学专场，与企业签订红莲型杂交水稻新品种红优3348成果转化协议（朱仁山 供图）

2020年3月，哈尔滨综合试验站 ▶
站长孙世臣疫情期间在黑龙江省
电视台现场直播解答水稻生产相
关问题

◀2020年4月，水稻体系产业经济岗
位科学家李建平在"2020中国农业
展望大会"上进行2020年水稻供
需分析，预判未来10年的市场形势
（梅冬 供图）

▲ 2020年6月，水稻水分生理与节水栽培岗位科学家张玉屏在浙江建德稻香小镇育秧中心进行杂交稻精量播种技术推广时接收中央电视台采访

▲ 2020年11月27日，许智宏院士应邀在南开大学生命学院做"我国农业发展的现状和农业科技的未来"主旨演讲

目录

上编　体系创新与技术推广

下编　体系认识与工作感悟

附　录

上 编
体系创新与技术推广

第一章 概　述

为提升我国农业科技创新能力，增强我国农业竞争力，2007年底，农业部、财政部正式启动现代农业产业技术体系。现代农业产业技术体系建设的基本目标是按照优势农产品区域布局规划，围绕产业发展需求，依托具有创新优势的现有中央和地方科研力量和科技资源，以保障国家粮食安全、提高农产品供给质量、提升农业国际竞争力、增加农民收入为宗旨，以农产品为单元，以产业为主线，建设从产地到餐桌、从生产到消费、从研发到市场各个环节紧密衔接、环环相扣、服务国家目标的现代农业产业技术体系。水稻产业技术体系是50个农业产业技术体系中首批启动的10个体系之一，它的建设与发展为其他体系的建设提供了借鉴，也为我国水稻产业的稳定发展提供了坚实的科技支撑。

第一节　体系建设背景及意义

水稻是我国重要的粮食作物，2006年稻谷产量约占粮食总产量的36.5%。水稻肩负着我国粮食安全的第一重任，一直以来被视为重要的战略物资。新中国成立以来，我国十分重视水稻生产。我国用占世界不足9%的耕地生产出占世界25%的粮食，养活了占世界20%的人口，这是举世公认的伟大成就，其中水稻做出了重大贡献。在今后相当长的时间内，我国粮食需求仍呈刚性增长。据当时预测，2030年我国人口将达到16亿，届时全国需要粮食6.4亿t，按当时的粮食生产能力，缺口将达1.5亿t。在人口压力居高不下、农业生产资源日益短缺的情况下，如何保障粮食尤其是水稻生产和供给，已成为农业科研工作的重中之重。

2007年底，水稻产业技术体系成为国家首批启动的现代农业产业技术体系。水稻产业技术体系针对产业技术需求，开展了大量调查研究，明确了产业体系发展的总体思路、目标任务及工作重点，制定了产业体系发展规划；广泛开展现代水稻产业技术的联合攻关与试验示范，着力推进科学研究、技术推广、产业服务和产业发展；跟踪国内外产业发展动态，着力解决产业发展中的热点和难点问题，及时提出了对策措施，为各级政府和农业主管部门决策提供科学依据。

第二节　组织架构和管理体制

水稻产业技术体系是我国科研体制改革的全新产物，它将分散在全国各地的水稻科技资源通过上下串联、左右互动的形式集聚在一起，其组织框架和管理体制均是全新的，运行是高效的。

一、组织架构

水稻产业技术体系由产业技术研发中心和综合试验站两个层级构成（图1-1）。水稻产业技术体系设置一个国家水稻产业技术研发中心和一名首席科学家。国家水稻产业技术研发中心由育种与繁育、栽培与土肥、病虫害防控、设施和设备、产后处理与加工及产业经济6个功能研究室组成，每个功能研究室设一个研究室主任岗位和若干个研究岗位。截至2019年底，经调整和增补，共有48位专家到岗。国家水稻产业技术研发中心依托单位为中国水稻研究所，中心的主要职能包括：从事产业技术发展需要的基础性工作；开展关键和共性技术攻关与集成，解决国家和区域产业技术发展的重要问题；开展产业技术人

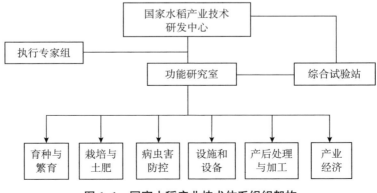

图1-1　国家水稻产业技术体系组织架构

员培训；收集、监测和发布产业发展动态与信息；开展产业政策的研究与咨询；组织相关学术活动，监管功能研究室和综合试验站的运行。功能研究室的主要职能：开展本学科的基础性工作，开展本学科及跨学科的关键和共性技术攻关及示范，组织本学科内的学术交流，不定期向国家研发中心报告本学科的新进展和新问题。

在水稻主产区设立若干综合试验站，每个综合试验站设站长岗位一个。截至 2019 年底，经调整和增补，在全国共设置 54 个试验站，包括我国华南、长江上游、长江中游、长江下游和东北五大主要稻作区及新疆、宁夏等少数民族区。试验站的主要职能：开展水稻产业综合集成技术的试验、示范；培训技术推广人员和科技示范户，开展技术服务；调查、收集生产实际问题与技术需求信息，监测分析灾情等动态变化并提出相应技术措施。

考虑到我国水稻生态分布广，且具有较强的地域性和历史形成的种植区域，为便于调研、示范、咨询和培训工作的组织和开展，将全国水稻主产区分为华南稻区、西南稻区、长江中下游稻区和东北稻区，由国家研发中心首席科学家委托各稻区的一名专家，具体负责联系由国家研发中心指派的与本区有关的工作。

二、管理机制

在不打破现有管理体制的前提下，根据决策咨询、执行和监督 3 个层面权责明晰的原则，由农业部负责成立水稻产业技术体系管理咨询委员会、执行专家组和监督评估委员会。各组成部分人员不相互兼任。

管理咨询委员会负责审议水稻产业体系发展规划和分年度计划，统筹不同区域的协调发展，综合评估水稻产业体系发展状况及其贡献。管理咨询委员会由相关政府部门、产业界、农民专业合作组织代表及有关专家组成。

执行专家组负责实施水稻产业体系发展规划和分年度计划中的相关任务，组织开展相关科技活动，指导、协调和督促各功能研究室和综合试验站开展业务活动。执行专家组由水稻产业技术研发中心首席科学家和功能研究室主任、研究岗位和综合试验站代表共同组成。执行专家组实行首席科学家负责制。首席科学家可根据产业发展现状与趋势，经执行专家组讨论后，向管理咨询委员会提出规划的修改和补充意见以及人员的调整意见。

监督评估委员会负责对产业技术研发中心（含功能研究室）、综合试验站进行监督和评估，以及对体系中有关人员职责履行情况进行评估。监督评估委员会由行业管理部门、主产区政府主管部门、相关学术团体、推广机构、行业协会、产业界、农民专业合作组织代表以及财务和管理专家组成。

第三节 产业技术需求调研

研发的技术要在水稻产业发展中落地生根，真正成为水稻产业发展的科技支撑，就必须了解潜在用户的技术需求及需求程度。根据农业部和财政部的统一部署，国家水稻产业技术研发中心组织各功能研究室和综合试验站的有关专家在 2008 年初开展了全面的水稻产业技术需求调查。

一、基本情况

安排调查的区域主要包括东北稻区的辽宁、吉林和黑龙江 3 省，西南稻区的四川、重庆、云南和贵州 4 省（直辖市），长江中下游稻区的湖南、湖北、安徽、江西、江苏、浙江和上海 7 省（直辖市）和华南稻区的广东、广西、福建和海南 4 省（自治区）。技术需求用户主要包括农业部有关司局、上述 18 个省（自治区、直辖市）农业行政主管部门、农民专业合作社、种粮大户、种子企业、加工企业、进出口商会、学术团体。

在各功能研究室和试验站专家的支持和共同努力下，截至 2008 年 2 月 1 日，调查共收到 16 个省份（海南、上海未收到）技术用户的 275 个（不重复）技术需求信息。其中，省级农业行政主管部门（含下属单位，如粮油处、科教处、推广总站、种子站、推广站等）16 个，县市级农业行政主管部门 28 个，农民专业合作社 22 个，种粮大户 82 个，种子企业 51 个，加工企业 48 个，学术团体 1 个，科研单位等 27 个。

为了便于分析和整理，技术需求的主要技术内容包括育种与繁育研究、病虫害防控研究、栽培与土肥研究、产后处理与加工研究、设施与设备研究和产业技术经济研究等 6 个方面，与功能研究室的设置一致。同时，由于相同技术需求的技术用户不同，以及同一技术用户有多项技术需求，因此，技术用户和技术需求有部分重复计算，合计技术用户 750 个。

二、技术需求的主要技术内容分析

根据表1-1，育种与繁育研究的主要技术需求内容包括高产优质多抗等综合目标型品种选育、超级稻等高产水稻品种选育、高档优质稻或以优质为核心的优质稻品种选育、抗病虫或耐低温等抗性品种选育、适合直播等专用型品种选育、杂交稻制种技术等，共有技术用户244个，占被调查技术用户总数的32.5%。其中，超级稻等高产优质多抗综合目标型品种选育技术用户101

表1-1 技术需求的主要内容分析

技术需求	技术需求的主要内容	技术用户个数	占比/%
育种与繁育研究	高产优质多抗等综合目标型品种选育	101	41.4
	高档优质稻或以优质为核心的优质稻品种选育	18	7.4
	耐低温等抗性品种选育	33	13.5
	适合直播、蒸谷米加工、高直链淀粉、再生稻生产等专用型品种选育	21	8.6
	不育系、恢复系选育及杂交稻高产制种	36	14.8
	大穗型、矮秆型、易制种型品种选育等其他技术	35	14.3
	小计	244	100
栽培与土肥研究	超级稻生产等高产型栽培技术	49	23.0
	抛秧、直播等轻简型栽培技术	39	18.3
	机插秧、机直播等机械化栽培技术	24	11.3
	绿色、有机、无公害等优质稻栽培	22	10.3
	节水、节肥等肥水高效利用以及测土配方施肥、精确定量栽培等精准技术	42	19.7
	缓释肥、复合肥和生物肥等物化技术	8	3.8
	中低产田改造、改土等其他技术	29	13.6
	小计	213	100
病虫害防控研究	综合防控技术	61	62.2
	病害类防控技术	22	22.4
	虫害类防控技术	9	9.2
	广谱性农药开发、农药残留快速检测等其他技术	6	6.1
	小计	98	100

（续）

技术需求	技术需求的主要内容	技术用户个数	占比/%
产后处理与加工研究	水稻种子和大米除杂、储藏、加工、水分控制、精深加工等。另外，不同技术用户提出了高附着力水稻种子包衣技术、米糠稳定化技术、稻壳灰制取纳米二氧化硅技术、米糠油精炼技术、米胚芽制取及利用技术等	92	100
设施与设备研究	水稻机插育秧机械、秸秆还田机械、高效低污染植保机械、中小型直播机、插秧机、收割机以及胚芽米加工技术与加工机械研制等	55	100
产业技术经济研究	水稻产业信息采集与服务功能建立；水稻产业有效评估、评价方法的建立；粮食市场信息捕捉能力和手段；水稻技术承包体系的建立；水稻田（地）专业户承包制的完善与推广；有机稻米生产基地建设与产业化；产品深加工市场信息；水稻产业经济发展模式；水稻产业经济提升途径；技术培训和农业机械装备；农民合作社运营模式研究等	48	100

个，占育种与繁育技术用户的41.4%；高档优质稻或以优质为核心的优质稻品种选育技术用户18个，占7.4%；耐低温等抗性品种选育技术用户33个，占13.5%；适合直播、蒸谷米加工、高直链淀粉、再生稻生产等专用型品种选育技术用户21个，占8.6%；不育系、恢复系选育及杂交稻高产制种技术用户36个，占14.8%；大穗型、矮秆型、易制种型品种选育等其他技术用户35个，占14.3%。

栽培与土肥研究的主要技术需求内容包括超级稻生产等高产型栽培技术，抛秧、直播等轻简型栽培技术，无公害、绿色、有机等优质稻栽培技术，机插秧、机直播等机械化栽培技术，节水、节肥等肥水高效利用技术以及生物肥等物化技术等。共有技术用户213个，占被调查技术用户总数的28.4%。其中，超级稻生产等高产型栽培技术用户49个，占栽培与土肥技术用户的23.0%；抛秧、直播等轻简型栽培技术用户39个，占18.3%；无公害、绿色、有机等优质稻栽培技术用户24个，占11.3%；机插秧、机直播等机械化栽培技术用户22个，占10.3%；节水、节肥等肥水高效利用以及测土配方施肥、精确定量栽培等精准技术用户42个，占19.7%；缓释肥、复合肥和生物肥等物化技术等用户8个，占3.8%；中低产田改造、改土等其他技术用户29个，占13.6%。

病虫害防控研究的主要技术需求内容包括病虫害监测预警等综合性防控

技术、虫害防控技术、病害防控技术等。共有技术用户 98 个，占被调查技术用户总数的 13.1%。其中，综合防控技术用户 61 个，占病虫害防控技术用户的 62.2%；病害类防控技术用户 22 个，占 22.4%；虫害类防控技术用户 9 个，占 9.2%；广谱性农药开发、农药残留快速检测等其他技术用户 6 个，占 6.1%。

产后处理与加工研究的主要技术需求内容包括水稻种子和大米除杂、储藏、加工、水分控制、精深加工等。另外，不同技术用户提出了高附着力水稻种子包衣技术、米糠稳定化技术、稻壳灰制取纳米二氧化硅技术、米糠油精炼技术、米胚芽制取及利用技术等。共有技术用户 92 个，占被调查技术用户总数的 12.3%，以种子和稻米加工企业为主。

设施与设备研究的主要技术需求内容包括水稻机插育秧机械、秸秆还田机械、高效低污染植保机械、中小型直播机、插秧机、收割机以及胚芽米加工技术与加工机械研制等。共有技术用户 55 个，占被调查技术用户总数的 7.3%。

产业技术经济研究的主要技术需求内容比较综合，包括粮食市场信息捕捉能力和手段；水稻技术承包体系的建立；水稻田（地）专业户承包制的完善与推广；有机稻米生产基地建设与产业化；产品深加工市场信息；产业化开发；水稻产业经济发展模式；水稻产业经济提升途径；技术培训和农业机械装备；农民合作社运营模式研究；水稻产业信息采集与服务功能建立；水稻产业有效评估、评价方法建立等。共有技术用户 48 个，占被调查技术用户总数的 6.4%。

三、技术需求的主要生态区域和经济区域分析

根据表 1-2，在东北稻区，共有技术用户 57 个。其中，育种与繁育研究 15 个，占东北稻区技术用户的 26.3%；栽培与土肥研究 19 个，占 33.3%；病虫害防控研究 9 个，占 15.8%；产后处理与加工研究 8 个，占 14.0%；设施与设备研究 4 个，占 7.0%；产业技术经济研究 2 个，占 3.5%。

在西南稻区，共有技术用户 160 个。其中，育种与繁育研究 45 个，占西南稻区技术用户的 28.1%；栽培与土肥研究 35 个，占 21.9%；病虫害防控研究 16 个，占 10.0%；产后处理与加工研究 22 个，占 13.8%；设施与设备研究 26 个，占 16.3%；产业技术经济研究 16 个，占 10.0%。

在长江中下游稻区，共有技术用户 462 个。其中，育种与繁育研究

表 1-2　技术需求的主要生态区域/经济区域分析

稻 区		育种与繁育	栽培与土肥	病虫害防控	产后处理与加工	设施与设备	产业技术经济	合计
调查区域合计	个数	244	213	98	92	55	48	750
	占比/%	32.5	28.4	13.1	12.3	7.3	6.4	100
全国性(主产区)	个数	0	0	1	7	0	1	9
	占比/%	0.0	0.0	11.1	77.8	0.0	11.1	100
东北稻区	个数	15	19	9	8	4	2	57
	占比/%	26.3	33.3	15.8	14.0	7.0	3.5	100
西南稻区	个数	45	35	16	22	26	16	160
	占比/%	28.1	21.9	10.0	13.8	16.3	10.0	100
长江中下游稻区	个数	156	150	62	45	20	29	462
	占比/%	33.8	32.5	13.4	9.7	4.3	6.3	100
华南稻区	个数	28	9	10	10	5	0	62
	占比/%	45.2	14.5	16.1	16.1	8.1	0	100

156 个，占长江中下游稻区技术用户的 33.8%；栽培与土肥研究 150 个，占 32.5%；病虫害防控研究 62 个，占 13.4%；产后处理与加工研究 45 个，占 9.7%；设施与设备研究 20 个，占 4.3%；产业技术经济研究 29 个，占 6.3%。

在华南稻区，共有技术用户 62 个。其中，育种与繁育研究 28 个，占华南稻区技术用户的 45.2%；栽培与土肥研究 9 个，占 14.5%；病虫害防控研究 10 个，占 16.1%；产后处理与加工研究 10 个，占 16.1%；设施与设备研究 5 个，占 8.1%。

另外，中粮集团和中国粮食行业协会等提出全国性技术需求 9 个。其中产后处理与加工 7 个，占 77.8%；病虫害防控和产业技术经济各 1 个，均占 11.1%。

四、技术需求的技术用户分析

根据表 1-3，对育种与繁育研究，共有技术需求用户 244 个，其中，省级农业行政主管部门 27 个，占本项技术需求用户的 11.1%；县市级农业行政主管部门 29 个，占 11.9%；农民专业合作社 18 个，占 7.4%；种粮大户 47 个，

表1-3 技术需求的技术用户分析

		省级农业行政主管部门	县市级农业行政主管部门	农民专业合作社	种粮大户	种子企业	加工企业	学术团体等	合计
育种与繁育研究	个数	27	29	18	47	63	43	17	244
	占比/%	11.1	11.9	7.4	19.3	25.8	17.6	7.0	100
栽培与土肥研究	个数	61	30	16	56	18	20	12	213
	占比/%	28.6	14.1	7.5	26.3	8.5	9.4	5.6	100
病虫害防控研究	个数	23	14	14	24	13	7	3	98
	占比/%	23.5	14.3	14.3	24.5	13.3	7.1	3.1	100
产后处理与加工研究	个数	6	3	1	1	9	60	12	92
	占比/%	6.5	3.3	1.1	1.1	9.8	65.2	13.0	100
设施与设备研究	个数	18	8	0	16	1	11	1	55
	占比/%	32.7	14.5	0	29.1	1.8	20	1.8	100
产业技术经济研究	个数	11	2	7	11	7	8	2	48
	占比/%	22.9	4.2	14.6	22.9	14.6	16.7	4.2	100

占19.3%；种子企业63个，占25.8%；加工企业43个，占17.6%；学术团体等17个，占7.0%。

对栽培与土肥研究，共有技术需求用户213个，其中，省级农业行政主管部门61个，占本项技术需求用户的28.6%；县市级农业行政主管部门30个，占14.1%；农民专业合作社16个，占7.5%；种粮大户56个，占26.3%；种子企业18个，占8.5%；加工企业20个，占9.4%；学术团体等12个，占5.6%。

对病虫害防控研究，共有技术需求用户98个，其中，省级农业行政主管部门23个，占本项技术需求用户的23.5%；县市级农业行政主管部门14个，占14.3%；农民专业合作社14个，占14.3%；种粮大户24个，占24.5%；种子企业13个，占13.3%；加工企业7个，占7.1%；学术团体等3个，占3.1%。

对产后处理与加工研究，共有技术需求用户92个，其中，省级农业行政主管部门6个，占本项技术需求用户的6.5%；县市级农业行政主管部门3个，占3.3%；农民专业合作社1个，占1.1%；种粮大户1个，占1.1%；种子企业9个，占9.8%；加工企业60个，占65.2%；学术团体等12个，占13.0%。

对设施与设备研究，共有技术需求用户55个，其中，省级农业行政主管部门18个，占本项技术需求用户的32.7%；县市级农业行政主管部门8个，占 14.6%；种粮大户 16 个，占 29.1%；种子企业 1 个，占 1.8%；加工企业 11 个，占 20.0%；学术团体等 1 个，占 1.8%。

对产业技术经济研究，共有技术需求用户 48 个，其中，省级农业行政主管部门 11 个，占本项技术需求用户的 22.9%；县市级农业行政主管部门 2 个，占 4.2%；农民专业合作社 7 个，占 14.6%；种粮大户 11 个，占 22.9%；种子企业 7 个，占 14.6%；加工企业 8 个，占 16.7%；学术团体等 2 个，占 4.2%。

第四节　目标和任务制定

国家水稻产业技术研发中心在体系启动之初即组织力量在调研的基础上制订第一期发展规划（2007—2010 年），以后每一个五年计划都进行调整修订，但对产业技术发展的趋势始终牢牢把握。

一、总体思路与目标

总体思路：稳面攻产，优化结构，推进可持续发展。稳面攻产，就是要在稳定水稻种植面积的基础上，依靠科技实现总产量提高，实现水稻增产方式的根本性转变；优化结构，就是要根据市场需求的发展趋势，优化品种结构、品质结构和季节结构；推进可持续发展，就是要提高水稻的质量，不单纯追求总产量的提高和品质的高档化，而是追求产需基本平衡、品质不断改善的产量品质协调发展道路。

总体目标：以现代水稻产业体系建设和行业科研专项为纽带，联合我国五大稻区水稻科研、教学、企业等产业优势单位，建立分工协作和联合攻关机制，形成产学研战略联盟。从生产中来，并实践于生产，研究与建立科技核心支撑突出、布局结构合理、区域分工明确、优势资源互补、科研开发与科技成果转化为一体的现代水稻产业技术体系。以产业技术体系为动力，大幅度提高水稻科技自主创新能力。水稻行业科研专项实施与产业技术体系建设互动，全面推进水稻产业可持续发展，为长期保障我国粮食安全做出应有贡献。

综合分析我国水稻产业发展中存在的问题，并重点针对五大生态稻作区水稻产量制约因子与品质低劣等问题，分别提出适宜的主导品种及良种良法配套技术。通过关键技术的集成创新，开发和推广不同种植方式、不同季节的水稻抗逆高产及保优栽培集成技术，提出"十一五"水稻增产 80 亿 kg、增收 100 亿元的技术解决方案，通过在各区域布点示范和构建水稻生产实时咨询系统平台，由点及面实现我国水稻大面积高产优质高效的目标。

二、具体内容与目标

1. 现代水稻产业共性关键技术研究

遗传育种研究：充分利用优异种质和优异基因，结合遗传学、生理生化、基因组学和生物信息学等学科研究成果，通过常规育种、转基因育种和分子标记辅助育种技术，开展水稻遗传育种新理论、新技术研究，并培育能满足生产需求的适应性广、米质优、丰产性好、抗主要病虫害的水稻新品种。

病虫害防控研究：通过病虫草生长、繁衍及成灾规律和病虫草与寄主、天敌间的信息联系和相互作用机制研究，探索基于农业生态系统的病虫草害生态控制的调控技术，开发环境友好、安全的生物农药，发展基于 GIS、互联网等计算机技术的病虫测报、预警技术，建立适合不同水稻主产区病虫害可持续治理体系。

栽培土肥研究：针对水稻主产区的土壤状况、耕作制度和主栽品种的特点，围绕我国水稻生产的重大技术问题，提出高产优质高效生产、资源高效利用、生态环境安全、避灾减灾等关键技术，加强不同生产水平地区水稻品种特别是超级稻相配套集成技术，精确施肥、高效用水和节水灌溉等。

设施设备研究：加强对水稻生产机械，特别是先进栽植机械技术的引进、消化和吸收，抓紧研制适合我国水稻生产实际的水稻栽植机械；进一步加强农机和农艺技术的配套，解决机直播水稻生产的精量播种、一播全苗、防倒伏以及水稻工厂化育秧技术，全面推进水稻全程机械化技术的发展；研制合适的收获、储藏和稻谷加工设备。

产后处理和加工研究：研究稻米精深加工、稻谷综合利用技术，开发稻米功能性食品，拓宽利用途径，提高稻谷经济价值，增加水稻种植效益；研究农产品质量安全生产技术，找出生产过程关键控制点，制定质量安全操作规程（标准）；研究快速、超微量、多组分的测试方法，提高农产品质量安全的预警能力和市场管理能力。

产业经济研究：通过水稻产业信息、服务功能采集，建立水稻产业有效评估、评价方法；开展我国水稻科技创新投入和水稻生产技术经济研究，阐明水稻生产的经济效益、社会效益和生态效益；并积极开展稻谷产后加工和市场营销策略、农民合作社运营模式研究等，提出提高水稻产业经济效益的有效途径。

2. 现代水稻产业技术集成与示范

针对水稻产业发展的需要，培育筛选区域主导品种。根据稻谷消费结构中直接食用稻米占84%、工业和饲料用占10%、种子用量占3.7%的产业（加工、种子等）发展需要，结合品种区域适宜性，在不同区域加强主导品种和主推技术推介，筛选一批适合各区域气候、土壤等条件的优质高产水稻新品种，通过引种、试验和示范，了解品种的丰产性、适应性。根据品种的适应性、丰产性、适口性和商品性，明确各稻区的主导品种，并结合良种补贴政策和良种良法配套来落实和推广主导品种。

分析不同稻区水稻产量制约因子，提出技术对策。分析我国水稻生产和生态条件，通过对主要生态区域稻区的调研、试验，从品种、育秧、密度、施肥、灌溉、病虫草害综合防治等措施，明确不同稻区、不同季节、不同种植方式制约水稻产量的关键因子，提出解决的技术对策。

以主导品种为核心，研究完善配套技术。根据不同生态区和生态条件，研究提出水稻高产省工节本增效技术。在明确各稻区主导品种，合理安排适宜播栽期的同时，重点研究、完善和主推旱育秧，无纺布育苗，轻型栽培，好气灌溉，强化栽培，群体质量调控，"旺壮重"栽培，再生稻，免耕栽培，精确施肥，秸秆还田，机械化栽培等高产高效新技术。

良种良法配套，生产技术集成与示范。在应用和评价上述单项技术的基础上，研究提出各稻区不同季节、不同种植模式下、不同产量水平的水稻优质高产栽培技术组装、集成。拟组装集成的主要栽培技术和种植方式包括直播、旱育秧、机械化栽培、强化栽培、好气灌溉、精确施肥、病虫综合防治、杂草控制、壮秧培育、合理密植、群体优化及高产栽培等技术。在实施的主产省分别建立 1～2 个代表性示范基地。

建立预警预报体系，综合防控病虫草害。建立不同稻区重大病虫草测报系统，及时监控重大病虫草害发生状况，并研究提出相应的防治方法和技术，逐步实现农药减量增效。

建立实时咨询系统平台，发布水稻生产信息。研究现场技术指导与实时咨询相结合的技术人员与稻农互动的技术传播、技术服务和技术推广体系，建立国家水稻生产信息数据库，为生产决策提供技术支持。构建基于现代通信技术、专家和稻农信息交流的水稻生产技术实时咨询系统平台，为农业技术人员和稻农及时获得技术信息、解决技术问题提供保障。加强对新一代稻农的技术培训，使他们真正掌握先进的种稻技术，提高稻农对适用技术的需求和使用能力，提高技术采用率。

3. 五大稻区总体研究内容与目标

长江中下游籼双季稻区（江西、湖南、湖北）：针对该区近年来水稻主导品种产量性状不突出，早籼稻米食用品质较差，良种与良法不配套，季节性高温危害和晚稻花期寒害严重，中低产田较多，区域水稻整体产量水平徘徊，自然灾害发生频繁，生产风险大，产量年际波动大，稻飞虱、纹枯病、螟虫、稻纵卷叶螟等主要病虫为害加重，病虫害控制难度加大等问题，通过培育、筛选适宜的高产、早熟、广适、抗逆的优质专用主导品种30个，研究早稻保苗、中稻抗高温、晚稻耐寒害，流行性病虫害的预测预报和预防及稻田水肥耦合等增产关键配套技术10套，提出本稻区水稻轻简、提质、增产、增收技术解决方案。示范区水稻平均亩①产每年提高8 kg，全区水稻平均亩产每年提高3.6 kg。

长江中下游单季稻区（江苏、安徽、浙江、上海）：针对该区近年来粳稻生产中条纹叶枯病和褐飞虱的暴发，主体品种不突出或主体品种技术不配套、产量潜力未能得到充分发挥，导致多年来水稻产量徘徊不前、稻米产业化程度低等突出问题，培育、筛选适合该区域种植的条纹叶枯病和褐飞虱的优质高产主导品种20～30个，研究流行性病虫害的预测预报和综合防治及稻田水肥耦合等增产关键配套技术，集成与示范水稻精确定量栽培、病虫草害精确防治、秸秆还田与土壤培肥和机械化生产等配套栽培管理技术10套，提出本区水稻轻简、提质、再生、增产、增收技术解决方案。示范区水稻平均亩产每年提高8 kg，全区水稻平均亩产每年提高3.6 kg。

西南高原单双季稻区（四川、重庆、贵州、云南）：针对本区高温、寡照、多湿等生态特点，稻瘟病发病严重，季节性高温干旱，特别是针对丘陵山区土壤肥力较低与超级稻需肥较多矛盾突出等问题，建立5个核心试验区，培育、筛选适宜的高产、抗逆型主导品种15个，开发雨育稻田节水稻作技术与超级稻+再生稻高产配套技术6套，提出本区水稻再生、增产、增收技术解决方

---

① 亩为非法定计量单位，1亩 = 1/15 公顷。——编者注

案。示范区水稻平均亩产每年提高 8 kg，全区水稻平均亩产每年提高 3.6 kg。

华南双季稻区（广东、广西、福建、海南）：针对该区高温、多湿、台风多以及稻田土壤的肥力不均衡等问题，充分发挥水稻安全生育期长的优势，培育和筛选适宜的优质、高产、抗病虫、抗倒伏及生育期相对较长的主导品种 8个，研发稻瘟病和白叶枯病等流行性病害的预测预报和防治、稻田土壤的平衡施肥技术以及轻简栽培等配套技术 5 套，建立本区水稻生产防台风、增产、增收技术解决方案。示范区水稻平均亩产每年提高 8 kg，全区水稻每年平均亩产提高 3.6 kg。

东北平原单季稻区（辽宁、吉林、黑龙江）：针对该区全年水资源缺乏，稻瘟病严重，低温冷害和早霜冻频繁发生等对稻米产量和品质产生严重影响的实际问题，培育和筛选耐旱、耐寒、优质、抗病、早熟主导品种 10 个，研究水稻旱育稀植、无纺布覆盖保温旱育苗等配套栽培技术 5 套，提出本区水稻保温、保湿、提质、增产、增收技术解决方案。示范区水稻平均亩产每年提高8 kg，全区水稻平均亩产每年提高 3.6 kg。

三、主要任务

水稻产业技术体系自启动以来，每 5 年制定一个任务书，明确工作任务和目标（表 1-4），每年制定一个年度任务书，统筹资源，合力攻关，取得了显著成效。

表 1-4　不同阶段水稻产业技术体系的主要任务

阶段	重点任务	基础性工作	应急任务
"十一五"（2008—2010）	重点研究： （1）万亩高产种植配套技术试验示范 （2）主要病虫害预警及控制技术研发与试验示范 （3）精确定量肥水管理技术研究与试验示范 （4）机械插秧技术研发与试验示范 前瞻性研究： （1）重要育种材料创制和重要性状功能基因开发 （2）培育与气候变化等相适应的水稻新品种 （3）机插秧关键技术及配套的精量播种机具研发 （4）肥水定量需求的机理和模式研究 （5）病虫害可持续控制体系建立和新型农药研制 （6）颖花结实耐高低温机理研究及预防技术研发 （7）稻米精深加工、稻谷综合利用技术研究	主栽品种系谱数据库、全国水稻机械化数据库、稻田水稻种植制度及生态资源数据库、国际市场大米价格数据库 等 28 个数据库	调研水稻产业动态信息和突发性生产问题，完成农业部交办的临时性应急任务，提出解决突发性生产问题的切实可行的建议与措施方案

（续）

阶段	重点任务	基础性工作	应急任务
"十二五" （2011—2015）	全体系任务： （1）推进粳稻生产关键技术研究与示范 （2）水稻病虫草害预警及关键防控技术集成与示范 （3）南方籼稻品质改良关键技术研究与示范 （4）水稻生产全程机械化装备及配套技术研发 研究室任务： （1）香稻种质系统研究与一级优质香稻培育利用 （2）长江中下游稻区单改双关键技术研究与示范 （3）抗瘟水稻品种室内鉴定技术 （4）南方水稻黑条矮缩病防控关键技术研究与示范 （5）高低温对水稻成苗与结实影响及预防技术研究 （6）水稻合理密植下肥水高效利用技术研究与示范 （7）双季稻种植机械化关键技术研究与示范 （8）稻米主食工业化关键技术研究与产业化示范 （9）水稻产业发展与政策研究	主栽品种系谱数据库、全国水稻机械化数据库、稻田水稻种植制度及生态资源数据库、国际市场大米价格数据库等28个数据库	调研水稻产业动态信息和突发性生产问题，完成农业部交办的临时性应急任务，提出解决突发性生产问题的切实可行的建议与措施方案
"十三五" （2016—2020）	全体系任务： （1）适合轻简化生产的水稻品种培育 （2）水稻病虫草害绿色防控技术集成与示范 （3）水稻生产全程机械化栽培技术集成与示范 研究室任务： （1）高产优质安全高效水稻品种培育 （2）水稻抗病、抗虫品种资源鉴定及其利用 （3）稻田培肥及水稻肥水高效利用技术研究与示范 （4）水稻生产应对气候变化的关键技术研究 （5）水稻生产机械装备研发与示范 （6）稻米综合加工利用与质量安全检测关键技术研究 （7）水稻产业技术经济与政策应用研究	主栽品种系谱数据库、全国水稻机械化数据库、稻田水稻种植制度及生态资源数据库、国际市场大米价格数据库等28个数据库	调研水稻产业动态信息和突发性生产问题，完成农业部交办的临时性应急任务，提出解决突发性生产问题的切实可行的建议与措施方案

"十一五"（2008—2010 年）在广泛调研的基础上，确定了体系的重点任务（包括前瞻性研究）、基础性工作和应急任务。重点任务主要是解决水稻大面积提高单产、改善品质和提高种稻效益等关键技术问题，着重于技术的集成创新，"十一五"期间共确立了万亩高产种植配套技术试验示范、主要病虫害预警及控制技术研发与试验示范等 4 项重点任务。前瞻性研究主要是针对我国面临的人口、资源、环境等问题，开展水稻产业发展的储备性、跟踪性和前沿性研究，"十一五"期间共开展了培育与气候变化等相适应的水稻新品种、病虫害可持续控制体系建立和新型农药研制等 7 项前瞻性研究。基础性工作是建立一系列水稻产业发展的基础性、公益性技术平台，主要是构建一批数据库，

积累资料，用于查询，"十一五"期间共确定构建主栽品种系谱数据库、全国水稻机械化数据库、稻田水稻种植制度及生态资源数据库、国际市场大米价格数据库等 28 个数据库。应急任务主要调研水稻产业动态信息和突发性生产问题，完成农业部交办的临时性应急任务，提出解决突发性生产问题的切实可行的建议与措施方案。

"十二五"（2011—2015 年）体系的重点任务从内容到形式均有所调整，重点内容分整个体系合力攻关的重点任务和研究室牵头的研究室任务，内容突出优质、绿色和高效，"十二五"期间共确立了推进粳稻生产关键技术研究与示范、水稻病虫草害预警及关键防控技术集成与示范等 4 项体系层面的重点任务和长江中下游稻区单改双关键技术研究与示范、抗瘟水稻品种室内鉴定技术等 9 项研究室层面的重点任务。为了工作的一贯性，基础性工作和应急任务延续上一阶段的工作。

"十三五"（2016—2020 年）体系的重点任务更加契合水稻生产的高效问题，确立了适合轻简化生产的水稻品种培育、水稻病虫草害绿色防控技术集成与示范和水稻生产全程机械化栽培技术集成与示范等 3 项体系层面的重点任务和高产优质安全高效水稻品种培育、稻田培肥及水稻肥水高效利用技术研究与示范、稻米综合加工利用与质量安全检测关键技术研究等 7 项研究室层面的重点任务。为了工作的一贯性，基础性工作和应急任务与上一阶段的工作相同。

第二章　遗传改良技术

　　水稻是我国最重要的粮食作物之一，关系着我国粮食安全和农业的可持续发展。随着人们生活水平的不断提升，以及农业大环境的变化，市场对水稻品种的需求也发生了根本性变化，由一味追求高产以满足国民口粮的需求，转变为安全、绿色、优质、高效的需求。进入 21 世纪后，尤其是近年来，我国水稻生产又面临着新的严峻挑战，劳动力不断减少，农药肥料过度使用，可用耕地和水肥资源日益减少，自然灾害频繁发生，生态环境压力持续加大。这些问题迫使水稻育种工作者改变育种方向，以安全高效、优质多用、轻简低本、卫生安全为育种目标，为实现水稻品种具备抗倒伏、稳产、好种、好收、好买，品种优质化，水肥高效、抗逆、适合机械化生产；污染元素（重金属污染等）在籽粒中低积累等特性而不懈努力，从而使水稻育种走上"产出高效、产品安全、资源节约、环境友好"可持续发展的道路。体系自成立以来，从水稻种质创新入手，筛选创制目标性状突出、综合性状好的可应用于新品种选育的优良育种新材料，创立了优质高效育种理论，选育出适合不同稻区的高产优质安全高效、轻简化生产水稻新品种。经过 10 多年的努力，体系在理论研究、资源创制、新品种培育以及配套生产技术集成与示范推广等方面，均取得了明显突破，为稻作科学的发展和国家粮食安全做出了重要贡献。

第一节　理论创新

　　自水稻产业技术体系建立以来，遗传改良功能研究室的岗位科学家在首席科学家的带领下，紧紧围绕我国粮食安全和农业发展中面临的重大科学问题，在超级稻、籼粳杂种优势利用和品种设计育种等理论创新上取得了一系列成就，领跑本领域国内外研究前沿。

一、株型与优势结合超级稻理论

岗位科学家陈温福院士团队在 20 世纪 80 年代中期，从形态、生理和遗传育种等多方面比较分析了国内外高产水稻品种的特征特性，总结出提高生物产量是超高产的物质基础，优化产量结构是超高产的必要条件，籼粳稻杂交是超高产育种的主要途径。率先提出了"增加生物产量，优化产量结构，使理想株型与优势利用相结合是获得超高产的必由之路"，同时确定了利用籼粳稻亚远缘杂交或地理远缘杂交创造新株型和强优势，再通过复交或回交优化性状组配，聚合有利基因，并使理想株型与优势相结合，进而选育超高产水稻新品种的技术路线。其核心内容是通过籼粳稻杂交创造株型变异和优势，经过优化性状组配选育理想株型与优势相结合的新品种，以达到超高产的目的。与 IRRI 的新株型超级稻育种理论相比，沈阳农业大学的理想株型超级稻育种理论的最大特点在于明确提出了超高产必须实现理想株型与优势的结合，即形态与机能兼顾。这种兼顾理想株型与优势利用的导向性理论，不仅适用于常规超级稻育种，也适用于超级杂交稻育种。在新株型概念方面，则把直立大穗型作为一项重要选择指标纳入北方粳型超级稻新株型设计中。

二、籼粳杂种优势利用理论

岗位科学家万建民院士团队历经 20 余年，针对我国的水稻产区呈现"北粳南籼"的分布态势，水稻籼粳亚种间杂种具有强大的杂种优势，但籼粳杂种存在育性差、结实率低、植株偏高、易倒伏，严重限制了籼粳杂种优势的有效利用的问题，围绕水稻的育性、熟期和株型，开展相关研究，创立了籼粳杂种优势利用理论。利用抽穗期基因解决了杂种 F_1 的生育期问题：通过明确中国各稻区品种抽穗期基因型，分析各地的光温生态条件，设计适合的基因型，筛选感光基因非等位互补的亲本，或双亲均带有隐性感光抑制基因，配制的杂交组合可避免杂种 F_1 生育期超亲晚熟。利用广亲和基因和染色体片段置换解决杂种 F_1 不育问题：通过发掘更多新的杂种不育基因，找出相应的广亲和基因位点进行聚合，或利用分子标记在籼粳交主要的育性位点进行定点籼粳片段相互置换，从而克服不育位点的影响，成功选育出了粳稻光温敏不育系509S，在与籼稻配制的杂交组合中表现强大的籼粳交杂种优势。利用矮秆基因解决杂种 F_1 株高问题：针对杂种 F_1 株高偏高，通过发掘新的显性半矮秆基

因 *Dwarf53*，利用该显性半矮秆基因来降低杂种株高。近年又系统解析了野生稻与栽培稻间杂种不育问题和遗传特性，首次以"自私基因"模型揭示了水稻的杂种不育现象，破解了自私基因位点 *qhms7* 在维持植物基因组的稳定性和促进新物种的形成中的分子机制，探讨了毒性－解毒分子机制在水稻杂种不育上的普遍性。可利用基因编辑技术对具毒性功能的自私基因进行编辑删除，创制能实现籼粳杂种优势的水稻新品种，进一步丰富了水稻籼粳杂种优势理论。该研究成果在 *Science* 上发表以来，备受关注，在《朝日新闻》《每日新闻》《中国日报》《科技日报》《经济日报》等国内外媒体上得到广泛报道，受到业内人士的好评。

三、品种设计育种理论

水稻的产量和品质均为复杂的数量性状，迄今为止，人们已经鉴定出水稻产量、品质相关的 QTL 或基因达数百种之多，如何突破传统遗传育种技术的瓶颈，将水稻分子遗传学和功能基因组学研究成果应用于水稻育种改良，实现更加高效和精确的水稻分子设计育种，成为新时代我国粮食安全和农业可持续发展所面临的重大科学问题。岗位科学家李家洋院士和韩斌院士，以及中国水稻研究所钱前研究团队合作，经过几十年的努力探索和积累，在水稻蒸煮品质主要受淀粉合成相关基因组成的遗传网络的调控基础上，建立了分子设计育种的理论和技术体系，对涉及水稻产量、稻米外观品质、蒸煮食味品质和生态适应性的目标基因进行优化组合，利用杂交、回交与分子标记定向选择等技术，成功将优质目标基因的优异等位基因聚合到受体材料。应用该理论培育的高产优质新品种中科 804 和中科发系列品种，在高产的基础上，稻米外观品质、蒸煮食味品质、口感和风味等方面均有显著改良。研究成果"水稻高产优质性状形成的分子机理及品种设计"荣获国家自然科学奖一等奖，为我国水稻分子设计育种与生产的跨越式发展奠定了开创性基础，实现了从概念到产品的转换。以水稻关键农艺性状的功能基因为基础的品种设计育种理论的实施，将推动作物传统育种向高效、精准、定向的分子设计育种转变。

四、绿色超级稻育种理论及"双水双绿"种养模式

岗位科学家张启发院士提出了将品种资源研究、功能基因组研究和育种紧密结合的绿色超级稻理论。利用野生型近缘种存在的丰富的遗传变异，挖掘其

蕴藏着的大量重要性状的有利基因，如抗病虫、抗逆、营养高效利用等；基于温室和田间的高通量表型平台的迅速发展，将基因型信息与高通量表型联系起来，创建数字化的基因库，最大化利用基因库的价值，以及弄清更多绿色性状的关键基因功能和调控网络，实现快速鉴定。针对不同性状基因的功能特征，提出了相应的基因组设计和选择方案。针对不同抗性机制的抗白叶枯病基因，采用基因聚合的方式有效提高水稻对白叶枯病的抗性，针对抗稻瘟病基因，因其相似的抗病机制，构建含不同稻瘟病基因的近等基因系，培育多系品种增加持久抗性；开发高通量表型平台，对水稻重测序品种进行大规模高通量的表型分析，将水稻重测序基因组数据与高质量参考基因组比较，对特定性状如农艺性状、谷粒性状、根形态建成等进行分析和评估。将自然种质基因组的序列变异与表型建立关联，通过水稻功能基因组学、全基因组选择育种技术等，培育出少施化肥、少打农药、节水抗旱、优质高产的"绿色超级稻"。在思考资源节约型、环境友好型农业生产体系的建设过程中，张启发院士又提出了资源节约、环境友好、生态平衡的种养模式"双水双绿"，充分利用种稻与养虾共生互利的关系，充分利用平原湖区稻田和水资源优势实行稻田种养，使"绿色水稻"和"绿色水产"协同发展，让生产过程来洁净水源，优化环境，实现产业兴旺、农民富庶、乡村美丽的目标。对提高农民的收入，激发农民实施生态种养的积极性有重要推动作用。

五、后期功能型超级稻理论

首席科学家程式华研究员系统分析了我国超级杂交稻组合后期早衰、结实率低的原因，发明了超级杂交水稻育种亲本选配方法，实现营养生长与生殖生长协调、保持杂种在生育后期具有较强的叶片光合功能和根系吸收功能，将叶片光合功能和根系活力引入株型，使株型的含义更为完善与全面。他认为实现水稻单产的大幅度提高，必须增大"库容"，即增大穗型；为了保证库内有充足的干物质积累，以提高籽粒的充实度，必须强"源"和畅"流"，即具有较强的叶片光合能力和物质输送能力。在此基础上，强调抽穗后的叶片光合功能和根系活力，提出了以"库"大、"源"强、"流"畅为核心的"后期功能型"模式，形成了"后期功能型"超级稻理论。以育成的三系法亚种间超级杂交稻组合协优9308为模式，协优9308株型挺拔，青秆黄熟，是杂交水稻超高产的一种新的株型模式，该株型在生育后期同时在干物质生产、光合效率、根系生长等生理特征特性上表现出明显的优势，称为"后期功能型"超级稻。"后期功能型"可以理解为是一种新的水稻生理模式，这种生理模式表现为在具有良好的形态构成基础上，在生育后期同时在干物质生产、光合效率、根系生长等生理特征特性上表现出明显的优势，全生育期尤其是生育后期具有较高的生物产量和籽粒中具有较高的淀粉积累量；功能叶片光合速率高值持续期长，下降缓慢，强、弱势粒灌浆均具有较高的物质供应量；根量大，根系活力强，下降缓慢。根系发达、深层根系数量比例高和根系活力强对水稻产量形成具有重要作用。"后期功能型超级杂交稻育种技术及应用"获 2011 年度国家技术发明二等奖。

第二节　技术创新

从 20 世纪 50 年代末开始的矮化育种，到 70 年代实现杂交水稻的三系配套杂种优势利用，到 90 年代的超级稻研发，三次水稻产量的大幅提升均离不开遗传育种技术的突破，历次品种的有效更替也均离不开遗传育种技术的变革。目前水稻生产要求安全、绿色、优质、高效，如何打破高产与优质、抗逆的矛盾，是水稻遗传改良工作的重中之重。体系成立以来，团队岗位科学家在深入挖掘优良农艺性状基因的优势等位位点和抗逆基因资源、高效评价技术构建、分子设计育种技术体系建设创新等方面取得了系列原创性成果。

一、抗条纹叶枯病新品种选育技术创新

水稻条纹叶枯病是由灰飞虱传毒引起的病毒病，是我国水稻产区的重要病害，严重威胁水稻生产。条纹叶枯病的防控无特效药物，最经济有效的方法就是培育和种植抗病品种。岗位科学家万建民院士针对我国水稻条纹叶枯病抗性鉴定和分子标记聚合育种技术体系尚未建立，抗病种质、基因和品种匮乏等突出问题，开展了抗条纹叶枯病高产优质粳稻新品种选育及应用研究，通过种质、基因、技术和信息共享，构建了南方粳稻品种选育与应用的综合平台，围绕抗条纹叶枯病育种开展联合攻关，育成不同生态类型的抗条纹叶枯病优质高产水稻新品种 10 个，实现了南方粳稻区抗病品种的快速覆盖。有效解决了南

方粳稻区受条纹叶枯病流行危害的难题，极大地促进了水稻生产的发展，为保障我国粮食安全、农民增收和农业可持续发展做出了重要贡献。该技术成果获2011年度国家科技进步一等奖。

二、优质早籼高效育种技术创新

岗位科学家胡培松院士首次提出了利用稻米品质温度钝感特异材料改良我国稻米品质的技术路线，并建立完善了稻米品质温度钝感材料的筛选鉴定方法，筛选出D50等品质温度钝感材料。建立完善了优质早籼品质高效鉴定技术平台，大大提高了优质早稻品质改良效率。"优质早籼高效育种技术及新品种选育"获2012年度国家科技进步二等奖；近年来，针对"优质米粉专用早稻品种短缺"的现状和长江中下游双季早稻生产存在的"苗期低温冷害烂秧""生长周期短难创高产"两大技术难题，创制出早稻高产基因型和米粉专用稻优异育种新材料，建立了超高产米粉专用早稻选育技术体系，利用快速黏度测定仪（RVA），研创确定了RVA回生值≥1 000 cP，且崩解值≤500 cP，是协同选择高AC（25±1%）且长GC（≥60 mm）双指标的关键参数，结合研创的绝对直链淀粉含量、糊化温度等米粉特性紧密相关品质指标的简易测定方法，极大提高了高AC且长GC材料的协同选择效率。培育出超高产米粉专用早稻中嘉早17等新品种，2015年中嘉早17单年推广面积达1 028万亩，是继浙辐802后近30年来唯一年推广面积达千万亩的早稻品种，至2016年已连续7年被农业部推荐为全国水稻主导品种，连续5年位居南方稻区年推广面积第一位。该技术成果于2016年获得浙江省科技进步一等奖。

三、北方粳型超级稻育种技术创新

东北南部稻区岗位科学家陈温福院士在高产、优质、多抗粳稻高效育种理论与技术研究上取得新的突破，率先提出"以优质籼稻做母本，高产粳稻做轮回父本，通过多次回交和定向选择减少粳稻遗传背景中影响米质的不利籼型遗传累赘，实现超高产与优质结合"的超级稻优质化育种理论与选择指标体系，实现了北方粳型超级稻育种技术的又一次创新。2014年和2016年两次荣获辽宁省科技进步一等奖。东北中部稻区岗位科学家周广春研究员建立了不同生态区域穿梭育种新模式，建立了白城抗盐碱水稻育种基地、通化抗稻瘟病筛选育种基地、万昌水稻品种比较筛选基地、双辽水稻新品种筛选育种基地等，"优良食味超级稻新品种吉粳511选育与推广应用"获吉林省科学技术进步一等奖。"优质、抗病、广适超级稻吉粳809的培育与推广应用"获得2017年吉林省科学技术进步一等奖；东北北部寒地稻区岗位科学家潘国君研究员在寒地早粳稻育种技术创新方面取得重大突破，创制出一批具有优质、耐冷、抗病的育种新材料及香稻、糯稻资源，培育出穗型半直立，适合轻简化生产和抗逆的育种新材料。"寒地早粳稻优质高产多抗龙粳新品种选育及应用"2017年获国家科学技术进步二等奖，这是水稻产业体系成立以来，他们加入后，黑龙江获得的首项国家级科学技术进步奖，成为寒地粳稻科研事业发展的重要里程碑。"优质多抗超级稻龙粳21的选育""优质高产耐冷抗病水稻新品种龙粳25的选育""寒地早熟优质多抗超级稻龙粳31的选育""龙稻5号水稻品种的选育及推广"均获黑龙江省科学技术进步一等奖；"寒地早粳耐冷抗病新品种选育及推广应用"获农业部颁发的神农中华农业科技一等奖。

四、水稻高原粳型不育胞质的发掘及利用创新

首席科学家程式华研究员针对浙江省乃至我国杂交水稻高产与优质、抗病不协调的矛盾，通过种质资源的发掘、鉴定、研究，创造性地以低纬度、高海拔的带云南粳稻血缘的恢复系万恢88作为新的不育胞质资源，利用稻瘟病区鉴定和异地高温伏旱与正季田间、室内选育相结合进行稻米品质早代鉴定和花药培养等生物技术，定向选育大粒优质、抗稻瘟病性好、异交率和配合力高的综合性状优良的高原粳型新细胞质不育系内香2A、内香5A、内香6A、内香7A，同时综合运用超级杂交稻育种亲本选配理论与方法，育成品质优良、氮肥利用率高、病虫抗性强的具有良好推广前景的16个内香系列品种，24次通过省级以上品种审定。其中，内2优6号、内5优8015被农业部认定为超级稻，内香2550、内2优111等4个品种12次被遴选为国家或省级主导品种。截至2014年，内香优系列杂交稻品种累计推广1.4亿多亩，其中，项目组育成品种累计推广8 300余万亩，新增稻谷23.4亿kg，新增社会经济效益49.27亿元，为保障国家粮食安全、提升稻米品质及减少农业生态环境污染等做出重大贡献。"水稻高原粳型不育胞质的发掘及其新不育系的选育与应用"2015年获浙江省科学技术进步一等奖。

五、水稻生物育种技术创新

岗位科学家陈志强/汪慧团队在国内率先将基因组DNA快速提取等技术进行整合创新，构建一个标准化、高通量的水HRM（高分辨率熔解曲线）技术体系；在此之上，针对重要性状基因的功能基序或基因内序列多态位点，开发一批目标性状功能型分子标记；进一步利用上述标记鉴定水稻亲本材料或诱变群体，在分离群体中高效鉴别突变体或创制多基因聚合优良株系应用于后续育种，实现了从传统育种的田间选择到生物育种的实验室选择。在全国率先将空间诱变、重离子诱变、高通量基因分型与传统育种技术集成创新，构建了"高通量+精确+工程化"水稻生物育种高效技术体系，利用本项目率先建立的水稻生物育种高效技术体系，定向育成一批多基因聚合的重要恢复系和特异新种质应用于育种计划；育成优质高产高抗水稻新品种16个并通过品种审定，其中华航31于2015年通过农业部超级稻品种认定，从2011年至今作为广东省农业主导品种，并在广西、江西等南方稻区大面积推广种植，为粮食安全提供科技支撑。该技术成果荣获2017年度广东省科学技术进步一等奖。

六、低镉水稻品种选育技术创新

2013年2月27日，《南方日报》以"湖南问题大米流向广东餐桌"为题，报道了湖南镉超标大米进入广东市场的消息，引发"镉大米"事件。由此引发了人们对稻米食用安全性的集体性热切关注。筛选和培育自身抗性好、籽粒低积累重金属镉等有害元素的水稻品种是最直接与经济的办法。岗位科学家赵炳然团队建立了重离子辐射诱变结合高通量靶向测序的筛选体系，筛选出镉吸收主效基因 *OsNramp5* 突变的隆科638S单株，创制出非转基因低镉隆科638S；筛选出镉低积累种质5份、镉低吸收材料4份，创制出高产优质抗稻瘟镉低吸收组合2个。通过筛选或创制低镉不育系、低镉恢复系材料等，获得优良育种新材料，并育成两优低镉1号，2017年由相关知名专家形成的专家组现场评议认为，该成果突破了常规方法筛选出的所谓"应急性镉低积累水稻品种"在镉重污染田栽培其稻米依然镉超标的技术瓶颈，可望从根本上解决"镉大米"问题。2018年在先前"低镉稻"初步培育成功并开展大田测试评议基础上，于湖南、江西和湖北3省共计8个镉污染程度不同的试验田，进行了多点生态试验。相关工作引起国务院、科技部、农业农村部及湖南省委省政府的高度重视并得到大力支持。由中国农学会、华南农业大学、中国科学院等多个单位和部门的专家对多点生态试验的结果进行了综合评议。多点试验的"低镉稻"稻米镉含量均在 0.07 mg/kg 以下，低于 0.2 mg/kg 的国家标准和 0.4 mg/kg 的国际标准。这表明，"低镉稻"在一定范围内（土壤总镉 2.5 mg/kg），不同镉含量土壤、不同栽培方式下的表现都较为稳定，这为我国从根本上解决"镉大米"问题提供了技术支撑。

七、杂交水稻机直播制种关键技术创新

岗位科学家朱仁山教授致力于杂交水稻机直播制种关键技术研发和应用，创制出父、母本播始历期相同的杂交稻新组合。利用系谱法结合分子标记辅助选择，选育出开花习性好、异交结实率高和种子商品性好的不育系易S，配制出父、母本播始历期相同的适于机械化直播的强优势杂交水稻新组合易两优华占；利用农机农艺结合，研发出了同期和同机精量穴直播父、母本的杂交水稻机械化制种新技术。该技术可根据需要选择行距，调整穴距和穴播量，实现开沟起垄精量穴播和种肥同施一体化，减小了劳动强度，降低了制种成本。"杂交水稻机直播制种关键技术研发与应用"确保了父、母本花期完全相遇，采用同期机直播父、母本，将节约劳力成本 90%，降低制种费用一半以上，实现了稳产高产、节本增效的目标，对我国杂交稻制种全程机械化发展具有重要的推动作用。

第三节 产品研发

相较于 10 年前，我国水稻种业发展发生了较大的变化。适应轻简化栽培、优质安全高效的品种越来越受市场认可。水稻产业技术体系成立以来，在轻简、优质、安全、高效、绿色水稻新品种研发方面圆满完成规定的各项任务指标。

一、适合轻简化生产水稻新品种培育

我国传统水稻种植方式为育秧移栽，需要很大的劳动力投入。近年来，随着我国农村经济发展、产业结构调整，大量农村青壮年劳动人口进入城市打工，农村劳动力大幅度减少且严重老龄化，大量农田闲散荒废，国家提出新型

土地流转模式，由原来"一家一户"的种植模式，转变为专业大户、家庭农场、农民合作社和农业企业等新型农业经营主体，传统的水稻生产模式已经不适合社会发展需求，轻简、低成本、资源消耗少的种植方式势在必行，包括直播栽培、机械移栽、抛栽、免耕栽培、再生稻栽培等水稻轻简栽培模式将是水稻生产发展的主流方向，这也对水稻品种选育提出了新的要求，即选育适合轻简化生产的水稻品种。

水稻产业技术体系明确将适合轻简化生产的水稻品种培育作为重点任务，通过引进、收集和创制适合轻简化生产、肥料高效利用和抗逆育种种质，通过分子标记辅助育种技术，聚合有利基因，创制目标性状突出，综合性状好的优良育种新材料，应用于新品种选育。2016 年以来，选育出了通过国家及省级以上审定的适合轻简化种植品种 75 个，开展了适合轻简化生产水稻品种特性研究，筛选创制多份肥料高效利用、苗期耐低温以及携带多个目标抗性基因的多抗性抗逆材料 87 份。

依据不同品种的特性，制定适合轻简化生产水稻栽培技术规程。包括《湖南早籼优质稻与特种稻直播栽培技术》《杂交水稻制种母本直播制种技术规程》《水稻湿润直播化肥农药减施增效技术规程》《水稻湿润直播技术水分管理规范》《地理标志产品　佳木斯大米生产加工规程》《宁粳 7 号高质量种子生产技术规程》等技术规程、地方标准共计 20 余项。

二、安全优质高效水稻新品种培育

人口持续增长对水稻产量施加的巨大压力，使得长期以来，水稻种植过程中水肥消耗过大，化肥、农药的过量使用也给环境带来巨大的破坏。尤其是目前总体供给有余的情形下，稻米品质的提升需求被提到了空前高度，人们对粮食的需求已经不仅局限于填饱肚子，而是吃得安全、优质，未来水稻生产的发展也必定是朝着绿色可持续发展的方向迈进。

遗传改良研究室依照国家水稻产业技术体系计划任务要求，开展水稻重要稻米品质性状遗传基础研究，开展食用优质、抗逆、重金属低积累、加工等多用途水稻种质创制和分子聚合研究，通过引进、收集与创制高产优质、抗逆、重金属低积累等水稻育种新材料，通过分子标记辅助育种技术，聚合有利性状，2016 年以来，筛选和创制出食用优质、抗逆、重金属低积累、加工等多用途水稻种质 64 份；选育出通过国家及省级以上审定的不同稻区高产优质安全高效水稻品种 69 个。

水稻产业技术体系的实施，围绕农业供给侧结构性改革，以优质水稻为突破口，近年来随着研发投入的加大与育种技术的进步，稻米品质持续、大幅提升，优质化是近年来稻米行业最显著的变化之一。成绩的取得和政策引导以及推广宣传是分不开的。2018 年 5 月，由遗传改良研究室岗位科学家万建民院士牵头，陈温福、谢华安、胡培松院士等参加的全国首届优质稻品种攻关推进暨鉴评推介会在广州举行，会上评出了全国十大优质粳稻、籼稻金奖品种。2017 年浙江省率先全面组织修订主要农作物品种审定办法和审定标准，新修订的审定标准要求申请审定的中晚稻品种米质需达三级以上或者食味品质特别优良，对米质未达标的品种实行一票否决。同时，在审定标准中首次引入食味品尝鉴定评分，对米质达三级以上且食味评价达 85 分以上以及米质达二级以上的品种，降低了产量要求，对产量不做明确规定，引导科研育种单位加快优质水稻品种的选育，加快水稻品种优质化步伐。

三、品种专用及功能型水稻新品种培育

在传统水稻育种基础上，针对特定加工或特殊功能需求，开展专用品种和功能型品种选育，既有利于实现农产品增值和农业可持续发展，也适应市场新需求。

低谷蛋白品种选育：岗位科学家万建民院士通过大量筛选，获得了一系列水稻谷蛋白前体异常积聚的突变体，通过解析谷蛋白合成、分选、沉积分子网络途径，为调控谷蛋白的含量组成，改良稻米品质奠定了理论基础。2017 年，万建民团队培育的适合肾脏病人的低谷蛋白稻米成功转让给福州东泽医疗集团，新品种稻米的平均谷蛋白含量仅为 2.63%，约为普通品种的一半，将其替代普通大米作为主食，可减轻慢性肾脏病患者肾脏负担。

特种稻米育种：景观紫 2 号，属籼型常规景观型晚稻中熟品种，2018 年通过湖南省审定（湘审稻 20180046）。

第四节　推广应用

体系成立以来，在品种推广应用上，实行良种与良法配套推广，开展品种

特性研究，制定良种繁育及栽培技术规程，并培训基层农技人员、种子公司相关技术人员、种粮大户等。并开展品种及配套技术的集成示范，2016 年以来，每年开展轻简栽培技术示范 80 万亩以上，高产优质安全高效技术示范 100 万亩以上。体系所育成的品种，获得了大面积推广应用。

代表性品种："龙粳"系列品种，总种植面积达到 1.83 亿亩，占适宜区面积的 70%～75%；北粳、沈农系列品种，累计推广面积 6 500 多万亩；超级专用水稻品种中嘉早 17，米粉加工品质优良，约占长江中下游早稻的 20%，已累计推广应用 6 080 万亩；宁粳系列品种，已累计推广超过 5 000 万亩，其中宁粳 8 号，适口性好得到广泛赞誉；吉粳系列品种多次在优质食味评选中获奖，累计推广面积 4 760 万亩；五优 308 累计推广面积超过 3 000 万亩；优质高产抗病杂交稻川优 6203，米质达国颁二级优米标准，推广应用超过 1 000 万亩；湘早籼 32、湘早籼 42 应用分别超过 700 万亩、800 万亩；华航 31，米质达国标二级优米标准，推广 300 万亩；利用泰丰 A 主持或合作育成的系列组合如泰丰优 208、泰丰优 55、泰优 398、泰优 390、泰丰优 2098 等，由于其米质优、整精米率高、食味和外观俱佳，非常契合国家提质增效和农业供给侧结构性改革发展的形势需要，深受广东、湖南、江西、福建等省农户和米企欢迎。其中，泰优系列杂交稻在江西的高安、宜丰和安义等地形成了占比在 80% 以上的"泰优村"，且泰优村生产的优质稻谷，有具体的加工企业直接收购，实现了产销对接，促进了产业发展。高档优质香稻"玉针香""玉晶 91"在农业部召开的国家优质稻品种攻关推进暨鉴评推价会上被评为首届全国（籼稻）品种食味品质鉴评金奖品种。这些品种的推广应用，为农业供给侧结构性改革和农民增收发挥了积极作用，促进了农民增收，并产生了巨大的社会效益和经济效益。

第三章　栽培与土肥技术

　　水稻栽培与土肥研究室现有岗位科学家 11 名。其中,共性技术岗位包括稻田生态与环境治理、栽培生理、养分管理、水分管理等 4 位专家,区域栽培岗位包括长江下游、长江中游、长江上游及东北等四大水稻主产区的 4 位专家,重金属污染治理岗位包括南方稻区、西南区及东南区等的 3 位专家,承担着为水稻生产健康稳定可持续发展提供理论与技术支撑的重任。水稻栽培与土肥研究室同仁在首席的总体策划和领导下,围绕水稻产业技术体系的重点任务从理论创新、技术创新、产品研发、应用推广等方面开展了卓有成效的工作,对我国水稻生产连年丰收、水稻生产技术长足进步、水稻产业健康可持续发展起到了重要作用。

第一节　理论创新

　　水稻栽培与土肥研究室重点围绕水稻高产高效栽培理论、机插稻生长发育规律与产量形成、再生稻产量品质形成机制、稻作环境对水稻产量形成的作用机制以及重金属防控原理等开展创新研究,旨在为技术创新、产业转型升级提供理论依据和技术原理。

一、水稻高产高效栽培理论

　　1. 长江下游稻区高产栽培岗位科学家张洪程教授团队创建了水稻精确定量栽培理论

　　(1) 阐明了不同稻区水稻生育进程等因素与群体质量之间的关系。在阐明不同稻区水稻生育进程、茎蘖动态、叶面积消长、物质生产、产量构成因素与群体质量之间的关系及其机制基础上,按品种生育类型明确了提高群体质量密切相关的共性生育诊断指标,构建了长江中下游单季稻 15 ～ 17 叶,南方早稻 11 ～ 13 叶、晚稻 13 ～ 15 叶,西南单季稻 15 ～ 18 叶,东北寒地粳稻

11～14叶等主要品种类型的高质量群体形成模式和指标体系，提出了提高群体质量关键生育时间节点及其对应的精准诊断指标和简化诊断方法。

（2）阐明了气候趋暖背景下水稻安全齐穗期的变化特点。长江中下游和西南单季稻推迟3～7 d，南方晚稻和寒地粳稻推迟1～3 d，安全移栽期南方早稻和寒地粳稻提前2～3 d，制订了各稻区主体种植制度水稻生育与季节的优化同步方案，明确了各地水稻适宜播栽期。阐明了机械化轻简稻作方式水稻分蘖成穗特点与优势分蘖利用机制，优化了基本苗公式区域化应用参数，精确定量了各主产区不同品种类型基本苗数及移栽规格，以及因种因苗的精确调整方法。提出了长江中下游、西南中籼稻增穴减苗，南方双季稻、寒地粳稻（窄行）增穴稳（增）苗和西南盆地中籼稻减穴稳苗的密度改进技术，实现了大田移栽群体数量起点与规格的精确定量。

（3）阐明了水稻依生育进程提高群体质量的需肥需水规律。研明了各主产区百千克籽粒需氮量、土壤供氮量等关键施肥参数，其中百千克籽粒需氮量长江中下游中籼稻、南方双季籼稻、西南中籼稻和寒地粳稻分别为1.7～1.8 kg、1.6～1.8 kg、1.6～1.7 kg、1.5～1.6 kg，实现了总施氮量的精确定量。研明15叶以上的单季稻高产优质基蘖肥与穗肥比例为7:3或6:4，14叶以下的双季稻、寒地粳稻为7:3、8:2，提出了穗肥倒4或倒3叶早施与顶4顶3叶叶色差诊断调整方法，构建了总量控制、优化运筹、穗肥因苗调整的精确施肥技术体系。

2．栽培与土肥研究室原主任朱德峰团队研究阐明了超级稻高产栽培技术原理

针对超级稻品种物质生产量大、穗大粒多等诸多特性，以及传统栽培技术与其不配套，不能充分发挥增产潜力等问题，开展超级稻品种特性、高产机理及适宜高产栽培方式研究，揭示了超级稻品种高产生长特性，研明了超级稻高产形成的共性规律，构建了超级稻品种高产群体的实用指标，提出了我国超级稻品种高产种植的区域布局。

3．长江中游稻区高产栽培与秸秆综合利用岗位科学家唐启源教授团队（原华南稻区邹应斌教授团队）阐明了水稻密植增产效应

采用多年多点联合试验的方法，在湖南、广东、广西、海南、贵州等地进行了以密度为主，以品种、氮肥、基本苗等为辅的30余个大田试验1 000多个试验小区的研究发现：①产量随着密度的增加而表现出开口向下的二次曲线

变化，存在一个适宜的密度区间；②增加氮肥用量或基本苗数有利于增加有效穗数和每穗总粒数，但增加氮肥或基本苗数对产量的正效应不能弥补密度对产量的贡献；③品种的适宜密植阈值存在差异，但品种株高和适宜密植阈值之间符合黄金分割法。

二、水稻机插生育规律与高产优质栽培原理

长江下游稻区高产栽培岗位科学家张洪程教授团队阐明了多熟制地区水稻机插生育规律与高产优质栽培原理。

（1）揭示了机插稻生长发育与高产优质形成共性规律，提出了优质高产栽培技术途径和实用的高产群体诊断指标；明确了机插稻高产群体氮素吸收利用规律，创立了"稳前攻中保后"的施氮新模式，耦合节水灌溉，有效解决了大田群体生长大起大落与群体质量差的难题。

（2）阐明了毯苗、钵苗机插水稻生长发育与高产优质形成规律，以"三控"育壮秧、少本精准机插、精准生育诊断与肥水耦合优化调控等关键技术的突破性创新为主体，创立了"三协调"高产优质栽培途径及生育诊断指标体系。

三、水稻好氧栽培理论

栽培与土肥研究室主任稻田生态与环境治理岗位科学家章秀福团队（原长江中下游稻区岗位科学家廖西元团队）创建了水稻好氧栽培理论与技术。

（1）首次提出了水稻"氧营养"新概念。氧是保障植物进行正常生理代谢、维持根际环境健康的重要营养因子。在植物体中，氧参与了植物的氧化磷酸化，而这一过程是需氧细胞生命活动的主要能量来源；土壤含氧量影响土壤氧化还原状态、营养元素及重金属元素化学行为（有效性或毒性）、土壤微生物群落分布及活性、土壤结构、还原性物质（有毒物质或温室气体）排放等。氧营养有助于构建"理想根系"，实现水稻产量进一步突破。

（2）创立了水稻好氧栽培理论。水稻好氧栽培以改善灌溉稻田土壤氧环境为突破口，通过改变栽培模式，协调稻田土壤－水－气（氧）三界面，为水稻生长发育和产量形成创造良好生态环境。与传统栽培相比，其特征在于从源头上改变水稻生活环境，以水调肥、调气（氧），以气（氧）促根，提高根系活力以及其吸收、同化能力，从而促进水稻的物质生产、积累和产量形成。

（3）揭示了氧营养（根际氧浓度为 2.5 ～ 3.5 mg/L）的水稻根系形态与功

能效应，以及对水稻植株氮吸收、积累的影响。氧营养有利于增加水稻分蘖期生物量，优化分蘖期根系形态（增加总根长、表面积、总根尖数和细根比例，降低粗根比例），增强根系生理功能（细胞器增多、细胞核明显、线粒体多、染色质丰富、内含物多、根系可溶性蛋白质含量、根系活力和呼吸强度均有所增加），增加水稻对氮的吸收和积累。

（4）揭示了好氧灌溉（干湿交替灌溉AWD）增产的作用机理。一方面土壤轻度落干有利于提高灌溉稻田土壤溶氧量，促进了同化物向籽粒运转、灌浆；另一方面复水后植株生理活性提高，提高叶片光合能力，改善群体光合性能，增加群体干物质积累。最终提高水稻产量、收获指数以及肥水利用效率。

四、再生稻高产优质高效栽培理论

1. 栽培生理岗位科学家彭少兵教授团队

（1）开展了再生稻再生季光能利用效率与产量关系的研究。再生季生育期短，但其群体光能拦截效率为72.8% ~ 74.3%，与头季相当，说明再生季因头季的高留桩快速构建高效光能拦截群体。进一步提高再生季产量主要取决于再生季的物质生产能力，特别是抽穗后的物质生产能力。叶面积指数是提高群体光能拦截效率的主要因素，群体光能拦截效率和拦截的光能转化为物质的光能利用效率共同决定物质生产能力。与群体光能拦截效率相比，光能利用效率是决定再生季物质生产和产量形成的重要因素。

（2）探索了机收再生稻头季早生快发、中后期再生芽健壮发育的生理机制。揭示了机收再生稻头季早生快发重点在于解决如何促进低温条件下水稻分蘖的发育和生长，通过适度提高秧苗氮磷水平，增加秧苗内源激素浓度，促进根系生长和分蘖的产生。头季齐穗后15 ~ 20 d追施促芽肥，有利于提高休眠芽体内的iPA、GAs、NSC和氮浓度，促进休眠芽的萌发和头季收割后再生蘖快速生长。

（3）研究了再生稻机收边际效应对再生季产量损失的弥补效应。与头季人工收割的传统模式相比，头季机械收割模式下再生季碾压区的产量降低导致的减产效应为26.8%，而非碾压区由于边际效应的增产作用是7.4%。非碾压区边际效应的增产作用弥补了一部分头季机械收获碾压造成的产量损失，缩小了头季机收与传统人工收割再生季的产量差。因此，可采用促芽调控技术促进机械碾压区再生芽早生快发和非碾压区形成多穗，充分发挥非碾压区的边际效应来补偿碾压区的产量损失。

（4）明确了再生稻稻米品质较优的生理机制。水稻再生季灌浆期气候温和、昼夜温差大，直链淀粉含量增加 2 ～ 3 个百分点，有利于稻米淀粉含量进入最佳食味值区间；同时，提高了籽粒灌浆过程中淀粉粒排列的致密度和籽粒的充实度，从而使垩白粒率和垩白度比头季分别降低了 66.8% 和 82.4%，外观品质提高 1 ～ 2 个等级；对头季和再生季稻米的代谢产物大样本分析，发现再生稻米中酚酸类物质和脂类物质等功能性、芳香物质含量显著高于头季，这是再生稻米饭风味浓郁的物质基础。

2．长江上游稻区高产栽培岗位科学家徐富贤团队

（1）揭示了头季稻收割前再生芽死亡及其氮肥调节、强再生力品种形成的机制与再生稻高产品种的库源特征。头季稻齐穗后叶片光合物质运转中心是穗部，向茎鞘分配少是收获前再生芽死亡的内在机制。通过施用氮肥提高叶片含氮量及其光合速率，延缓叶片衰老，相对提高了单茎质量从而提高了再生力。一般配合力（Gca）效应和特殊配合力（Sca）效应对头季、再生季及两季总产量均有极显著的影响，Gca 值和 Sca 值以及配合力总效应（Tca）均与单株产量呈高度正相关，Tca 值可作为再生稻高产组合的衡量指标之一。头季齐穗 19 d 以后，随着稻穗中内源激素含量水平的降低，稻叶、鞘和茎、芽中内源促进类激素 iPA、GAs 含量上升，再生芽萌发、伸长的速度相应加快。

（2）杂交中稻品种的再生力取决于头季稻的源库比。杂交中稻品种的再生力取决于头季稻的源库比，即头季稻单位颖花的绿叶占有量越高的品种，其光合产物满足头季稻高产所需养分后剩余量越多，是再生季高产的重要物质基础。再生稻高产的头季产量构成参数：平均每穗粒数为 160 ～ 190 粒，叶粒重比为 0.073 7 ～ 0.082 7 cm^2/mg、SPAD 值衰减指数为 0.402 9 ～ 0.540 9、有效穗数为 232.12 ～ 249.40×10^4/hm^2、结实率为 81.54% ～ 85.74%、千粒重为 28.58 ～ 30.07 g、单穗质量为 4.13 ～ 4.43 g。

五、土壤培肥与养分高效利用

1．养分管理岗位科学家周卫研究员团队阐明稻田土壤培肥与养分高效管理新机制

（1）阐明了南方低产水稻土资源状况与养分特征。通过对南方 14 省水稻产量调研结合 GIS 定位取土分析，建立水稻土质量数据库。发现南方低产水稻

土总面积 1.1 亿亩，涉及 406 个区/县，其中潜育化水稻土、冷泥田、黄泥田、白土、反酸田/酸性田等 5 类典型低产土壤 6 800 万亩，其余低产类型 4 200 万亩。南方水稻土有机质和全氮含量高，东南稻区土壤酸化明显，西南稻区大面积缺磷，速效钾和有效硅均为东南低、西南高。总体上，较低的土壤 pH、较低的速效钾和有效硅含量是南方低产水稻土的养分限制因素。

（2）创新了南方水稻土质量评价方法。提出了不同类型低产水稻土质量评价的最小数据集及高、中、低产水稻土的土壤质量指数，涵盖土壤酶、微生物等土壤生物肥力指标；阐明低产水稻土障碍因素。黄泥田是有机质含量低，团聚体稳定性低；白土是耕层较浅（小于 12 cm）及表层黏粒含量较低；潜育化水稻土是氧化还原电位较低，还原物质含量较高；反酸田/酸性田是硫含量（0.2% ～ 3%），H^+ 及 Al^{3+} 含量较高，微生物活性较低；冷泥田是长期淹水引起 Fe^{2+}、Mn^{2+} 含量较高及土温较低。

（3）探明了养分资源高效利用新机制。通过长期试验发现，氮素有机替代显著提高水稻产量，有机替代通过降低土壤碳氮比和提高土壤 pH，增加了土壤养分的可利用性；长期单施化肥提高了根际放线菌、硝化螺菌数量，促进了氨氧化细菌（AOB）生长，而长期配施有机肥可增加根际绿弯菌、拟杆菌及厚壁菌数量，增加氨氧化古菌（AOA）丰度，能够将施用化肥所改变的细菌群落向其初始状态恢复；发现真菌糖苷水解酶 *cbhI* 基因和细菌糖苷水解酶 *GH48* 基因在秸秆纤维素转化中起重要作用，施氮增加了稻秸还田 *cbhI* 基因和 *GH48* 基因丰度，以及相关的 β-葡萄糖苷酶、β-纤维二糖苷酶和 β-木糖苷酶活性，促进了秸秆分解，为利用氮肥调控秸秆分解进程提供理论依据。

2. 栽培与土肥研究室主任稻田生态与环境治理岗位科学家章秀福研究员团队创建了稻田种植制度长期定位试验平台

长江流域稻田种植制度主体轮作复种模式长期定位试验于 2003 年创立，积累了周年作物生长发育与产量、土壤结构与肥力变化特征、温光资源利用等基础性大数据；揭示了水稻理想株系建成与延衰机制；研明了肥料深施的养分保存、运转、吸收特征及与土壤、水、气三相的关系，深化了肥水耦合机制；深入解析了稻田微生态系统水稻对养分的生理生态响应机制，构建了稻田周年养分资源综合管理技术体系。为稻田土壤培肥与养分高效利用、环境友好与多熟制可持续发展等提供了平台和理论支撑。

六、稻田土壤重金属防控理论

1．南方稻田重金属污染修复岗位科学家纪雄辉研究员团队

（1）探明了稻田土壤镉污染来源。稻田土壤镉污染来源主要包括土壤母质、干湿沉降、灌溉水、农业投入品。其中，稻田成土母质含镉为土壤内源，源于母岩本底含镉和历史上含镉矿开采引起沿河冲积；干湿沉降、灌溉水和农业投入品带入稻田属外源输入，干湿沉降镉输入主要来源于工业、交通、建筑等企业排放的气型污染物，工矿冶炼因伴生镉气化温度低（765℃）容易释放到大气中；灌溉水镉输入主要来源于工业直排、矿渣等固废径流和渗透、养殖排水、生活污水、干湿沉降进入地表水后用于灌溉农田；农业投入品镉输入主要来源于部分有机肥料、高镉磷肥及复混肥，以及塘泥、污泥农业利用；秸秆还田来自于土壤本身镉循环，因秸秆积累镉较高（普遍为稻米镉含量的 5 倍），20 世纪 80 年代以来秸秆由原来用于燃料、垫栏等农村大循环转变为直接或焚烧还田的内循环模式，改变了农田生态系统镉输入输出的平衡。

（2）阐明了南方典型稻田稻米镉超标原因。土壤酸化引起土壤中钙镁结合态镉含量下降是导致稻米镉积累加剧的内在原因。湖南省长株潭地区调研表明，近 30 年来稻田土壤pH年降低 0.8 ～ 1.2 个单位，pH 5.5 ～ 6.5 的土壤进一步酸化现象尤为严重。不同水稻品种对镉吸收和累积存在显著差异。籼稻较粳稻具有更强的镉积累能力，杂交稻镉累积含量高于常规稻，但超级杂交稻普遍低于普通杂交稻。稻米镉累积受土壤镉活性和水稻镉转运的共同影响。土壤酸化加剧了有效硅和阳基离子流失，降低了镉在土壤 - 水稻系统迁移积累的拦截和拮抗作用。其中，土壤活性硅 -pH- 镉表现互作效应：土壤pH 5.0 ～ pH 7.0 时，活性硅与土壤镉螯合形成Si-Cd沉淀，氯化钙提取态镉含量降低 20% ～ 80%；pH≥7.0 时，活性硅促进土壤黏粒外层静电吸附态镉向内层化学吸附态转变，氯化钙提取态镉含量降低 80%以上。土壤盐基离子与稻米镉积累的调控效应表现为锌≈锰＞镁≈铁，增施锌锰促进了水稻植株锌锰含量的增加，可使稻米镉含量降低 20% ～ 40%。

（3）稻田镉污染风险管控（图 3-1）。

2．东南区土壤重金属污染防治岗位科学家徐建明教授团队

（1）提供了环境污染调查采样策略的科学方式。针对传统的采样与统计分析难以对土壤这一空间连续体进行整体测量和评估这一科学难题，率先建立了

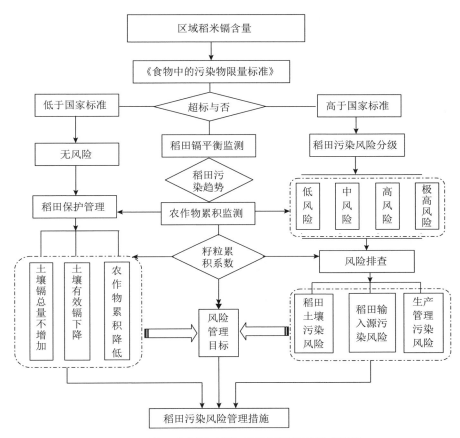

图 3-1 稻田重金属（镉）污染风险管控技术路线

区域尺度土壤重金属污染研究的采样策略优化体系。阐明了基于辅助变量协同效应的采样数目计算原理和基于不同空间尺度效应的样点位置优化机制，优化后可使县域尺度上土壤采样点降低 20% 左右。这为探索解决环境污染调查采样策略这一国际难题提供了科学方法。

（2）探明了典型污染物的"磁性指纹"信息和土壤磁性对土壤重金属污染的指示作用。建立了土壤重金属污染与磁性指标定量关系的区域性经验模型，创建了土壤重金属污染溯源、污染途径识别和污染过程追踪的磁示踪新原理。

（3）阐明了微生物活性及群落结构对大田土壤重金属污染的响应机制与规律。率先制定了锌、铜、镉、铅、铬、汞、镍、砷的土壤环境质量基准方案，首次耦合土壤质地和 pH，有效实现了用土壤重金属总量表征土壤重金属污染有效性，提出了农产品安全所对应的土壤重金属污染临界值。

（4）系统揭示了不同市/县域尺度农产品重金属积累与产地土壤质量的空间对应机制。阐明重金属有效性在多界面-多介质-多要素-多过程耦合的复杂土壤-作物体系存在差异的微观机制，构建了重金属多要素耦合模型，实现对不同类型土壤-重金属-农产品系统中污染特征解析从"点"到"面"转换，推动了产地环境和农产品安全调控理论与管理技术的发展。

第二节　技术创新

在理论创新的基础上，围绕产业技术转型升级与生产要求，围绕水稻机械化、轻简高效、品质质量提升、环境治理等，研创一批先进、实用、成熟的生产技术，对推动水稻生产技术进步、水稻产量品质效益的协同提高以及水稻生产的稳定持续发展发挥了巨大作用。

一、水稻机插高产高效栽培技术

1. 水分生理与节水栽培岗位科学家张玉屏研究员团队（原栽培与土肥研究室主任朱德峰研究员团队）创新水稻机械化高产高效技术模式

创新了水稻机插叠盘出苗育供秧模式和技术，提高秧苗质量、降低育秧成本和风险、大幅提升育秧中心的育供秧能力，为水稻万亩育供秧中心及规模化生产和社会化服务提供模式和技术；创新钵形毯状秧苗机插技术、杂交稻低播量机插、水稻精量播种大钵机插、育供秧等新模式，研制配套装备，研发水稻机插育秧基质及配套技术，建立水稻高产高效机械化生产技术体系。

技术创新具体实例：针对我国稻作技术转型及日本引进的水稻毯苗机插技术存在的问题，发明了水稻钵形毯状秧苗机插新方法。设计钵形毯状秧盘，通过培育上毯下钵机插秧苗，利用普通插秧机实现了水稻钵苗机插，提出了水稻钵形毯状秧苗标准化育秧技术。该技术建立定量定位机插方法，实现精量定位按钵取秧机插，秧苗断根率由传统毯状秧苗机插的 36.6% 下降到 20.1%，漏秧率降至 2.1% ～ 4.8%，插后秧苗提早返青 3 ～ 7 d。技术应用比传统毯苗机插平均增产 10.12%。

2. 长江下游稻区高产栽培岗位科学家张洪程教授团队创立了机插毯苗、

钵苗两套"三控"育秧新技术和少本精插高产优质栽培技术

（1）机插毯苗、钵苗两套"三控"育秧新技术。①创建了"控种精量稀匀播、依龄控水精准旱育与化控"的机插毯苗育秧技术，突破了稀播成毯、壮苗早发的技术瓶颈，秧龄延长 3 ~ 5 d，苗质显著提高，机插后缓苗期缩短 5 ~ 7 d。②建立了精准控种、控水与化控为主要内涵的机插钵苗育秧技术，开创了带蘖中苗无植伤机插栽培新途径。

（2）机插稻少本精插高产优质栽培技术。创建了"精量稀播毯形小龄壮苗少本机插"和"少粒穴播钵体中龄壮苗精准机插"两套高产优质栽培技术新模式，建立了机插水稻高产优质栽培技术系列 11 套，集成了我国特色的水稻机插栽培技术体系。

3．长江中游稻区高产栽培与秸秆综合利用岗位科学家唐启源教授团队（原华南稻区邹应斌教授团队）创建了杂交稻单本密植大苗机插栽培技术（三一栽培）

（1）技术原理。通过精准定位播种育秧培育长龄高素质秧苗，降低机插用种量和缩短机插后的水稻返青期并促进低位分蘖；通过低氮密植大苗机插栽培培育个体和群体相协调的高成穗率群体。

（2）技术内容。①种子精选与包衣。②定位播种：采用印刷播种或者手动播种器播种。③旱式育秧。④采用高速插秧机密植机插。⑤大田管理。a.推荐施肥。氮肥用量早稻或晚稻为每亩 8 ~ 10 kg，单季稻为每亩 10 ~ 12 kg，分为基肥（50%）、分蘖肥（20%）、穗肥（30%）3 次施用。b.干湿灌溉。c.综合病虫草害防治。

二、水稻精量直播技术

水稻机械直播是一种高效轻简栽培方式，美国、澳大利亚、欧洲等发达国家大多采用水稻机械直播方式。目前，我国超过 30% 的水稻种植面积采用直播，但由于缺乏先进的直播技术与机械，大多采用人工撒播。针对撒播水稻存在的生长无序、用种量大、草荒、易倒伏等问题，栽培与土肥研究室主任稻田生态与环境治理岗位科学家章秀福研究员团队与华南农业大学罗锡文教授团队合作创建了水稻精量直播技术。发明了"三同步"水稻精量穴直播技术，包括同步开沟起垄、同步开沟起垄施肥和同步开沟起垄喷施水稻精量穴直播技术；发明了适合水稻精量穴直播技术的机械式和气力式两大类 3 种排种器及 1

种同步深施肥装置；探明了精量穴直播水稻产量形成机制和生理特性，研创了水稻精量穴直播高产栽培技术，发明了包括浸种剂、稻种包衣和盲谷播种等全苗技术；不同配方的缓控释肥在水稻精量穴直播中的应用，发明了水稻生态专用肥；"播喷同步"+苗期除草的"一封一杀"防控技术。制定了适用于不同地区、不同茬口和不同品种的水稻精量穴直播作业技术规程。

栽培与土肥研究室主任稻田生态与环境治理岗位科学家章秀福研究员团队与杂草防除岗位科学家陆永良研究员团队合作建立水稻机直播"种肥药"一体化技术，即机械播种、侧位深施肥和喷施除草剂同步。与面施化肥相比，可减少氮肥用量20%而不减产，相应地提高氮肥偏生产力的10%～20%；同步喷施除草剂，喷雾均匀，雾滴小，施药后在土壤表面形成一层非常薄的封闭膜，有效抑制播种后2周内杂草的出芽和生长。2018年，位于浙江富阳场口镇马山村中集贩的水稻机直播百亩示范方采用水稻"种肥药"一体化技术，在减少氮肥用量14%的前提下，平均亩产717.4 kg，氮肥偏生产力提高了18.0 %，氮肥农学利用效率提高了29.3%。

三、再生稻高产高效栽培技术

1. 栽培生理岗位科学家彭少兵教授团队集成创新了适合机收再生稻的"两种""三促"和"四优"栽培技术

（1）明确了适合长江中游稻区机收再生稻品种的共性特征和优势种植区域。明确了适合在湖北省及长江中游地区机收再生稻品种的共性特征：生育期135 d以内，感光性不强；稻米品质达到国标三级以上；分蘖力、再生力强；后期不早衰、抗倒伏性强；综合抗性优，尤其是抗（耐）高温性强；成熟后不容易落粒等。明确了适宜再生稻种植的优势区域，即再生稻头季大田生长期110 d左右、再生季生长期70～85 d，两季合计180～195 d，要求灌溉条件较好，尤其要保障头季收割后的15 d内可及时灌溉。

（2）建立了促头季早发、促中后期根系强壮、促再生芽健壮发育的"三促"技术体系。集成了"栽前三带（带送嫁肥、带送嫁药、带送嫁泥）""栽后三早（早管水、早管肥、早除草）"的管理技术。

（3）集成创新了机收再生稻丰产优质高效栽培的"四优"栽培技术体系。优化水分管理，强化中后期以干湿交替为核心的养根保叶水分管理，促进根系生长和提高根系活力；优化协同头季和再生季氮磷钾及微肥的配置，促进对养分的吸收利用和稻谷籽粒的生产效率，氮肥利用效率提高 20% 以上；优化病虫害综合防控；优化稻米品质，再生季稻米农药残留检测为未检出，外观品质提升 1 ～ 2 个级别。

2．长江上游稻区高产栽培岗位科学家徐富贤研究员团队建立长江上游再生稻高产高效技术模式与体系

（1）创新了利用品种每穗粒数、地理位置、地力水平确定高产、氮高效利用关键栽培技术的规律性。探明了适宜稀植足肥栽培和氮肥后移的品种类型，明确了旱秧推广的适宜区域，创建了根据地理位置和土壤肥力确定氮高效施用量的方法，以及测苗定粒肥高效施用量等关键技术。

（2）创建了再生季以粒芽肥精准施用为核心的高产高效技术。选用宜香1108 等强再生力品种，采用"稻田免耕、头季稻等行距栽秧（15 万～ 16.5 万穴 /hm²）、底肥一道清施肥（施氮 150 ～ 195 kg/hm²）"方法，重施粒芽肥等，创造了世界同纬度地区千亩示范片再生稻产量达 16.76 t/hm² 的超高产纪录。

3．长江中游稻区高产栽培与秸秆综合利用岗位科学家唐启源教授团队开发了饲食两用型再生稻生产与秸秆全量饲料化利用技术

（1）技术原理。利用再生稻一种两收的特点，头季蜡熟期全株刈割青贮饲料，再生季稻谷食用，周年水稻秸秆得到全量利用。

（2）技术内容。①头季定向栽培技术：品种、刈割留桩高度和刈割期三因素影响饲草料的产量和质量。优选湘两优 900、甬优 4149、Y 两优 911 等头季生物量大、抗倒、抗病、再生性好、生育期适宜、再生季米质优的杂交稻品种，早播早插，即移栽、抛秧在 3 月中下旬播种，设施育秧在 3 月 15 日后播种，直播在 4 月上旬播种。头季齐穗后 15 ～ 20 d 或蜡熟期刈割收获，留桩高度 20 cm 左右。②再生季定向种植技术：充分利用头季早收割、低留桩的特点，管好水，施好发苗肥和调节剂，促再生苗苗齐、苗壮和苗匀，提高成穗率和结实率。③做好头季全株青贮、再生季秸秆黄贮。2019 年以再生稻头季全株青贮料在国家肉牛产业技术体系湘中试验站的肉牛饲养试验示范、在湖南草食动物产业技术体系湘东试验站黑山羊饲养试验示范结果表明，再生稻头季全株青贮料的饲养效果与全株青贮玉米相当。

四、水稻绿色丰产抗逆栽培技术

1．长江中游稻区高产栽培与秸秆综合利用岗位科学家唐启源教授团队

（原华南稻区邹应斌教授团队）创建了水稻三定栽培技术、油菜茬水稻免耕栽培技术与杂交水稻高活力种子生产技术

（1）水稻三定栽培技术。技术原理：是以地力函数法确定目标产量，依黄金分割法确定密度及株行距配置，以测苗定量施肥和配套物化产品应用落实栽培技术措施，达到目标产量与种植区域生态条件一致，目标产量与水稻群体生长发育一致，目标产量与水稻栽培技术措施相协调。技术内容：①因地定产，根据当地自然田间以地力函数法确定目标产量，或根据种植区域或田块前3年的平均产量增加15%～20%或以当地的高产纪录减少15%～20%确定目标产量；②因产定苗，根据目标产量和品种栽培特性确定群体指标，包括LAI、株高、基本苗数、最高苗数、有效穗数、每穗粒数、干物质重、总叶片数、叶片含氮量、叶色等。按黄金分割法确定单位面积播栽蔸数，再依据蔸数和品种特性等因素确定株行距；③测苗定氮，根据目标产量、地力产量、养分需要量、肥料养分吸收利用率确定单位面积施氮量，根据施氮量确定氮磷钾肥的比例和磷钾肥的用量，按氮肥适量后移的原则确定氮肥的基追比例，同时采用比色卡或SPAD仪和天气田间调整各次追肥用量。

（2）油菜茬水稻免耕栽培技术。技术原理：①缩短农耗时间，节约人力、畜（动）力，降低生产成本和生产能耗；②有利于维持土壤团粒结构和增加蚯蚓数量，油菜根、茎、叶等在土壤中腐烂后有利于土壤透水透气，熟土层增厚，提土壤肥力，即生物耕作；③油菜冠层覆盖可抑制田间杂草生长，可以减少化学除草剂的使用。技术内容：油菜收获后放水泡田，不经翻耕直接采用机插、直播或抛秧种植水稻，栽培管理同高产栽培。

（3）杂交水稻高活力种子生产技术。技术原理：①从种子发育、生产环境及栽培技术对种子活力的影响入手，以提高早授粉强势粒的比例，促进晚授粉弱势粒的发育为目标，通过优化种子生长发育的生产环境与栽培技术，结合化学调控及适期收获等调控技术，以提高收获种子的活力；②在种子收获后初加工的基础上，采用比重选与色选相结合的复合分选方法，剔除发芽率低的种子，分选不同活力水平的种子，提升种子活力以达到机械精量播种的要求。

技术内容："一养二早三适"杂交水稻高活力种子生产技术，"一养"即养花、粒、穗；"二早"即适期早收、早结束授粉，"三适"即适地、适肥、适密，指通过制种地点的合理选择，优化制种群体结构；在始穗至灌浆结实期实行科学调控和适时早收，进而获得高发芽率和高活力指数的杂交水稻种子。

2．东北稻区高产栽培岗位科学家侯立刚研究员团队集成了吉林水稻优质丰产综合配套技术、有机稻米生产技术及苏打盐碱地水稻抗逆技术

（1）水稻优质丰产综合配套技术。①筛选出吉林省主要生态区适宜超级稻品种4个。②明确了半直立穗型超级稻品种具有较高的净光合速率和吸收二氧化碳能力，超级稻品种吉粳88在光合速率、气孔导度、蒸腾速率上均高于其他品种，胞间CO_2浓度低于其他品种，该品种各项生理指标均有利于光合速率提高。③评价了栽培因素、产量构成因素对产量的贡献效应及互作关系。建立了超级稻吉粳88和吉粳102栽培因素与产量关系的函数模型和公顷纯收益模型，制定了吉林省中、东、西三个稻区的超级稻高产栽培技术规范。

（2）吉林省有机稻米生产技术。研明了有机栽培条件下水稻生育与产量形成规律。相对于常规栽培，有机栽培稻米的加工品质小幅下降，而蒸煮和营养品质提升幅度较大。有机栽培显著提升胶稠度、降低蛋白质含量，从而显著提高稻米食味值。同时对50个优质品种进行了适应性评价，并对不同生态区进行了适宜有机栽培品种推荐。建立了以免耕技术为主体的有机水稻土壤培育技术。

（3）苏打盐碱地水稻抗逆技术。①提出了苏打盐碱水田快速脱盐碱耕整地技术。②利用水稻生产废弃物等资源，研发了新型育苗载体——"无土育秧基质"和"板式床土"，具有工厂化、统一化、标准化、规模化等特点，配套育苗技术简单易操作。③组装集成了盐碱地水稻优化生产技术体系。

3．水分生理与节水栽培岗位科学家张玉屏研究员团队（原栽培与土肥研究室主任朱德峰团队）建立了水稻生产逆境灾害防控关键技术

研究水稻耐高低温品种评价方法，创建水稻高低温灾害预警平台，提出缓解水稻高温灌溉方法，研发水稻高低温灾害防控技术，连续6年列为农业部水稻主推技术，为水稻减灾稳产提供技术支撑。

五、土壤培肥与养分高效利用技术

1．养分管理岗位科学家周卫研究员团队创建了水稻养分推进新方法、有机养分资源高效利用与低产水稻土改良关键技术

（1）水稻养分推荐新方法。创建了基于产量反应和农学效率的水稻推荐施肥新方法。汇总了2000—2013年的5 556个水稻试验，建立养分吸收与产量

数据库，采用QUEFTS模型对作物可获得产量、产量反应、农学效率、土壤基础养分供应等相关参数进行特征分析，建立各参数间的内在联系；建立了基于产量反应和农学效率的推荐施肥模型，其中，施氮量=产量反应/农学效率；施磷或施钾量=作物产量反应施磷或施钾量+作物收获部分磷或钾移走量。作物收获部分磷或钾移走量是依据QUEFTS模型求算的作物养分最佳吸收量。同时采用计算机软件技术，把复杂的推荐施肥模型简化成用户方便使用的推荐施肥养分专家系统（nutrient expert，简称NE）。

（2）有机养分资源高效利用新技术。研究提出了畜禽有机肥氮素替代化肥氮素的适宜替代率为30%。与推荐施肥下的单施化肥处理比较，氮素有机替代水稻增产5.3%，减施化肥氮素30%，氮肥利用率提高15.0个百分点；研究提出了秸秆高效还田技术，即采用稻田秸秆粉碎翻埋结合氮肥前移，秸秆还田下氮肥适宜基追比长江中下游中稻为8:2，长江中下游双季稻为6:4。与等养分下秸秆不还田处理比较，粉碎翻埋还田结合氮肥前移水稻增产8.0%，氮肥利用率提高8.5个百分点，土壤总有机碳年均增加5.0%～6.3%。

（3）低产水稻土改良关键技术。针对不同低产田的障碍因素，研发出黄泥田有机熟化、白土厚沃耕层、潜育化水稻土排水氧化、反酸田/酸性田酸性消减、冷泥田厢垄除障等低产水稻土改良技术。针对湖北、浙江等地黄泥田熟化度低，有机质缺乏，黏重板结，采用种植绿肥紫云英或基施精制有机肥或畜禽粪肥，或秸秆还田熟化土壤；针对安徽、江苏等地白土漂洗严重，淀浆板结，耕层较浅，砂多黏少，采用深翻犁逐年加深耕层使表层粉砂与底层黏土充分掺和，并在深翻前配施腐熟的有机肥或秸秆还田；针对湖南、江西等地湖区稻田深水久灌，处于还原状态，采用水稻移栽前开排水沟，或垄作配施过氧化钙；针对广东、福建等地反酸田/酸性田酸度强、微生物活性差，水稻移栽前强化灌排洗酸2次，或施用生物有机肥，或施用酸性硫酸盐土壤改良剂每亩50～100 kg调节酸度；针对四川、重庆、浙江等地冷泥田水多渍害、土温低，水稻移栽前开厢或起垄，收获后原垄连续垄作，或采用覆膜旱作栽培，或施用改良剂生物碳或硅钙肥。

2．水分生理与节水栽培岗位科学家张玉屏研究员团队（原栽培与土肥研究室主任朱德峰研究员团队）研发了水稻节肥节水资源高效利用技术

研究水稻品种类型的产量形成生理与营养特性，形成配套的高产栽培技术；根据水稻营养需求规律，研发水稻机插侧深施肥技术、装备、肥料及智能

化施肥技术，建立了水稻减肥高产高效栽培技术体系。

3．栽培与土肥研究室主任稻田生态与环境治理岗位科学家章秀福研究员团队提出了一种碳/氮协调高效种植模式：油菜花果期还田作绿肥/水稻轮作模式

该模式突破了传统的油菜收籽做法，强调了油菜的养地培肥和景观功能。油菜是直根系作物，与水稻进行水旱轮作，可以加厚耕层，提高耕层的通透性；油菜是芸薹属植物，含有丰富的硫甙，成为稻田的"清洁员"，为土壤消毒，能有效杀死有害细菌、虫卵、杂草等；油菜可活化土壤中难溶的矿物态磷素，减少水稻季磷肥施用，促进稻田绿色发展。油菜花果期还田作绿肥提高水稻产量的种植方法在南方稻区应用面积在 20 万 hm^2/年以上。

六、土壤重金属污染控制技术

1．南方稻田重金属污染修复岗位科学家纪雄辉研究员团队

（1）酸性镉污染稻田石灰修复技术。土壤酸化加剧了污染稻田的稻米镉超标风险，利用石灰修复酸性镉污染稻田技术简单、易操作、效果显著。

材料：生石灰、石灰石、熟石灰、白云石等，推荐石灰石与白云石粉碎过 100 目筛后按比例混合使用，既能持久改良土壤酸性，又能有效降低稻米镉含量。

用量：以修复土壤pH6.5～7.5 为标准，具体用量可根据土壤pH、质地，以及石灰质材料的CaO/MgO含量进行调整，石灰的适宜用量参见表3-1。

施用方法：于水稻直播或移栽前 7 d 将石灰均匀撒施在土壤表面，然后结

表 3-1　CaO 施用量

单位：kg/（亩·年）

土壤镉含量范围（mg/kg）	土壤pH	土壤质地		
		沙壤土	壤土	黏土
0.3 ～ 0.6	<4.5	120	160	200
	4.5 ～ 5.5	90	120	150
	5.5 ～ 6.5	60	80	100
0.6 ～ 1.0	<4.5	160	200	250
	4.5 ～ 5.5	120	150	200
	5.5 ～ 6.5	80	100	150

合翻耕、多次旋耕使石灰与土壤混合均匀。

适宜条件：适宜于酸性、无砷污染风险稻田。

（2）镉污染稻田VIP+n技术模式。该模式是针对酸性轻、中度镉污染稻田，集成以低积累水稻品种（variety）、淹水灌溉（irrigation）和施用石灰（调理土壤pH）为核心，配套土壤钝化（土壤调理剂）、叶面阻控（叶面阻控剂）等技术的农艺修复技术模式，并强调县域本土化开发与应用。

（3）镉污染稻田安全利用的多靶向定量控制技术。多靶向定量控制技术是基于南方稻田土壤酸化、水稻吸收积累能力强、土壤微量元素普遍缺乏等导致镉生物有效性剧增，以稻米达标为目标，在量化镉低积累品种、土壤酸化调理技术、化学钝化技术、农艺修复技术、离子拮抗技术等降镉效果的基础上，根据稻米超标程度、土壤性质进行优选和组合，构建了控制污染稻田稻米镉超标的技术体系。

2．东南区土壤重金属污染防治岗位科学家徐建明教授团队提出了镉污染农田土壤的安全利用技术

（1）技术内容。原理。针对轻中度镉污染农田土壤，主要通过种植低镉水稻品种、施用土壤调理剂和叶面阻控剂、调节土壤理化性状、科学管理水分等组合农艺措施对耕地土壤中镉的生物有效性进行调控，减少镉从土壤向水稻籽粒的转移，从而保障水稻安全生产，实现受污染耕地的安全利用。

关键技术参数或指标。①土壤调理剂的成分及添加量将显著影响土壤镉的钝化效果，通过试验确定土壤调理剂添加量不高于$4\ 500\ kg/hm^2$。②混合程度是该技术一个关键性瓶颈指标，混合越均匀土壤镉钝化效果越好。③土壤调理剂安全利用效果通常需要土壤中镉生物有效性下降率（即土壤镉的钝化率）、稻米籽粒中镉含量的降低比例及稻米合格率等评价指标。

效果评估体系。①土壤镉生物有效性下降率要求达到30%以上；②稻米籽粒中镉含量下降达50%以上；③稻米合格率要求达到90%以上。

（2）技术实施。通过机械深翻耕层土壤，适当稀释表层土壤重金属含量；选取镉低积累水稻品种进行种植；在水稻移栽前10 d一次性撒施土壤调理剂，然后进行充分混匀；分别在水稻孕穗期和灌浆期各喷施一次叶面肥；水稻收获后水稻秸秆进行异地安全处置。

3．西南区土壤重金属污染防治岗位科学家周东美研究员团队开展了镉污染稻田土壤钝化修复材料的大田试验及长效性研究

（1）试验地点：地块位于江苏省宜兴市徐舍镇。

（2）试验材料与处理：筛选获得两种改良剂组合作为大田施用的材料。①水稻生物质炭（14 400 kg/hm²）＋钙镁磷肥（9 600 kg/hm²），施用 4 亩；②水稻生物质炭（14 400 kg/hm²）＋熟石灰（3 750 kg/hm²），施用 5 亩；③1 亩不施用任何材料，作为对照。

（3）主要结果：水稻籽粒镉含量、土壤 pH、土壤有效镉含量的变化如图3-2 至图 3-4。

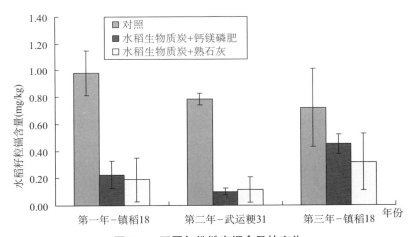

图 3-2　不同年份糙米镉含量的变化

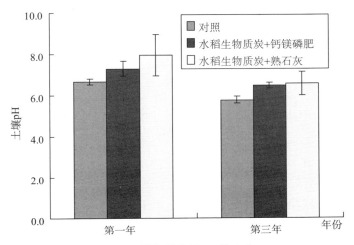

图 3-3　不同年份土壤 pH 的变化

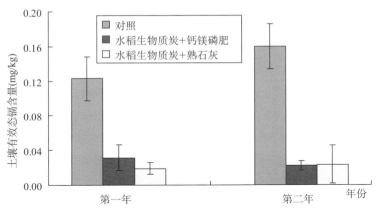

图 3-4　不同年份土壤有效镉含量的变化

第三节　产品研发

在技术创新基础上，通过农艺农机融合，研制机械设备、机具等技术产品，推动机械设备、机具的升级和技术进步；通过物化技术产品研发，为广大稻农提供实用、简便技术产品，推动技术成果转化，提高技术到位率。

一、机械装备研制

1. 水稻钵苗新型宽窄行插秧机

长江下游稻区高产栽培岗位科学家张洪程院士团队牵头有关单位与常州亚美柯机械设备有限公司协同攻关，2018 年成功研制出新型宽窄行水稻钵苗高速插秧机。该插秧机的行距配置是宽行 33 cm，窄行 23 cm，穴距（钵距）调节范围在 12.4 ～ 28.2 cm，亩穴数在 0.84 万～ 1.92 万穴之间合理调节，可以适应不同稻区、不同栽培制度（单季稻、双季稻）、不同穗型品种适宜密度的调节需求，解决了过去等行距密度调节范围小、适应性差的问题。

2. 水稻九道工序一次作业耕播机

长江下游稻区高产栽培岗位科学家张洪程院士团队所在的扬州大学创新研制出基于北斗导航的耕种喷旱直播机，可将水稻种植多道工序（施基肥、双轴旋耕灭茬、施种肥、镇压开种沟、播种、浅旋覆土、镇压、开沟、化除）一次性完成作业，大幅度减少多类型农机、农具投入和用工投入。经过优化改进，该旱直播机已进入生产示范，耕播质量和收获产量均得到了行业专家的认可。2019 年在江苏省泰州市沈高镇核心方直播稻亩产达 700 多 kg。

3. 双割台碾压比小再生稻专用联合收割机

栽培生理岗位科学家彭少兵教授团队通过校企联合攻关，相继研发了第一、二、三和四代再生稻专用联合收割机。已定型的第四代再生稻专用联合收割机为宽幅双割台双脱粒滚筒履带式设计，有效减少水稻秸秆在收割机割台的横向输送距离，显著提高脱粒速度和脱粒效率。试验表明该型收割机田间通过能力较好，割幅 3.0 m，履带宽度 0.4 m，直行理论碾压率 26.67%，理论工作效率可达 0.56 hm^2/h。

4. 水稻钵形毯状秧苗机插配套系列育秧盘、配套播种和机插机械装备以及育秧基质等

水分管理岗位科学家朱德峰研究员和张玉屏研究员团队研发了水稻钵形毯状秧苗机插配套系列育秧盘、配套播种和机插机械装备以及育秧基质。钵形毯状秧盘底部由一组纵横排列的倒四棱台形钵碗组成，利于根系盘结，培育的秧苗其上层连成毯状，下层分隔成钵形的特点，机插时按钵取秧准确，插苗均匀，制定了钵形毯状秧苗机插秧盘行业标准。研制了田间轨道精量播种装备和宽窄行插秧机等配套装备，提高了育秧和种植机械化水平。研发了机插育秧基质系列产品，实现产业化生产应用。针对稻田水分灌排方便及潜育化稻田的产量提升要求，研发了我国首台稻田开沟机。

5. 田间简易土壤水势检测装置

稻田生态与环境治理岗位科学家章秀福研究员团队研制了田间简易土壤水势检测装置（图 3-5）。在田间安装聚氯乙烯（polyvinyl chloride，PVC）管。根据 PVC 管内离地表的水位，进行灌溉，当 PVC 管内距离地表的水位即沙性土 10 cm、壤土 12 cm、黏土 15 cm 时，田间灌 2 ~ 3 cm 水层，自然落干至 PVC 管内距离地表水位达 10 ~ 15 cm 时再灌水，依次循环。这一方法简单易行，已在生产上大面积推广应用。

二、物化技术产品研发

1. 研创了抗低温、耐渍，具有泌氧功能的种子丸化剂

栽培生理岗位科学家彭少兵教授团队针对发展机收再生稻季节矛盾突出，早播易发生低温、渍水引起烂种烂芽、出苗率低等问题研创了具有泌氧

图 3-5　简易土壤水势检测装置

功能，能诱导种子提高自主抗低温、耐渍能力的种子丸化剂。种子经过丸粒化处理后，由于丸化剂具有吸湿自动泌氧，可以诱导种子淀粉酶的活性，促进种子内淀粉的降解，降低无氧呼吸水平，从而有效提高低温渍水胁迫下水稻种子的抗逆性。

2. 研制了促进再生芽健壮发育、收割后快速齐苗的再生稻套餐肥

栽培生理岗位科学家彭少兵教授团队研发了一种以缓释技术和养根促芽为核心功能的再生稻专用套餐肥。该专用套餐肥由促芽肥和提苗肥组合而成，提苗肥通过包膜缓释处理后，可以提早到头季稻的抽穗期施用，同时含有促进根系活力的活性成分，既有利于提高头季稻齐穗 15 ～ 20 d 后水稻植株的含氮量，同时又有促进根系活力提高的功效，促进再生芽活跃和健壮发育，收割后出苗又快又齐。最重要的是该专用套餐肥在不显著降低产量的前提下可以将再生稻的 5 次施肥减少到 2 ～ 3 次。

3. 研发了冬水田水稻底肥一道清专用肥

长江上游稻区高产栽培岗位科学家徐富贤研究员团队根据西南稻区大量冬水田土壤养分含量状况，利用冬水田保水保肥能力强的固有功能和杂交中稻的高产高效需肥特性，参照多年在四川、重庆、云南、贵州多点次冬水田肥料施用量与配方试验与示范结果，与泸州金土地种业有限公司联合研制而成的一种高产、高效新型复混肥——冬水田水稻底肥一道清专用肥。其特点：①在水稻移栽前作耙面肥一次性施用；②每亩施肥量 1 包（即 25 kg，含 N 7 kg、P_2O_5 2 kg、K_2O 3 kg）；③在保证杂交中稻亩产 600 kg 左右条件下，每亩比传

统施肥减氮 0.8～1.2 kg，适用于 90% 以上的冬水田。

4. 精制商品有机肥

养分管理岗位科学家周卫研究员团队针对黄泥田改良采用畜禽粪肥，直接施用易于烧苗，且难以运输，利用畜禽粪肥研发出精制有机肥，其腐熟程度高，养分释放快，该肥料比等养分的畜禽粪肥水稻增产 6.0%～8.5%，已在江西、湖北组织生产和大面积应用。

5. 低产水稻土专用肥

养分管理岗位科学家周卫研究员团队针对东南稻区普遍缺钾和硅，研发含钾和硅的水稻专用肥，其 N、P_2O_5、K_2O、SiO_2 含量之比分别为 13:7:10:10，与不添加硅素比较，平均增产 8.5%，已在江西规模化生产和应用。同时还研创了适于双季稻机插机施专用肥（N、P_2O_5、K_2O 含量之比分别为 17:9:15）和腐殖酸复合肥（N、P_2O_5、K_2O 含量之比分别为 18:12:13）。

6. 酸性镉污染稻田多靶位降镉的新型硅基钝化剂

南方稻田重金属污染修复岗位科学家纪雄辉研究员团队针对南方中轻度镉污染稻田土壤酸化严重、土壤镉活性高、中微量元素缺乏等加剧稻米镉超标风险的问题，以精准调酸、高效补硅、稳定降镉为主线，结合土壤-根系-植株系统多靶位降镉机制和硅激活技术，以高温复盐焙烧、低温强碱发酵的硅激活材料为基料，结合配比适合南方中轻度镉污染稻田的活性中微量元素[锌锰硅配比参数Zn(Mn):Si= 0.02～0.03:1]及其活性保护[Zn(Mn):C:Si=0.02～0.03:0.2～0.4:1]，研制生产出多元素-高活性硅基钝化剂新产品。

7. 适于酸性镉污染稻田的碱性缓释肥料和网捕稳定性肥料

南方稻田重金属污染修复岗位科学家纪雄辉研究员团队研发了有助于改善土壤环境质量和农产品质量，并维持农作物正常生长发育的新型功能肥料。①碱性缓释肥料是基于南方土壤酸化、镉超标普遍等问题，通过尿素改性缓释、复配缓效磷（钙镁磷肥）、缓效钾（钾硅肥）等工艺，研制出氮磷钾缓释、中微量元素养分齐全，并有利于改良土壤酸性、降低稻米镉积累的碱性缓释肥料。产品氮磷钾养分含量为 25%，等氮施用碱性缓释复混肥料的水稻增产 8.0%，稻米镉含量降低 28.2%～45.5%；减氮 20% 施用碱性复混肥料，水稻增产 5.0%，稻米镉含量降低 20.8%～42.8%。②网捕稳定性肥料通过网捕缓释工艺，并复配磷钾和中微量元素，研制出集土壤养分缓释、平衡土壤中微量元素于一体的网捕稳定性肥料。产品总养分含量为 25%，一次性施用能满足超级杂交稻全生育期生长发育，并具有一定的降镉功能。

第四节　推广应用

国家水稻产业技术体系成立以来，水稻栽培与土肥研究室取得了一大批科技成果，并在生产上大面积推广应用，为水稻生产连年丰收做出了巨大贡献。

一、水稻高产栽培技术

栽培与土肥研究室原主任朱德峰研究员团队研发的"超级稻高产栽培关键技术与区域化集成应用"被列为全国水稻主推技术，2006 年以来累计推广应用 2.5 亿亩，新增稻谷 1 346.6 万 t；2011—2013 年在超级稻主要推广省份应用面积达 1.19 亿亩，增产稻谷 640.0 万 t，增产增效 116.5 亿元，节本增效 20.9 亿元，累计增效 137.4 亿元，取得了巨大的经济效益、社会效益和生态效益。

东北稻区高产栽培岗位科学家侯立刚研究员团队研发的"超级稻优质高产综合技术"先后在吉林省松原市、双辽市、九台市、吉林昌邑，梅河口市、辉南县等水稻主产区示范推广，累计推广 2 800 万亩，创效益 14 亿元，社会效益、经济效益显著。成果的实施使吉林水稻单产明显提升，水稻总产量大幅度提高。同时，超级稻吉粳 88、吉粳 83、吉粳 102、沈农 265 的推广应用，明显改善了稻米品质，尤其是稻米的外观品质，为大宗吉林大米品牌奠定了基础，实现了农业增效、农民增收。

长江中游稻区高产栽培与秸秆综合利用岗位科学家唐启源教授团队（原华南稻区邹应斌教授团队）研发的"超级杂交稻'三定'栽培技术及配套物化产品"先后在湖南省长沙、湘潭、株洲、岳阳、常德、衡阳、邵阳、娄底、永州、怀化、张家界、湘西自治州等 12 个地市，湖北省荆州、黄冈、宜昌、武汉、黄石、襄樊、荆门，江西省南昌、萍乡、宜春、九江、吉安、赣州，以及广西壮族自治区宾阳，广东省怀集等 5 省份的 126 个水稻主产县进行示范推广，截至 2012 年底，累计推广 15 380.99 万亩，创经济效益 134.24 亿元。

二、水稻机插高产高效栽培技术

朱德峰研究员团队研发的"水稻钵形毯状秧苗机插技术研发与应用"连续 5 年（2011—2015 年）被列为我国水稻主推技术，在我国黑龙江建三江七星农场和牡丹江 856 农场，吉林白城、浙江诸暨、宁夏贺兰等 20 多省市 80 余县示范应用，年推广面积超 3 000 多万亩，占全国水稻机插秧面积 20% 以上。在黑龙江农垦 2 300 万亩水稻面积中占 90% 左右，代替了原来子盘育秧毯苗机插技术。2010—2015 年仅在黑龙江、吉林、浙江、宁夏等地推广达 8 005.4 万亩，增产稻谷 285.2 万 t，累计增效 78.8 亿元，取得了巨大的经济效益、社会效益和生态效益。

水分管理岗位科学家张玉屏研究员团队（原栽培与土肥研究室主任朱德峰团队）研发的"水稻叠盘暗出苗育秧技术"解决了稻农在水稻机插育秧中常出现的出苗差、整齐度低、烂芽死苗等问题，培育壮秧，为机插标准化育秧及社会化服务提供模式及技术支撑。在浙江、江西、湖南、安徽、江苏、山东、云南、黑龙江等地建设了一大批水稻机插工厂化叠盘育秧中心，解决长期以来制约我国机插育秧的瓶颈，引领和促进机插技术的发展，为我国水稻规模化生产和社会化服务提供关键技术模式。入选 2018 年浙江省十大农业科技成果之一，2018 年中国农业科学院十大科技进展之一，入选 2019 年农业部主推技术，在浙江、湖南、江西、江苏等省市应用超 500 万亩。

长江下游稻区高产栽培岗位科学家张洪程教授团队研发的"多熟制地区水稻机插栽培关键技术创新及其应用"先后被苏、皖等水稻主产省和农业部推荐为主推技术，引领了我国水稻机械化栽培技术发展，促进了多熟制地区机插栽培水平的提升，皖、苏、赣、鄂四省水稻机插率已达 40.4%。

张洪程教授团队研发的"水稻钵苗新型宽窄行插秧机示范应用"2013—2016 年在兴化市钓鱼镇连续四年实现了水稻钵苗机插百亩方平均产量超 900 kg。该项技术已得到农业农村部的高度重视与大力支持，2014 年以来先后在江苏、安徽等地组织召开了 5 次全国水稻钵苗机插会议活动。2018 年该技术又被农业农村部列为全国农业主推技术，位列农业农村部办公厅推介发布的 2018 年农业主推技术第一项。针对等行距水稻钵苗机插行距偏大、栽插基本苗不足的问题，2018 年成功研制出新型宽窄行水稻钵苗高速插秧机。2018 年 9 月 30 日，在江苏黄海农场召开了全国水稻钵苗机插优质增产新技术观摩交流会，一致认为该技术具有广阔的应用前景。

唐启源教授团队研发的"杂交稻三一栽培技术（单本密植大苗机插技术）"依托湖南省农业农村厅种植业处（原为粮油处）、隆平现代农业科技服务有限公司（技术转让购买方），在湖南全省以及广西南宁、江西上高的新型农业经营主体，开展了大面积应用示范。2016年以来，在湖南、湖北、四川、江西、安徽、广西、广东等省40多个县（市）双季稻或一季稻生产中进行较大面积（每户100～1 000亩）、较大范围（每县3～15户）的生产应用，得到示范用户的普遍好评；2017年，隆平高科出资购买了该技术；2019年制定发布了《机插杂交稻分层无盘旱育秧技术操作规程》（Q/JS LPNF-01—2019）和《杂交稻单本密植大苗机插栽培技术操作规程》（Q/JS LPNF-02—2019）2项企业标准。2019年被农业农村部列为农业主推技术。

三、水稻精量直播技术

稻田生态与环境治理岗位科学家章秀福研究员团队与华南农大罗锡文院士团队合作研发的"水稻精量穴直播技术"在广东、江西、安徽、上海、浙江、辽宁、新疆、宁夏等国内26省份及泰国等6国进行了推广应用，2013—2016年在上海等8省份累计推广面积达500余万亩。各地应用结果表明，杂交稻亩产可达600 kg以上，常规稻亩产500 kg以上，比人工撒播平均增产10%以上；可节水30%以上，节肥30%以上；与人工插秧、人工抛秧、人工撒播和机械插秧相比，每亩节本增效100元以上。2013—2014年在新疆地区创下了连续两年亩产超1 000 kg高产纪录，2012—2015年在浙江地区创下了连续4年亩产超800 kg的示范典型高产纪录。

四、机收再生稻高产高效技术

机收再生稻丰产高效技术模式在湖北省荆州市、黄冈市、荆门市、咸宁市、孝感市和天门市等地区大面积示范推广，建立核心示范基地14个。示范推广表明，该模式具有"七省二增一优"特点：即省工、省种、省水、省肥、省药、省秧田、省季节、增产、增收和米质优，有着良好的社会效益、经济效益和生态效益。该技术模式被农业农村部列为2017年和2018年主推技术，于2012年、2014年至2018年被列入湖北省主推技术，并大面积推广应用。

2011年以来，湖北省"机收再生稻丰产高效栽培技术"推广面积逐年递增，从 2011 年的 25.5 万亩增加到 2018 年的 302 万亩。2016—2018 年累计推广 701.0 万亩，增产稻谷（再生季）113.2 万 t，新增产值 29.60 亿元，节省成本 10.85 亿元，按缩值系数为 0.9 计算，累计节本增收 36.41 亿元。

全省再生稻示范推广面积由 2016 年的 75 万亩迅速增加到 2019 年的 400 万亩，再生季单产每亩由 2016 年的 150 kg 左右增加到 225 kg 以上，核心示范片再生稻实现了"亩产千公斤、效益过千元"的"双千"目标，受到了种粮大户的普遍欢迎。目前，再生稻已经被农业部门和新型种植主体作为轻省高效种植模式在湖南大面积应用，同时再生稻作为产业扶贫的重要组成部分，对扶贫攻坚起到了重要作用。

五、养分管理技术

1．低产水稻土改良新模式

养分管理岗位科学家周卫研究员团队形成了黄泥田、白土、潜育化水稻土、反酸田/酸性田及冷泥田改良与地力提升技术模式 18 项。应用该模式，农田地力至少提升了 1 个等级，黄泥田有机碳增加 18%，白土表层黏粒含量增加 1 倍，反酸田/酸性田 pH 提高 1.0～1.7 个单位，潜育化水稻土和冷泥田还原物质降低 40%～60%，水稻每亩平均增产超过 100 kg，大幅度提升了低产水稻土的地力水平。该成果已在南方十一省规模化应用，近 3 年累计示范推广 5 730 万亩，新增社会效益和经济效益总产值 161.5 亿元，新增纯收入 131.9 亿元。

2．化肥减施增效新模式

周卫研究员团队集成了 NE 系统推荐施肥、有机肥资源利用、秸秆高效还田、化肥机械深施等技术，综合应用水稻专用肥、精制有机肥和微生物肥料等产品，建立了基于"NE 系统＋"有机替代、"NE 系统＋"秸秆还田、"NE 系统＋"养分增效技术模式，并规模化应用。与习惯施肥比较，减施化学氮肥 10%～30%，减施化学磷肥 10%～20%，氮肥利用率提高 10～15 个百分点。近 3 年在水稻上累计示范推广 4 000 万亩，新增社会效益和经济效益总产值 62.5 亿元，新增纯收入 51.5 亿元。

六、重金属污染防治技术

南方稻田重金属污染修复岗位科学家纪雄辉研究员团队构建了农田重金属

污染修复治理的政府主导型"科—企—社"模式。该模式由政府主导、科技支撑、企业参与的修复治理模式。省级确定修复原则、方法，并制定修复技术产品、低积累水稻品种等目录清单；由县级确定修复治理区域，组织技术团队编制总体修复方案和片区方案，通过省级评审后，再通过招标选择污染区域的种植大户或专业合作社等主体，组织当地力量实施。实施过程中，招聘第三方进行技术培训、监测、评价，并通过效果反馈，逐步完善修复方案。该模式能调动广大农民的积极性，充分发挥政府监督、企业参与、科技指导等职能，初步实施表明修复效果显著。

纪雄辉研究员团队构建出 VIP+n 技术模式、镉污染稻田安全利用的多靶向定量控制技术、基于农田污染风险的可持续管理技术，累计在湖南省示范推广 500 万亩，稻米镉含量降低 40%～60%，达标率稳定在 80% 以上，硅基钝化剂相对贡献率 45% 以上。当前，在国家污染攻坚战目标任务指导下，广东、江西、广西等省份正在逐步推广 VIP+n、污染稻田风险管控等技术模式，初步取得较好的修复效果。

东南区重金属污染治理岗位科学家徐建明及团队创建了"农田重金属污染治理的"台州模式"。建立了以"低积累水稻种植–稳定化技术应用"为核心的重金属污染修复技术体系，探索了农业政府部门统一规划、技术推广部门专业实施、第三方学术单位独立评估的实施细则，形成了农用地安全利用的"十–百–千"（十亩计的小区试验，百亩田划分若干小单元的不同组合技术的应用与示范，千亩计的最佳组合技术的推广与辐射）的"台州模式"，在浙江省温岭市泽国镇，连续两年实施了 5 345 亩污染农田土壤的安全利用，经当地质检部门检测农产品达标率超过 90%。"台州模式"的"防控治三位一体 打好净土保卫战——浙江省台州市推进土壤污染综合防治先行区建设"案例被中组部采纳入编教学手册，已成为中组部高级干部培训的案例教学教材。

第四章　病虫害防控技术

　　我国年发生面积超过 200 万亩次的病虫草害有近 20 种。这些病虫草害经常同时发生，常年发生面积在 13 亿亩次以上，导致的产量损失可超过 35%。但近年来，我国病虫草害实际导致的产量损失在 400 万 t/年，仅占稻谷总产量 2% 左右，说明病虫草害防治工作在保障我国口粮安全中做出了巨大贡献。这其中不仅有各级政府职能部门的指导和支持作用，还有广大农户的积极投入，更离不开广大植保科技工作者的理论与技术创新。自 2007 年以来，水稻产业技术体系病虫害防控研究室 10 名岗位科学家深入开展水稻病虫草害绿色防控的理论与技术创新研究，并同时积极推广相关新理论、新技术和新产品，在稻瘟病、病毒病、纹枯病、细菌性病害、稻曲病、线虫病害、稻飞虱、稻纵卷叶螟、螟虫和草害等的防控中发挥了重要作用，显著提高了我国水稻病虫草害绿色防控的理论和技术水平。

第一节　理论创新

　　由 *Magnaporthe oryzae* 引起的稻瘟病属于基因对基因病害。长期以来，我国稻瘟病防控主要依靠施用杀菌剂，未能充分利用抗瘟品种。稻瘟病防控岗位及其团队为此开展了稻瘟菌致病型变异及其机制、稻瘟菌致病机制、水稻抗瘟性及其机制等研究，以期为抗瘟品种的鉴定、培育和布局以及绿色杀菌剂的设计提供指导。目前取得的进展有：①发现我国稻瘟菌群体存在数量极其丰富的小种，不存在明显优势的小种，但存在优势无毒基因型，尤其是发现抗瘟主效基因介导的田间抗性依赖于稻瘟菌田间群体的优势无毒基因型。②发现稻瘟菌存在大量的菌株特异基因和致病基因扩张，尤其是菌株之间在转座子位点数上存在显著差异，并与菌株特异基因和致病基因存在相关性，由此推测频繁跳跃是导致稻瘟病小种变异的关键因子。③发现 AvrPib 是定位于寄主细胞核蛋白，与其他 MAX 效应子具有相似结构，尤其是发现抗瘟蛋白

RGA5 与 Pikp1 分别通过 HMA 结构域不同界面识别对应无毒蛋白。④鉴定了多个稻瘟病菌致病性必需或重要基因，并明确有些致病必需蛋白可作为绿色农药设计的候选靶标。

稻曲病已成为我国水稻第三大病害。因此，稻瘟病防控岗位科学家及其团队通过合作，测定和分析了稻曲菌的基因组结构，并发现该菌编码糖基水解酶类的基因明显减少，尤其是缺少果胶分解酶。

危害水稻的病毒病有多种，其中水稻条纹病毒（rice stripe virus，RSV）引起的水稻条纹叶枯病在全国粳稻种植区数度流行，造成了严重损失。水稻条纹病毒为纤细病毒属（*Tenuivirus*）病毒，病毒基因组包含四条单链 RNA 分子。病毒病防控岗位科学家及其团队发现：①RNA4 编码的 NSvc4 为病毒的运动蛋白，RSV 侵染后 NSvc4 能够用 Remorin C 端棕榈酰化修饰位点区域，干扰其棕榈酰化修饰，导致 Remorin 细胞膜定位减弱并在内质网大量聚集，诱导细胞自噬并被降解，有利于病毒打开胞间连丝并在细胞间快速移动，从而有利于病毒侵染。②明确了 RNA4 编码的 SP 蛋白能与 PsbP 蛋白互作，并减少其在叶绿体中的积累量，从而破坏寄主光合作用，导致水稻产生"条纹"症状。③证实了 RNA3 编码的 NS3 为基因沉默抑制子，NS3 还可与灰飞虱的 26S 蛋白 RPN3 互作增加病毒传毒效率。

水稻纹枯病是水稻生产上发生最广、为害最重的病害，但目前尚未发现对抗纹枯病有良好抗性的水稻品种，有关纹枯病菌的致病机制也很不清楚。纹枯病及稻曲病防控岗位及其团队取得的进展有：①鉴定筛选对水稻纹枯病抗感差异的品种港源 8 号和盐丰 47，通过分析接种纹枯病菌材料的转录组和 qRT-PCR 验证，筛选出纹枯病抗性相关基因 *R2R3-MYB* 家族转录因子 Os01g0874300。②利用 300 份水稻突变群体筛选出 14 份中抗的材料，通过 RNA-sequencing 技术挖掘与纹枯病抗性相关的基因，并利用 *Crispr/Cas9* 基因编辑技术突变高度响应纹枯病菌侵染的水稻基因，筛选的抗病相关基因有 *Auxin efflux carrier protein*、*Indeterminate domain 10*、*Callose binding protein*、*LAZY1*、*WRKY53* 和 *Potassium channel 1*。③揭示该病原菌的效应蛋白可通过调控寄主靶标蛋白诱导寄主坏死，亚细胞定位明确了水稻纹枯病菌效应蛋白 AG1_035 位于水稻原生质体内质网。

线虫病防控岗位及其团队通过研究发现中国具有最高的干尖线虫多样性，否定了教科书中我国水稻干尖线虫由国外引进的普遍说法。明确了干尖线虫循品种选育和种子生产的虫源传递链，明确了海南南繁基地对水稻干尖线虫和根结线虫的虫源基地作用，发现水稻根结线虫可以在稻田周边田埂、沟渠、道路绿化带和旱地环境生存，提出了水稻线虫病源头治理的策略和方法。发现水杨酸和茉莉酸能够降低水稻苗期对干尖线虫的敏感性。

稻飞虱防控岗位对稻飞虱灾变规律及其关键生态因子进行了研究，主要进展有：①研究我国稻区常见的飞虱及其天敌种类，出版《中国稻区常见飞虱原色图鉴》，编著《中国稻田害虫天敌的识别与利用》（入选 2020 年国家出版基金资助项目），构建了《稻田飞虱及其天敌图像数据库》和《中国稻飞虱网》（2019 年归入《中国水稻信息网》）。②揭示了田间小气候特征及其对稻飞虱灾变的影响，明确长三角单季晚稻生育期长，且创造了有利于稻飞虱克服夏季高温的田间小气候，是单季晚稻稻飞虱为害风险增大的主要生态因子。③发现内生共生菌 *Arsenophonus* 与褐飞虱对绿僵菌的抗病性有关。④连续 13 年监测了我国及境外褐飞虱田间种群的致害性，明确我国褐飞虱以生物 II 和 I 的混合种群为主，对含 *Bph3* 抗虫基因的 IR56 致害能力呈增长趋势，但这种致害性与褐飞虱迁飞距离有关，离境外虫源地近的致害性相对较强，距离远致害力相对较弱。⑤发现稻飞虱重要功能基因 20 余个，其中 2 个RNAi干扰的灵敏度高，可望用于后续抗性水稻品种的培育。

稻纵卷叶螟是我国南方水稻最重要的"两迁"害虫之一，可造成重大的产量损失。稻纵卷叶螟防控岗位及其团队对稻纵卷叶螟灾变规律、关键生态因子以及防控技术进行了系统研究，取得如下主要进展：①比较了稻纵卷叶螟及其近缘种的种群动态和结构、ITS2 的序列差异和mtDNA控制区域的特征，建立了分子检测技术。②系统调查了稻纵卷叶螟的天敌种类，分析天敌数量与稻田生物多样性的关系，探明了关键天敌稻螟赤眼蜂的飞行、抗逆和控害能力，提出了稻纵卷叶螟天敌保护和生物防治技术，并制定了 2 个浙江省地方标准《稻田释放赤眼蜂防治稻纵卷叶螟技术规程》和《水稻害虫生态工程控制技术规程》。③发现一批与药剂作用相关的稻纵卷叶螟中肠基因信息，明确稻纵卷叶螟颗粒体病毒的作用，为稻纵卷叶螟相互作用和靶向药物设计奠定基础。④评价了高效、低风险的化学农药的防治效果和天敌安全性，测定了植物源和微生物农药的长效控制作用，提出了长效生态控制与高效应急防控相结合的稻纵卷叶螟绿色防控技术体系，编写出版了《稻纵卷叶螟绿色防控》。

二化螟是水稻上常发性的重要害虫，田间种群个体发育差异显著，世代重叠严重，导致其难以有效防控。螟虫防控岗位研究表明了二化螟个体发育总历期与两个环节有显著相关性：①二化螟个体会在不同龄期化蛹，从5龄开始，个体都能化蛹，化蛹龄期越晚，总发育历期越长。二化螟的发育总历期与个体的化蛹龄期显著相关。②二化螟个体的末龄发育历期差异巨大，相同龄期化蛹的个体，末龄历期越长，个体总发育历期则越长。二化螟的发育总历期与个体的末龄发育历期显著相关。由此认为，二化螟不同龄期化蛹和末龄发育历期导致了田间种群的世代重叠。通过ddRADseq技术，研究了二化螟发育快的群体和发育慢的群体之间的潜在遗传分化，结果显示两个类群之间无显著的遗传分化。进一步从蜕皮激素和保幼激素两个通路上探究二化螟发育异步化的调控机制，相关研究工作正在进行中。三化螟、台湾稻螟体内乙酰胆碱酯酶基因的突变是他们对有机磷类和氨基甲酸酯类农药产生抗性的关键机制。二化螟对甲维盐的抗性，不同地理种群之间可能存在差异，相关研究工作正在进行中。

生物防治与综合防控岗位及其团队开展了水稻抗虫机制以及害虫致害机制等方面的研究，以期为水稻抗虫品种的培育以及开发诱导抗虫剂提供理论基础。取得的主要进展有：①明确了水稻的诱导抗虫反应主要受MAPKs、茉莉酸、乙烯、过氧化氢等众多信号转导途径的调控，其中茉莉酸和乙烯信号转导途径正调控水稻对咀嚼式口器害虫的抗性，负调控对刺吸式口器害虫的抗性；过氧化氢信号途径增强水稻对褐飞虱的抗性。同时，发现赤霉素（GAs）介导的信号传导途径以及降低水稻中5-羟色胺含量可同时提高水稻对咀嚼式口器和刺吸式口器害虫的抗性。②鉴定了OsWRKY70、OsLRR-RLK1等多个水稻虫害诱导防御反应中的早期调控因子，它们可以通过调控茉莉酸、GA等防御和生长相关的信号途径，调控水稻的防御反应。③鉴定了一批水稻的直接与间接防御化合物，并在国内外首次证实了虫害诱导的水稻挥发物在调控害虫自然种群动态中的重要作用。④发现了褐飞虱的两个效应子蛋白NlEG1和NlSEF1，它们可以分别突破水稻的细胞壁防御以及抑制水稻中过氧化氢信号途径介导的防御反应。

在我国稻田普遍发生的杂草有20多种。稻田杂草与水稻争肥、争水、争光、争空间，降低水稻产量和品质并传播病虫害，已经成为水稻生产的主要生物灾害之一。草害防控岗位从全国不同生态稻区采集并收藏稗草种质资源

1 000 余份，开展了形态学、生物学、分子生物学等基础研究，并取得了如下进展：①根据稗草叶绿体基因组 *trnT-L* 序列差异，筛选出 *trna-b1* 标记，利用该标记可将 225 份水田稗（*E. oryzicola*）与其他 256 份稗种区分开来。同时开发出叶绿体分子标记psbA，将 245 份其他稗种材料区分为稗的原变种等 4 个小类。②发现稗草基因组在拟态过程中 1 986 个基因受到了类似于人工驯化的强烈选择，其中株型相关基因显著富集。87 个株型相关同源基因中，植物重力响应相关通路基因富集包括分蘖角控制基因 *LAZY1*。和浙江大学合作首次揭示了稗草的瓦维诺夫拟态现象。草害防控岗位还收集了全国各主要稻区的杂草稻种群，构建了杂草稻种质资源库，与浙江大学团队合作，以 155 个杂草稻群体和 76 个栽培稻种群为材料，通过基因组重测序及群体遗传学分析，首次明确了我国杂草稻起源于栽培稻，同时揭示了水稻去驯化过程中的遗传变化及杂草稻环境适应的进化机制。

第二节　技术创新

稻瘟病防控岗位及其团队围绕稻瘟菌群体无毒基因型的时空动态及其与相应抗瘟基因型田间抗瘟性之间的关系，开展了水稻抗瘟品种鉴定、培育和利用的技术研究，创新建立了如下相关技术：①建立了稻瘟菌快速单孢分离技术，用于大规模分离稻瘟菌。②建立了室内离体叶片划伤接种和田间针刺接种技术，用于水稻品种抗瘟性和稻瘟菌群体无毒基因型的测定技术体系。③制定了农业行业标准《水稻稻瘟病抗性室内离体叶片鉴定技术规程》，可比较准确地测定水稻品种田间抗瘟性。④建立了稻瘟病抗性田间监测技术规程，并制定了农业行业标准《水稻稻瘟病抗性田间监测技术规程》（审批中）。⑤创建了一套可鉴定 24 个不同抗瘟基因的稻瘟菌鉴别菌系，可用于水稻品种主效抗瘟基因型的推导。⑥在上述基础上，创建了基于稻瘟病群体优势无毒基因型鉴定、培育和选用水稻抗瘟品种的技术体系，已在生产中得到广泛应用，并获得四川省科学技术进步一等奖（2018）和第十一届大北农科技奖（2019）。

目前缺少对水稻病毒病有良好防治效果的药剂，快速、准确、灵敏、实用的检测技术是病情监测预警和开展绿色防控的关键。为此，病毒病防控岗位国际首创了检测南方水稻黑条矮缩病毒等 6 种水稻重要病毒（SRBSDV、RRSV、

RGDV、RSMV、RBSDV、RSV) 的 ACP-ELISA、DAS-ELISA、TAS-ELISA、dot-ELISA、Tissue-blot-ELISA、免疫捕获（IC）-RT-PCR 及胶体金免疫试纸条共 7 种灵敏度高、特异性强、对同种病毒的不同株系和分离物广谱性好的快速检测技术，经 RT-PCR 检测验证准确率达 99.9%，多种 ELISA 检测技术检测病毒感染植物组织粗提液的稀释度高达 1:81 920 倍（g/mL）以上，检测传毒介体的稀释度最高达 1:52 100 倍（头/μL），检测病毒的灵敏度高达 8.3 pg/mL。相关研究成果获得 2018 年高等学校科学技术进步二等奖。

纹枯病及稻曲病防控岗位依据水稻纹枯病菌田间越冬菌核残留量对翌年田间病害的重要影响，设计了一种水稻纹枯病菌菌核收集网，用于插秧前泡田期打捞菌核，减少越冬菌核对下茬稻田的影响。通过对水稻纹枯病病情动态监测，建立了水稻纹枯病时间流行动态 Logistic 模型，明确了最佳药剂防治时期的病情始发期。通过对水稻纹枯病菌和稻曲病菌的抗药性监测、高效低毒环境友好型复配药剂筛选及生防菌株的筛选和生防菌剂的研制，指导科学用药防治病害。依据水稻病害绿色防控的理念，集成了以选用抗病品种、清除菌源及科学用药为核心的绿色防控技术，并获得 2015 年辽宁省科学技术进步三等奖。

细菌性病害防控岗位针对华南双季稻区白叶枯病发生日趋严重的状况，对该病害成灾原因及防控技术开展了系列研究，探明了新优势致病型的形成以及生产上缺乏相应的抗病品种是华南稻区水稻白叶枯病暴发成灾的重要原因，针对性地挖掘了 xa34 等新抗病基因资源，与育种单位开展抗病育种，选育出新抗病品种并在生产上推广应用，在华南白叶枯病控制上起到了重要作用。相关研究成果获得 2011 年广东省科学技术二等奖（"水稻白叶枯病菌遗传多样性、致病性分化和品种抗性的研究与应用"）。细菌性病害防控岗位与稻瘟病防控岗位合作，利用抗稻瘟病单基因系鉴别系统，开展了华南稻瘟病无毒基因型种类及致病性监测，探明了华南主栽品种抗瘟基因型以及致使本地区主栽品种天优998、五优 308、广 8 优系列杂交稻组合等抗性丧失的病原小种类型。针对病原发生变异特点，开展了广谱抗瘟基因资源的挖掘及利用研究，筛选出 28 占、BL122、GDIR100 等广谱抗瘟资源，发掘并克隆了具有重要应用价值的新抗瘟基因 Pi50，相关研究成果获得 2017 年广州市科学技术二等奖。

线虫病防控岗位建立了适合水稻不同生育期的干尖线虫接种方法。发明了极微量干尖线虫 DNA 检测技术，建立了快速检测种内、幼苗内线虫的 PCR 方法。建立了水稻种子处理和制种田药剂喷雾等干尖线虫源头治理技术。线虫病防控岗位明确了不同抗稻瘟病基因在西南和长江流域的有效性,筛选出60余份抗稻瘟病、稻曲病、飞虱、南方水稻黑条矮缩病和水稻干尖线虫资源供全国50多家育种单位使用。在西南和长江流域设立抗性监测圃25个,对1 200份次水稻生产品种进行了抗性监测,筛选出中浙优8号、内香优39等兼抗稻瘟病、纹枯病、南方水稻黑条矮缩病和稻曲病发病程度较低的品种30个,先后停止了250个高感稻瘟病品种的推广。通过提高西南地区生产品种对病虫的抗性,明确了螟虫、稻飞虱及其传播病、稻水象甲等病虫的分布和发生规律,结合螟虫性诱剂投放、吡虫啉拌种、秧田无纺布和防虫网覆盖、移栽前吡蚜酮、康宽送嫁药、穗期纹曲宁喷雾等措施,研发出西南地区水稻病虫绿色防控技术体系。

稻飞虱防控岗位主要开展水稻稻飞虱抗性、合理用药等方面的研究,主要进展如下:①建立成株期飞虱抗性鉴定方法,优化了水稻褐飞虱和白背飞虱抗性鉴定技术;累计完成10 000余份主栽水稻品种和备用水稻品种的稻飞虱抗性鉴定,在此基础上构建《主栽水稻品种抗虱性数据库》。②明确稻田杀虫剂对褐飞虱的杀虫活性、速效性和持效性,提出以长效药剂进行预防、速效药剂进行应急控制的药剂利用策略;针对我国水稻病虫害全生育均受稻飞虱等多种主要病虫害危害并致灾的特点,结合水稻生产特点,创建了"三防两控"水稻病虫害全程轻简化绿色防控技术模式,该技术模式采取防、控两种策略,其中"防"即"三防",分别在水稻播种、移栽、破口前三个环节,对历年常发性病虫害采用种子处理、送嫁药和破口前综合用药等预防性防治措施,简化用药决策;"控"即"两控",分别在分蘖期和穗期对暴发性、流行性病虫害进行防治,为应急性达标防治。该技术在南方稻区多点多年示范应用,省工、减药并能有效控害,稻田天敌控害功能增强,适合水稻全生育期病虫害的可持续治理。

稻纵卷叶螟防控岗位针对过度依赖化学农药的现状,围绕绿色防控技术创新建立了如下相关技术:①开发了基于ITS2序列差异的稻纵卷叶螟及其近缘种的分子检测技术,可精确区分稻纵卷叶螟和宽纹刷须野螟。②研制了释放赤眼蜂防治稻纵卷叶螟技术,包括赤眼蜂选择、赤眼蜂专用释放器和赤眼蜂标准化的田间人工释放技术,并制定了浙江省地方标准。③建立了基于功能植物多样性的稻田害虫生态控害技术体系,包括在田埂(边)保留或种植储蓄植物（禾本科杂草）保护和提高土著天敌数量，种植蜜源植物（芝麻）提高天敌功能，种植诱虫植物（香根草）降低螟虫的虫源基数。通过提高功能植物多样性，保护了蜘蛛、缨小蜂和赤眼蜂等天敌的数量，降低了稻田二化螟的密度，提高了整个稻田系统的自然控害能力，减少了杀虫剂的使用。该技术自 2013 年迄今一直被全国农业技术推广服务中心推荐为水稻绿色防控主推技术，以此为基础形成的"水稻害虫生态工程控制技术"2014—2016 年被农业部列为农业主推技术，在我国南方主要稻区推广应用。

螟虫防控岗位建立的长江中下游稻飞虱暴发机制及可持续防控技术，获得了 2015 年度国家科学技术进步二等奖。主要创新点包括：①稻飞虱的暴发机制解析。探明粳稻面积扩大、籼粳稻区并存，导致灰飞虱前期暴发、褐飞虱后期突发的关键机制，为准确预警奠定基础。②稻飞虱抗药性机制解析。揭示稻飞虱抗药性呈"大小 S 曲线"阶段性上升规律及靶标双突变高抗性机制，为抗性早期发现和新药研发提供理论依据。③稻飞虱准确预警技术创立。创建区域稻飞虱虫情准确预警及高抗性早期监测技术，掌握防控主动权。

生物防治与综合防控岗位开发了基于化学激发子与抗性相关基因的水稻害虫防控新技术。通过引入化学遗传学方法，建立了以芳樟醇基因启动子融合 GUS 报告基因为核心的高通量筛选化学激发子方法，并利用此方法，结合化学分析、室内与田间生物测定，鉴定了几十个能诱导水稻产生抗虫性的候选化学激发子。在此基础上，揭示了 2，4-D（二氯苯氧乙酸）、噻枯唑、WJ-72 及 B-1 等 4 个化学激发子诱导水稻产生抗虫性的化学与分子机制。这为水稻害虫的生态调控与绿色治理开辟了全新的途径。同时，利用多年来克隆鉴定的 10 余个水稻抗虫基因，以及转基因技术培育了 16 个转基因水稻品系。经农业部批准后，在浙江大学长兴试验站开展了连续 2 年的田间试验，获得了对褐飞虱和/或白背飞虱具有很好抗性效果的抗性品系 8 份（来自 4 个基因），为抗性品种培育提供了很好的基因资源。

草害防控岗位研发了如下技术：①机直播稻田"播喷同步"封闭除草技术。该技术是在水稻机械精量穴直播机上安装高压喷雾装置，在播种的同时同步喷施封闭除草剂，将杂草封闭在萌芽状态，避免早期用药导致的水稻药害问题和人工用药的重喷漏喷问题，有效解决杂草早期治理特别是抗性杂草治理的难题，同时减少人工施药成本。②水稻机插秧"插喷同步"封闭除草技术。该技术是在水稻插秧机上安装高压喷雾装置，同步完成秧苗机械移栽和封闭除草剂机械化喷雾两项工作，将杂草封闭在萌芽状态，减轻后期杂草特别是抗性杂草治理压力；机械均匀喷雾避免漏喷重喷，解决了"背脊土"杂草封闭难题和早期用药水稻药害问题。若施用持效期较长的除草剂，一次用药就能防治移栽田全生育期杂草危害，省工省钱，经济高效。③"随插随用"控释颗粒剂封闭除草技术是在机械插秧的同时通过机械撒施含有除草剂的控释颗粒剂，实现插秧同时封闭除草。通过改造洋马水稻侧深施肥插秧机，让控释颗粒剂撒施于田间土表，实现了精准机械撒施，提高了除草剂利用效率，节省了劳动力。该控释颗粒剂通过对药物的控制释放，延长药物对靶标的作用时间，减少对作物的施药次数，减少除草剂用量，减轻对环境的污染。

第三节　产品研发

稻瘟病防控岗位测定了辽宁省、黑龙江省和四川省等 100 余个主栽水稻品种的抗瘟基因组成和抗瘟性，并与各地水稻育种家合作，培育了 300 余份优良抗瘟后代品系，50 余份参加国家、省等各级区域试验，包括 21 个抗瘟新品种通过了国家或省市审定。其中，宜香优 2115、盐粳 927、盐粳 218、辽粳 401、盐粳 456 等已经在生产上大面积应用，特别是高抗稻瘟病品种宜香优 2115 已连续多年为我国西南地区推广面积最大的超级稻品种。

病毒病防控岗位国际独创了以单克隆抗体为核心分别用于检测作物与传毒介体中 SRBSDV、RRSV、RGDV、RSMV、RBSDV 和 RSV 灵敏度高[检测病叶稀释度高达 1:64 000 倍（g/mL），检测病毒的灵敏度高达 20.1 pg/mL]、稳定性好的 dot-ELISA 试剂盒。创制的试剂盒检测病毒周期为 2.5h（包括样品处理时间），约为 RT-PCR 检测时间的 1/3，成本仅为分子检测的 1/30，灵敏度与分子检测相当，且操作方便，一次可高通量地检测植株或传毒昆虫样品 500 株（头）。与美欧同类检测产品（10 ng/mL 病毒浓度）相比，检测灵敏度提高了 100 ～ 1 000 倍；保质期达到 2 年，比同类进口产品的 1 年保质期高出 1 倍。国际首创了利用制备的 2 株抗南方水稻黑条矮缩病毒（SRBSDV）单克隆抗体开发出 5 ～ 10 min 内（包括样品处理时间 1 min）特异、灵敏、准确检测植物和传毒介体白背飞虱体内 SRBSDV 的胶体金免疫试纸条，检测水稻病叶的稀释度高达 1:6 400 倍，检测单头带毒白背飞虱的稀释度高达 1:51 200 倍（头/

μL），且能检测 SRBSDV 不同株系和分离物。田间样品检测结果表明，该试纸条的检测结果与 RT-PCR 的符合率达到 100%。相关研究成果获得 2018 年高等学校科学技术进步二等奖。

纹枯病及稻曲病防控岗位设计了一种水稻纹枯病菌菌核收集网（专利号为 ZL 2019 2 1227146.4），用于泡田期稻田菌核的打捞。筛选分离出对水稻纹枯病和稻曲病有生防效果的纺锤形赖氨酸芽孢杆菌、比莱青霉、贝莱斯芽孢杆菌、短小芽孢杆菌、死谷芽孢杆菌等（申请号为 201711113446.5、201711113602.8、201811520755.9、201811519107.1、201811519128.3），并加工成生防菌剂，取得较好的防治效果。筛选出对水稻纹枯病菌、稻曲病菌具有较高抑制效果的申嗪霉素与吡唑醚菌酯、肟菌酯、己唑醇、戊唑醇等药剂的复配组合。

细菌性病害防控岗位利用稻瘟病抗源 BL122 和白叶枯病抗源 H120，选育出抗白叶枯病和稻瘟病恢复系"粤恢 9822"（2016 年获国家植物新品种权）和抗稻瘟病恢复系粤恢 9802（2018 年获国家植物新品种权），两个恢复系配组的丰优 9802、美优 9822 等 8 个抗病杂交稻组合通过广东省品种审定、永丰优 9802 通过国家品种审定；利用 *Pi50* 创制的高抗稻瘟病不育系"广源 A"通过广东省农作物品种审定委员会鉴定；利用抗病基因 *Xa7* 和基因 *Pikh* 选育的抗病优质品种白香占、白粳占、白丝占通过广东省品种审定。

稻飞虱防控岗位主要围绕"三防两控"水稻病虫害全程轻简化防控技术模式开展配套技术产品的研发，初步筛选出适合稻飞虱防控的长效种子处理剂多种，其中以三氟苯嘧啶为主要成分开发的种子处理剂，适合预防稻飞虱及其传播的水稻病毒病，持效期在 60 d 以上，为通过种子处理实现直播稻田前期 2 个月内稻飞虱及其传播病毒病的防控提供技术保障。

稻纵卷叶螟防控岗位建立了全国最先进的赤眼蜂小卵（米蛾卵）规模化繁育体系，构建了米蛾卵杀胚系统、赤眼蜂繁育系统等，常规月生产赤眼蜂可达 6 000 万头，有月生产近 1 亿头赤眼蜂的潜能。该赤眼蜂可用于稻纵卷叶螟和二化螟等鳞翅目害虫的防治，对靶标害虫的防治效果可达 60%～80%，可减少化学杀虫剂使用 1～2 次，显著提高生态系统中天敌种群的数量。

螟虫防控岗位研发出了：①螟虫诱集新产品（申请号为 201710659529.8）。将食用香精和性信息素组合进行螟虫的诱集。组合后的诱集效果明显增加，性信息素结合食用香精对靶标害虫的诱捕效果提高 30% 以上；添加香精的诱芯，成本仅提高 0.75%；并且安全性高，使用可食用的香精组分作为诱芯，无污染，无残留，环境友好。②从感染死亡的二化螟体内成功筛选获得一株对螟虫有较强致死效果的细菌。该菌株属雷氏普罗威登斯菌，对二化螟低龄幼虫有较好的杀虫活性，已经获得了发明专利号（ZL201710659530.0）。③研发出了用于水稻病虫害综合防控的种子处理剂。在播种前进行拌种处理，可以有效防控水稻前中期病虫害，显著降低了农民的用工成本和田间农药使用量。

线虫病防控岗位与育种家合作创制了兼抗稻瘟病、螟虫和纵卷叶螟的恢复系和保持系各 1 份；兼抗稻瘟病、纹枯病、白背飞虱和南方黑条矮缩病材料 1 份。通过与育种家长达 14 年的合作，将地谷 B 抗性引入到四川主流不育系中，选育出千香 654A 等抗病不育系，为目前西南地区抗谱最广、丰产性最好的水稻三系不育系。

草害防控岗位研发出了：①机械穴直播田"播喷同步"配套喷雾装置一套，已经获得实用新型专利号（ZL201720447735.8）。根据不同稻区气候、土壤、品种、杂草种类，已经筛选出适合"播喷同步"的除草剂配方或方案 10 套。②机插秧田"插喷同步"配套喷雾装置一套及其配套除草剂配方 5 个。③一种以封闭除草剂与复合肥（返青分蘖肥）为核心、外层包裹一层具有控释性能的高分子材料的封闭除草控释颗粒剂，每亩用量 12 kg。针对不同地区水稻耕作制度的差异，通过改变除草剂配伍及控释包膜材料，研制了适用于南方早稻、单季稻和东北单季稻等多个配方及产品。

生物防治与综合防控岗位研发了基于化学激发子的水稻抗虫性诱导剂，为产品的开发与实际应用打下了坚实基础。在室内筛选与确认效果的基础上，针对化学激发子 WJ-72 开发了 2% 水剂和 10% 乳油两种剂型，并通过多年的田间试验，建立了该水稻抗虫诱导剂的田间使用技术，明确了该抗虫诱导剂在水稻的分蘖期以及稻飞虱的卵孵化高峰期使用，在亩使用量 2.5～10 g 时，可以导致稻飞虱（褐飞虱和白背飞虱，尤其是白背飞虱）低龄若虫虫量下降 70%～80%、总虫量下降 40%～60%，并对蜘蛛等天敌安全。假如与目前常用的防治稻飞虱农药，如吡蚜酮等混用，则这些农药常规用量的 1/2 或 1/4 加上上述 WJ-72 的用量，可以达到与这些农药常规用量相当的防治效果，并且比单独使用这些农药具有更长的持效期。开展对 WJ-72 初步的毒理学与生态毒理学研究，发现 WJ-72 对小白鼠、斑马鱼、蜜蜂、蚯蚓等动物均属于低毒。这些工作为该产品的后续开发打下了很好的基础。

第四节　推广应用

稻瘟病防控岗位建立的抗瘟品种鉴定、培育和选用技术体系已得到全国农技服务推广中心的高度认可和推广，并从 2010 年开始在黑龙江、辽宁、四川、湖南、湖北等省进行了大面积示范、推广和应用。其中，2017—2019 年累计应用面积为 3 227.5 万亩。

病毒病防控岗位利用创制的检测试剂盒建立了以早期传毒介体带毒率检测为核心的水稻重要病毒病害跨境跨区域监测预警技术体系已在水稻病毒病害的防治中大面积推广应用。2012 年以来，全国农业技术推广服务中心组织水稻病毒病发生区的广东、广西、贵州、湖南、江西、福建、浙江、江苏、安徽等 9 省份植保技术部门，大力推广应用本岗位创制的南方水稻黑条矮缩病毒、水稻齿叶矮缩病毒等水稻病毒的特异性单克隆抗体及检测试剂盒开展传毒介体早期带毒率检测和病害发生联合监测，通过提前掌握早发毒源区的发病情况，准确监测传毒介体带毒情况，提高了病害发生的早期预见性。由于实施精准测报，科学指导防控，提高了防控的针对性和防治效果，不仅减少了农药用量，节约了人工成本，而且保护了生态环境，并使我国水稻病毒病的发病面积和危害程度逐年下降。该技术还被越南农业部植保部门广泛用于越南水稻病毒病害的监测预警，受到了越方政府部门和植保同行的高度肯定。相关研究成果获得 2016 年国家科学技术进步二等奖。

细菌性病害防控岗位挖掘的 28 占、BL122、GDIR100、H120 等抗病资源被育种单位广泛应用于华南优质稻抗病育种，选育出黄华占、五山丝苗、丰华占、粤晶丝苗 2 号、玉香油占、永丰优 9802、恒丰优 9802、裕优 9822、吉丰优 1002 等一批抗稻瘟病和白叶枯病品种组合，在华南累计推广面积 3 000 多万亩，对本地区稻瘟病和白叶枯病的绿色防控起到重要作用。

纹枯病及稻曲病防控岗位集成了以选用抗病品种、清除菌源及科学用药为核心的水稻主要病害绿色防控技术，在辽宁、吉林、黑龙江、四川等省示范和推广应用，取得了显著的经济效益、社会效益和生态效益，为水稻主要病害的科学防控和水稻生产的可持续发展提供技术支撑。 2013—2015 年累计推广面积 1 140 万亩，挽回损失 19.69 亿元，新增纯经济效益 11.54 亿元，有效地控制和缓解了水稻生产中主要病害的发生和危害。

稻飞虱防控岗位与体系内岗位科学家、功能试验站以及全国农技推广中心等合作，在湖南、江西、浙江、江苏、上海、安徽、湖北、四川和广西等地开展了"三防两控"水稻病虫害全程轻简化绿色防控技术模式的田间示范和验证，示范结果显示：水稻全生育期病虫害防治减少施药 1 ～ 3 次，降低化学农药用量 30% 以上，节省施药用工 15% ～ 30%，且稻田前期天敌重建速度提高 1 倍以上，稻田自然控害能力明显增强，病虫害综合损失控制在 5% 以下，经济效益、生态效益、社会效益显著，可望作为一种水稻病虫害可持续防控方案得到进一步推广应用。

稻纵卷叶螟防控岗位优化集成了一套基于功能植物的天敌保护利用、植物诱杀螟虫、蜜源植物促进天敌功能、释放寄生蜂等的长效生态防控技术与以应用高效低毒农药为主的应急防控技术相结合，多病虫协调控制的绿色防控技术。以此为基础形成的"水稻害虫生态工程控制技术自 2013 年迄今被全国农业技术推广服务中心推荐为水稻绿色防控主推技术，已在浙江、湖南、贵州和江西等 10 个省份大面积推广应用，其中 2016—2018 年累计面积 2 417.28 万亩，节本增效 10.09 亿元，且社会效益和生态效益显著。

螟虫防控岗位创建了长江中下游稻飞虱暴发机制及可持续防控技术，先后建立了 40 多个核心示范点；参加农业部全国稻飞虱治理对策研讨、监测防控技术培训、丰产技术巡回指导等 30 余次，培训省市县乡农技人员和种植大户 3 000 多人次。主体技术列入 2009 年以来农业部水稻重大病虫防控方案，技术方案累计应用 2 亿多亩，累计净增经济效益 80 多亿元。

线虫病防控岗位在病虫害防控功能实验室统一部署和多部门的支持下，通过组织和协调多单位共建四川抗稻瘟病育种技术与服务共享平台，实现稻瘟病抗性全程管控，大幅度提高了抗瘟品种利用的比例，使常发区稻瘟病病田率由 2008 年的 30.69% 减至 2018 年的 7.24%，全省稻瘟病损失率由 2008 年的 7.78% 降至 2018 年的 0.1%。该成果 2015 年已获四川省科学技术进步三等奖，平台服务范围逐渐向西南和长江流域其他省份推广，并在云南、贵州取得初步成效。

草害防控岗位建立的机械穴直播"播喷同步"封闭除草技术，已经在四川、湖南、湖北、安徽、浙江、上海等地推广应用。近两年该技术在浙江省累计应用面积达 20 万亩，四川省累计达 45 万亩，湖南省累计达 10 万亩，湖北省累计达 5 万亩，上海市累计达 3 万亩。与常规封闭除草技术相比，每亩平均节约成本 50 元，为农民增收达 4 150 万元。机插秧"插喷同步"技术 2019 年已在浙江、湖南、湖北、江西等地开展示范推广，受广泛好评。机插秧"随插随用"封闭除草控释颗粒剂已经在黑龙江、辽宁、吉林、浙江、安徽、湖南、四川、贵州等省开展了多地多点示范试验。

　　生物防治与综合防控岗位建立了基于生态功能分子的水稻病虫草害绿色防控技术。该防控技术体系的最大特色是结合利用了基于生态功能分子的害虫防控新技术，这些技术主要包括利用水稻诱导抗虫剂防控稻飞虱、利用驱避剂驱避稻飞虱以及利用天敌引诱剂增强天敌作用等。经多地示范与应用，发现该防控技术可有效控制水稻病虫草的危害，增强害虫的天敌作用，并显著降低农药使用量。目前，这一防控技术已在浙江、安徽和广州建立了相关的示范基地，并进行了推广，取得了明显的经济效益、生态效益和社会效益。

第五章　机械化技术

针对我国水稻生产的特点，机械化研究室主要从水田的整地、水稻的种植和田间管理等生产环节开展机械化技术的研究，解决我国水稻生产中急需解决的机械化技术问题。在理论创新研究的基础上，研发了多种适应我国水稻生产的机具，促进了我国水稻生产现代化的发展。

第一节　理论创新

一、水稻秸秆还田刀具刃口空间曲线设计理论与图谱优化方法

针对水田保护性耕作环境下常规农机触土部件还田质量差、适应范围局限，且配套应用盲目性大等问题，提出了基于阿基米德螺线、长短幅渐开线和余弦线等还田刀具刃口空间曲线设计理论。创建了多目标刀具图谱优化方法，探究了各区域多类型水田土壤介质、秸秆状态、刀具型式及结构参数对整体性能的影响，建立了刀具旋－切－埋过程土壤及秸秆运动模型，研究了秸秆未粉碎条件下直接翻埋还田临界条件，确定了刀具对水旱田适应性、功耗及碎土率等指标匹配程度，最终形成具有代表性及普适度的系列刀具图谱体系。为实现刀具设计过程中关键参数准确求解，保证其还田质量，结合所建立刀具图谱数据库，采用 MATLAB 软件编写了异型刀具参数优化设计与运动学仿真分析软件，通过多参数调节控制刀具还田作业效果，同时将所优化刀具参数与图谱数据库对比反馈，采用高速摄像、土槽台架及田间试验等方法验证所设计刀具的合理性，在此基础上发明了多功能反旋翻埋还田刀具。

二、插秧机旋转式插植机构的优化设计理论

针对我国高速水稻插秧机设计基础薄弱，重点突破高速水稻插秧机核心工

作部件设计理论及方法的需要，开展了面向插秧轨迹和姿态要求的旋转式插植机构的设计方法研究。

1．提出了利用插植机构的插秧静轨迹计算行星轮自转与行星架的总传动比，解决了目前旋转式插植机构的非圆齿轮行星系分段传动比难以求解的理论问题

针对目前插秧机的旋转式插植机构非圆齿轮的节曲线均采用函数表达式设计方法的局限性，提出了通过理想的秧爪静轨迹直接求解插植机构的行星轮系中非圆齿轮传动比的设计方法。利用数值分析的方法由秧爪静轨迹求解行星轮自转与行星架的传动比，根据旋转式插植机构行星轮系结构的对称性特点，把非圆齿轮之间的传动比在180°处进行分段，建立了分段传动比与行星轮自转与行星架的传动比的关系和分段传动比之间的关系。在满足轮系总传动比的条件下，提出了分段传动比的半圆正齿假设，解决了求解分段传动比有效方程不够的问题，并通过迭代、拟合，求解出能够满足非圆齿轮行星系的结构特点和传动要求的传动比，该理论实现了根据秧针轨迹求解旋转式插植机构的设计方法。

2．提出了"基于无函数表达节曲线反求旋转式插植机构"的设计思想，解决了采用曲线拟合的方法反求非圆齿轮时难以得到理想的节曲线问题

关于非圆齿轮的设计文献基本都是先具有节曲线函数表达式，再根据齿轮的设计原理设计非圆齿轮的齿廓参数，关于反求非圆齿轮研究的文献很少。当对测绘的齿顶数据进行曲线拟合时，常常会出现内凹或在曲线的首位衔接处连接不光滑的现象，在非圆齿轮行星系插植机构的反求设计过程中，很难用函数把非圆齿轮节曲线的一些细节方面都涵盖，使得对非圆齿轮系旋转式插植机构的研究必须寻找一种节曲线的函数，才能进行该机构的设计，严重影响了对非圆齿轮行星系插植机构的深入研究，插植机构的结构参数还包括行星架和秧针的初始安装角等参数，是一个多目标优化问题。因此，提出了利用无函数表达节曲线反求非圆齿轮行星系插植机构的设计方法，采用数值点表示非圆齿轮节曲线，建立该插植机构的运动学模型，自主开发了辅助优化分析软件、结构参数优化软件，为旋转式插植机构的研究和设计提供了高精度的反求设计方法。

3．提出了由目标静轨迹求解互换插植机构总传动比的方法

通过对总传动比离散数据点进行拟合得到了较优的总传动比；通过不同的

假设函数，求解出多组分传动比，并利用基于人机交互的辅助优化设计方法求解出一组最优解。针对我国农村市场上常见的高速插秧机旋转式插植机构不能通用的问题，从工作原理、秧针运动的静轨迹和结构上进行了通用化设计的可行性研究，选取最常用的一种插植机构为基础插植机构，另外一种为互换插植机构，提出了插植机构通用化设计的理论。基于人机交互的辅助设计方法，根据秧针静轨迹求解出了互换插植机构总传动比，利用假设函数计算出行星轮系分传动比；利用 Adams 软件对设计的互换插植机构进行虚拟样机仿真，验证设计的正确性。该方法对解决我国高速插秧机旋转式插植机构的通用化设计具有重要的意义。

三、"三同步"水稻精量穴直播理论及方法

水稻机械化直播是一种轻简高效栽培方式，欧美国家的水稻种植基本都是采用机械直播。随着我国农村劳动力大量转移，直播水稻发展很快，但大多是人工撒播。人工撒播稻疏密不匀，田间生长无序，群体质量不高，抗逆性差。为满足不同区域、不同熟制、不同品种成行成穴有序种植的农艺要求，基于农机农艺融合，以机械精量穴直播为核心，以高产高效为目标，首创"三同步"精量穴直播技术，发明了系列机具，创建了配套农艺，实现了水稻机械化、轻简化高效种植。

针对人工撒播稻无序生长、扎根浅、易倒伏等问题，深入分析了国内外机械撒播和条播的优缺点，根据水稻种植农艺要求，经过大量室内模拟试验和不同区域的田间试验研究，揭示了精量穴直播与根系发育、群体质量的关系，首创"三同步"水稻精量穴直播技术模式（图 5-1）。

土壤　播种沟　蓄水沟　稻种　　　土壤　稻种　肥料　施肥沟　蓄水沟　播种沟　　　土壤　稻种　蓄水沟　播种沟　喷嘴　喷管

图 5-1　"三同步"水稻精量穴直播技术原理

同步开沟起垄水稻精量穴直播技术在田面上同时开设蓄水沟和播种沟，采用穴播方式将稻种播在垄上的播种沟中，实现了成行成穴有序生长和垄畦栽培，增加了根系入土深度；由于垄面少淹水或不淹水，提高了土壤中氧化还原电位，有利于根系生长和改善根系结构，精量穴直播的水稻比人工撒播的水

稻的黄根减少 20%，黑根减少 13%，白根增加 33%；垄间的蓄水沟提供水稻生长用水，无须整个田面灌水，减少了灌溉用水，可节省灌溉用水 30% 以上。水稻是周生作物，穴播为其生长提供了一个均衡空间，穴内多粒稻种聚生，利于顶土出苗，相互竞争，利于建立高产群体。

采用同步开沟起垄施肥水稻精量穴直播技术，在两条蓄水沟之间的垄台上的播种沟一侧开设施肥沟，可节肥 15% 以上，氮肥农学利用率提高 23%。

采用同步开沟起垄喷药/膜水稻精量穴直播技术可在播种时同步喷施除草剂或液体地膜。

四、水田智能机械除草技术理论

1. 基于深度学习的稻株识别与定位模型

首先构建了水稻秧苗定位知识库，命名为 FieldRiDe，该数据库包括 8 381 幅水稻大田图像，27 674 株稻苗；接着利用深度学习技术建立稻苗定位深度模型，该模型选用 ResNet 网络构建特征提取主干网络，建立两阶段从粗到精的定位模型结构，确保稻苗定位的准确性。该方法中，应用计算机视觉领域最新的深度卷积网络结构 ResNet，并在此基础上进行多尺度设计，不仅提取了鉴别力强的特征，且能很好地解决多尺度稻苗定位问题。两阶段定位网络设计的思想是在没有任何先验知识的情况下，为了在一幅包含 1 株或多株稻苗的图像中，找到准确的稻苗位置信息，必须先进行类似于规整密集扫描过程来寻找可能包括稻苗的局部区域，这也是设计的模型中第一个粗定位阶段。这个阶段通过不同尺度区域提取和稻苗分类算法基本确定包含稻苗的局部区域，这就是所谓的稻苗示例候选区域提取过程。这个阶段存在的问题：①用密集扫描选择稻苗候选区，可能产生大量重叠现象突出的冗余区域；②这个阶段只进行"是稻苗"和"非稻苗"的两种判断，并不关注是单株稻苗或稻苗局部，还是多株稻苗。只要区域中包括的稻苗特征足够强，就会判定为"稻苗"，因此，这是一个很粗糙的判断，不利于单株稻苗的准确定位。正因为这个原因，为了更加准确地定位单株稻苗，设计的模型在第二个阶段进行精细定位。其思想是将第一个阶段分类得分高的稻苗示例，进行坐标位置校准的偏移量回归分析，从而对候选稻苗示例区域的位置更加精准地调整。试验结果表明，采用深度学习模型的稻株定位方法，其定位精度优于传统机器视觉方法。

2．基于有限元ANSYS/LS-NYDA的水田土壤模型

以砂质黏土作为研究对象，建立水田土壤的有限元模型并分析不同机械力（压缩、剪切和弯曲）作用下水田土壤的动态变化特性。在ANSYS/LS-DYNA环境下建立了水田土壤有限元模型，选用土壤模型ANSYS/LS-DYNA中的147号材料（MAT_FHWA_SOIL）建模。该材料是一种各向同性材料，适用于描述土壤的黏弹塑性特性，根据输入的参数，该模型能够模拟各种土壤。分别研究水田土壤在压缩、剪切和弯曲加载破坏下所产生的相互作用力及功耗。分析水田土壤压缩、弯曲和剪切过程的仿真结果可知：水田土壤具有较强的抗压能力，对土壤进行压缩破坏的行程长、阻力大、能量消耗大；剪切加载能在较短的行程将土壤破坏，但是，土壤受破坏的范围较小，形变基本上都集中在剪切面上；弯曲加载则能够较有效地破坏水田土壤，加载面的合力和消耗的能量均较剪切加载小。

3．除草部件与水田土壤耦合机制

根据水田土壤的力学特征，研制了对土壤作用能力较强的螺旋刀齿，确定了除草轮的结构和尺寸，它分为常规除草轮和接行除草轮。通过对除草轮运动轨迹的分析，得到了理论不漏除的刀齿宽度与除草轮入土深度。采用有限元流固耦合仿真分析方法对不同齿宽除草轮的作业过程进行了仿真分析，分析结果显示：5种除草轮在稳定工作状态下受到的阻力平均值分别为 F（20 mm）=13.8N，F（30 mm）=16.8N，F（40 mm）=17.9N，F（50 mm）=20.1N，F（60 mm）=22.6N，除草轮作业时阻力随着刀齿宽度增加而增大。刀齿宽度为20 mm的除草轮由于刀齿宽度较小，难以有效扰动水田土壤；在刀齿宽度为30 mm、40 mm、50 mm、60 mm的除草轮作用下，土壤单元变形比例较大；除草轮对土壤的扰动能力随齿宽增加而增加，但当刀齿宽度超过30 mm时，差异不再显著。因此，综合除草轮的阻力与对土壤的扰动能力，选择除草轮的刀齿宽度为30 mm，可在有效扰动土壤除去杂草的前提下，减小除草轮阻力，降低功耗。采用不同齿宽的除草轮进行田间除草性能试验，试验结果显示：除草率随齿宽增加而上升，当刀齿宽度≥30 mm时，除草率大于85%。综合除草轮的阻力与对土壤的扰动能力优化刀齿的尺寸为200 mm × 30 mm。

第二节　技术创新

一、水稻秸秆整株全量翻埋还田技术

针对联合收获后水稻整株或高茬秸秆大量置于田间，常规抛撒粉碎后旋耕或犁翻还田适应性差，泡田后秸秆漂浮于水面影响后续插秧及秧苗生长等问题，提出了水稻秸秆整株全量翻埋还田技术，探究了正反旋耕翻埋作业机制，分析了还田过程秸秆及土壤行为变化规律。通过水田深层和浅层还田机制分析及试验研究，明晰了多种秸秆机械化还田方式、还田量及机械作用与水田有机质结构及作物产量间多效应协同机制。结合大量田间试验及应用示范，确定了水稻秸秆还田培肥地力保护性作业模式及配套标准，采用农机农艺融合的反旋翻埋和旋耕等作业方式，实现了水旱条件下的秸秆全量及高茬还田，解决了秸秆还田率低和泡田后秸秆漂浮的问题。在此基础上，针对所提出的作业模式发明了系列关键技术、配套部件及机具，实现了适于南北方水稻种植区域秸秆全量及高茬还田，填补了秸秆还田领域的空白，具有极大的借鉴参考及应用推广意义。

二、适应水田作业的旋耕机组水平自动控制技术

由于犁底层不平，水田精细整地的机械要求比旱田高，随着我国宽幅的水稻移栽机和直播机在农业上的使用，传统的水田整地机械不能满足水田精细平整地的要求，严重影响了现代种植机械和田间管理机械在水田中高效、高质量的应用。因此，我们研发了提升优先的旋耕机组水平自动控制技术，该技术对我国南方水田地区的中小马力[①]拖拉机适应性好，克服了国外同样技术对中小马力拖拉机适应性差的缺点，水田的平整地效果好。该技术已获得国家发明专利3项，申请国家发明专利2项。

---

① 马力为非法定计量单位，1马力≈735W。

三、便于维护、操作方便的水稻侧深施肥机设计

针对我国水稻侧深施肥机存在的清扫维护不方便，操作人员在插秧机上加装秧苗和站立不方便、安全性差、结构复杂等问题，开展了水稻侧深施肥机的机架、肥箱和排肥器的结构创新设计。肥箱采用中间断开，机架采用上部分不连续的结构，这样，操作人员可以站立在两个肥箱断开的中间进行插秧机行进中的加装秧苗作业，在加装秧苗的间歇，操作人员可以坐在两个肥箱的中间空缺处休息。在便于施肥机的维护方面，采用剖分式排肥器结构，在对排肥器进行清扫维护时，排肥器的上部分可以向上打开，取出排肥槽轮，对施肥机进行彻底的清扫和维护。该技术已经申报国家发明专利 4 项，获得国家实用新型专利 4 项。

四、水稻精量穴直播排种器的技术创新

针对水稻种植区域广、品种多、精量播种要求高的特点，深入研究了稻种与稻种、稻种与排种器的互作机制，探明了不同稻种的流动特性、充种机制和排种规律，发明了适应不同区域、不同品种和不同播量的 3 种排种器。

（1）发明了播量可调的组合型孔排种器。采用"瓢形组合型孔＋双充种室"充种方式和弹性随动护种方式，提高了不同稻种的排种均匀性，降低了稻种破损率，并实现了动态监测，满足常规稻和杂交稻每亩播种量 2 ～ 5 kg 的中等播量要求。采用高速摄影和图像分析技术，研究揭示了稻种充种的动态过程和在排种器中的流动规律，在国内外首创内外瓢型孔组合的精量排种轮；采用下端开设凹槽的限种板，创新设计了双充种室结构，改善了稻种流动性，提高了充种性能。"瓢形组合型孔＋双充种室"充种方式实现了精量穴播的变量调节（3 ～ 20 粒/穴）。

研究揭示了稻种在排种器与护种机构之间的摩擦过程和运动规律，发明了弹性随动护种带，稻种与护种带之间没有相对运动，解决了排种轮磨损和稻种破损难题，稻种破损率降至 0.2%（机械行业标准≤1.5%）。

采用弹簧内清种方式，可保证清种干净；采用可调式清种毛刷轮，调整毛刷轮与排种轮的相对位置可辅助调节播量，提高每穴充种的均匀性。

研制成功水稻精量穴直播机排种状态监测系统，实现了排种动态监测。

（2）发明了垂直圆盘气吸式精量排种器。采用"负压吸种＋导齿引种＋分层导流"方式，满足杂交稻和超级稻每亩播种量 1 ～ 2 kg 精少播量要求。研

制了水稻气吸式排种器实验台，揭示了杂交稻和超级稻在不同负压条件下的吸附规律，发明了适用不同品种的吸种盘和导种齿结构，吸种盘可快速更换，导种齿可精准控制吸种量；发明了气吸式排种器的种箱分层导流结构，提高了稻种流动性和吸种性能；发明了振动杠杆式清种机构，可及时清除吸孔周围多余种子，提高了清种效率和吸种精度。实现了精少量播种，每穴 2 ± 1 粒的播种合格率为 95%，空穴率小于 2%。

（3）发明了气吹集排式水稻精量排种器。采用了"槽轮控量+等流分种"方式，满足了水稻精量直播的大播量和高速作业要求，每亩播种量在 $5\sim25\,kg$ 的范围内可调。研制了水稻气吹集排式排种器实验台，揭示了高压气流吹送下稻种在分种器中的运动分布规律，发明了等流体密度分种结构，由分种外盖、分种内盖和分种盘组成等流体密度场。根据气力输送原理，建立了气－种混流输送模型，优化了结构参数，实现了稻种在分种器中的均匀分布。

创新设计了"吹、送、分"的气吹集排式排种装置，通过调节风压、风量和斜槽轮排种器的排量实现播量调整。实现了均匀排种，行间播量变异系数小于 10%，满足直播机 10km/h 以上工作速度的要求。

五、水稻行间和株间除草机械关键技术创新

1. 具有双重纠偏功能的水稻行间避苗除草机构

除草机在初始进田工作时，由于人为驾驶，难以保证地轮平行于苗带线并处于行间正中位置，会造成除草部件伤苗，因此，需横向纠偏调整，设计了初始横向滑移机架，并根据初始横向滑移机架的动力需求，设计了液力调节系统；当除草机通过苗带弯曲角度过大的区域或苗带连续反向转弯的区域时，由于除草部件的运动相对于机身的运动有一定的滞后性，会造成比较严重的伤苗，因此，在初始横向滑移机架的基础上设计了实时角度纠偏机架，使除草轮在工作过程中可根据苗带偏转信息，随角度纠偏机架实时调节与苗带轨迹的夹角，实现准确对行，避免伤苗。研制出了具有自动避苗与对行苗功能的组合机架，并分析了组合机架调节对液压系统的动力学需求，完成了乘坐式水田除草机液压系统的设计。为了避免除草机构对相机视野的遮挡，探究了相机安装参数，安装高度为 1 000 mm 左右，相机俯角约为 55°，安装于除草机构上，向前伸出 300 mm 处苗带上方，避免了除草机构对相机视野的遮挡。同时设计了由 PLC、IO 模块、测速传感器等电气原件组成的多传感器融合的双重纠偏控

制系统。

2. 气动摆动式水稻株间除草装置

针对水稻株距小的种植农艺特点，设计了一种快速响应的气动摆动式水稻株间除草装置。通过机构运动轨迹分析，优化了杆件机构的设计参数，连杆长度 35 mm、摆杆长度 72.24 mm、除草部件到回转中心的水平距离和垂直距离分别为 84 mm 和 191 mm。应用 Pro/E 机构运动分析模块，分别以除草装置前进速度和气缸伸缩速度为因素进行运动学仿真分析，得到要想避开稻株气缸的伸缩速度应大于 0.25 m/s；气缸伸缩速度越大，伤苗概率越低，综合考虑伤苗率和系统的稳定性，气缸伸缩速度合理设置为 0.25 ～ 0.45 m/s。以 PLC 为控制系统核心，建立了控制系统工作模型，测算系统延迟触发时间和避苗时间，合理设置 PLC 控制参数完成避苗－除草状态切换。为测试水田实际环境下机具不同工作参数下的株间除草效果，以除草率和伤苗率为试验指标，选取气缸伸缩速度、机具前进速度和除草深度 3 个工作参数作为试验因子开展田间试验，结果表明株间除草率大于 80%，伤苗率小于 4%。

第三节　产品研发

一、系列水稻秸秆整株全量翻埋还田机具

结合北方早熟单季稻作区秸秆还田农艺要求，集成创制系列水稻秸秆整株全量翻埋还田机具 4 类，应用机型 6 种。部分机具配套作业参数监测系统，满足了旋耕、翻埋及平地等秸秆还田作业要求，实现了作业面积、位置及工况等参数实时监测。作业后可形成优质土壤层，简化常规分段作业工序，避免多次进田过度耕整破坏水田土壤结构，解决了常规还田泡田时存在秸秆漂浮严重且影响后续插秧作业及作物生长等问题。系列机具经常州汉森机械股份有限公司、黑龙江省德沃科技开发有限公司、佳木斯天盛机械科技开发有限公司、佳木斯信达农业机械科技有限公司及佳木斯悦昇农业机械设备有限公司国内 5 家公司转化生产，形成了系列化产品，获得成果鉴定 3 项，产品检测及鉴定 6 项，推广鉴定 4 项，部分机型进入国家及省农机购置补贴目录。经 4 名中国工程院院士及黑龙江省机械工程学会开展成果评价，

所研发的系列机具整体性能达"国际领先水平"。图 5-2 是研发的秸秆深埋还田旋耕机。

二、高速水稻插秧机

在高速水稻插秧机的开发方面，重点研发插秧机的核心部件，与多家农业机械制造企业合作，研发了 4 种类型的高速水稻插秧机，如 20～30 cm 等行距、宽窄行插秧机等，攻克了旋转式分插机构设计的难题，在插秧机的制造方面，从秧爪到非圆齿轮等关键零件的制作工艺都进行了攻关，解决了我国长期以来秧爪可靠性差、插秧效果不稳定的理论分析和制作工艺问题，为了解决插秧机的系列生产问题，提出了模块化主变速箱的设计思想。图 5-3 为研发的高速水稻插秧机。

图 5-2　秸秆深埋还田旋耕机　　　　图 5-3　高速水稻插秧机

三、水稻侧深施肥机

根据我国水稻侧深施肥技术的需要，开发了水稻侧深施肥机，该机可以一次施肥 6～8 行，机械式槽轮排肥器，采用风力输送肥料，可以与我国的各类高速插秧机配套，与高速插秧机底盘的动力连接采用链条传动，简化了传动机构，该机的核心部件具有自主知识产权。该机经过 3 轮样机的改进设计，目前已经成熟。为了解决目前水稻侧深施肥机安装在插秧机底盘上后，加装秧苗的操作人员工作不便、安全性差等问题，开发出了肥箱中间不连续，并在其中间设置操作人员站立位置的新型水稻侧深施肥机，该机具有清扫维护方便、安装方便等特点。图 5-4 为研发的水稻侧深施肥机。

四、旋耕机组水平自动控制系统

为了适应我国水稻种植机械化的发展，提高水稻移栽和直播的质量，减少杂草的生长，我们研发了拖拉机旋耕机组水平自动控制系统，该系统由水平液压系统和电器控制装置组成。水平液压系统主要由流量控制阀、顺序阀、水平电磁换向阀和水平油缸等组成；电器装置主要由控制器、水平传感器和油缸位置传感器等组成。该水平控制系统适应我国南方中小马力拖拉机的水田旋耕和整地作业，经过几轮样机的研发已经成熟，并通过田间试验，验证了该水平控制系统平整地的效果明显高于传统的旋耕组作业，其工作效率高，图5-5为旋耕机水平控制系统。

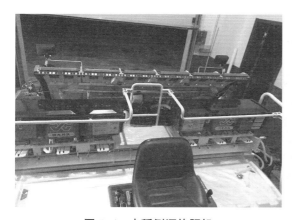

图5-4 水稻侧深施肥机　　　　图5-5 旋耕机水平控制系统

五、稻田开沟机

根据水稻田间管理的要求，和栽培与土肥研究室合作，研发了稻田开沟机。该机采用独轮驱动，发动机后置，采用压力在水田的泥中开沟。该机具有结构简单、重量轻等特点。图5-6为大田开沟机。

图5-6 大田开沟机

六、水稻精量水穴直播机

发明了普通型（2 种）、简易型、同步施肥型、同步喷施型、气力滚筒型和垂直圆盘气吸型共 7 种水稻精量水穴直播机，部分如图 5-7 中的（1）～（5）所示，简易型与独轮式动力底盘配套，其他机型与插秧机底盘或轮式拖拉机配套。排种器由机头（底盘）的动力输出轴驱动，减少了一般播种机采用地轮驱动带来的打滑及播种不均匀现象。采用浮板仿形和液压控制方式，可控制播种机随田面自动升降，同时发明了田面水平仿形挂接系统，实现了机具的高程和水平仿形作业。

七、水稻精量旱穴直播机

发明了普通型（2 种）、同步施肥型、同步铺膜型、留茬免耕型、螺旋槽

（1）普通型水穴直播机

（2）同步施肥型水穴直播机

（3）简易型水穴直播机

（4）气吸型水穴直播机

（5）与拖拉机配套水穴直播机

（6）杂交水稻制种同步插秧直播机

（7）单体仿形旱穴直播机

（8）气吹集排型旱穴直播机

（9）留茬免耕型旱穴直播机

图 5-7　水稻穴直播机

型和气吹集排型共 7 种水稻精量旱穴直播机,部分见图 5-7 中的(7)～(9)。排种器采用整体和单体仿形方式,单体仿形机构采用四连杆结构,每个排种器可根据田面情况实现仿形作业,保证播深一致;采用地轮驱动和液压动力驱动两种动力传动方式;发明了穴距自动调节系统,根据机器前进速度自动调节穴距。

八、杂交水稻制种同步插秧直播机

发明了杂交水稻制种同步插秧直播机[图 5-7 中的(6)],父本采用机插秧,母本采用机穴播,解决了父母本 10 ～ 25 d 播插期的杂交水稻制种机械化种植问题。

九、3ZSC-190 型水田智能除草机

研制并优化了一种结构简单并具有自动避苗对行功能的乘坐式水田除草机(3ZSC-190)。主要由水田拖拉机(插秧机底盘)、初始横向滑移机架、实时角度纠偏机架、液压控制系统(包括各种控制阀、油路块、液压缸、油管等)、平衡仿形机构(包括平衡张紧弹簧、除草轮单体仿形机构等)、视觉识别控制系统(包括相机、电控箱、PC 处理端等),以及螺旋刀齿除草轮等组成,如图 5-8 所示。

图 5-8　3ZSC-190 型除草机

使用智能对行避苗除草机进行了田间除草试验,田间除草试验测试以机具前进速度、除草轮的入土深度为试验因素。对试验结果进行极差分析结果可知,各因素影响除草率的主次顺序为机具前进速度＞除草轮入土深度。综

合考虑不同因素下的除草率、伤苗率，并参照苗间除草机质量评价技术规范（DB23/T930—2005）中对除草机作业质量的技术要求（除草率≥80%，伤苗率≤5%），可得出两组较优组合，分别为前进速度为 0.6 m/s，除草轮深度为 6 cm，此时除草率为 87.2%，伤苗率为 0%；前进速度为 0.6 m/s，除草轮深度为 9 cm，此时除草率为 92.0%，伤苗率为 4.3%。在机具不同前进速度和除草轮入土深度下，该机平均除草率为 82%，平均伤苗率为 4.8%。同时根据机具作业速度范围和幅宽可测得该机作业效率为 0.2 ～ 0.6 hm²/h，满足水稻田机械除草的作业质量与工作效率的要求。托第三方检测机构（广东省农业机械试验鉴定站）对 3ZSC-190 型水田除草机的工作性能进行检测。检测结果为 3ZSC-190 型水田除草机生产率为 0.32 hm²，除草率为 85.5%，伤苗率为 3.1%。

十、3ZSQ-40 型轻简式水田除草机

3ZSQ-40 型轻简式水田除草机主要由发动机、二级齿轮减速系统、机架、主轴、锥齿轮换向箱和耙压式除草轮组成，如图 5-9 所示。田间试验要测试所设计的除草机在不同除草齿齿臂折弯角度、不同泥脚深度、不同除草轮转速下的工作效果。因此，以除草齿齿臂折弯角度、泥脚深度和除草轮转速为试验因素，试验中所选用的除草齿齿臂折弯角度为 0°、5°、10° 和 15°；田块的泥脚深度实际测量分别为 300 mm 和 160 mm；除草机主轴的平均扭矩、除草率和伤苗率为试验指标进行混合水平正交试验。每个因

图 5-9 3ZSQ-40 型除草机

素组合重复试验 3 次，每次重复试验后记录平均扭矩、除草率和伤苗率，根据加权评分算法计算出每个因素组合的综合加权评分，以综合加权评分判定除草机综合工作性能。试验结果显示 3ZSQ-40 型除草机的平均除草率为 87.8%，平均伤苗率为 3.1%，符合期望的技术指标要求。委托第三方检测机构（广东省农业机械试验鉴定站）对 3ZSQ-40 型水田除草机的工作性能进行检测。检测结果为 3ZSQ-40 型水田除草机生产率为 0.17 hm²，除草率为 87.8%，伤苗率为 3.7%。

第四节 推广应用

一、系列水稻秸秆还田机具示范推广应用

联合黑龙江省农业科学院、吉林省农业科学院、中国农业机械学会、中国农业工程学会、各地方水稻示范区域管理部门及农机企业,于黑龙江、吉林、湖北、河南、浙江和天津等地对系列水稻秸秆还田机具机型大面积应用推广,满足北方早熟单季稻作区及长江中下游油-稻、麦-稻和稻-稻等多熟制区的秸秆还田作业要求。经点上跟踪和面上调查统计,近3年累计举办交流会议50余次,培训农技人员及农户万余人次,推动核心技术在水稻典型种植区域推广应用,支撑建设农业农村部北方一季稻全程机械化科研基地等创新平台4个,推动核心技术在水稻典型种植区域推广应用。为秸秆资源高效高质综合利用提供可靠技术保障,符合绿色可持续农业发展趋势,使耕地增肥、天空变蓝,此"柴"变身彼"财",具有显著发展前景和效益。

二、旋耕机组水平自动控制装置的推广应用

配置了水平自动控制装置的拖拉机旋耕机组对水田平整的效果明显高于不配置的效果,因为它消除了犁底层不平对机具平地的影响,具有平地效果好、工作效率高等特点。该机通过了浙江省的农业机械省级新产品鉴定,被列入浙江省新型农机补贴目录。在浙江的杭州、平湖、台州等地建立了试验示范点,开展水田新机具的试验示范,目前在浙江的各个地区进行了较大面积的推广应用。

三、高速水稻插秧机的推广应用

根据我国水稻种植农艺的要求,与多家农机制造企业合作,研发了多种类型的高速水稻插秧机,并形成了大批量生产,如常规的等行距插秧机、宽窄行插秧机、水稻大钵插秧机等,在浙江、湖南、吉林、黑龙江等地建立了试验示范点,开展机插秧新技术的试验示范,有力地促进了我国机插秧技术的发展。这些机型均通过了农业农村部的农机推广鉴定,进入国家农机购机补贴目录,

在我国的不同稻区都有应用。

四、水稻侧深施肥机的推广应用

针对我国插秧机缺少高质量配套的水稻侧深施肥机的问题，水稻体系与农机企业合作，研发了具有自主知识产权的水稻侧深施肥机，目前已经形成批量生产，在浙江、江苏、黑龙江等地建立了试验示范点，开展机插秧侧深施肥新技术的试验示范，在我国不同稻区进行了推广应用，得到了农民的欢迎。该机通过了农业农村部的农业机械推广鉴定，并进入国家农机购机补贴目录。

五、水稻精量穴直播机的推广应用

水稻精量穴直播机已转让给国内农机生产企业批量生产和推广应用，通过了农业农村部的农业机械推广鉴定，并进入国家农机购机补贴目录。受让企业销售水稻精量穴直播机 1 000 多台，新增销售额达 1.2 亿元以上。水稻精量穴直播技术与机具已在国内 26 省份及泰国等 6 个国家进行了推广应用，创造了一批高产纪录，新疆 3 年亩产超 1 000 kg，浙江连续 4 年亩产超 800 kg，7 个省份亩产超过 800 kg，11 个省份亩产超过 700 kg，17 个省份亩产超过 600 kg。

六、水稻机械除草机的推广应用

研制的 3ZSC-190 型和 3ZSQ-40 型水田除草机分别在广东江门、肇庆、恩平、开平、高要等地进行机械化除草技术的应用示范，示范面积 1 万余亩。两种机具作业效率高、除草效果好；其中，3ZSC-190 型水田中耕除草机可根据秧苗位置信息自动避免伤苗，伤苗率低；3ZSQ-40 型水田中耕除草机轻便、易操作，适用于较小田块。在示范区，邀请种粮大户对除草机的工作过程和作业效果进行了观摩，受到一致好评。通过除草机具的推广示范，有力地推动了广东省水稻机械化除草技术的发展，为水稻的绿色种植提供了一种较好的杂草防控方式。

第六章　稻谷综合加工利用技术

　　稻谷作为我国第一大主粮，在保证国家粮食安全方面至关重要。但我国稻谷大约 90% 经初级加工成大米消费，以大米为原料后续加工比例不足 10%，稻米资源有效利用率仅为 60% ~ 70%，含稻谷营养 64% 的米糠部分再加工利用率仅有 10% 左右。大米过度加工不仅造成稻谷原料和能耗的巨大浪费，也导致国民主食营养严重失衡引发了自身免疫力差等系列"富贵病"，而且加工企业利润率低，运行艰难。我国稻谷加工业对稻谷资源的增值率处于 1 : 1.3 的水平，远远低于国际先进水平 1 : (4 ~ 5)。稻谷价格和成品米价格倒挂情况在国内已持续了多年，在稻谷连年增产、供给过剩、廉价进口大米不断增加、生产和人力成本不断上涨的格局下，大米加工企业每况愈下，行业内无论是龙头企业还是中小型企业，大部分处于微利或亏损状态，急需全谷物加工利用的新技术、新产品，提高企业效益，满足产业和社会需求。

　　随着国民经济的快速发展和人民生活水平的不断提高，稻米的安全品质和营养品质备受关注，消费者对安全、美味、营养健康、食用方便的稻米加工产品需求越来越高，政府有关部门和稻米加工企业对稻米品质的快速、准确检测技术的需求也日益强烈。

　　稻米加工业过去对加工副产物米糠、碎米关注较多，近年随着环保意识的加强，另两类副产物稻壳、秸秆的利用成为焦点，特别是秸秆禁烧后，迫切需要科学处理我国 4.45 亿亩水稻秸秆的问题。我国大力推进秸秆五料化综合利用后并取得显著成效，其中包括秸秆还田在内的肥料化利用量已占可收集资源量的 50% 左右。但受气候条件、耕作制度等多方面因素综合影响，秸秆还田技术难以覆盖全部农区、稻区，秸秆离田工厂化堆肥利用量仅为可收集量的 5.5%。秸秆区域性、季节性过剩问题仍普遍存在，生物质资源价值难以充分体现，秸秆离田高值肥料化利用技术亟待突破。

第一节　理论创新

理论创新是原始创新的基础，是技术和成果创新的理论保障，稻米加工研究室分别从食品加工、品质检测和副产物利用3个方面开展了基础理论研究，探索了稻米原料特性与加工技术和产品之间的关系、稻米品质智能化监测理论和检测体系的建立、秸秆（稻壳）碳化利用的机制，取得了相应的理论创新成果。

一、稻米全谷物食品加工品种适应性评价体系的建立

我国地域辽阔，水稻种植范围广，种质资源丰富，种植品种众多，2017年全国推广应用面积大于1万亩的水稻品种达5 861个，不同品种间植物学性状和加工品质具有显著差异，但目前关于稻米加工的研究以稻米营养成分对加工的影响为主，尚未对稻米品种资源的原料特性、加工特性及产品特性进行系统研究。

全谷物稻米是指加工成品全部或部分保留了米糠层（稻谷的种皮、果皮和种胚），是一种高营养、高出品率、高附加值、低能耗的功能稻米产品。而米糠层在带来丰富营养的同时也带来了产业发展的三大瓶颈，即蒸煮品质、食味品质和储藏品质差。例如代表性全谷物稻米产品发芽糙米，由日本引入我国已有近20年的历史，其营养价值已被大众广泛接受，但是产品难蒸煮、口感差、保质期短，严重制约了产业的发展。为系统解决发芽糙米三大品质问题，稻米加工岗位团队全面分析了稻谷原料特性、加工特性和产品品质特性，进而筛选适宜加工品种，从原料端入手解决产品综合品质问题，也为育种者确定优质稻育种目标提供参考。

1．全谷物抗氧化活性分析，明确加工适宜品种评价指标

糙米中含有丰富的活性成分，不足稻谷12%的麸皮、胚芽与糊粉层富集了全籽粒64%以上的重要营养成分以及90%以上的人体必需元素，被誉为"天赐营养源"，人类营养之珍品。其中除含有蛋白质、纤维、油脂、矿物质、维生素等化学成分外，还含有抗氧化功能的活性物质γ-氨基丁酸（GABA）、维生素E、谷维素、多酚类等，对平衡主食营养至关重要，已经引起研究者和

消费者的重视。

糙米中的生理活性物质之所以对人体健康有益，主要是由于它们的抗氧化作用及其对相关酶的抑制作用。GABA 具有极其重要的生理功能，它是一种天然存在的非蛋白组成氨基酸，是中枢神经系统中很重要的抑制性神经递质，它具有健脑益智、抗癫痫、促进睡眠、美容润肤、延缓脑衰老机能，能补充人体抑制性神经递质，具有良好的降血压功效，改善肾机能和保护肾脏，抑制脂肪肝及肥胖症，活化肝功能。每日补充微量的 GABA 既有利于心脑血压的缓解，又能促进人体内氨基酸代谢的平衡，调节免疫功能。γ- 谷维素是阿魏酸酯和植物固醇的一种混合物，它具有很多生物特性，其中包括降低胆固醇、抗肿瘤、预防糖尿病和抗氧化作用等。酚类化合物和黄酮类化合物作为抗氧化剂，能够起到抗炎症、免疫调节、预防和抗癌以及抑制醛糖还原酶活性的作用。

全谷物食品的营养功效是重要品质指标，但其感官品质和商品品质也很重要，综合研究分析全国 71 个水稻主栽品种发芽前后上述生理物质含量变化，发现 GABA 在糙米发芽后富集量增加 5 ~ 10 倍，蒸煮后发芽糙米中 GABA、γ- 谷维素和生育酚的含量均升高。因此，确定以 GABA、食味值、产品外观作为品种筛选评价的主要指标。

2．建立品种评价体系，筛选加工专用品种

发芽糙米品种筛选：发芽糙米实质是糙米进一步活性化产品，研究发现不同水稻品种之间不仅存在稻米发芽特性差异显著的问题，此外，稻米品种之间功能性成分含量、食味值、加工特性、产品外观等差异直接影响发芽糙米产品的工艺稳定化和市场化进程。通过征集国内不同省份 157 个主栽水稻品种，以发芽前后 GABA 等功能性成分含量变化为主，综合产品的食味值、发芽率、产品色泽，建立了品质评价的多元线性回归模型。进而筛选出适宜发芽糙米加工专用品种 8 个，其糙米发芽后 γ- 氨基丁酸（GABA）含量均高于 0.15 mg/g，其他生理活性物质含量均升高，感官评分均在 75 分以上，发芽率均高于 85%。在此基础上，制定并颁布实施了《发芽糙米》产品的农业行业标准（NY/T 3216—2018）。

发芽糙米米线品种筛选：全谷物糙米、发芽糙米米线的加工，除了以 GABA 等生理活性物质含量作为加工适应性评定指标外，直链淀粉和蛋白质含量直接影响产品的蒸煮品质和加工品质，直链淀粉含量对米线产品的韧性和断条率影响较大。在全国水稻品种库中搜集的 67 份试验品种中，共筛选到 6 个具有全谷物稻米米线加工潜力的水稻品种。这些加工品种适宜性研究是实现粳稻全谷物米线产品加工的基础。

3. 全谷物稻米储藏品质变化规律

原料储藏品质：为实现产品的周年生产，进行了不同稻谷储藏期加工试验，我们发现稻谷收获后随着储藏期的延长，糙米和发芽糙米的发芽率和发芽势明显降低，其中GABA等生理活性物质含量明显降低，因此，发芽糙米的加工最好选用新鲜稻谷为原料，或者将稻谷进行低温保存，保证原料品质优良。

产品储藏品质：在全谷物稻米产品储藏方面，稻米中脂类物质的含量对稻米制品的储藏特性影响较大，脂类水解氧化是稻米品质劣变的重要原因。对于糙米、发芽糙米、干燥米和留胚米加工来说，加工过程中的碾磨工艺和干燥工艺对米粒种皮造成损伤，进而加快脂肪酸水解速度并影响全谷物稻米产品的储藏品质。研究结果表明，不同稻米品种不仅脂类含量差异显著，而且脂肪氧化酶的含量与类型也存在较大差异。为解决全谷物稻米产品的储藏问题，在开发灭菌钝酶加工工艺的同时，研究不同稻米品种加工产品的储藏特性，如果利用脂肪氧化酶缺失品种进行留胚加工，全谷物稻米产品的货架期则可以得到显著延长。

二、品质检测理论创新

1. 稻米品质评价体系标准

针对我国传统稻米生产标准化程度低，缺乏科学、统一、权威的品种品质评价标准和检测技术支撑。在综合分析国内外稻米产品质量状况和贸易、加工领域实际需求的基础上，制定了25项农业行业标准，包括产前品种质量控制、产中生产过程控制和配套检测技术。

如制定出适合我国国情的《食用稻品种品质》《食用粳米》《食用籼米》《无公害食品 稻米》《绿色食品 稻谷》等系列产品质量标准，为稻米产品质量评价、优质优用及市场监管提供技术依据。同时，通过追踪采用世界最先进的分析仪器及检测技术手段，制定了《稻米整精米率、粒型、垩白粒率、垩白度及透明度的测定 图像法》《稻米直链淀粉的测定 分光光度法》等系列配套检测技术，为水稻品种审定、产品质量评价提供了权威的检测技术支撑。

2．智能化检测理论

稻米的品质受多重因素影响，检测理论需要与时俱进。目前，国内稻米品质检测逐步偏向于智能化，主要依靠电子鼻、电子舌等智能感官仪器。智能化检测的原理是模拟人类的感官对稻米的气味、口味、质地等属性进行感知、分析和判断的过程。电子鼻、电子舌分别模拟人类的嗅觉、味觉器官，它们由传感器阵列、信号处理系统和模式识别系统三大部分组成。智能化检测理论的主要特点在于，用大量已知样品测定来建立数据库，进而对未知样品的整体性差异进行区分。

电子舌的测定与统计理论得到改进，可快速、有效地分类和测定稻米品质。利用电子舌系统，创建了一种可视化属性分析方法来表征稻米的食味属性（包括软硬、黏度、甜味和香味），所有属性的相关系数均在 0.9 以上，说明此法能有效提取到电子舌与稻米食味之间的关系信息。另一种分类定级串联 BpNN 模型提供了不同的计算理论：对特征电流和电位阵列进行适当处理和提取，得到电位相平面值和电流相平面值，并将此相平面值作为分类定级模型的输入变量，然后将样本输出的分类值、等级值以及电位相平面值用于后续 BpNN 的建模。研究发现，利用电子鼻对稻米样品进行挥发性成分的检测和鉴别，可以有效区分常规稻和杂交稻，这对稻米类型鉴定、品质分析具有积极作用。

3．品质指标间的相关理论

稻米品质指标之间的相关研究结论，可为稻米品质检测提供有力参考。在稻米营养品质分析与评价方面，首次系统地分析了 3 种不同颜色稻米（白米、黑米、红米）中特质性化合物分布特征和存在形式，探索性地研究了稻米颜色参数和多酚类化合物、抗氧化活性及元素间的相关性。研究结果表明，可溶性结合酚、黄酮类化合物和花青素与 L^*、b^*、C 和 $H°$ 值呈负相关。原花青素与 a^* 呈正相关（$P<0.01$）。原儿茶酸、香草醛酸、丁香酸和阿魏酸与可溶性结合组分的总酚含量和抗氧化活性有关，而原儿茶酸和阿魏酸与不溶性结合组分的总酚含量和抗氧化活性有关，可为水稻育种学家或商业化的水稻生产企业提高稻米中植物化合物水平提供新思路。

三、秸秆等副产物加工理论创新

生物炭暨"秸秆炭化还田"对农田土壤和作物生产的影响研究十分丰

富，但关于生物炭还田改土作用机制的认识尚不深入，对生物炭还田的土壤环境效应尤其是安全性问题还存在争议。针对上述理论问题，秸秆及副产物综合利用岗位开展了稻秆（稻壳）炭化产物功能挖掘与安全性评价研究、生物炭还田改土培肥效应研究等工作，提出并验证了生物炭及液态副产物有机小分子促生抗逆机制和生物炭安全还田阈值，证明了生物炭在干湿交替灌溉条件下亦可提高土壤肥力并有效减少温室气体排放，进一步丰富了"秸秆炭化还田"理论。

1. 探明秸秆生物炭及液态副产物有机小分子促生抗逆功能

学界普遍认为，生物炭改良土壤的机制主要包括直接提供养分，通过巨大的表面积和官能团提高阳离子交换量进而增强养分利用效率，降低土壤容重并提高pH，为微生物提供庇护所并促进其繁殖等。其中，生物炭中含有的活性有机碳被认为是影响土壤微生物群系结构的重要原因之一。但生物炭中的活性有机碳种类繁多、成分复杂，其作用很可能不仅仅局限于为微生物提供碳源，更有可能发挥类似植物生长调节物质的功能进而直接参与生理过程。为此，秸秆及副产物综合利用岗位团队研究挖掘生物炭及液态副产物有机小分子功能，建立了衍生化和非衍生化互为补充的检测方法，大幅提高了有机小分子物质检出能力，形成了更为完整的小分子集；进一步使用植物代谢网络分析、分子建模、分子模拟对接等生物信息学手段对上述小分子进行了生物学功能评价，发现2-acetyl-5-methylfuran可与生长素结合蛋白（ABP1）结合（图6-1），6-（Methylthio）hexa-1、5-dien-3-ol可与胁迫相关受体蛋白（ZAP1）结合，Cyah能与水稻ABA受体蛋白（OsPYL2）对接；通过水稻苗期试验验证了上述小分子物质可促进水稻根系伸长（图6-2）、提升低温相关基因表达水平、增强水稻苗期耐低温胁迫能力。可以认为，生物炭及液态副产物中有机小分子具有的生物学功能是秸秆炭化还田改土的重要机制之一。

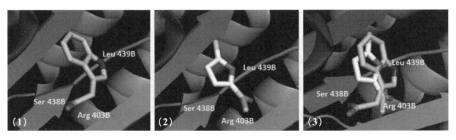

图6-1　2-acetyl-5-methylfuran（1）、IAA（2）与ABPI模拟对接及两种对接方式的比较（3）

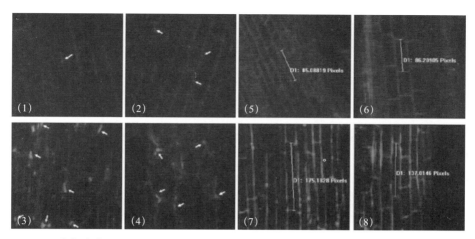

图6-2　生物炭表面小分子对水稻苗期根系ABP1蛋白积累水平（1）～（4）与细胞长度
（5）～（8）的影响

a 0%　b 1%　c 3%　d 5%

2．验证秸秆生物炭环境相容性，提出生物炭安全还田用量阈值

生物炭是秸秆等农林废弃生物质热解后得到的稳定的富碳产物，被认为具有良好土壤相容性。但生物炭的土壤环境效应受土壤理化性质、作物种类、生物炭理化性质与用量等多种因素影响，可能对作物生产起到正反两个方向的作用，这也在一定程度上导致部分学者对于生物炭规模化应用的担忧。在生物炭制备过程中，受传质过程影响，液态热解产物难以完全挥发，亦有可能在冷却过程中凝结于生物炭表面，其环境相容性及生物学功能是当前学界和产业界关注的焦点，也是生物炭安全应用和产品开发的关键。因此，秸秆及副产物利用研究从重金属生物有效性、多环芳烃及二噁英（PCDD/Fs）含量角度评价了生物炭质量，从急性动物毒性、蚯蚓趋避效应等方面分析了土壤环境效应，最后以水稻产量为核心利用荟萃分析方法开展了生物炭安全还田量研究。结果表明，本研究中所使用的各类生物炭材料重金属含量远低于《GB 8172—87 城镇垃圾农用控制标准》《GB/T 23349—2009 肥料中砷、镉、铅、铬、汞生态指标》《有机肥料 NY 525—2012》限值；16 种多环芳烃（PAHs）总含量低于相关标准限值，其中萘的检出量最高，苯并[α]芘需密切关注；未检出多氯联苯（PCBs），二噁英毒性 I-TEF（ng TEQ/kg）为 0.4 ～ 3.63，远低于国际生物炭倡导组织和欧洲生物炭认证提出的限值；生物炭灌喂对 Kunming 小鼠和 Wistar

大鼠生长发育、血常规、内脏器官指数、血液生化指标以及组织器官病理变化等指标无显著变化,无临床毒性症状;蚯蚓对生物炭有一定的趋避性,生物炭用量上限为 0.56% ~ 0.7%;对水稻而言,生物炭用量低于 30 t/hm^2 时表现出普遍的增产效果(图 6-3)。综合考虑生物炭用量对水稻产量的影响、对蚯蚓趋避行为的影响、对重金属生物有效性和土壤环境质量标准的影响,初步提出 10 t/hm^2 可保守设为生物炭安全用量上限。这再次证明生物炭具有良好的环境相容性,为生物炭规模化还田应用提供了理论支撑。

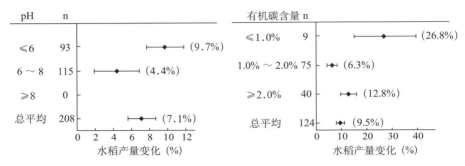

图 6-3　生物炭对不同 pH 和不同有机质含量土壤中水稻产量的影响

第二节　技术创新

一、全谷物稻米加工技术创新

糙米等全谷物稻米产品虽然营养丰富、成品率高、销售利润高,但难蒸煮、口感粗糙,影响了糙米类产品的食用和产业发展。随着全谷物概念的提出,全谷物精深加工技术不断提高,产品类型不断增多。目前,国内应用于全谷物稻米产品加工的技术主要包括糙米发芽富营养加工技术、预熟与品质稳定一体化加工技术、瞬时高温流化技术、超微粉碎和质构重组联用技术等新型加工技术。

1. 糙米湿热发芽营养富集加工技术

发芽营养富集加工技术主要应用于糙米加工,是将稻谷经清选、砻谷后的糙米,放在一定温度和湿度环境中,待糙米发芽后幼芽长度在 0.5 ~ 1 mm 时,将米粒中的酶灭活，得到多种生物活性成分富集的营养食品。糙米发芽后，纤维素部分降解，香甜味增加，提高了消化性、吸收性和口感。糙米发芽分别采用浸泡发芽和喷淋发芽两种方式，浸泡发芽采用的是发芽罐，发芽温度为 25 ~ 35 ℃，发芽时间为 12 ~ 36 h。喷淋发芽采用的是发芽箱或发芽笼，发芽温度为 25 ~ 35 ℃，发芽时间为 24 ~ 40 h。可根据工艺需要，增加臭氧水喷淋消毒。喷淋法能精准控制温湿度和发芽时间，加工生产的批次间产品品质一致性好，活性物质富集量、食味品质和商品品质的综合指标达到最优。最终产品的各项指标应符合 NY/T 3216《发芽糙米》的要求。

目前关于糙米发芽终点的研究相对较少，因此，很多研究对发芽终点的判定一直沿用日本的标准。日本农林水产省食品综合研究所和日本中国农业试验场联合研发发芽糙米芽长为 0.5 ~ 1 mm 时发芽糙米营养成分含量最高，但我们研究发现发芽糙米中GABA的含量与芽长呈正相关。

糙米发芽后水分含量达到35%左右，为了实现较长的保质期，需要将其水分含量干燥至 14% 以下。发芽糙米的干燥方式有热风干燥、微波干燥和冷冻干燥 3 种。发芽糙米干燥技术是决定发芽糙米产品品质的关键技术，以上 3 种干燥方式对发芽糙米的质量均会产生一定的影响。与普通热风干燥和微波干燥相比，真空冷冻干燥对发芽糙米质量影响较小，高热蒸汽干燥得到发芽糙米爆腰率明显低于普通热风干燥，而且干燥温度和介质并不会影响发芽糙米中GABA的含量。爆腰率是衡量产品品质的一个关键指标，分段加工工艺和循环加湿工艺常作为降低发芽糙米爆腰率的关键技术。通过改造试验装置，进而调整加工过程中的通风温度、加湿量、风量等指标，能够实现发芽糙米的较低爆腰率。

2．易煮发芽糙米加工技术

糙米的皮层和胚芽是阻碍水分渗透进籽粒内部的天然屏障，因此，降解或破坏糙米的皮层是改善其蒸煮品质的主要途径。为解决糙米制品不好吃、难蒸煮、货架期短三大产业难题，已有降解或破坏糙米皮层的加工技术创新，分述如下：

（1）预熟与品质稳定一体化加工技术。原有糙米发芽过程米粒吸收充足的水分，发芽结束时水分含量达35% ~ 38%，为了实现 6 个月的保质期，需经过热风干燥去除20%以上的水分，最终发芽糙米的水分含量控制在14%以下，能耗很大，产品口感粗硬、不易消化。稻米加工岗位团队创新糙米发芽工艺，糙米发芽后无须干燥，通过预熟与品质稳定一体化加工技术，软化发芽糙米皮层，与白米一起蒸煮时，皮层破裂，硬度显著下降，与白米接近（表 6-1），适口性显著提高，实现了与白米同煮同熟。最终产品水分含量在 35% ～ 38% 的情况下，可以室温储存 12 个月。

表 6-1　易煮发芽糙米质构分析

样品名称	质构指标						
	硬度（g）	黏性	咀嚼性	黏度（g/sec）	弹性	黏结性	回弹性
发芽糙米易煮米	641.37	317.54	189.53	−0.22	0.58	0.497 5	0.287 5
发芽糙米干燥米	813.09	418.74	267.37	−0.58	0.67	0.527 5	0.315 0
糙米	1 376.49	590.86	397.79	−1.57	0.58	0.507 5	0.320 0
白米	530.57	318.85	244.3	−10.94	0.76	0.600 0	0.330 0

该技术一体化解决了制约发芽糙米产业发展的蒸煮品质、食味品质和储藏品质三大难题，已获得国家发明专利号（ZL201710877527.6），技术成果已落地转化，丰富了稻米加工产品种类，为消费者提供了口感好、营养均衡的主食产品，极大地促进了稻米加工产业的发展。

（2）瞬时高温流化技术。流化干燥是一种有效的谷物干燥技术，但稻谷经流化后常伴有断裂或爆腰的情况产生，这会使抛光后整精米率降低，因此，流化温度常常低于 50℃。瞬时高温流化技术，是将糙米和发芽糙米经 60s 和 130℃ 的瞬时高温流化处理后，使米糠层产生微缝，米饭蒸煮时容易吸水且硬度显著下降。因为表皮微缝能使水分快速渗透进糙米内部，从而促进淀粉快速熟化；同时直链淀粉、蛋白质、糖类等有机物能够较轻易地从微缝渗出，使米饭柔软、黏性增大。瞬时高温流化技术解决了糙米制品难以煮熟和口感差的产业难题，促进了稻米全谷物食品加工产业的发展。

（3）超微粉碎、质构重组联用技术。针对全谷物糙米、发芽糙米口感差、难蒸煮、食用不方便的产业难题，在保证全谷物营养品质的前提下，采用超微粉碎与质构重组联用技术，以糙米、发芽糙米或者米糠+碎米为原料，通过超微粉碎技术，将米糠层的粗纤维微细化，然后通过不同温度的质构重组技术，并自行研制营养工程米加工关键设备，改进传统双螺杆挤压机螺杆结构，采用同向全啮合型双螺杆挤压，提高螺杆长径，并采用积木组合方式来改变螺杆结构,增加物料在螺杆间的剪切力。在此技术与设备的完美配合下,把全谷物粉重新造粒,分别加工成可以蒸煮米饭的营养工程米、开水冲泡即食的营养米粥和自加热米饭,在提升了糙米制品的食用品质和方便性的同时,丰富全谷物稻米产品种类。质构重组技术能够提高糙米制品消化体系黏度、降低糙米制品消化速率、葡萄糖扩散速率等。

二、品质检测技术创新

1．近红外光谱技术

优质稻米育种需要快速无损的方法来评估稻米品质特性,如碾磨、外观、蒸煮、营养等品质。由于对稻米品质性状的常规检测耗时长、成本高,基于近红外光谱(NIRS)的快速预测方法可应用于品质指标的检测。近红外光谱技术属于一种无损检测技术,根据待测样品不同含氢基团对应不同特征吸收波长值来实现无损检测目的。以570份糙米和精米为样本,建立了稻米品质测定校正模型。结果表明,根据糙米光谱建立的所有品质性状模型,除胶稠度外,其外部验证系数(R-2)均大于0.64。建立了蛋白质含量的最佳模型,R-2为0.94。理化性状总分(TSPC)模型是反映所有其他性状的综合指数,R-2为0.70,表明近红外光谱可以判别某一特定水稻的TSPC高低。由糙米制成的模型和由碾米制成的模型一样精确,说明基于近红外光谱的稻米品质性状预测可作为稻米品质的快速评价。

2．电子鼻、电子舌等智能感官技术

电子鼻和电子舌都是智能感官仪器,可利用其传感器阵列来模拟人的嗅觉、味觉器官来评价稻米品质。电子鼻由多种气敏传感器组成,传感器阵列输出电信号,经处理后用于快速识别复杂的气味混合物。与传统的化学分析方法相比,它为稻米挥发性化合物的测定提供了一种简便快捷的方法。采用电子舌和电子鼻的联用技术,测定了120个籼米样品,在基于局部线性嵌入算法用于数据前处理、支持向量机用于分类的状态下,舌鼻联用技术可有效区分常规稻和杂交稻。

3．图像识别技术

针对人工检测步骤繁复、主观性强等问题,将图像识别技术应用于稻米的品质检测。图像识别技术是指采集图像后利用计算机来模拟人宏观视觉功能的一种技术。一般来说,典型的图像识别系统主要包括光源、光学系统、图像捕

捉系统、图像数字化模块、数字图像处理模块、智能判断决策模块等功能模块。从结构组成来说，图像识别技术由扫描仪、模型软件和计算机组成。利用图像识别技术对稻米品质的粒型、垩白性状、整精米率及透明度等指标进行检测。首先用扫描仪扫描约 35 g 稻米，计算机采集到图像，然后通过编程软件建立的算法模型来实现对稻米图像进行分析计算，最终获得稻米样品的粒长、粒宽、长宽比、整精米率、垩白率、垩白度以及透明度等结果，实现稻米多品质快速评价。作为一种快速评价方法，图像识别技术与常规标准法的相关线性较好，且结果基本落在 95% 置信区间内。

4．营养品质检测技术

稻米营养品质包括糖类、氨基酸、酚酸、维生素、微量元素等指标。为了快速、简便地检测营养品质，通过优化检测参数条件、简化前处理操作等来获得满足要求的检测技术。利用高效液相色谱法来测定稻米游离酚酸和结合酚酸的含量，研究发现游离酚酸从 5 min 到 15 min 有明显的增加，其中对香豆酸从 0.002 0 mg/g 增加到 0.006 7 mg/g。除此之外，结合酚酸中，香草酸和对香豆酸在 0 ～ 5 min 内具有较高的含量。

此外，通过对前处理条件、分离条件和检测条件的系统优化，构建了稻米中可溶性糖（葡萄糖、果糖、蔗糖、棉子糖和麦芽糖）的同步检测技术。该方法的标准曲线线性范围分别为 0.999 8、1.000、0.997 9、0.999 8、0.999 8，回收率为 92.9% ～ 112.0%，重复性和再现性分别为 0.8% ～ 9.7% 和 1.9% ～ 7.6%，方法的检出限为 3.1 ～ 34.6 μg/g。该方法为稻米中可溶性糖的检测与研究提供了技术支撑。

三、秸秆等副产物加工技术创新

理论研究丰富了对生物炭还田改土机制、生物炭及液态副产物中功能小分子生物活性和安全性的认知。在此基础上，秸秆及副产物利用岗位针对生物炭及液态副产物应用技术进一步开展工作，在有机小分子功能挖掘技术、生物炭基肥料制备技术、生物炭标准化应用技术等方面取得进展。

1．生物炭及液态副产物有机小分子功能挖掘技术

生物炭及液态副产物中有机小分子所具有的生物学功能是秸秆炭化还田改土的重要机制之一，也是生物炭基农业投入品开发需要关注的新领域。当前，常用气相色谱－质谱联用仪直接检测生物炭表面小分子成分。但是，直

接检测法只能检出具有强挥发性且在高温环境下稳定的物质，难挥发及热稳定性差的物质难以有效检出。因此，秸秆及副产物利用岗位团队采取以N，O-双（三甲基硅烷基）乙酰胺为衍生化试剂，把难于分析的物质转化为与其化学结构相似但易于分析的物质，再通过氮气吹扫、旋蒸等技术手段浓缩后上机测试分析的技术路线，总结出基于气相色谱/质谱联用的衍生化和非衍生化互为补充的生物炭表面小分子检测方法，大幅提高了小分子物质检出能力。进一步结合植物代谢网络分析、分子建模、分子模拟对接等生物信息学手段，凝练集成了一套完整的有机小分子功能挖掘技术。部分内容已申请发明专利。

2．生物炭基肥料制备技术

生物炭与化学养分和土壤养分之间存在复杂的交互作用，在生物炭基肥料开发过程中，生物炭对养分的隔离、截留、吸附作用是关注的重点。为增强肥料缓释效果、提高氮素利用效率，秸秆及副产物利用岗位按照强化物理保护和吸附作用并降低表面积进而延缓养分溶出和释放转化的思路，以稻壳生物炭为试材，试制了超大颗粒生物炭基肥料（图6-4），研究了生物炭比例、黏结剂、压力等制备工艺参数对养分释放速度及其在土壤中转化速度的影响。目前，试制的超大颗粒生物炭基肥料样品可将氮素静水溶出量降低30%，并保持结构完整30 h以上，初步形成了配方组合与制备工艺参数，并已申请发明专利。

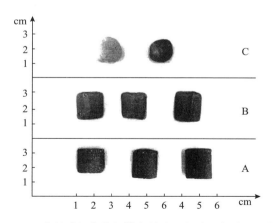

图6-4　试制过程中获得的各种类型超大颗粒炭基肥样品

（A.未包衣柱状肥　B.包衣柱状肥　C.包衣球状肥）

3．生物炭标准化应用技术

"产业发展、标准先行"，面对秸秆炭化还田技术标准体系缺位这一现实问题，基于岗位团队研究基础，沿着秸秆炭化还田链条开展了标准化技术研究工作。针对生物炭检测难题，先后形成以水不溶物全碳含量为主要指标的生物炭基肥料生物炭含量测试技术、以显微观察和消煮残渣固定碳含量为指标的复杂混合样品中生物炭定性鉴别与定量技术。在生产环节中，制定了《DB21/T 2951—2018 秸秆热解制备生物炭技术规程》，起草了《秸秆生物质热裂解炭化工艺技术规程》农业行业标准；在生物炭产品环节，起草了《秸秆生物炭》农业行业标准和《生物炭分级与检测技术规范》《生物炭标识规范》等辽宁省地方标准；在炭基肥料产品环节，主持制定了《NY/T 3041—2016 生物炭基肥料》标准，起草了《生物炭基有机肥料》和《秸秆炭基肥料田间试验技术规范》等农业行业标准；在应用方面，制定了《DB21/T 2787—2017 水稻工厂化生物炭基质育苗技术规程》，起草了《秸秆生物炭安全应用技术规范》辽宁省地方标准，逐步构建起覆盖生物炭制备、产品质量、测试方法、应用技术等从生产到应用的全链条标准体系框架，为秸秆与副产物利用产业发展提供标准化技术支持。

第三节　产品研发

一、全谷物稻米食品研发

近年来，在生态、市场、健康等多方面需求调节下，全利用、低能耗、全营养、多类型的高值营养稻米制品将成为研发和市场需求的主流。为满足生态、经济和社会的多重需求，稻米加工岗位研发了系列全谷物稻米精深加工产品，如干燥发芽糙米、发芽糙米易煮米、发芽糙米发酵米糕、发芽糙米鲜湿米线、营养工程米、营养方便米粥和营养保鲜米饭等。

1．干燥发芽糙米产品开发

糙米发芽后，纤维素部分降解，香甜味增加，显著提高了消化性、吸收性和口感。虽然发芽糙米的胚芽和糠层只占总质量的12%左右，但其聚集了约90%以上的营养物质。糙米发芽过程中，由于内源酶被激活，部分蛋白质、淀粉、植酸等营养素被降解，γ-氨基丁酸（GABA）、γ-谷维素、肌醇六磷酸、谷胱甘肽、烟酸吡哆素等多种生理活性成分增加，使其营养组成和感官品质都得以改善。尤其是GABA的含量提高到糙米的 2 倍以上、大米的 10 倍以上。GABA 可改善脑血循环、增加氧气供应量、抑制神经失调。糙米发芽后，蛋白质、维生素和矿物质含量也略有增加，膳食纤维丰富，对调节血糖、血脂、血压、减肥、提高免疫力均有很好的保健效果。因为不产生米糠碎米等副产物，发芽糙米加工利用率比白米高 10% 以上，能耗大幅降低，而销售价格是白米的 3 倍以上，特别受米业加工企业的欢迎。

2. 发芽糙米易煮米产品开发

干燥发芽糙米与糙米相比，营养性和口感均得到了提高，但是为了满足消费者对全谷物食品口感的高要求，发芽糙米的口感和蒸煮性仍需提高。采用预熟与品质稳定一体化加工技术开发的发芽糙米易煮米产品，与干燥发芽糙米相比，糙米发芽后无须干燥，通过灭菌解决产品的保质期问题，产品水分含量在 35% ～ 38% 的情况下，可以室温储存 12 个月。灭菌处理后的产品综合品质明显提升，一是蒸煮性改善，发芽糙米灭菌后皮层软化，煮饭时，无须提前浸泡，实现了与白米同煮同熟；二是口感明显提升，与白米一起蒸煮硬度显著下降，与白米接近，香甜软糯，适口性显著提高，产品中多糖形成了香甜的口味，多种风味成分也挥发出来，形成了特有的香气，标志性功能成分 GABA 的含量又升高 5% 左右。三是保质期延长，发芽糙米因富含脂肪蛋白和生理活性物质，货架期短，无法满足产品正常流通销售环节的时间需要，本产品完好地解决了这一产业难题。四是成品率高，该产品比传统发芽糙米出品率高 20% 以上，为加工企业赢得更好的利润空间，得到加工企业的高度评价。

3. 发芽糙米发酵米糕产品的开发

大米发糕是一种深受中国南方城市喜爱的传统食品，一般是以籼米为原料，成品表面光滑，内部具有蜂窝状结构，质地松软，酸甜可口，并具有发酵米制品的特殊香气。稻米加工岗位团队以北方的粳米加工的发芽糙米为原料，研究了发芽糙米米糕的加工工艺，发酵剂的种类、剂量和添加方式为关键控制点。发酵米糕的传统工艺采用的均为手工作坊式加工，为了实现发酵米糕的产业化生产，结合工艺条件进行了中试生产设备的设计与配置，实现了发酵米糕的全程自动化生产，产品质量稳定，生产效率提高。

4．发芽糙米鲜湿米线产品的开发

米线是中国南方地区的一种传统食品，主要以高直链淀粉含量的大米制作而成，属于高淀粉类食品。鲜湿米线因为其爽滑、劲道、易于消化的食用特点而深受人们的喜爱。但鲜湿米线由于水分含量较高，在储藏运输过程中容易出现老化现象，米线变硬、失水，严重影响了米线的营养价值和食用品质。我们以北方粳米加工的发芽糙米为原料，利用双螺杆挤压机进行发芽糙米米线的熟化和成型，配方中添加了变性淀粉和品质改良剂，解决了鲜湿米线老化、失水和变硬的问题。为了实现发芽糙米米线的产业化生产，结合工艺条件进行了中试生产设备的设计与配置，实现了发芽糙米鲜湿米线的全程自动化生产，产品质量稳定，生产效率提高。

5．营养工程米产品的开发

为充分利用大米加工副产物碎米和米糠，利用质构重组技术，开发了好吃易煮的营养工程米。并自行研制营养工程米加工关键设备，明显提升了产品品质。市场现有产品表面粗糙、颗粒内部气泡多，商品性较差。该产品颗粒表面更加光洁，颗粒内部几乎没有气孔，结构更加细腻，且吸水率上升了近1倍，商品性和蒸煮性明显提升。该产品可与白米搭配食用，蒸饭煮粥均可，煮饭时间15 min左右，营养丰富，口感好，且食用方便快捷。

6．营养方便米粥产品的开发

随着人们生活水平的日益提高，生活节奏的不断加快，健康快捷的食品越来越受到消费者的青睐，市面上出现了大量蒸煮干燥后的速食米粥。但因其口感不佳，营养破坏严重，在市场中反响平平。市场期待一种复水性好，营养丰富，口感优良，食用简单快捷的速食米粥。稻米加工团队运用双螺杆挤压技术和食品营养学理论，就速食米粥的配方设计、挤压加工工艺参数优化、干燥条件优化，以及品质评定等方面进行系统研究，开发出一种适合产业化生产、高营养、高食用品质的速食米粥。该产品米粒表面产生均匀细小的气孔，米粒淀粉进一步α化，沸水浸泡6～8 min即可食用，产品带有烘焙香味，分为稀饭性和黏稠性两种。营养方便米粥产品的开发，对提高稻米加工副产物碎米、米糠和杂粮等谷物的利用价值及提高稻米企业粮食加工水平和利润具有现实意义。

7．营养保鲜米饭产品的开发

保鲜米饭在我国自投放市场以来，并未迅速得到推广，是因为我国现有保鲜米饭产品的食味均存在明显不足，米饭黏结成团，食用时有渣感，缺少弹性及爽滑的口感，食感及各项参数与传统蒸煮米饭差距巨大。稻米加工团队采用分段糊化技术开发的营养保鲜米饭，工艺中未应用传统的蒸煮工艺，而是一次熟化利用微波加压，微波作用使容器内的煮饭水激烈地沸腾（突沸），可以使每粒米饭表面淀粉迅速糊化，形成一层淀粉糊化层，淀粉糊化层可以有效隔离淀粉，使得米饭内部的淀粉不易扩散到外部，避免在二次熟化工艺中米饭黏连。该营养米饭是在原有白米饭的基础上，科学配置发芽糙米、留胚米、杂粮、杂豆等全谷物原料，较普通白米饭更有营养。

二、秸秆等副产物加工产品研发

生物炭基农业投入品是"秸秆炭化还田"理论与技术体系的重要组成部分和产品研发主攻方向。我国北方冬季严寒、春季泥泞，加之耕地保护意识不断提高，"取土难，难取土"日趋成为粳稻大棚旱育苗面临的重要现实问题。而现有的珍珠岩、蛭石、草炭等替代基质或为养分贫乏的矿物，或为不可再生资源，对农业绿色发展的支撑能力不足。因此，秸秆及副产物利用岗位以水稻育苗基质为突破口，以秸秆、稻壳等农业废弃生物质为原料制备生物炭，再充分发挥生物炭固碳减排、保水保肥、吸光增温等优良特性，辅以小分子有机物生物学功能强化，开发出了具有促生、耐冷功能的水稻育苗基质（图6-5）。

图6-5　水稻育苗生物炭基质技术路线

实践证明，生物炭基质适于北方机插秧，所育秧苗根系发达、盘根力强，移栽植伤轻、发根强、返青快、促增产（图6-6）。同时，生物炭基质孔隙丰富、重量轻（1.2～1.5 kg/盘，仅为等体积土壤的1/3～1/2），因而插秧机负荷小、机械磨损轻、移栽植伤轻，不仅显著提高移栽效率，更明显缩短缓苗

图 6-6　生物炭基质

期。生物炭黑色表面的增温作用及其携带的促生小分子物质共同促进水稻秧苗早生快发，生长加速 0.2 ～ 1.3 叶龄。加之植伤轻、返青快，有效生育期可延长 5 ～ 10 d。

基于生物炭基质的新特性，建立了水稻"晚育早插"育苗技术模式，制定了《DB21/T 2787—2017 水稻工厂化生物炭基质育苗技术规程》，确保水稻秧龄在 30 d 左右达到 3.5 叶，秧田期缩短 3 ～ 5 d，每万盘秧苗节省管理用工 1.5 ～ 2.5（人·d）。与当前广泛使用的草炭类、矿物类基质相比，生物炭基质具备明确的生物学功能、突出的低碳循环农业特征，"取之于田、用之于田"，契合农业绿色化和可持续发展的需要。

第四节　推　广　应　用

一、全谷物稻米加工技术推广应用

稻米加工岗位团队密切关注企业需求，科研成果与企业积极对接。通过技术培训、科企对接会、服务"三农"项目、参加展会、电视专访、专家论坛和微信推送等多种方式进行技术推广，赢得了企业的好评，项目成果已在多家企业转化应用。

发芽糙米加工技术已应用于舒兰市永丰米业有限责任公司。该公司 2015 年 10 月被吉林省粮食局纳入企业联盟"舒兰稻花香"品牌使用企业，2016 年引进了发芽糙米加工技术，在团队的技术指导下加工发芽糙米，利润率大幅度提升，产品市场零售价为 36 ～ 50 元/kg，近 3 年累计销售收入 2 973.3 万元，创社会效益 12 825 万元，带动了相关产业的发展。2017 年 11 月被国家粮食局评为"中国好粮油"项目示范企业，2018年初被国家粮食局、中国农业发展银行列为国家级粮油产业化重点扶持龙头企业。

发芽糙米易煮米加工技术已应用于五常市天地粮缘有限公司。该公司2015年引进了发芽糙米加工技术，在团队的技术指导下生产发芽糙米，利润率有所提升，但产品口感粗糙、不易蒸煮影响了产品的销量。2018年应用了稻米加工团队的发芽糙米易煮米加工技术后，产品好吃了、好做了，销量和利润明显提升。产品零售价是出厂价的2～3倍，三年累计销售收入2 722.1万元，创社会效益6 280万元。参与了《发芽糙米》行业标准的制定工作，企业的科技意识增强了，2017年被评为省级龙头企业。

营养工程米加工技术已应用于海伦野泰食品加工有限公司，该企业2015年引进稻米加工团队技术，开始生产五谷工程米、玉米黄金米和蒲公英工程米，产品对于调节血糖、血脂有显著作用，得到了广大消费者的好评，企业销售额大幅度提升。产品市场零售价为44～54元/kg，创社会价值1 586万元。荣获"中国著名品牌""AAA质量诚信消费者（用户）信得过单位""畅销产品奖""蒲公英生产加工示范基地""诚信企业"等奖项，2017年被评为省重点龙头企业。

分段熟化营养保鲜米饭加工技术已应用于黑龙江省延寿鸿源食品有限公司。该公司2015年引进此项技术，解决了米饭口感差、米饭结块、米粒破碎率高的产品技术问题，销售量明显提升。"绿辰"牌保鲜米饭已进入东北三省高铁站销售，2018年又进入了机场贵宾厅。每盒米饭市场零售价在7～15元，近三年产品销售收入2 977.7万元，创市场价值1.16亿元。企业以稻中宝农民专业合作社为种植基地，并吸纳残疾人就业，社会效益、经济效益明显。

二、品质检测技术推广应用

图像分析技术具有快速、便捷、准确、客观等优点，已广泛应用到稻米品质检测中。根据该技术颁布了农业行业标准NY/T 2334—2013《稻米整精米率、粒形、垩白粒率、垩白度及透明度的测定 图像法》。该技术已为国内多家科研机构、省部级检测机构、高等院校及粮食加工企业所采用。到目前为止，全国已经有包括中国科学院系统，中国农业科学院系统及华南、华中农业大学等30多家科研单位及院校都购置了该图像分析的检测设备，节省了大量人力资源，降低了检测成本。以农业农村部稻米及制品质量监督检验测试中心为例，每年采用该技术高效高质完成 1 万余份的稻米品质检测。

三、秸秆等副产物加工技术推广应用

为促进水稻育苗生物炭基质规模化应用，秸秆及副产物利用岗位与沈阳市现代农业研发服务中心等单位合作，遵循"确保安全、逐步替代、稳步推进"的原则，在辽宁地区开展了技术集成示范推广。一方面，编写并印发《北方水稻育苗技术汇编》《水稻基质育苗集成技术实用手册》《生物炭水稻基质育苗技术实用手册》《秸秆生物炭技术实用手册》等技术资料（图 6-7），帮助农户了解、掌握生物炭基质育苗技术；另一方面，根据项目区自然特点和实际生产情况，遵循循序渐进的农业技术推广原则，起草了包括草炭基质、生物炭基质等多种类型兼容的《水稻工厂化基质育苗集成技术规程》，为生物炭基质应用提供标准指引。多年多点示范结果表明，生物炭基质的推广应用为拉动秸秆综合利用、保护草炭资源、促进粳稻生产发挥了重要作用。其中，2018 年沈阳市重要技术创新研发与科技成果转化中心组织专家评价认为："项目解决了传统营养土育苗过程中取土难等问题，改变了传统营养土育苗复杂的操作流程，减少了劳动投入，核心示范区秧苗发病率降低 5.8%，亩增产5.5%"。

图 6-7　系列培训资料

在生物炭产业层面，在陈温福院士带领下，秸秆及副产物利用岗位积极搭建各类交流平台推动成果转化与推广应用。其中，产业技术平台——中国生物炭产业技术创新战略联盟于 2017 年成立，目前已拥有 60 余家企事业成员单位，并已于 2019 年底加入国家农业科技创新联盟；学术平台——*BIOCHAR*

于 2019 年顺利创刊，截至 2019 年 11 月 30 日，已出版 3 期共 25 篇文章，吸引了国内外学者广泛关注，下载量突破 25 000 篇次，引用 77 篇次；信息平台——"炭索未来"微信公众号已于 2019 年推出，将科学普及（学习园地）、专业文献（*BIOCHAR* 期刊）和市场推广（炭索商城）整合在一起，为国内生物炭产业群体提供一站式服务；会议平台——"第一届生物炭研究与应用国际研讨会"也于 2019 年 9 月成功举办，来自全球 19 个国家的 641 位同行与会。学术、技术、信息、会议等多元平台建设与融合有望为持续推进产学研协作发挥积极作用。

第七章 产业经济评价与分析

我国正在经历前所未有的产业发展改革变化，水稻产业作为事关国计民生重要基础的粮食安全战略性产业，同样经历着史无前例的革命性转变。根据作者在水稻产业经济岗位十年来的工作经历和科研成果，经过较为系统化地梳理、整合和适当加工，本章拟从水稻产业经济评价与分析视角出发，对水稻产业经济发展进行理论与实践研究，着重将水稻产业经济岗位近十年研究的主要成果择要呈现出来并做出粗浅分析。

第一节 水稻产业基础平台数据库建设

立足水稻全产业链，根据产业体系岗站设置和区域分布，逐步建立了水稻产业经济基础平台数据库，并以该数据库数据信息为基础，为水稻产业体系技术服务和有关部门决策服务发挥了相应作用。

一、水稻产业经济数据库的建设

纵观十年来水稻产业基础平台数据库之水稻产业经济数据库建设，从无到有，从小到大，从国内到国外，从技术到经济，从二手数据收集整理到一手数据调查获取。水稻产业经济数据库建设与发展，不仅凝聚了水稻产业经济研究室科研人员大量心血，水稻产业技术体系几乎所有同仁也都直接或间接参与了数据库的建设工作。

从 2003 年到 2009 年，水稻产业经济岗位科学家对水稻产业经济数据库建设进行了初步探索与尝试，属于起步过程的初建阶段。在这个初期阶段，主要进行了几项工作：一是对国内外水稻产业相关数据（包括信息、观点和政策属性的信息数据）进行广泛收集和梳理。二是依靠水稻产业体系，紧密联系体系内有关岗位科学家和综合试验站站长，充分发挥产业经济岗位科学家团队成员作用，瞄准水稻生产农户侧重稻农生产与决策行为，建设农户水稻产业专业数据库（或分库）。

从 2004 年到 2018 年，对前期建立的数据库在不适宜或在时间点上不具有连续性的数据库指标进行淘汰、改造和更新。到 2018 年底，虽然有些数据库由于源头上的外部原因仍然存在一些问题，但总体上已经建立了可以对水稻产业进行较为系统地分析、跟踪和使用的水稻产业经济数据库。

二、水稻产业经济数据库的主要内容与用途

水稻产业经济数据库是水稻产业基础平台数据库的有机组成部分，每年年终总结前由水稻产业经济岗位科学家上传给水稻产业技术体系首席科学家。如表 7-1 所示，列表给出从 2009 年到 2018 年水稻产业经济全部 6 个数据库名称与结构指标，受篇幅所限不再做具体阐述。

表 7-1 水稻产业经济数据库结构内容

编号	名称	数据库结构指标
23	中国稻谷收购价格数据库	国内稻谷价格/产地/日期等，记录数据约 6 万条
24	中国大米市场数据库	国内大米价格/交易市场/日期等，记录数据约 10 万条
25	国际市场大米价格数据库	国际市场大米价格/离岸地/日期等，记录数据近 2 万条
26	世界主要发展中国家国内大米价格数据库	世界大米国内价格/市场/类型/日期等，记录数据约 1.5 万条
27	水稻产业经济研究/政策信息文献数据库	水稻产业经济信息名称/类型/日期/来源等，记录数据约 8 000 条
28	水稻生产数据库	主要产稻国家水稻面积/产量/年度等，累计记录数据 2 万余条

注：本表根据各年度任务书和年度实际完成情况汇总而成。由于某些原因，该数据并未公开发布，但体系内人员可以使用。

第二节 水稻产业技术经济评价分析

水稻产业技术研发与应用是体系建设与发展的根本任务，水稻产业经济研究室按照农业部主管部门的要求和水稻产业体系任务的分工，开展水稻产业体系重点任务为技术研发与应用的跟踪调查，并根据体系岗位、有关部门、相关

专家的要求，结合实践中的重要技术应用情况，开展水稻产业技术经济跟踪、评价与分析。

一、水稻产业技术经济学评价理论与方法

应用经济学理论与方法，对产业发展中应用的技术（全部技术）进行甄别并选择适当的方法进行技术应用的产出与经济分析，以此评价"理性经济人"采纳水稻产业技术的效果或效益。

（一）水稻产业技术（总体技术）经济评价理论基础

根据生产力经济学基本原理和投入产出关系理论，从水稻生产环节考察水稻产业技术是一个总体或总量概念，它将水稻产出作为产业目标。这种产出是由各项投入决定的，这里的投入指新古典经济学理论方法中的总体投入。按照时间维度，可以理解为在一定时期的投入与某个基期相比的投入产出关系变化，或者从某一确定时点进行的横向考察，不同地点（样本点）采用不同的技术（总体技术），可以分析固定时期不同技术水平下的投入产出关系。这就是公认的投入产出理论，用于实证研究就是著名的生产函数法。

水稻产业发展如同国家或区域产业（经济体）发展一样，将经济体投入产出关系定义为单位产出和单位投入，进而考察某种（某类、某些）投入的变化，必然存在水稻产业的技术进步现象。水稻产业投入产出关系一般可用下式表达：

$$Y_i = f\left(x_i | X_i \| Z_i\right) \tag{7-1}$$

式中，Y为水稻产出，i为时间序列或横截面样本集；函数中的x表示可变投入，可以有i个变量；X表示可控条件，可以有i个与产出有关的可以控制的要素或生产变量；Z为短期内相对稳定不直接对产出有重要影响的环境因子或相对稳定的相对长期变量。

如果式（7-1）中的各类变量（包括独立变量或因变量）均可观测，则可以将水稻生产随着可变投入的改变而导致不同的产出视为对应关系，可以用图示法更形象地展现水稻产业（这里可以抽象为水稻生产）投入产出关系变化（图7-1）。

图7-1分为上图和下图两部分。图的上部，TPP指水稻生产总的物质产量，即随着横轴可变投入量x的变化导致不同的产量水平。这种投入产出函数

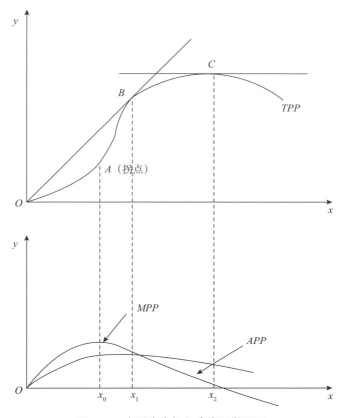

图 7-1　水稻生产投入产出函数图示

即为水稻生产总产量函数；APP 指平均产量，即在不同投入水平上累计的平均产量函数；MPP 指边际产量函数，表示随着每单位可变投入 x 数量变化而改变的产量变化函数。

总产量与边际产量之间的数学关系可以理解为：当 MPP＞0 时，总产量上升。当边际产量处于上升阶段时，总产量以递增的速度上升；当边际产量处于下降阶段时，总产量以递减的速度上升。当 MPP=0 时，总产量 TPP 达到最大。当 MPP＜0 时，总产量 TPP 下降。

平均产量与边际产量之间的关系可以理解为：当 MPP＞APP 时，APP 上升；当 MPP＜APP 时，APP 下降；当 MPP=APP 时，APP 达最大值。

进而，考察相同投入水平下的产量变化却有所不同，这就是水稻生产中的技术进步。如图 7-2 所示，Y_2 相比于 Y_1 是一种具有相同投入量条件下的水稻生产技术进步函数。

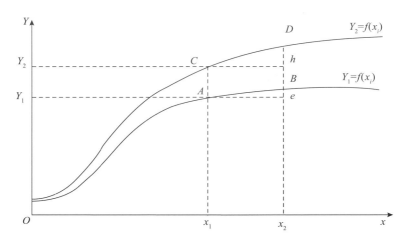

图 7-2　不同地区水稻生产投入产出技术进步函数

如果是同一地区不同时期，水稻生产在劳动与资本比不变的条件下，投入产出函数可以表示为：新时期 $y_2=f(k, t')$ 生产函数与起点时期 $y_1=f(k, t)$ 生产函数相比，y_2 具有技术进步（图 7-3）。

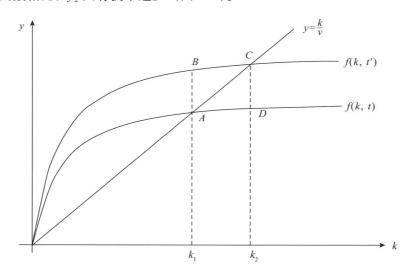

图 7-3　随时间变化的水稻生产投入产出技术进步函数

从大量文献来看，关于这方面的应用研究成果已经很多，这里不再详细叙述。

（二）水稻产业技术进步（局部技术）的类型与诱因

水稻生产技术进步机制实际上是复杂多样的，造成技术进步的原因虽然不尽相同，但仍然可以加以科学分析以推进水稻产业技术进步。

1．技术进步的几种类型

从田间到餐桌，水稻产业都是一个连续累积的变化过程，但水稻生产过程是其基本而又十分重要的一个环节。仅从水稻生产环节看，水稻生产的投入产出符合采用新古典经济学理论和生产函数分析法进行技术进步研究。

实际上，考察世界水稻生产投入关系可以看出，产出水平有较大差别，是什么原因导致其产出水平存在较大差异呢？从熊比特技术创新理论和技术外生的非体现型假设方法划分，一般而言，可以将水稻生产技术变化诱导的原因依据现代新古典经济学理论来解释，如果投入要素可以直接度量使产出得以增长，对中性技术进步可以归纳为 3 种观点，主要表现为：

（1）劳动节约型（希克斯中性）技术进步。如图 7-3 所示，假设劳动资本比不变（$v=r/w=c$，其中，r 为资本利息率，w 为工人工资率，c 为常数），如果要素边际替代率增加，即为资本偏向型技术进步（更多地使用资本而节约劳动，亦称为劳动节约型技术进步）；反之，要素边际替代率减少，即为劳动偏向型技术进步（更多地使用劳动而节约更为昂贵的资本，亦称为资本节约型技术进步）。采用这种方法，在经济学中通常称为"希克斯中性技术进步"。

（2）哈罗德技术进步。以资本利率不变侧重于资本要素及其与产出的关系，假设在资本产出比不变的条件下取得技术进步，如果资本边际产出比增加，这种技术进步就是资本偏向型技术进步（更多地使用资本而节约稀缺的劳动，亦称为劳动节约型技术进步）；如果资本边际产出比下降，这种技术进步就是劳动偏向型技术进步（更多地使用相对便宜的劳动而节约更加昂贵的资本，亦称为资本节约型技术进步）；如果资本边际产出不变所取得技术进步就是中性技术进步。这种方法最早是由哈罗德提出来的，所以称为哈罗德技术进步。

（3）索洛技术进步。以劳动投入为主衡量所取得的技术进步，假设劳动产出比不变，如果劳动的边际产出提高了，则这种技术进步为劳动偏向型技术进步（资本节约型技术进步）；如果劳动的边际产出下降了，这就是资本偏向型技术进步（劳动节约型技术进步）；如果劳动的边际产出不发生变化，这种中性的技术进步被称为"索洛技术进步"。

当然，在现实世界中，不管是哪种标准和方法，水稻生产技术进步都是突出的。不过我们认为，水稻生产的技术进步中的中性技术进步不是绝对的，资本节约型技术进步更多地在经济欠发达国家广泛存在，劳动节约型技术进步更多地在经济发达国家广泛存在。中国水稻产业技术进步明显，目前正由劳动偏向型技术进步向资本偏向型技术进步转变。

2．技术进步的诱因

从理论上讲，技术进步与很多因素密切相关，但技术与制度的关系却是最为基本的决定关系，因此，现实分析中就有了最突出的两种学术争论：技术创新决定制度变革与创新？制度创新决定技术进步？在理论上，新古典经济学理论以技术决定制度为指导而将制度先定条件下来研究技术进步或技术经济，但并不适合新制度经济学范式。这里避开这种分异，可以更好地借鉴"技术诱致创新模型"来理解技术进步诱致理论。

日本的速水佑次郎和美国的拉坦，从技术变革对农业的基础作用出发，在"诱导革新理论"基础上，根据资源条件有限和强调公共部门研究资源分配机制对农业发展有着巨大影响的实际情况出发，于1971年提出了具有综合特性的农业诱导发展模式（或农业引致创新模式），后于1985年进一步精炼为超常规的一般均衡关系模型新模式，也称为诱致创新模型，这种模型结构如图7-4所示。

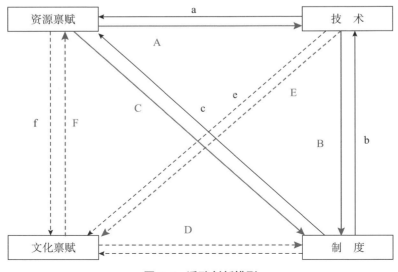

图 7-4 诱致创新模型

诱致创新模型具有四大机制。诱致创新模型在于直接利用农业研究、农业技术的开发与推广，保证农业发展的制度性基础结构方面的公共部门投资，消除那些相对缺乏供给弹性的要素对农业生产的制约。其 4 个重要机制分别是诱导私人部门的革新、诱导公共部门的革新、技术变革与制度发展之间的相互作用、技术变革与经济发展的动态关系。这种诱致（引致）创新模型被认为是理解农业与经济发展问题的一个巨大飞跃，它提出了农业增长是怎样取得的这样一种综合性的经济理论，为不同资源和制度结构状况的情况下制订促进增长的政策与计划提供了一种指导思想。

（三）水稻产业技术（单项技术）经济评价思考

水稻生产技术的应用，从生产者角度来看，技术进步和生产效率都很重要，但最重要的是水稻的生产效果。因此，对水稻产业技术经济评价或更加深入的经济学分析，可以更好地考察水稻生产领域的技术经济状况。下面从单项技术出发，对我国水稻产业技术经济进行评价分析。

二、水稻产业技术经济评价分析

根据水稻产业特定环节，按照新古典经济学研究范式，对新技术（单项技术或单一技术）的采纳，进行特定技术应用的经济效果开展全面分析并进行技术经济评价，以期得出可比的量化的技术应用成果。本章对于该领域的研究，都是在水稻产业技术体系跟踪观察和分析基础上进行的微观案例或独立样本的调查研究，也是农业技术经济评价研究领域最为困难的研究之一。虽然水稻产业经济岗位开展了十余个水稻产业技术经济评价项目研究，但受篇幅限制，本节主要介绍两项具体的水稻产业技术经济评价研究成果。

（一）旱稻品种选育集成综合技术经济评价

1．研究目的

根据水稻产业技术体系岗位科学家的职能，水稻产业经济研究室连续 4 年开展技术经济跟踪调查，旨在进行水稻遗传资源创制保存、基因发掘、品种培育与应用的技术经济效果进行科学评价（评估）。

2．评价材料

本项目评价的材料与来源，主要包括以下几种渠道和方式：

（1）参与课题组研究方案设计，明确适应技术经济评价必需的内容与要求。

（2）选择典型地区开展实地调研和查证，获取选育品种与应用的第一手素材，以计算相关参数。

（3）协助课题组获得其他必要的证明材料，以确保材料的真实性和可靠性。

3．评价方法

$$\Delta TS_i = \sum TS_{ij} \tag{7-2}$$

式中，TS 为年内新增加的销售额（万元），i 为年份，$j=1$，2（1 为本单位实施量，2 为其他单位实施量）。

$$\Delta TP_i = \sum TS_{ij} - \sum TC_{ij} \tag{7-3}$$

式中，TC 为经济总成本。

4．评价结果

（1）推广应用基础数据。2015—2017 年，项目课题组共育成 52 个品种，在国内累计推广 1.87 亿亩，近三年推广 7 059.4 万亩。

项目育成的云光系列在越南、缅甸等累计推广 298.21 万亩，近三年推广 122.58 万亩；针对亚非国家育成的 12 个品种通过国际水稻所在菲律宾等 6 个国家审定，累计推广 2 321 万亩，近三年推广 2 034 万亩。项目向其他应用单位提供资源 79 543 份（次），共享利用育成 114 个新品种，累计推广 4.7 亿亩。

（2）经济效益。2015—2017 年，三年内项目新增销售额 37.4 亿元，新增利润 3.67 亿元。各年份新增销售额与新增利润测算详细结果见表 7-2。

表 7-2　项目新增销售额与新增利润测算结果

年份	完成单位		其他应用单位	
	新增销售额（万元）	新增利润（万元）	新增销售额（万元）	新增利润（万元）
2015	11 393.4	3 375.44	77 632.99	6 981.85
2016	11 460.33	3 611.36	113 206.75	8 690.78
2017	11 524.84	3 652.51	149 590.97	10 551.73
累计	34 378.57	10 639.31	340 430.71	26 224.35

注：数据根据典型调查与有关单位专业人员统计综合而成。

（3）社会经济总效益。2015—2017 年，三年内该项目的社会经济总效益为 410.4 亿元。

5．计算与解释

（1）完成单位包括事业单位所获得的成果转让费用和企业的经济效益。

（2）新增销售额计算公式＝（年种子销售量 × 种子销售价）＋（优质米销售量 × 单价），根据本项目选育品种种子和优质米销售应用证明来统计计算。

（3）新增利润指的是近三年种子的销售额扣除种子生产、品种研发、示范推广和网络销售等人力、财力和物力的投入，企业种子经营获得的利润，数据来源于各相关经销单位提供的经济效益证明。

（4）计算参数与派生指标。每亩增产 40 kg，稻谷单价 2.56 元/kg。该项目新品种累积推广 18 718.7 万亩，经济收入增加额为 191.67 亿元。三年推广 7 059.4 万亩，经济效益增加额为 72.3 亿元。

（5）该项目新品种增加了对病虫害的抗性，减少农药施用成本，每亩节约农药成本 40 元，累计减少农药施用成本 74.87 亿元，三年合计节约农药施用成本 28.2 亿元。

（6）三年经济效益简约计算为 104.2 亿元。包括：完成单位新增利润、其他应用单位新增利润、农民增收节支。

（7）社会经济总效益是在经济效益测算基础上，根据育成品种加工、推广及品质改良和稻农改善经营管理进行的综合估算。

（二）杂交水稻制种机械化技术经济评价

1．问题的提出

我国杂交水稻种植面积有了巨大增长，每年需要生产种子 25 万 hm^2，年出口种子量约 0.8 万 hm^2，年需要制种面积约 11 万 hm^2。我国杂交水稻制种技术经历了 3 个发展阶段：第一阶段，1973—1980 年为制种技术的摸索阶段，产量由最初的 0.09 t/hm^2 提高到 0.75 t/hm^2；第二阶段，1981—1988 年为制种技术的完善阶段，产量登上 1.125 t/hm^2 和 1.5 t/hm^2 两个新台阶；第三阶段，1989 年以后，我国杂交水稻制种产量已突破 2.5 t/hm^2。随着超高产制种技术的全面推广，高产区的制种产量亦由 2.5 t/hm^2 上升到 3.0 t/hm^2 以上，最高产量达到 7.38 t/hm^2，这标志着我国杂交水稻制种技术已进入超高产制种技术的研究阶段。

进入 21 世纪以来，随着中国工业化和城市化的发展，农村劳动力向第二、三产业大量转移。这种基于劳动密集型耕作方式的杂交水稻种子生产模式需要投入更多的劳动力、更多的生产成本，因为它抵抗自然灾害的能力较弱，不利于种子基地的稳定和可持续发展，它现已成为我国杂交水稻发展的障碍因素。因此，发展杂交水稻必须开展杂交水稻规模化机械制种高产高效安全技术研发。

我国现有种子企业 8 000 多家，数量众多。种子企业为了抢占市场，出现了重经营、轻生产的现象。此外，由于近年来农村产业结构调整，农民的收入来源渠道不断增多，杂交水稻制种效益对农民的吸引力下降，或由于保证制种的高产优质需要相当的技术和劳动力，有的农户缺乏技术支撑，有的农户由于劳动力不足，不敢或不愿制种，许多传统制种基地已经放弃制种。如 20 世纪80—90 年代的制种大县四川省成都市的大邑、蒲江、崇州、温江、新都，湖南省怀化市的洪江、中方、麻阳、淑浦等县（市），江苏省金湖、宝应、高邮、建湖、阜宁、建湖、射阳等县（市），由于土地承包及农户自主经营意识的变化，加上农村劳动力的大量外流，农民阶层年龄结构的变化，这些传统的制种基地现在大多改种经济作物或种植商品粮。

虽然部分劳动力较充足、土地较多、经济较落后及地理气候资源特殊的地区，部分农户仍在继续从事杂交水稻制种，但在同一片生产区域内很难做到产业统一，尤其杂交水稻制种是期望效益相对不高的高风险产业，使得杂交水稻制种正面临着制种基地难成规模，难以连片，难以管理，而且伴随着基地整体素质偏低，生产成本被动提升等负面因素。导致杂交水稻制种出现面积难落，隔离及除杂保纯难，质量不稳、隐患多，种子生产成本大等诸多问题。

如果种子企业和科研部门投入技术力量，重视研发杂交水稻机械化制种方式，集成省工节本、减少劳力投入、轻简高效、少风险、高利润的杂交水稻全程机械化制种技术体系加以推广应用，实施杂交水稻制种机械耕作、机械栽插、机械施肥、机械喷药、机械割叶、机械收获、机械烘干包装，以高制种效益推动杂交水稻机械化制种基地向本地或异地承包经营的种田大户及中、大型农场转移，进行规模化杂交水稻机械制种。这将成为解决杂交水稻制种存在上述问题的必然途径。

2. 建立评价模型

马克思指出："如果只把机器的使用看作使产品便宜的手段，那么使用机器的界限就在于制造机器的劳动要少于使用机器所替代的劳动"，"对于资本家来说，只有在机器的价值和它代替的价值之间存在着差额的情况下，才会使用机器"。具体到农业机械化系统，就是使用农业机器代替人畜力（或用新的农业机器系统代替旧的农业机器系统）后，必须有一定的经济效果，其临界状态是经济效果为零，这种状态称为农业机械化的经济界限。

对母本插秧机示范与应用的技术经济评价主要分析应用母本插秧机进行机械栽插这一技术所带来的经济效果。构建数学模型如下：

$$S_1 = L(V_1 - V_2) - (C_1 + C_2 + C_3 - C_4) \geqslant 0 \qquad (7\text{-}4)$$

式中，S_1 为节约劳动（包括活劳动和物化劳动）的经济效果（元）；L 为计算期内平均劳动日工值（元/工日）；V_1 为人工栽插完成单位工作量所消耗的活劳动量（人工/hm^2）；V_2 为使用母本插秧机完成单位工作量所消耗的活劳动量（人工/hm^2）；C_1 为使用母本插秧机完成单位工作量应分摊的机器折旧费（元/hm^2）；C_2 为使用母本插秧机完成单位工作量应分摊的物质使用费（元/hm^2，包括油料费、日常维修费、大修提成和管理费等）；C_3 为使用母本插秧机完成单位工作量应分摊的资金占用损失费（元/hm^2）；C_4 为人工栽插完成单位工作量应分摊的物质使用费（元/hm^2，包括农具折旧费、畜力费、管理费和维修费等）。

$$C_1 = \frac{C_1^*}{W} \qquad (7\text{-}5)$$

式中，C_1^* 为母本插秧机年折旧费（元）；W 为母本插秧机年作业量（hm^2）。

$$C_3 = \frac{C_3^*}{W} \qquad (7\text{-}6)$$

式中，C_3^* 为全年总资金占用损失费（元）。

母本插秧机的应用能否满足式（7-4）的要求取决于 7 项因素：机器购置价格、劳动日工值、母本插秧机年作业量、母本插秧机物质使用费、人工栽插的活劳动消耗、使用母本插秧机的活劳动消耗和占用资金的损失费（主要与年利率有关）。

一般地说，母本插秧机购置价格、母本插秧机物质使用费、活劳动消耗越小，使用母本插秧机所节约的劳动就越多，因而 S_1 也越大。劳动日工值越高，节约活劳动的经济效果越明显，母本插秧机年作业量越多，分摊到每单位工作量的折旧费和资金占用损失费就越少，人工栽插的活劳动消耗越大，使用母本插秧机所节约的劳动就越多，因而都使 S_1 值增大。母本插秧机寿命越长，虽然年折旧费越小，但资金占用损失费却增加，总的得失利弊则与年利率高低有关，要通过具体分析才能确定。

3．测评结果

（1）四川绵阳。2014 年 7 月 1—3 日，水稻产业经济团队赶赴四川省绵阳市，对水稻产业经济固定调查点绵阳综合试验站的母本插秧机的应用情况进行了实地调研。

根据实地调研所获取的数据资料，以及查阅有关文献所获得的数据资料测算应用母本插秧机进行母本栽插这一技术所带来的经济效果 S_1。计算指标如下：

$L = 75$（元/工日）；$V_1 = 60$（工日/hm²）；$V_2 = 3.6$（工日/hm²）；$C_1 = (17000/8)/3 = 708.33$（元/hm²）；$C_2 = 375$（元/hm²）；$C_3 = (17000 \times 3.25\%)/3 = 184.17$（元/hm²）；$C_4 = 250$（元/hm²）。

$$S_1 = L\left(V_1 - V_2\right) - \left(C_1 + C_2 + C_3 - C_4\right) = 3\,212.5（元）。$$

（2）江苏射阳。2014 年 11 月 9 日—11 月 11 日，水稻产业经济团队赶赴江苏省盐城市射阳县，对江苏省射阳县良种繁育场的母本插秧机的应用情况进行了实地调研。

根据实地调研所获取的数据资料，以及查阅有关文献所获得的数据资料测算应用母本插秧机进行母本栽插这一技术所带来的经济效果 S_1。计算指标如下：

$L = 130$（元/工日）；$V_1 = 30$（工日/hm²）；$V_2 = 2$（工日/hm²）；$C_1 = (17000/8)/3 = 708.33$（元/hm²）；$C_2 = 300$（元/hm²）；$C_3 = (17000 \times 3.25\%)/3 = 184.17$（元/hm²）；$C_4 = 225$（元/hm²）。

$$S_1 = L\left(V_1 - V_2\right) - \left(C_1 + C_2 + C_3 - C_4\right) = 2\,672.5（元）。$$

（3）湖南长沙。2014 年 11 月 27—30 日，水稻产业经济团队赶赴湖南省长沙市岳麓区，对湖南隆平种业有限公司的母本插秧机的应用情况进行了实地调研。

根据实地调研所获取的数据资料，以及查阅有关文献所获得的数据资料测算应用母本插秧机进行母本栽插这一技术所带来的经济效果 S_1。计算指标如下：

$L = 120$（元/工日）；$V_1 = 37.5$（工日/hm²）；$V_2 = 2$（工日/hm²）；$C_1 =$

（17000/8）/3 = 708.33（元/hm^2）；C_2 = 375（元/hm^2）；C_3 =（17000 × 3.25%）/3 = 184.17（元/hm^2）；C_4 = 200（元/hm^2）。

$$S_1 = L(V_1 - V_2) - (C_1 + C_2 + C_3 - C_4) = 3192.5（元）。$$

4．综合涵义

（1）水稻机械化插秧技术在杂交稻制种领域的技术创新，属于一个生产领域的独立技术，杂交稻母本插秧机的研发与应用也是一项独立的技术。

（2）根据水稻产业经济团队到四川绵阳、江苏射阳和湖南长沙的实地调研所获得的数据资料，通过构建数学模型对母本插秧机的示范与应用技术进行经济评价，发现应用母本插秧机进行母本栽插这一技术所带来的经济效果 S_1 远大于 0，说明母本插秧机应用这一技术的经济效果较好，应该继续研发和推广。

第三节　水稻产业经济研究

十年来，水稻产业经济研究室以前述数据库数据资源为基础，通过开展专项深入调查，在水稻产业经济领域开展了大量研究工作，为水稻产业体系内部科研人员提供了大量内部研究资源，在稻农经营决策与管理行为、经济政策、区域发展、水稻产业"一带一路"建设等方面公开发表学术论文 20 余篇。受篇幅所限，本节仅以点代面重点介绍两个方面的研究成果。

一、我国水稻产业价值链分析

2018 年，在大力实施供给侧结构性改革与着力提升稻米质量政策的作用下，全国水稻生产形势出现拐点，水稻产业价值链形成新的格局，中国参与国际大米市场贸易格局发生重大转变，中国水稻产业发展所出现的一些新情况值得格外重视。下面依据水稻产业价值链模型，以几个关键环节为例，对 2018 年中国水稻产业价值链研究的基本内容做出简要分析。

（一）全国水稻生产规模调减效果显著

2018 年是我国水稻供给侧结构大幅度调整的一年，农业农村部审时度势提出全国水稻大省和双季稻大省坚决调整水稻生产结构、压缩种植面积任务要求。我国 2018 年水稻种植面积为 3 018.9 万 hm^2（合 45 284 万亩），比上年减少 837 万亩，面积下降 1.81%。2018 年全国水稻产量为 21 213 万 t，比 2017 年减少 55 万 t，下降 0.26%。2018 年全国水稻公顷产量为 7 027 kg，增长 1.59%。

2018 年全国水稻种植制度调整效果十分明显。2018 年全国早稻面积为 479.13 万 hm^2（合 7 187 万亩），比上年减少 1 008 万亩，下降 12.3%。早稻产量为 2 859 万 t，比上年减少 315 万 t，下降 9.92%。早稻亩产 398 kg，环比亩产提高 10.5 kg，提高 2.71%。中稻面积估计 1 895 万 hm^2（合 28 425 万亩），环比增加 580 万亩，增长 3.16%；中稻产量约 14 300 万 t，增加 490 万 t，增长 3.5%；中稻亩产 503 kg，增加 1.9 kg，增长 0.38%。晚稻面积 663.9 万 hm^2（约 9 958 万亩），减少 413 万亩，下降 4%；晚稻产量 3 921 万 t，减产 363 万 t，下降 8.5%；晚稻亩产 394 kg，下降 19.3 kg，降幅为 4.67%。

（二）我国水稻生产成本与生产者价格

稻农投入与产出是水稻产业经济的基础，根据国家统计部门农业生产投入监测数据，可以明确我国水稻生产可变物质投入基础情况，按照水稻产业经济研究室开展稻农"百户调查"样本每年上千个农户数据分析，从而清楚我国水稻生产者价格及其投入产出关系。

水稻生产成本及其构成变化。根据农产品生产主要物资投入要素监测数据，2018 年我国农产品生产投入品综合价格比去年上涨 10.22%。结合实际投入种类和减量实际情况比较，2018 年我国水稻生产可变物质投入品每亩 500 元，比去年实际每亩下降 5.0 元，环比增长 1.01%。与 2017 年相比，水稻生产的土地成本每亩 210 元保持不变，人工成本 450 元，分别比 2017 年减少 15 元，环比下降 3.23%。三项成本相加，水稻生产总成本由 2017 年 1 170 元下降到 1 160 元，每亩减少 10 元，下降 0.85%。

水稻生产者价格长期变化。从各稻谷种类来看，2018 年全国早稻（早籼稻）平均为 2 486 元/t（低于 2012 年），环比下跌 134.65 元/t，下降 5.14%；中晚籼稻谷 2 530 元/t（低于 2012 年），下跌 158.12 元/t，下降 5.79%；粳稻 2 914 元/t（低于 2013 年），下跌 139.19 元/t，下降 4.56%。2018 年全国粳稻稻谷价格年度平均为 2 914.09 元/t，比 2017 年下跌 139.19 元/t，下降 4.56%。2018 年月度变化总体呈下跌走势，7 月和 10 月两次巨量下跌后虽然回升但仍无力推动上涨趋势的形成。

（三）我国大米市场价格变化

全国各地大米批发和零售市场网络早已形成，可以将大米终端市场分为两种市场类型，一是规模化的中高端市场（批零兼营市场、规模市场价格或批零兼营价格），二是市场末端的小型零售米店，下面分别对我国大米市场价格变化加以分析。

规模市场中高端大米的市场批零兼营价格。从长期看，全国大米规模化中高端市场价格（即规模市场价格或中高端市场价格）变化较大。2018 年，全国中高端市场大米综合平均价格为 5 309.77 元/t，比 2017 年下跌 24.55 元/t，下降 0.46%，但仍然高于其他各年。2018 年，全国平均大米批零兼营价格为 5 310 元/t，比 2017 年的 5 334 元/t 下跌 24.55 元/t，环比下降 0.46%，2018 年各月冲高乏力，导致年末后两次较大幅度下降。

国内低端市场大米零售价格。除前述中高端大米价格外，另一市场则是末端市场中的大众消费者市场零售价格，一般而言，其价格普遍较低。2018 年，大众消费低端大米零售价格综合平均为 4 467.33 元/t，比上年下跌 319.95 元/t，下降 6.68%。其中粳米 4 788.72 元/t，下跌 356.58 元/t，下降 6.93%。从长期来看，2018 年价格不仅低于 2017 年，也低于 2012 年。其中，籼米价格不仅低于 2017 年，也低于 2013 年；2018 年粳米价格更是低于 2010 年以后各年。

（四）我国大米进出口国际贸易变化

我国大米国际贸易在扩大深化改革背景下，更大程度地开放国门，进出口贸易已经成为新常态，在长期扩大开放过程中，近年大米贸易格局已经发生重大转变，2018 年我国大米进出口形势变化更为突出。

大米进出口贸易变化。长期综合来看，中国大米进出口与大米净贸易量已经发生根本性转变，进入 21 世纪前后我国大米出口量很大，近几年逆转，大米进口量很大，净贸易量也由大的正数变为绝对值大的负数。根据我们对 2018 年的估计，近年来我国大米贸易格局似乎又有了新的变化。根据国家海关统计，2018 年全国大米出口估计 201.3 万 t，出口额 8.32 亿美元，每吨价格（进口价，即 cif 及附加）为 413.46 美元。与 2017 年相比，大米出口量增加 81.6 万 t，增长 68.20%；出口额增加 3.13 亿美元，增长 39.36%；出口单价下跌 85.19 美元，下降 17.08%。2018 年，全国进口大米估计 307 万 t，比上年减少 96 万 t，环比下降 23.82%；大米进口额 15.96 亿美元，比上年减少 2.63 亿美元，环比下降 14.14%；大米进口价格（cif 及附加）为 519.65 美元/t，比上年增加 56.84 美元/t，环比上涨 12.28%。

国产大米价格与国际市场价格的比较。按照中国海关大米进口成本价格与大米出口国际市场价格（按照每吨外加价格 50 美元计算），计算得到中国国内大米市场批发等值价格（中国国内海关价格），以便与国内价格比较。根据美元与人民币汇率加以折算，将国内规模市场大米价格与国际市场价格进行比较，国际市场大米价格在 2008 年世界经济危机前后普遍高于我国国产米市场价格，近年国产米价格反转后远远高于国际市场价格，但国产米高于国际米的幅度开始收窄，比如 2016 年国产米价是国际米价的 1.69 倍，估计 2018 年下降到 1.41 倍。又如国产粳米价格与国际市场标杆的泰国 B 级大米价格相比，我国近年粳米价格是泰国 B 级大米的 1.6 倍以上。

国产米价与进口大米价格比较。采用我国实际进口大米计算进口米价格并与国产大米价格比较，可以很好地发现我国国内大米市场中，国产米与进口米的价格差异。长期来看，我国米市国产米价格上涨很快，从 2002 年到 2018 年的变化可以看出，我国进口米价经历了由升而降再上升的变化过程，目前仍未达到 2010 年前后的水平，同时在国产米价格不断上升过程中，国产米与进口米，或者国内粳米与进口米价格有明显的反差，由于反差较大，进口米在国内直接销售有较大的利益。例如，2011 年前不管是国产大米与进口大米价差，还是粳米与进口大米价差都是负值，而近年国产大米与进口大米的差率多在70% 以上，即使进口大米价格上涨较大的 2018 年，国产大米价格仍然比进口大米价格高出 54.2%，而国产粳米价格也比进口大米价格高 46.1%。

（五）我国稻米产业价值链分析

以稻农生产环节（产中）为中心，以国内产业为主、以国际分工产业为辅构建我国稻米产业价值链分析框架，以揭示我国稻米产业价值形成及利益分享过程和大米价值链轨迹。其中包括：①稻农产前的各利益相关方，即水稻生产前的各利益方以及投入品相关利益方；②水稻生产主体（稻农）的产中利益方；③产后利益方与进口（包括进口商以及此后的各利益相关体）利益方。

国产稻米价值链。我国水稻产业链包括稻农产中以前（产前）和产中及稻谷销售后（产后）3 个主要环节。2018 年，稻农生产投入（成本）为每吨稻谷2 429 元或每吨大米 3 470 元，稻农销售价格为每吨稻谷 2 658 元或大米 3 797元，通过产后各环节获得市场终端销售价格（中高端超市价格）每吨 5 306元，或者街市小店低端米价格 4 476 元。

按照价值的价格表象在产业链中的变化过程，可以计算得出产业链中三大主体价值链分享利润如下：2018 年稻农生产 1 吨大米，水稻生产投入（产前）要素及有关投入要素方获得利润约 694 元，稻农生产者获利 327 元，而产后各方（包括加工、流通和终端市场各利益集团）获得利润约 604 元。据此计算，利润获取的份额，2018 年稻农生产中的各投入方占 27.4%，稻农占 12.9%，产后各主体占 59.6%。

在开放条件下，考虑到国际贸易中大米进口商的情况，进口条件下有关各方（进口商加工和流通以及终端销售）在我国大米产业链过程中的价格形成结果。

最后，解析出以稻农产中为主的各有关利益方在我国大米利益链中的价格形成结果。从产业链来看，稻农水稻生产前或生产过程中，来自产前各方投入方沉淀形成产前投入成本，按照大米折算成每吨大米的投入成本，2018 年每吨大米为 3 468 元；稻农每生产 1 吨大米获得利润 327 元，纯粹国内的产后各环节获利 604 元。在开放条件下的进口商，每吨可以获利 746 元。

我国国内大米价值链和进口大米价值链过程中的利润分享详见图 7-5 和图 7-6 所示。

（六）研究结论与启示

2018 年是我国水稻产业经历供给侧结构性改革迈出重要步伐的一年，从生产、贸易与价值链过程来看，可以得出以下四点结论。

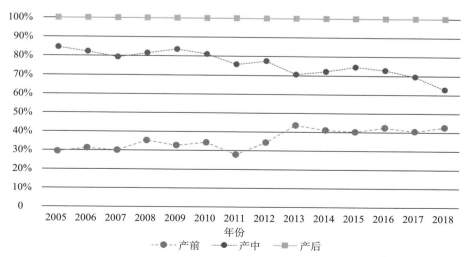

图 7-5 我国国内大米产业价值链利润分享（累积）

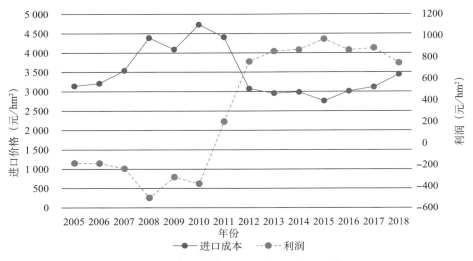

图 7-6　中国大米进口价值链与利润示范

（1）产量下降，但生产形势相对稳定，为我国粮食安全发挥了基础性作用。

（2）稻谷价格急剧下跌，对我国稻农稳定生产有举足轻重的影响，需要高度关注，应慎重对待最低价保护收购政策，及时出台市场平稳运行支持政策。

（3）我国大米国际贸易市场发生新的变化，出口量增加，进口量下降，是对国内大米产销的积极平衡的结果，值得肯定。

（4）通过我国稻米价值链形成分析，初步明确了我国稻米价值分享主体的经济学含义，可以深入研究，以制定更加科学合理的产业引导和调节政策。

二、水稻精品家庭农场适宜经营规模测算

规模经营问题，不仅是经济学理论研究的难题，也是农业经济学研究理论上的难题，更是一个十分突出而又难深入研究的现实课题。按照农业部科教司产业技术处 2016 年 6 月 3 日发出的邮件要求，产业经济岗位科学家立即开展应用研究。其研究要求：如果以家庭为单位建立精品小农场，对特色粮油类型以水稻生产为主的稻作农场进行调查分析，要求具体回答以下两个问题并列出具体的测算依据。一是比较适宜的规模是多少亩？二是如果以年收入 10 万元计算，对应的规模是多少亩？因此，水稻产业经济岗位科学家以家庭福利经济学和农业生产经济学理论为依据，根据我国当前实际情况开展测算研究，并撰

写了这项应急任务研究报告，下面简要给出该研究报告中的基本内容。

（一）测算结果

水稻精品家庭农场年度经营面积数量，依据家庭（家族）成员从事稻作生产的劳动力数量和生产方式而定，以水稻家庭农场年收入（这里仅指毛收入）10万元为标准，计算得到适度经营的面积规模为在全程机械化条件下122～135亩，其中，单季稻机械化农场135亩，双季稻机械化农场122亩，平均约130亩左右。

（二）测算依据

1．几个假设

（1）以家庭为基础是指主要依靠家庭成员劳动，也包括部分家族劳动力，类似于我国家庭农场概念。

（2）稻作生产方式分为人畜力劳动为主、半机械化为主和全程机械化生产，水稻种植制度分为单季稻和双季稻两种类型。

（3）年收入指水稻农场全年毛收入。

（4）所有投入和产品销售都有保障，即投入要素和产品市场机制比较完善。

2．数据来源

（1）依据水稻产业经济研究室2010年开始连续6年的调查数据。

（2）参照国家发展与改革委员会出版的我国农产品成本收益资料有关数据。

3．测算公式

根据下述内容依次测算得到研究结果。

（1）水稻家庭农场面积计算公式：

$$TS = L \times F \tag{7-7}$$

依据式（7-7）计算的数据详见表7-3。

（2）水稻家庭农场单位面积年总收入计算公式：

$$Tt = Tr + To = Yt \times Pp + To \tag{7-8}$$

根据式（7-8）计算的数据详见表7-4。

（3）水稻家庭农场单位面积年毛收入计算公式：

$$It = Im + Ib = Yt^{*} = Tt - (Tr - Cp) \tag{7-9}$$

按照式（7-9）计算的数据详见表7-5。

（4）水稻家庭农场经济规模计算公式：

$$Mi = 100000 \, 元/It \tag{7-10}$$

由式（7-10）计算的数据详见表7-5。

（三）本节结论与讨论

根据上述各项公式计算提到的研究结果表明，我国目前以水稻生产为主的精品家庭农场年水稻生产面积为 122～135 亩。

值得进一步讨论的是，根据不同的研究目的，测算所依据的生产条件、关键参数、技术水平、市场预期等都会有所不同，对研究目的把握也可能有差异，这种结论仅为目前我国水稻家庭农场经营规模的一种理论研究结果。

表 7-3　稻作家庭农场经营水稻面积模拟矩阵（中位方案）

耕作方式	管理水平		面积	小型 2人 (Fp1)	小中型 3人 (Fp2)	中型 4人 (Fp3)	大型 5人 (Fp4)
人畜力劳动	精细管理	La1	5 亩	10	15	20	25
	粗放经营	La2	8 亩	16	24	32	40
半机械化	精细管理	Lb1	10 亩	20	30	40	50
	粗放经营	Lb2	16 亩	32	48	64	80
全程机械化	精细管理	Lc1	20 亩	40	60	80	100
	粗放经营	Lc2	32 亩	64	96	128	160

说明：表中所列 L 参数，依据南方稻区调查数据计算，具有一般特性。

表 7-4　稻作家庭农场经济要素与年收入模拟矩阵（中位方案）

稻区	稻作制度		经济因素		年收入		
			产量 (kg/亩) (Yt)	单价 (元/kg) (Pp)	水稻 (元/亩) (Tr)	其他作物 (元/亩) (To)	合计 (元/亩) (Tt)
单季稻区	中稻	Ra	550	2.80	1 540	1 200	2 740
双季稻区	双季稻	Rb	900	2.70	2 430	600	3 030
	早稻	Rb1	450	2.60	1 170	300	1 470
	晚稻	Rb2	450	2.80	1 260	300	1 560

说明：表中所列的年收入是"水稻+其他作物"模式下的单位面积总收入。

表 7-5　稻作家庭农场经济规模测算表（中位方案）

稻区	稻作制度		稻作生产成本（元/亩）		毛收入（元/亩）			经济规模
			合计 （Cp）	物质成本 （$Cp1$）	水稻 （Im）	其他 （Ib）	合计 （It）	（10 万元的亩数） （Mi）
单季稻区	中稻	Ra	1 100	580	440	300	740	135
双季稻区	双季稻	Rb	1 850	1020	580	240	820	122
	早稻	Rb1	900	500	270	120	390	
	晚稻	Rb2	950	520	310	120	430	

说明：表中计算的毛收入主要是从水稻生产经济角度考虑，经济规模标准为家庭农场 10 万元毛收入。

第八章　技术培训与科技扶贫

水稻体系积极贯彻落实农业农村部决策部署和工作要求，依托并加强示范县、示范基地建设，在播种、育秧、田管、收获等关键季节，大力开展技术培训与技术指导服务，及时提出技术建议，科学指导田间管理；深入分析水稻生产形势与技术发展趋势，跟踪研究水稻产业发展的热点和难点问题，大力加强水稻产业发展战略研究，及时报送上级主管部门和当地政府部门，为水稻产业稳定发展建言献策；响应国家扶贫攻坚战略，组织体系岗位科学家和综合试验站站长20余个团队，在新疆南疆四地州、秦巴山区、武陵山区等10个特困地区60余个贫困县，开展新品种新技术试验示范、技术培训、驻村帮扶、产业扶贫等系列科技扶贫工作，取得了显著成效。据不完全统计，2008—2017年期间，水稻体系共建立万亩示范片1 540个、千亩示范方2 980个、百亩示范片7 880个，筛选各类品种63 800个、示范品种（技术）9 750个、展示品种（技术）16 700个；举办培训班1万余次、现场会6 000余次、技术咨询10万余次、培训基层技术人员20万余人（次），培训种粮大户、稻农等200余万人次，发放培训资料1 000余万份，有力提升了基层农技人员、种粮大户、科技示范户、稻农的科技素质、生产技能和服务能力。

第一节　技术培训

水稻体系积极贯彻落实农业农村部关于开展全国"百日科技服务行动"等一系列科技服务活动的工作要求，在播种、育秧、田管、收获等关键季节，带领团队成员走村入户，或主动组织示范县市稻农开展技术培训，或参加各级农业部门组织的技术培训，或实地调查灾情、了解病虫害情、分析政策与市场行情，及时提出技术建议，科学指导田间管理，促进水稻增产丰收。

一、大力加强新品种新技术示范展示

水稻体系落实示范基地 550 个，基地面积 72 万亩，分布在北方稻区、长江上游稻区、长江中游稻区、长江下游稻区和华南稻区等全国 5 个稻区的 21 个省、249 个县（市区）、557 个村。示范基地分布广泛，代表性强，能较好地起到示范引领作用。如：2009 年，国稻 6 号列入湖南省超级稻"种三产四"工程办公室的示范品种，在醴陵市泗汾镇的万亩（12 745 亩）连作晚稻高产创建中，平均亩产达 586.5 kg，增产 20% 以上；2010 年，黑龙江农垦总局组织专家对建三江分局浓江农场钵型毯状秧苗机插技术万亩示范片（龙粳 21 和龙粳 26）进行产量验收，机械收割面积 1.02 亩，亩产为 803.8 kg，万亩示范片平均亩产 719.7 kg，比普通水稻栽培增产 16.7%。

2011 年，在江西南昌、临川和兴国县开展了千亩高效施肥技术示范基地 3 个，与农民习惯施肥比较，高效施肥平均增产 7.5%；在四川泸县、东坡、广汉、中江、云南宾川、贵州绥阳和重庆永川建立水稻机械直播生产技术、水稻高产高效施肥技术等千亩、百亩示范技术示范基地 7 个，平均产量超 720 kg；在湖南长沙、南县、宁乡、醴陵、广东肇庆、广西南宁建立"三定"栽培技术和适宜栽培密度的千亩百亩示范基地 7 个，示范面积达 4 972 亩，双季稻平均亩产 823.3 kg，比非示范区平均增产 11.7%。

2012 年，在浙江富阳南山村、余杭仓前苕溪村和中国水稻研究所试验区建立的超级稻精量机械穴直播技术生产示范，经测产验收，超级稻内 2 优 6 号和甬优 12 产量分别达 651.8 kg 和 888.7 kg。在四川泸县建立的冬水田杂交中稻高产栽培技术试验示范，亩产达 713.6 kg，增产 15.32%。

2013 年，在南方主产区建立水稻生产全程机械化技术集成与示范方 46 个，经专家测产，在江西上高双季稻机插早稻和晚稻亩产分别达 570 kg 和 603 kg，早晚双季产量达 1 173 kg，实现了双季稻生产机械化、轻简化、集成化、规模化、标准化，对提高农民种稻积极性和实行规模化生产提供了有力的技术支撑；在辽宁不同稻区建立了新品种"沈农 9903"百亩示范方 12 个，并以示范片为核心，向周边地区辐射推广，示范推广效果明显，在沈阳稻区平均单产达 680 kg 以上，高产田块达到 700～750 kg，比其他主栽品种平均产量高 8% 以上；在铁岭稻区平均单产达到 640 kg 以上，高产田块达到 680～700 kg，提高 10% 以上。

2014 年，在江西上高等示范推广双季稻全程机械化生产技术，据百亩示范区现场测产，早稻平均亩产 522.4 kg，晚稻平均亩产 622.3 kg，双季稻平均亩产 1 144.7 kg，比全县平均单产提高了 158.1 kg，增长 16%，实现了双季产量突破 1 100 kg 大关的目标，为提高农民种稻积极性和实行规模化生产提供了有力的技术支撑。在广东省清远市清城区源潭镇、清新区禾云镇和连州市西岸镇"三镇四点"示范展示华航 31 及配套技术，14 个示范点获得平均亩产 545 kg，比当地原有主栽品种增产 40 ～ 60 kg。

2015 年，在浙江省宁波市宁海县越溪乡小宋塘村开展了内 2 优 111、春优 927 等品种的高产栽培及制种集成技术研究与示范，"春优 927"百亩示范片平均亩产 1 015.5 kg，刷新了该品种 2014 年小面积亩产 955 kg 的纪录，实现了亩产 1 000 kg 的目标，同时创造了浙江省水稻百亩示范片最高产量纪录。扬州综合试验站广泛开展穗期病害防治培训，加强了穗期病害防治和中后期肥水管理，高邮、姜堰和海安 3 个示范基地平均亩产 733.6 kg，比当地平均亩产 663.3 kg 增产 70.3 kg，增幅 10.6%。

2016 年，"一粒种、一棵秧、一蔸禾"的"三一"栽培技术实现杂交稻单本密植机插秧，在湖南、湖北、江西、安徽、河南、广东、广西、四川等省近 100 个点开展技术示范，其中，在湖南浏阳、衡南、安仁开展的百亩示范早稻平均亩产分别为 567.9 kg、558.4 kg、502.2 kg，比当地习惯栽培增产 10%，示范效果良好。

2017 年，谢华安院士团队示范展示"谷优 676+ 再生稻生产技术"，百亩示范片再生季平均亩产 455.4 kg，双季亩产高达 1 303.6 kg。乌鲁木齐综合试验站示范展示"新稻 44 号＋水稻机械精量旱穴播技术"，百亩方平均亩产达到 1 069.9 kg，创机械精量旱直播全国高产记录；银川综合试验站示范展示"宁粳 48+保墒旱直播栽培技术"，百亩方平均亩产达到 835.9 kg，刷新了宁夏银北稻区水稻单产纪录。

据不完全统计，各研究室和综合试验站共同配合，根据各生态区特点和水稻生产实际，2008—2017 年，共建立万亩示范片 1 540 个、千亩示范方 2 980 个、百亩示范片 7 880 个，筛选品种 63 800 个、示范品种（技术）9 750 个、展示品种（技术）16 700 个（表 8-1）。

表 8-1　2008—2017 年水稻体系新品种示范与展示情况

年份	万亩示范片	千亩示范方	百亩示范片	筛选品种	示范品种（技术）	展示品种（技术）
2008	60	50	100	500	150	200
2009	120	210	600	1 500	500	900
2010	150	240	550	6 000	600	1 200
2011	160	290	650	7 300	1 000	1 200
2012	190	460	970	15 000	1 300	2 700
2013	200	460	940	7 800	1 200	2 200
2014	190	420	980	8 000	1 500	2 700
2015	180	370	890	6 000	1 400	2 100
2016	130	300	800	6 000	900	1 600
2017	160	390	1400	5 700	1 200	1 900

二、大力加强技术培训

水稻体系积极贯彻落实农业农村部关于开展全国"百日科技服务行动"等一系列科技服务活动，在播种、育秧、田管、收获等关键季节，参加当地农业部门组织的技术培训，或带领团队成员主动组织示范县市稻农开展技术培训，共举办培训班 1 万余次、现场会 6 000 余次、技术咨询 10 万余次、培训基层技术人员 20 万余人（次），培训种粮大户、稻农等 200 余万人次，发放技术资料 1 000 余万份，如表 8-2 所示，提升了一大批稻农的科技素质、生产技能和技术服务能力。

表 8-2　2008—2017 年水稻体系技术培训情况

年份	培训班（次）	现场会（次）	技术咨询（次）	培训基层技术人员（人）	培训种粮大户等（万人）	发放技术资料（万份）	接受电话咨询等（次）
2008	260			700			430
2009	820			26 000	14.3	130	2 000
2010	820			20 000	11.0	329	5 000
2011	1 800	540	13 000	26 000	23.0	110	13 000
2012	1 300	600	10 000	24 000	37.0	105	10 000
2013	1 400	600	10 000	21 000	26.0	100	10 000
2014	1 300	470	12 000	23 000	21.5	54	12 000

（续）

年份	培训班（次）	现场会（次）	技术咨询（次）	培训基层技术人员（人）	培训种粮大户等（万人）	发放技术资料（万份）	接受电话咨询等（次）
2015	1300	760	14 000	27 000	23.7	78	14 000
2016	900	500	15 000	20 000	18.2	98	15 000
2017	1100	590	20 000	25 000	16.6	72	15 000

三、大力加强技术指导

水稻体系专家带领团队成员走村入户，无论是北方的雨雪冰冻灾害，西南的大旱，还是南方的低温冷害、暴雨洪涝等大灾重灾关口，实地调查灾情、水稻生产情况、存在问题，了解病虫害发生危害情况，并根据所了解的情况及时提出技术建议，科学指导田间管理，促进水稻增产丰收。如：

2010年3—4月，水稻体系派出育种、栽培、植保、机械等岗位科学家及区域内综合试验站站长多次赴贵州、云南、四川、广西等地，深入干旱严重的县、乡、村考察，开展现场指导，提出推广稀播旱育秧、集中旱育秧等育插秧技术和加强政策扶持等20余条技术建议，被各地农业部门作为政府水稻抗旱建议。

2011年，当河南信阳稻区遭遇了五十年一遇的春夏连旱，导致大面积籼稻秧苗无法适时移栽，信阳综合试验站宋世枝站长带领团队迅速行动，积极应对，提出并实施"改籼稻为晚播粳稻"等针对性技术措施，积极帮助农民联系种子，做好田间管理，最后获得较好收成，赢得当地农民交口称赞。

2012年2月初，岗位科学家任光俊、熊洪研究员等专家深入自贡、宜宾和泸州旱区田间地头，走访农户，查看旱育秧苗床准备情况，开展现场指导，与当地农业部门座谈，调查了解稻田和工程蓄水等育栽秧情况，提出了川南三地市水稻防旱减灾技术指导意见；熊洪研究员还赴云南省调研旱情，并会同云南水稻专家提出了开辟水源保播种，以旱育秧制旱，大力推广水田旱整、节水灌溉、地膜覆盖节水等栽培技术和改种制旱等建议。

2013年3月初，哈尔滨综合试验站站长张凤鸣针对2012年秋冬天气降水多、温度低等情况进行了充分调研，分析了备春耕的生产形势，认为春季融雪的影响，地温回暖慢；秋季降水量大，加之台风"布拉万"带来的大面积倒伏，导致稻谷含水量高、种子供应不足、农民卖粮难。因此，建议抓好春季的农民培训，指导农民选择适合的品种；打高台育秧，积极清雪提地温；抢前播种，控制播种量；修整小塘坝，多拦截"桃花水"等措施。

2015年7月11日，台风"灿鸿"对宁波、绍兴、台州等地市正值收割前关键时期的早稻生产带来严重不利影响，许多地方早稻90%以上倒伏，有些乡镇的倒伏水稻被水淹4～5 d，一眼望去，稻田就像宽阔的河面，只有零星的叶尖露出水面。在抗洪救灾的关键时刻，岗位科学家朱德峰研究员、杭州综合试验站站长张小明研究员等奔赴浙江上虞、余姚、松阳、三门、临海、椒江等地各灾区指导农户生产自救，提出抢时排除积水并及时修复稻田、沟渠；扶正倒伏植株，改善植株叶片光合作用；适时施用叶面肥，增强植株抗逆抗病能力；加强病虫防治，重点防治纹枯病、稻瘟病、白叶枯病。做好稻纵卷叶螟、灰飞虱等虫害防治，及时收获烘干等灾后管理建议。

2016年6月19日，岗位科学家徐富贤研究员专程到湖南省株洲县龙船镇开展水稻洪涝救灾工作。通过对水稻受灾情况实地考察后，建议对正处于抽穗开花阶段的早稻实施蓄留洪水再生稻的救灾措施，并在田间现场对当地受灾农户进行了洪水再生稻技术指导，接受中央电视现场采访；7月2日，徐富贤撰写的"水稻遇洪涝灾害后的补救措施"分别在中国水稻信息网、体系动态信息、四川省农业科学院网站和农业科技动态发表，并通过四川省农业技术推广总站转发到四川省各市农技推广部门应用。7月7日清晨，一场雨量异常大的雷雨袭击江苏省沿江和苏南地区，同时一号台风"尼伯特"又将影响江苏，给正受暴雨灾害的江苏南部地区雪上加霜，正在参加江苏省劳模考察的南京综合试验站站长王才林立即中断考察，并于9日凌晨赶赴南通市海安县、如皋市调查水稻受灾情况，指导水稻生产；每到一处，王才林都下田仔细查看苗情长势，认真分析灾情，与受灾严重的种粮大户进行了交流，仔细询问了水稻受淹的时间、面积，热心帮助大户寻找多余适龄秧苗补种；与当地农技人员现场交流补救措施，针对性提出了开沟排水控水、洗苗扶苗、适时适量增施肥料、及时防治病虫害和及时改种5项补救措施。

在及时、高效指导当地水稻生产的基础上，岗位科学家、综合试验站积极将技术指导建议、品种和技术示范情况、灾害发生情况等提供给产业技术研发中心，由中心负责编写并公开发布，为相同生态区、季节类型水稻生产提供技术借鉴。据水稻体系产业技术研发中心统计，2008—2017年，共编发体系动态信息648期，其中527期内容以技术指导建议为主，121期以水稻生产与市场形势、体系活动信息等内容为主；岗位科学家提供的信息 99 期（次），提供次数较多的科学家岗位有长江上游高产栽培、水分生理与节水栽培、东北稻区高产栽培、长江中游高产栽培、稻飞虱防控、长江上游籼稻品种改良和华南稻区三系杂交稻等 7 个，分别达到 25、12、11、7、6 和 5 期（次）；综合试验站站长提供的信息 718 期[①]（次），其中 10 次以上的有 32 个综合试验站。

体系动态信息不仅在中国水稻信息网发布，还被《农民日报》等权威媒体、网络媒体采用。如根据体系动态信息编写的"早稻抢收与晚稻抢栽技术建议"于 7 月 20 日在《农民日报》刊发，2008—2017 年体系动态信息发布情况如表 8-3 所示。

表 8-3　2008—2017 年体系动态信息发布情况

序号	站名	站长	信息发布次数	序号	站名	站长	信息发布次数
1	衡阳站	刘龙生	49	17	南京站	王才林	18
2	扬州站	戴正元	38	18	铁岭站	卢铁钢	18
3	赣州站	张红林	32	19	宜宾站	赵德明	17
4	三峡站	雷树凡	30	20	武汉站	游艾青	17
5	萍乡站	刘建萍	27	21	通化站	赵基洪	17
6	岳阳站	李 平	25	22	垦区站	霍立君	16
7	连云港站	徐大勇	25	23	五常站	闫 平	16
8	信阳站	王青林	24	24	吉林站	王孝甲	16
9	银川站	殷延勃	23	25	海口站	孟卫东	15
10	抚州站	雷享亮	23	26	常德站	王建龙	15
11	哈尔滨站	孙世臣	22	27	杭州站	张小明	15
12	牡丹江站	柴永山	21	28	沈阳站	隋国民	15
13	南充站	谢树果	20	29	祁阳站	李冬初	13
14	江门站	刘朝东	19	30	荆州站	谢 磊	13
15	南昌站	肖叶青	18	31	合肥站	李泽福	13
16	三明站	许旭明	18	32	宣城站	黄一飞	10

注：本表为 53 个综合试验站中提供动态信息 10 次以上的试验站。

---

① 有的 1 期动态信息中包括了多位站长、岗位科学家提供的信息。

第二节　决策咨询

水稻体系积极发挥两院院士、省特级专家、地方水稻体系首席科学家等高层次人才优势、体系平台优势，广泛开展调查研究与政策咨询，主动分析水稻生产形势与技术发展趋势，及时提出应对预案和技术措施；跟踪研究水稻产业发展的热点和难点问题，及时呈报专题研究报告供农业主管部门决策参考；加强水稻产业发展战略研究，公开发布研究报告提供水稻产业界研判形势。

一、深入分析水稻生产形势与技术发展趋势，及时提出应对预案和技术措施

2009 年 7 月下旬以来，长江中下游地区出现持续低温，局部地区甚至出现了 20℃左右的低温，可能对 8 月中旬两系杂交稻制种产生不良影响。因此，产业技术研发中心以"持续低温对两系杂交稻制种的影响与建议"向农业农村部专报，对长江中下游地区两系杂交稻制种进行了预警分析，建议两系杂交稻制种地区，若制种安排与预警的地区和时间一致或接近，要加强不育系育性的监测及杂种的纯度检测，防止不合格种子流入市场，以免造成更大的生产损失。

2011 年 1 月初，根据部领导的重要指示精神，组织栽培与土肥功能研究室，大力开展"隐性灾害"对水稻生产的影响与对策研究，分析了水稻灾害类型及其对生产的影响，分析全球气候变化对水稻"隐性灾害"的影响趋势，提出了应对水稻灾害的对策措施。4 月初，针对海南春季低温的实际情况，分析了严重低温冷害对制繁种的不利影响，南繁制繁种大幅减产对水稻生产的影响，提出了及早谋划，满足生产用种需求；切实加强市场监管，防止种子企业转嫁生产成本，损害农民利益等政策建议。5 月底，根据部领导要求，调研长江中下游稻区旱情对中稻栽插的影响，提供技术方案供领导决策。

2012 年 7 月，落实部领导重要批示，组织派出体系栽培与土肥功能研究室、机械化研究室主任等专家参加部种植业司主持召开的主要粮食作物全程机械化研讨会，形成并上报了"促进南方双季稻、一季中稻全程机械化发展的措施与建议"。

2013 年 9 月，执行专家组分析了全国水稻生产形势，并就双季晚稻生产、单季稻生产后期田间管理可能遇到的灾害进行分析，提出了技术预案和应对措施，形成了形势分析报告和技术建议，报送农业农村部等相关部门决策参考，获部领导批示和国务院领导圈阅。

2016 年 10—11 月，组织专家对全国直播稻发展形势进行深入调研，形成了调研报告。调研发现，我国直播稻呈现较快增长态势，季节上由一季稻向双季稻发展，区域上由平原向丘陵、由南向北发展，技术上由人工撒播向机械直播发展。存在的主要问题如水稻单产潜力降低、农田生态环境恶化、安全生产风险加大以及直播稻品种与栽培技术不配套。因此，建议科学规划发展区域和季节、加快专用品种筛选和选育、加强关键技术集成与示范、推进水稻全程机械化。研究报告获两位部领导批示。

2017 年，岗位科学家章秀福研究员、王慧教授、侯立刚研究员和沈阳综合试验站等协作完成部领导关于海水稻研发情况调研报告并上报；岗位科学家陆永良、章秀福研究员和嘉兴综合试验站等协作完成农业农村部关于杂草稻发生及研发情况报告并上报。

二、跟踪研究水稻产业发展的热点和难点问题，及时呈报专题研究报告供农业主管部门决策参考

2011 年 1 月中旬，水稻体系分析了贵州冰冻雨雪灾害对水稻产业的影响，重点是对水稻生产和大米市场的影响分析，提出了重点做好粮食市场监测，做好大米储备和市场供应的应急政策与措施。7 月中旬，组织病虫害防控研究室、育种功能研究室岗位科学家对湖南省竹蝗发生情况进行了跟踪调查，并形成了湖南竹蝗发生、危害及防治情况调查报告呈送部领导参考。

2012 年 3 月，根据韩部长的重要批示精神，派出专家参加部种子局关于籼粳杂交稻品种甬优 12 生产和推广情况调查，并报送专题调研报告；5 月，根据部科教司的工作要求，分析了杂交粳稻品种选育和示范推广现状、存在问题，提交了促进我国杂交粳稻发展的建议报告。

2013 年 3 月，针对媒体连篇累牍报道了镉超标大米的品牌、流向和危害等，引起了市场恐慌的现象，担心若"镉米事件"持续发酵，势必严重影响国家水稻产业的稳定发展，从而危及国家粮食安全。因此，专门组织有关专家赴湖南湘阴县、赫山区等地实地调查，深入了解湖南"镉米事件"的有关情况及

带来的深层次影响，并形成专题调研报告《镉米事件对湖南水稻产业的影响及对策建议》呈报部领导。组织专家于7月中下旬赴主销区广东省和主产区江西省开展专题调研，深入了解低价大米大量进口对我国水稻产业发展的影响，并提出了相应的对策建议，形成了"关于严格控制低价大米大量进口的建议"报告呈报浙江省委省政府领导。

2014年，基于2013年中晚稻上市后，主产区稻谷市场一度低迷等令农业部门忧虑和担心的现象，特别是社会各界关心低价大米进口对国内市场的冲击、湖南"镉米事件"对大米产业的后续影响、市场低迷对新一年种植意向的影响等问题，体系技术研发中心组织49个综合试验站，调查了东北、华北、西北、长江中下游、西南、华南等六大稻区农户1 347个，调查不同规模大米加工企业280家，同时派出专家实地调查了湖南省宁乡市、赫山区等稻米产销情况，形成了专题调研报告《全国中晚稻产销形势与种植意向调查》于1月24日呈报农业农村部领导和科教司领导。

2014年11月，根据农业农村部工作要求，在认真组织专家开展深入研讨的基础上，报送"十三五"农业科技创新重点与机制研究报告，提出了水稻科技创新重点等措施建议。如"十三五"农业科技创新重点与机制研究"认为，"十二五"以来，我国水稻生产稳定发展，稻谷（米）价格上涨，水稻科技创新加速，大米进口增加，种业深层次变革，但是，与国际先进水平比较，我国在品种选育、栽培技术、病虫害防控等产业链各环节方面或局部领域均存在一定差距，需要在优异种质资源挖掘与利用、超高产和优质稻品种选育、适应轻简栽培技术资源节约型水稻品种选育、全程机械化生产技术、节水节肥节药生产技术、稻谷深加工与综合利用等方面加快科技创新，提高产业支撑能力。

2015年2月，组织有关专家先后赴浙江、江苏两省部分县市调研了水稻生态补偿政策实施情况，分析存在问题、提出建议。调研认为，稻田生态系统作为地球上最主要的人工湿地生态系统，在涵蓄水源、调节温度、净化水质等方面的生态作用十分显著。建议优先在全国划定的粮食功能区和永久农田保护区内建立水稻生态补偿制度；与绿色增产模式相匹配，探索构建绿色补贴制度，研发与推广绿色指标突出的水稻新品种、新技术，促进水稻生产高产高效、资源节约和环境友好。报告《关于建立水稻生态补贴制度的建议》于1月29日呈报部领导。

2017 年年初，组织专家开展稻米供给侧结构性改革调研，提出了警惕水稻生产与市场异常波动、调整优化水稻生产结构、增强水稻科技供给能力、提高水稻全产业链效益、补牢水稻可持续发展短板等建议。

除了部科教司部署的工作任务外，上述报告都得到了农业农村部以及各省市县党委、政府领导的肯定性批示，为促进水稻产业稳定发展提供了第一手数据和产业发展建议。

三、加强水稻产业发展战略研究，公开发布研究报告提供水稻产业界研判形势

根据农业农村部统一部署，结合水稻产业发展要求，水稻体系大力加强发展战略研究，形成了一批年度性研究报告。主要包括：

（1）组织研究、撰写并发布《2010—2018 年水稻产业发展趋势与建议》9份。报告主要是从生产、市场、贸易、科技、种业和米业等角度，全方位分析当年水稻产业特点、问题，分析次年水稻产业发展趋势，提出下一步水稻产业发展建议。其中，《2010 年水稻产业发展趋势》还在 3 月 1 日的《农民日报》上进行了刊登。

（2）组织研究、撰写并发布"2008—2017 年水稻产业技术发展报告"10份。报告主要分 4 个部分，前面两部分主要是从生产、贸易和市场等方面，分别分析国际、国内水稻生产与贸易概况；后面两部分从水稻品种育种、栽培与施肥、病虫害防控、产后处理及加工、设施与设备应用等 5 个方面分析国内水稻产业技术研发进展。

（3）组织编撰、出版发行"2008—2017 年中国水稻产业发展报告"10 本。该报告分上下两篇，上篇从品种资源研究、遗传育种研究、栽培技术研究、植保技术研究、转基因技术研究、稻米品质与质量安全研究、稻谷产后加工与综合利用研究等 7 个学科领域，分析年度中国水稻科技进展动态；下篇从水稻生产发展、种业发展、稻米质量发展、稻米市场与贸易动态等 6 个方面，分析当年产业发展形势，并附录了水稻面积、产量数据、品种审定和新品种权等资料，具有较好的参考价值。

水稻体系还组织体系内专家编撰了《中国水稻可持续发展战略研究》系列图书。

第三节　科技扶贫

水稻体系积极响应国家扶贫攻坚战略，组织体系岗位科学家和综合试验站站长 20 余个团队，在新疆南疆四地州、秦巴山区、武陵山区、乌蒙山区、滇桂黔石漠化区、滇西边境山区、大兴安岭南麓山区、大别山区、罗霄山区、原中央苏区等 10 个特困地区 60 余个贫困县开展新品种新技术试验示范、技术培训、科技人员驻村帮扶、探索产业扶贫新模式等一系列科技扶贫工作，取得了显著成效。

一、主要做法

1. 深入贫困地区调研，制订扶贫方案，做到精准扶贫

精准脱贫攻坚战是水稻体系"十三五"的重点任务。自该任务下达以来，水稻体系组建多个专家团赴各地调研，制订扶贫方案。如岗位科学家周广春研究员等深入大兴安岭麓山区的镇赉县调研。该县常年积温在 2 700℃左右，部分小气候区域处在二积温带，积温在 2 500℃左右，多年来一直以圆粒品种为主栽品种，销售途径主要以卖粮为主，市场价格低，农民受益小，合作社很难实现优质米品种品牌的建立。因此，专家们结合当地实际和市场需求，为当地制订了以"引进侧重于适应区域的偏长粒型优质米品种，兼顾圆粒品种"为主的科技扶贫方案。

南宁综合试验站组建涵盖自治区、市、县三级专家的团队，积极与各水稻主产区农业局、推广站、农业科学研究所、特色试验站和土肥站等部门负责人进行座谈，深入调研，帮助找准脱贫方向。

纪雄辉、黎用朝、唐启源等岗位科学家组团一起到龙山、永顺开展扶贫工作，与当地政府、农技人员及大户座谈，到田间地头实地考察，并针对大户反映的问题，指导大户调整品种，配套关键技术，增加了农民种稻收益。

负责大别山区扶贫工作的合肥、武汉和信阳等综合试验站团队成员深入17 个贫困县开展实地调研工作，就农业科技如何助力脱贫攻坚、水稻产业发展中遇到哪些关键性技术问题等，与村镇干部、贫困户、新型农业经营主体进行座谈，结合当地贫困户的意愿，确定扶贫对象、工作内容和具体措施。根据

调研结果，结合试验站的技术力量，选择霍邱、太湖等 6 个县作为水稻产业技术扶贫县，并制订相应的扶贫工作方案。

2．以多种形式开展新品种新技术试验示范，以点带面，做到科技扶贫

在罗霄山区，江西赣州、萍乡等综合试验站与江西盛丰农业、江西吉内得、茶陵县鑫业、安仁县宝丰社等当地企业（或专业合作社）共同创建了优质稻标准化生产基地 16 个，基地面积 20 余万亩。企业在生产基地选择上向贫困地区倾斜，带动贫困地区农户发展优质水稻产业，增加农户收入，实现产业脱贫。

在原中央苏区，岗位科学家王丰研究员及其团队通过对聚两优 751、吉优615、吉优 371、泰丰优 208、黄莉占等高产优质品种与节肥减药的水稻"三控"施肥技术在兴宁市福兴镇、刁坊镇开展了品种与技术相结合的高产高效综合示范，取得良好成效，较好地引导了当地农户推广应用这类高产高效优质新品种和减肥减药新技术，带动当地农户增产增收。

在南疆四地州地区，乌鲁木齐综合试验站通过建立育苗机插、机械精量水穴播、旱条播技术试验示范区，采用节本增效综合技术并开展大面积示范推广，提高了产量、增加了效益。

在武陵山区，岗位科学家纪雄辉研究员团队与龙山县科技需求对接，针对龙山土壤贫瘠、重金属污染、科学种植百合等方面的问题，在龙山设置了土壤育土培肥，百合防病控草、施肥和镉消减方面的 6 个试验，为科学合理种植百合，促进龙山百合产业健康发展提供科技支撑。

在秦巴山区，汉中综合试验站联合黑米酒厂、双亚公司等龙头企业制定《地理标志产品洋县黑米》及《地理标志产品洋县红米》标准，并与贫困户组织建立标准化黑米基地 3 890 亩，扶持贫困户 1 900 户，带动全县种植黑米 5万多亩，为稻区精准扶贫提供了经验。

3．积极开展技术指导和多种形式技术培训，提高科学素养，做到培训扶贫

水稻体系岗位科学家和综合试验站以体系任务所取得的成果为抓手，结合播种、育秧、田管、收获等关键季节，采取灵活多样的培训方式，积极开展人员培训和技术培训。如在乌蒙山区，水稻体系赴珙县（乌蒙山区）巡场镇坳田社区进行技术指导，制定珙县巡场镇坳田社区"一村一品"产业扶贫规划 1个，开展产业技术培训 5 次，培训农户 121 人次，发放技术资料 40 余份。

据不完全统计，2017—2018 年，水稻体系在各贫困地区举办各类培训班近 260 余次，现场会 100 余次，调研 30 余次，技术咨询、科技服务 2 000 余

人次，培训基层技术人员 2 500 余人次、种粮大户 3 900 余人次、农民近 1.4 万余人次，发放技术资料 5 万余份册。

4．科技人员深入乡村，言传身教，做到驻村扶贫

结合各省、市等"科技特派团""特派员制度"等，水稻体系成员作为科技特派员驻村帮扶。如在秦巴山区，水稻体系选派专家团队对仪陇县观紫镇万众村、灯塔乡天坪村科技驻村，选派 1 名团队专家到仪陇县金城镇铜沟村任驻村工作队队员，协助所驻贫困村第一书记和村"两委"编制年度巩固方案，因村因户施策开展精准帮扶，提升帮扶对象的思想、文化素质与自我发展动力，引进示范新品种新技术，加强技术培训和生产指导，培育富村强村农业产业。

南充综合试验站结合四川省精准扶贫"五个一"要求，选派 2 名团队成员到仪陇县贫困村作为驻村农技员开展脱贫奔康产业技术服务。

宜宾综合试验站站长与团队成员作为珙县巡场镇坳田村和珙县下罗镇农利村驻村农技员，驻村走访两个村的全部贫困户 107 户，了解贫困户致贫原因，并为每个贫困户制订了分户脱贫技术方案 107 个。

恩施综合试验站站长 2018 年作为驻村扶贫尖刀班成员进驻利川市谋道镇四合村六组开展水稻全产业链系统试验示范工作。

贵阳综合试验站派人到乡镇挂任科技副职（1 ～ 2 年），并作为省级科技特派员到县或乡镇开展帮扶工作，积极开展调研并向部分当地政府部门提出相应的水稻产业发展规划。

赣州综合试验站与莲花县良坊镇心田村贫困户王文强、王冬平、王文容结成帮扶对子，与莲花县南岭乡湾源村对接，指导该村 55 户贫困户选择种植品种，推荐先进应用技术，帮助制订产业发展计划，宣传产业政策信息，及时解决生产中的难题。

萍乡综合试验站派出 1 名栽培技术专业人员和病虫防治专业技术人员对高洲乡高滩村进行帮扶。

抚州综合试验站派出 3 名省级科技特派员、6 名市级科技特派员，深入国家级贫困县乐安、东乡、宜黄多地，开展水稻制种等相关技术指导，为基层合作社、企业等新型经营主体提供技术支撑。

5．扶持种植大户、专业合作社等新型农业经营主体，带动周边贫困户，做到产业扶贫

如在大别山区，体系专家帮扶发展"水稻一种两收＋稻田综合种养"，稻

鸭、稻虾共作面积 380 亩，特色水稻 120 亩，优质专用稻 600 亩。采用绿色种植技术，提升加工技术，生产优质大米，并帮扶其注册"望慧康源"优质稻米商标，所有农产品全部订单收购；与望江联河米业合作，帮助开展原粮绿色标准化生产，发展订单 30 万亩，带动周边农户脱贫增收。

岗位科学家王丰研究员团队与广东金珠农业科技有限公司签订"禾米品种产业化合作协议"，提供品种提纯、品种改良、禾米特色产品加工等技术，促进梅州地方特色客家农产品的发展。

贵阳综合试验站在贵州省黔西县锦星镇白泥村示范糯红优 1130，打造"红糯米"产业，该品种产量高，亩产可达 630 kg，口感较佳，老百姓能够按每千克大米 10 元的价格出售，20 亩示范可为农户创造产值 7 万元，直接让 20 个农户达到脱贫标准。

宜宾综合试验站在四川省屏山县龙溪乡示范推广川优 6203，帮助打造"龙溪牌"富硒香米产业，稻谷收购价格超过 3.1 元/kg，"龙溪牌"富硒稻米市场批发价为 6.5 元/kg，农民增收、企业增效明显。

信阳综合试验站协助潢川县农富种植专业合作社发展优质糯稻订单生产，包括确定生产品种，推广缓释肥、水稻轻简化栽培、水稻病虫草害绿色综合防控等先进适用技术，合作社在当时市场普通糯稻谷价格的基础上加价 0.2 元/kg 收购，农户订单种植优质糯稻比种植普通水稻品种亩增收 300 元左右。

6. 探索"科研+新型经营主体+基地+贫困户"等多种产业扶贫新模式，做到创新机制扶贫

在安仁县，结合稻田公园旅游，种植彩色水稻和油菜，在示范基地利用彩色稻种植景观图案，在水稻种植季节成为生态旅游点。针对彩色水稻科普、研发、生产基地的需求，结合种植基地土地、气候与种植习惯，科学规划了双季彩米区、创意彩稻区、彩稻景观展示区、彩稻研发区。

抚州综合试验站指派多名科技特派员深入东乡、宜黄多地，开展水稻制种等相关技术指导，为基层合作社、企业等新型经营主体提供技术支持；与 8 家企业签订合作协议，在仙盖山农业园设立科技成果转化实验站，新型经营主体又与贫困户签订合作协议，贫困户在新型经营主体指导下开展生产经营，政府有关部门按相关规定对符合条件的贫困户和新型经营主体给予补贴，新闻媒体及时进行跟踪宣传报道，科研部门持续进行成果转化技术支撑，促进了产业发

展和脱贫致富。

二、措施与成效

1. 筛选了适合不同贫困地区种植的水稻新品种

岗位科学家王慧教授团队对口帮扶河源市龙川县义都镇中心村，该村有1 800亩水田，但水稻种植技术落后，品种参差不一，抗性差，产量较低，专家团队提供了新品种华航31，通过5个相结合在该村形成了优质稻华航31优质稻米产业，并辐射至周边镇、县和市，取得了良好成效。

新疆乌鲁木齐综合试验站通过水稻新品种试验示范，确定了新稻11、新稻36、新稻47、新稻58等一批新品种作为扶贫县市水稻主栽品种，同时通过水稻种业公司、县市种子站等单位协作，采取良种补贴等方式，扶贫县市水稻良种覆盖率达70%以上。

哈尔滨综合试验站依托泰来县克利镇创优水稻种植合作社，筛选、展示新品种（品系）15个，筛选出的鸿源5号、龙稻28、龙稻18、东农1 222等品种表现苗期抗低温，无病害，熟期适中，增产效果突出，可作为当地的主栽品种。该合作社现有水稻面积5 000亩，入会社员78名，辐射水稻种植面积2.7万亩。

贵阳综合试验站为贵州凤岗县的宏发米业有限公司提供5个优质稻新品种进行引种试验，通过试验，确定了贵粳1431、T香优557作为今后该企业主要使用的优质品种，为进一步提高稻米产品的市场竞争力奠定了基础。

在乌蒙山区，永胜综合试验站推广种植耐寒抗病优质杂交稻品种"云光104"1万亩，平均亩产747 kg，较当地习惯种植的老品种每亩增产168 kg，按粳稻稻谷收购价3.5元/kg计算，亩总产值为2 615元，亩增收588元。应用新品种减少农药施用1次，亩节约成本24元，亩增收节支612元，示范区增收612万元。

2. 集成示范了适合不同贫困地区种植的水稻新技术

新疆乌鲁木齐综合试验站在和田市和墨玉县加汗巴格乡布拉克村、达拉斯喀勒村开展水稻轻简稻作机械化精量水穴直播技术示范500亩，经测产平均亩产720.8 kg，比水撒播增产25%。

三峡综合试验站在云阳县双土镇坪东村建立水稻全程机械化示范片，示范面积1 000亩，示范品种万优66，示范区通过机耕、机插、机防及机收等全程机械化技术的运用，每亩减施化肥、农药分别为 10% 和 35%，减少用工 45%，每亩减少投入 280 元左右；示范片平均亩产 563.8 kg，比传统人工种植每亩增产 59.5 kg，按每千克稻谷 2.60 元计算，亩增产值 154.70 元。

3. 促进了帮扶区农民增产增收

哈尔滨综合试验站在黑龙江泰来县克利镇保安村建立了 150 亩龙稻 28 示范区，配套"水稻测土配方平衡施肥技术""浅湿干高效灌溉技术""病虫草害综合防控技术"等，平均亩产达 650 kg，比当地平均产量高 60 kg 左右，由于该品种为长粒型优质品种，以 3.80 元/kg 的高价卖出，比普通圆粒品种高出 0.80 元/kg，增产增收效果显著。

德宏综合试验站重点在梁河、陇川、芒市、瑞丽、盈江等 5 个县市推广德优系列软米品种近 40 万亩，占这 5 个滇西边境山区县水稻种植面积的 40% 以上，平均亩产达 480 余 kg，比对照种滇陇 201、滇屯 502 每亩增产 40 kg，市场售价达 3.48 元/kg，增产增收效果明显。

永胜综合试验站在云南省丘北县开展优质抗病杂交稻示范 213 亩，百亩方实收平均亩产 744 kg，比当地习惯种植的品种亩增产 111 kg，按优质籼稻谷收购价 3.00 元/kg 计算，亩产值 2 232 元，亩增收 333 元。应用新品种减少农药施用 1 次，亩节约成本 24 元，亩增收节支 357 元，示范区增收 7.6 万元。

贵阳综合试验站在金沙县岩孔街道金龙村实施了 500 余亩的优质稻生产，试验站提供生物农药、杀虫灯、现场技术指导等，生产过程均按绿色无公害的标准进行管理，平均亩产 550 kg，由于该村距离县城较近，生产的大米供不应求，农户出售大米每千克价格 10 元左右，每亩收益可达到 3 500 元以上。

南充综合试验站在秦巴山区四川巴州区建立水稻骨干新品种及配套技术百亩高产示范方，核心示范面积 105 亩，年辐射面积近 2 000 亩，示范蓉 18 优 662、川优 8377、旌优 127 等，单产均增加 30% 以上，比基地建设前亩产 510 kg 增加 140 kg 左右，按当地稻谷综合价 2.60 元/kg 计算，每亩示范水稻增收 350 元以上，深受当地农民的欢迎。

黔南综合试验站在贵定县沿山镇森山村推广稻鸭共生绿色种植模式 1 000 亩，亩产 531 kg，比往年增产 62 kg。稻谷收购价格 3.8 元/kg（贵定县零壹农业发展有限公司收购价格），鸭子价格 900 元左右，每亩增收 1 500 元；在惠水县种植特色黑糯米、在兴仁县大力发展糯食产业和米粉稻产业，助力贫困户脱贫。

4. 推动了扶贫区龙头企业发展

　　永胜综合试验站推动扶贫区有一定实力的广南八宝贡米业有限责任公司进行订单农业生产。南宁综合试验站依托融安县绿鑫水稻种植合作社以"企业＋专业合作社＋农户"的模式进行优质水稻生产基地建设，推动农企联合取得了明显的成效，带动农户增产增收。

　　宜宾综合试验站在兴文县五星镇和僰王山镇进行了 15 000 亩富硒酿酒专用水稻高产示范基地建设，由贵阳综合试验站负责水稻新品种种子提供、高产优质栽培技术指导与培训。示范平均亩产达到 575 kg，五粮液集团按照 2.72 元/kg 进行了收购，农户取得良好的增产增收效果。

　　贵阳综合试验站以技术支持方式服务贵州湄潭县优质稻米龙头企业 12 家，多家企业的优质米产品获得"中国第一米""金奖优质米"等荣誉称号。

　　合肥综合试验站以霍邱县田园农业专业合作社和太湖县徐桥镇农产品生产合作社为依托，建立徽两优 630、徽两优 898 等优质稻米示范基地。

　　武汉综合试验站与湖北蕲春中健米业公司合作，建立香润 1 号、广两优 5 号、鄂粳 403 等优质稻米示范区。

　　信阳综合试验站与河南黄国粮业股份有限公司合作，在潢川县建立糯稻品种——珍珠糯生产基地 1.2 万亩，辐射带动 12 万亩。所有基地均统一栽培技术指导、统一机械收割、统一加工、统一销售等，比市场价高 30% 价格收购农民种植的优质稻，农民每亩水稻多收入 200 ～ 300 元，人均比上年度增收 300 ～ 400 元。

下 编
体系认识与工作感悟

春华秋实——水稻产业技术体系十周年

章秀福

栽培与土肥研究室主任 中国水稻研究所

时值仲秋，正是收获季节。转眼之间，水稻产业技术体系建立已逾十载。亲历盛事，幸甚至哉。

春华秋实，谓之：一分耕耘一分收获；或曰华采文章德行致远；或曰十年久长转瞬即逝。然，没有那浩荡的春风，又哪里会有这满野秋色和大好收成。

大背景成就大事业。2007年，中央为全面贯彻落实党的"十七大"精神，加快现代农业产业技术体系建设步伐，提升国家、区域创新能力和农业科技自主创新能力，为现代农业和社会主义新农村建设提供强大的科技支撑，在实施优势农产品区域布局规划的基础上，由农业部、财政部依托现有中央和地方科研优势力量和资源，启动建设了以50个主要农产品为单元、产业链为主线、从产地到餐桌、从生产到消费、从研发到市场各个环节紧密衔接、服务国家目标的现代农业产业技术体系。与此相对应的是2007年始发的世界金融危机正席卷全球，农业与金融这对看似无关的行业就这样不期而遇了。然而，回望现代农业产业技术体系建设这十年，不能不慨叹中央决策的英明和远见。民为国之本，农为国之基，"手中有粮，心中不慌"，民丰则国泰。有了富足的农产品，有了农业农村的牢固根基，什么样的国际危机都无力撼动我华夏大地，正是"任凭风吹浪打，我自闲庭信步"。

凡成大事者，必有大格局。水稻产业技术体系于2007年首批启动。一经建设，其高度、广度、宽度、深度和力度就非同凡响。体系人满怀济世为民之志，海纳百川，兼容并蓄，汇众人之智，集各方之力，登高望远，全视野俯瞰世界；"知行合一"，做实事、求实效；"纸上得来终觉浅，绝知此事要躬行"。水稻产业技术体系十年也正是水稻科技大进步、大成就的10年，也是水稻产业大发展、大提升的10年。水稻产业技术体系平台汇聚天下英才，形成大联合、大链接、大团队协同作战，国家队、地方队全面融合，全产业链整体推进，全方位、多目标提升水稻产业技术竞争力，包括科技竞争力、人才竞争力、生产竞争力、产品竞争力、市场竞争力，等等。不断满足国家要粮、稻农要钱、市场要品质、消费者要健康的多重要求，体系的支撑度、影响度和贡献度都达到了前所未有的高度。"风正时济，自当破浪扬帆；任重道远，还需策马扬鞭"。

栽培与土肥，古老而现代的一对胞兄胞弟。栽培，种植培养。水稻栽培历史至少7 000年以上。土肥，土壤肥料的简称。研究土壤中所含肥料的比例，达到合理补充土地营养与施肥管理。从事水稻栽培的人就是种田人一族，从事土壤肥料的人或谓稻田的养护者，两者共同守望、相辅相成。现代水稻栽培学创始者和集大成者惟丁颖先生，他创立的水稻"三性"奠定了水稻栽培学的基础，也为我国水稻种植区划和引种提供了依据。水稻栽培发展经历了20世纪50—60年代的"劳模经验总结"阶段，出现了"南陈（永康）北崔（竹松）"种田劳模，总结建立了如晚粳稻"三黄三黑"栽培理论与模式等；20世纪70年代，随着杂交稻的问世及推广应用，"稀、少、平"栽培模式与技术应运而生；20世纪80—90年代，凌启鸿先生等创立的"叶龄模式"栽培和"群体质量"栽培，开启了当代栽培的新纪元；进入21世纪特别是体系成立这10年，水稻栽培理论与技术全面发展，超级稻栽培关键技术集成、水稻好氧栽培理论与技术、水稻全程机械化生产技术等取得长足进步。在土肥方面，土壤培肥与质量提升、施肥方法与技术优化、肥水资源高效利用与环境友好等一批先进实用技术在生产上广泛应用，践行"高产、优质、高效、生态、安全"的栽培目标渐行渐近。

十年颂。栽培与土肥研究室成立之初，岗位科学家只有朱德峰、邹应斌、熊洪、赵国臣、周卫、廖西元等6人。至2017年，岗位科学家已增至11人（周卫、侯立刚、徐富贤、唐启源、张玉屏、张洪程、彭少兵、周东美、徐建明、纪雄辉、章秀福），是体系内扩容比例最高的研究室，这既体现了栽培与土肥的重要性和地位，也表明主管领导和体系首席对我们的厚爱和期待。"今欲功及天下，故必多栽培学者，则道可传矣"。栽培与土肥兴，则生产旺、产量丰、粮农安。20世纪90年代初（1992—1994）和21世纪初（2002—2004）是栽培与土肥人最艰难的时期，没有项目，没有经费，当然也留不住人，能够坚守的必是有抱负、有担当、有事业心的人。这一时期也是我国粮食生产滑坡最严重、产量下降最快、粮农最不安心的时期。在体系启动之前，我国粮食生产总体呈现为 10 年左右的生产周期，总是摆脱不了"多了–少了"的轮回宿命。正是现代农业产业技术体系的建设使我国粮食生产创造了"14 连丰"的佳绩，这对保障经济社会的稳定健康发展和国泰民安起到了重要作用。回顾十年，栽培与土肥研究室成绩斐然、贡献良多。《超级稻高产栽培关键技术及区域化集成应用》《南方低产水稻土改良与地力提升关键技术》《多熟制地区水稻机插栽培关键技术创新及应用》等获国家科技进步二等奖；《水稻精量穴直播技术与机具》获国家科技发明二等奖。同时，一大批科技成果获得省部级科技奖励。这些先进实用技术均为水稻产业发展提供了强有力的科技支撑，为水稻生产技术进步和稻米品质提升做出了重要贡献。

品味体系十年，如醇香美酒，厚重而绵长。十年，久也。"十年磨一剑"，春华秋实。展望未来，更当"秣马厉兵，砥砺前行"。

"青青子衿，悠悠我心"。谨以此文献给水稻产业技术体系十周年！

产业技术体系促成了农机与农艺的完美融合

李革

机械化研究室主任　浙江理工大学

　　长期以来，我国农机与农艺的研究不能相互融合，使得农业机械研究往往偏重于在机械上实现某一农业作业的动作，而忽略了植物生长的农艺要求和生长环境；在农艺上，农艺专家则往往偏重于农作物的产量，而忽略了农业机械所要求的作业条件和机械所具有的作业能力，导致研发出的农业机械在许多方面长期以来不能满足农业生产的需求，严重影响了我国农业机械化的发展。

　　产业技术体系从农业生产的全局出发，设立专业化研究室和岗位科学家，为水稻生产机械的农机与农艺融合研究创造了很好的条件。在我们进入产业技术体系之前，我们很难寻找水稻的育种、栽培和植保等生产环节的农艺专家，也很难搞清楚在我国不同稻区有哪些不同的水稻品种和农艺生产技术。所以，我们的水稻生产机械研究常常是偏重于通过机械去实现人工劳作的动作，而缺乏可以通过水稻生产农艺的改变，去解决由于机械工作原理和结构的限制而无法提高农业机械安全高效作业能力的问题。水稻产业技术体系给我们水稻机械化研究室创造了一个很好的农机与农艺融合研究的平台。在这个平台上，我们可以方便地与所需要的农艺专家进行交流，从农艺上理解农业机械设计的意义，从农业机械的工作原理和作业能力上，要求农艺在种植模式和栽培制度上去适应农业机械的作业条件。

一、农机与农艺融合解决机械难以实现的问题

　　减少水稻机械移栽对秧苗的伤害是我们从事水稻种植机械研究人员长期难以解决的问题。机械插秧工作效率较高，伤秧较多；机械摆栽工作效率较低，伤秧较少。我们一直是从机械插秧和摆栽两种不同的工作原理和机械结构上研究如何减少插秧机秧爪和摆栽机构对秧苗的伤害，但是效果不明显。自从进入水稻产业技术体系后，我们机械化研究室就与栽培与土肥研究室的岗位科学家有了紧密的合作，双方共同开展了减少水稻机械移栽伤秧的研究。农艺专家从

毯状苗育秧和钵苗育秧的原理、机插秧的机械取秧原理，开展了水稻钵形毯状苗育秧技术的研究，创新提出了水稻钵形毯状苗育秧机插方法，明显减少了机械插秧造成的伤秧问题。机插秧后秧苗返青快，为减少机械插秧秧苗损伤提出了一种有效的解决方法。该方法在我国不同稻区都进行了大面积的推广，并取得了可喜的成绩。

二、综合试验站提供了新型农机具的试验研究与示范平台

研发出来的农业机械进行田间试验非常重要。由于产业技术体系根据产业技术研究和推广的需要设置了综合试验站，方便了我们从事农机研究工作者的新机具的试验和推广。为了确定我国水稻机插秧不同行距对产量的影响以及水稻育秧播种量对秧苗成毯的影响，我们研究室与肇庆、江门、金华、嘉兴、绵阳和佳木斯等综合试验站开展了宽窄行插秧机、育种母本插秧机、水稻不同种植模式、水稻侧深施肥机等新机具和新技术的试验示范。在试验中，综合试验站协助我们完成育秧、试验田的管理和测产等工作，大大减轻了我们试验工作的压力，同时，我们通过综合试验站学习农艺技术，并开展新机具示范和推广工作。

综合试验站遍布我国的主要稻区，使得我们在各个稻区联系各类田间试验非常方便，同时，我们也通过综合试验站进行水稻生产机械化的调研。如通过嘉兴综合试验站了解水稻机械直播对当地的适应性；通过金华综合试验站了解水稻基质育秧的效果，通过绵阳综合试验站了解水稻育种机械化的母本机插秧造成开花期迟后的问题等。这为水稻种植机械的研究提供了可靠数据。

三、农机与农艺融合促进了新型机具的研发

由于产业技术体系把各类农业专家集中在一起，使得我们从事农业机械研究的专家开阔了眼界，了解水稻农业生产中的问题非常方便，看问题时会从水稻生产的大系统去分析问题，不是只局限于我们研究的某一机械领域去思考问题，促进了新机具的研发。如为了提高机械插秧的质量，我们常常只会从插秧机本身的设计上考虑问题。但是，当我们与产业技术体系的农艺专家和综合试验站专家在一起讨论机械插秧的质量时，我们发现影响我国机械插秧质量的问题很多，除了插秧机本身的性能以外，在我国目前水稻生产中，水田的整地质量还比较差，需要有新型水稻耕整地机械解决水田的整地问题，提高我国水稻种植水平和质量。因此，我们开始研发拖拉机旋耕机组水平自动控制系统，经过3年的研究，我们开发了具有自主知识产权的拖拉机旋耕机组水平自动控制系统，目前在进行示范推广。这一系统的研发，对提高我国水稻种植水平，提高劳动生产率具有重要作用。

四、农机与农艺融合，促进共同发展

目前，我们特别注意农业新技术的发展，在进行新型农机具的研究中，首先听取产业体系的农艺专家意见，研究新机具对农艺的适应性，解释研发的新机具所需要的作业条件。我们研究室在近两年的出国考察中，总是会事先通知农艺专家，要求农艺专家与我们一起到国外考察先进的农业机械。如2018年我们机械化研究室组织参加日本国际农业机械博览会，考察水稻毯状密苗机械插秧技术时，邀请了水稻栽培与土肥研究室的岗位科学家一起到日本交流学习。我们在交流学习中，从各自的研究领域出发去分析和提出问题，农机与农艺互补，起到了很好的学习效果。

我们在共同的研究过程中，农艺专家也开始理解农业机械的作业条件，优选适合农业机械作业的种植模式、品种及安全且高产高效的机械化栽培耕作技术。

稻业大发展　稻丰天下安

卢淑雯

加工研究室主任　黑龙江省农业科学院

弹指一挥间，水稻体系已经在产业创新领域耕耘十年了，我成为体系加工岗位科学家也有八年了。可回想当年竞争上岗的情景却历历在目，体系人对我支持与鼓励的话语还犹在耳边。这十年我们亲身经历和见证了水稻体系全产业创新的探索和实践，每年的年终总结中都有大成果出现。忆往昔峥嵘岁月，看今朝稻菽飘香。我相信，这十年在每位体系人的心中都有着沉甸甸的分量，都将成为未来美好而充实的回忆。

回想当初，我怀着对体系的无限热爱和敬仰，怀着成为体系人的美好梦想，克服重重压力，凭着执着的追梦激情，走上了竞争的舞台，在体系各位老师的支持下，圆了我的体系梦，成为水稻体系这个催人奋进、给人温暖的大家庭的一员，这是我人生的重要转折。加入体系，喜悦是暂时的，使命、压力、责任是永久的。我时刻告诫自己，这是一个全国最优秀的水稻创新团队，我要快速提高水稻加工团队实力，提高加工研究室的科研站位，创新稻米加工产品种类，满足消费者对稻米食品高品质、全营养、食用方便的新需求，为供给侧结构性改革提供技术支撑。虽然我们是水稻体系的边缘小学科，但也有把小学科做成大产业的梦想，要做出特色化和差异性的业绩，为岗位争光，为体系添彩。

加工是水稻产业的末端链条，却是进入消费市场，提升产业经济社会效益的重要一环，是消费者关注的热点。我们的工作得到了农业部和体系的高度重视和大力支持，为加工研究室新增两位岗位科学家。我们的力量壮大了，工作热情更高了。借助体系的大平台，我们与体系内各位育种、栽培、植保、农机的岗位科学家交流学习，共同研究如何提高大米食味品质、安全品质；与产业经济专家交流学习，指导企业发展，与各位实验站长交流加工专用品种的种植与筛选……。在交流中不断发现制约水稻加工产业发展的新情况和新问题，梳理稻米加工重点任务，建成了从加工原料评价、加工技术与产品创新、生产示范与推广的系统学科团队，真正实现了产业体系"解决产业问题、促进产业发展"的初心。

水稻体系现有 10 位院士（去年新增 6 位），这充分体现了国家对水稻体系的重视和支持，也展示了水稻体系强大的生命力和凝聚力。与优秀的团队一起，我和加工研究室也快速成长起来了，打造了水稻加工创新团队的升级版。近 5 年来，我先后被评为"百千万人才国家级人选"和"国家优秀中青年专家"，荣获国务院政府特殊津贴，晋升为二级研究员；我的团队获评"省领军人才梯队"；我被评为"省领军人才梯队学科带头人"，获批了国家公益性行业（农业）专项并担任首席科学家，团队成员获得中共黑龙江省委、省政府首批"龙江科技英才——青年拔尖人才"的荣誉和奖励。这一切成就都得益于在水稻体系的锻炼和成长。虽然有了些许的进步，但与体系内的专家相比，我们还有诸多的不足，看到差距，更需发奋努力。

八年的体系工作，我收获了喜悦，收获了友谊，收获了智慧，收获了人生，我们在农业供给侧结构性改革的新时代与优秀的团队一起，团结合作，奋力前行。加快成果转化，想农民之所想，急企业之所急，补产业之所需，全面推动了水稻产业大发展，喜看稻菽千层浪，水稻英才下夕烟。水稻体系各位同仁的辛勤工作换来了稻菽飘香、粮丰仓满，米质提升、产业发展，践行了现代农业产业技术体系设计之初的使命。

水稻体系在我的人生中是一道七色彩虹，为我平淡的人生增添了浓重的色彩，我也将带领我的团队尽全力为体系的发展增加一抹新绿，乘风破浪会有时，直挂云帆济沧海。祝愿水稻体系在国内外有更大的影响力，祝愿国家现代农业产业技术体系生生不息、蓬勃发展。为保证国家粮食安全，为现代农业发展和乡村振兴做出新的更大的贡献！

水稻产业技术体系为国家粮食安全保驾护航

杨万江

产业经济研究室主任 浙江大学

十年前，人们对农业产业发展批评多多，主要原因是农业产业比其他任何产业发展所涉及的要素和层次关系都要复杂得多，典型现象是科研工作很少考虑水稻产业要素间横向联系和层次间纵向联系。农业部认识到问题的严重性后，痛定思痛，决定从根本上改变这种无"产业"意识的科研体制机制弊端，以农产品为根、产业安全为基、可持续发展为魂，组建一个以纵向产业为径、各领域优秀专家为纬、产品优势区域为络的产业技术体系，根据国家不同时期战略需求和国内外开放市场需要，协同开展工作。作为一名农业经济科研工作者，有幸成为国家水稻产业技术体系内的"体系人"。十年磨合，从产业经济视角回味水稻产业技术体系（简称"水稻产业体系"或"水稻体系"）总体发展，感悟良多。

一、国家粮食安全战略转变使"水稻产业安全"更加重要

不断增强水稻产业科技实力，是我国不变的基本国策。体系成立意味着农业部突破原来农业生产中狭义的"科技"概念，将农业经济专业"软科技"力量引入体系并开源吸纳产业经济专家的意见，对于产业发展的国家决策发挥了重要作用。为了更好地为国家粮食安全战略服务，水稻产业体系每年以重大任务为纽带并由产业经济专家跟踪并对其进行技术经济研究，发挥体系内不同专家专长集中攻关取得了系列丰硕成果，为国家水稻产业安全与水稻产业持续健康发展提供了科学的决策依据，为水稻增产增收发挥了显见的科技支撑作用。

二、"谁来种田"之问有了清晰答案

体系成立运行的十年，也是我国现代化事业突飞猛进的重要时期，传统农业面临巨大冲击，作为大田作物的水稻生产方式已显落后，"谁来种田"成为水稻产业发展的举国之问。水稻体系组织全体专家，为加速转变水稻生产方式，每年在确定体系任务、中期技术交流、年终考核等重要环节，围绕培

育"现代种田人"和职业农民为目标，与各级政府合作，经十年努力，全国水稻主产区已经形成农民专业合作社和家庭水稻农场为主体的水稻现代化生产格局，分散的小规模独立农户正在迅速减少，未来我国水稻生产主体必将属于有广泛稻农参与的现代新型经营主体。"谁来种田"之类的问题对于水稻生产而言已经有了清晰的答案。

三、水稻产业研发与应用扩散更接地气

每年体系重大项目和各项研发任务确定的原则，都是以当前和今后近期实践和现实突出问题为导向，体系内不同专业人员共同参与制订解决方案，由重大项目技术负责人组织体系内全体专家实施，从而使不同专业专家在长期和深入的讨论交流中，摒弃育种优先还是机械优先等传统问题，以问题导向的工作作风使不同专业人员在体系内同心协力，由专业排斥变为专业互补，形成了解决水稻生产和产业发展过程中的技术共同体。在实施过程中，通过不同专业人员组成的专家小组，在不同区域由当地综合试验站、基地安排种植大户和新型经济主体加以引导和示范，通过田间观摩、现场指导和即时答疑等方式，大大增强了当地农民科技应用的感性认识，使水稻先进适用技术应用与扩散更接地气。

四、齐心协力为消费者提高稻米品质做贡献

大米消费处于水稻产业末端，体系技术研发在不同专业人员共同作用下开始转变为以生产技术为终极目标的产业技术模式，按照消费需求层次和不同市场需要，以保障质量安全为准绳，育种专家开展品质育种，努力提升品种质量，栽培专家大力提供生态化栽培技术和方法，防治专家及时提供病虫害环保型技术，农机专家以产量和品质两兼顾为目标改造研发高生产率机具，加工专家根据出米率和消费者需求改进和提供加工样机，农经专家系统收集国内外稻米市场与经济信息为不同技术专家和产业决策服务。体系人员不同技术研发形成一股绳，从而使我国水稻品种属性更多，栽培模式更为丰富，防治方法更加环保，机械化生产率更高，加工方法适应性更强，技术经济更符合市场经济规律，体系人员为满足城乡稻米消费服务更加精准地适应多元化市场的需求。

五、适应国内外水稻产业市场多元化格局在开放条件下加速体系技术进步

体系人不仅充分认识到要围绕我国水稻产业安全加速国内技术供给，为稻农依靠技术进步来提高生产效率，同时，为帮助解决世界粮食安全，给予了世界水稻产区水稻生产技术以极大的支持。在我国扩大开放战略指引下开放胸

襟，以当代国际主义情怀和扎实的科技知识为世界水稻产业发展服务，加强了体系的国际影响力，增强了水稻产业国际贡献度。十年来，体系专家不仅继续对我国传统友好国家加以更加全面的技术援助，特别是集中力量深入对"一带一路"沿线水稻生产国家尽水稻产业技术支持之力，除对非洲水稻生产大力扶持以外，助推东南亚、南亚诸国水稻产业技术迈上新台阶。

六、水稻产业人的灵魂在于"一切为人民"

我国水稻产业实践正在发生历史性转变，体系人深刻意识到，水稻科技很重要，水稻产业科技贡献率高达 60% 以上。我国水稻产业的良好发展主要得益于政策，尤其是在传统水稻产业向现代化水稻产业转变过程中，政策支持与保护发挥了引领性作用。过去国家工业反哺农业方式为稻农提供生产资料补贴，以市场最低收购价政策保护收购农民稻谷和政策促进水稻科技推广应用。近年来，随着国家农业产业政策的调整，市场机制在水稻产业中的作用越来越显著，体系人充分意识到必须将稻农增产增收和整个水稻产业各环节通盘考虑，面向产业经营者并将其视为经济人和稻农福利最大化，一切为人民、为稻农经济服务已经成为水稻产业技术体系成长的肥沃土壤。从绿色生产、节省开支、增加产量、增加经济收入出发，重视农户调研，广泛听取生产者意见，尽最大努力为农民提供经济高效的先进适用技术，这也是体系人所到之处深受稻农欢迎的根本原因。

我与水稻产业技术体系的不解之缘

陈温福

特邀代表　沈阳农业大学

国家现代农业产业技术体系（以下简称"产业体系"）创立于2008年。时光飞逝，忙忙碌碌中已经走过10个年头。这10年中，我作为"产业体系"特别是水稻产业技术体系初创时期的参与者、东北稻区召集人和东北南部稻区粳稻品种改良岗位科学家，见证了"产业体系"从酝酿、诞生、成长，到壮大、完善、成熟，直至兴旺发达、硕果累累的全过程。

一、初衷与构想

2007年1月27日，农业部科技教育司组织专家在北京永安宾馆召开会议，研究构建与以往科技研发体系不同的、新的农业科技创新体系，突破一谈体系建设就是建机构、挂牌子、定级别、招人要钱的传统思维定式，决定以产业为主线，以农产品为单元，构建全产业链的"现代农业产业技术体系"，把科技人员从繁重的拉关系、跑项目中解放出来，真正按产业建立长期、稳定支持，高效、实用的产学研用有机结合的产业技术创新体系。

2007年10月18日，农业部在中国农业科学院再次主持召开"现代产业技术体系形势分析会"，研讨新建"体系"如何适应农业发展要求、构建框架和方案等。11月16日，农业部、财政部在成都主持召开"现代农业产业技术体系建设管理工作座谈会"，就实施方案、管理模式、经费支持等进行了广泛讨论。在这次会议上，财政部领导明确指出，"这是一项科技体系与制度的创新。国家创新体系没有区域支持是不可能的，区域性最强的又是农业。因此，财政部决定先从农业入手构建产业技术创新体系"。同时指出，现代农业产业技术体系建设的核心是一个面和一条线。面上打破行政隶属关系，将优势资源联系、整合起来。线上是从全产业链条抓起，改变过去只抓点不抓面，头痛医头、脚痛医脚、无序低效和低水平重复问题。

2007年12月21日，农业部、财政部在人民大会堂举行了"现代农业产业技术体系建设"试点启动新闻发布会，一场轰轰烈烈的农业科技创新体制改革的大幕正式拉开。在本次会议上，率先启动了 10 个产业试点，聘任了 214 位岗位科学家，建立了 229 个实验站（其中 97 个建在市地级农科部门）。水稻是本次启动的重要试点产业，我本人也很荣幸地被聘任为负责东北稻区的水稻育种岗位科学家。

二、运作模式与特色

与以往项目的管理和运作方式不同，水稻产业技术体系由首席专家—研究室主任—岗位科学家—综合试验站站长 4 个层次构成。岗位科学家与综合试验站站长隶属于不同的功能研究室，遗传改良、栽培与土肥、病虫害防控、机械化、加工、产业经济等 6 个不同职能的部分组合在一起。这种组织管理模式将整个水稻产业串联成一个整体，凝聚科研工作者的合力，有利于发挥各自的优势和潜能，优势互补，运作效率因而大大提高。体系内科技人员无须年年写"本子"，也无须为来年课题组的柴米油盐发愁，经费支持稳定而持久。每个岗位科学家每年固定资助 70 万元，每个试验站站长每年固定资助 50 万元，10年间从未间断。体系内科研人员安心本职工作，集中精力搞科研和服务"三农"，工作效率大大提高。

经费是稳定支持的，但岗位科学家和试验站站长是要竞争上岗的。水稻产业体系首先引入竞争淘汰机制，每年年度考核每位科学家和站长都要上台讲一讲，让大家互相打分监督，干得不好，同样要下岗。这十年间有几个岗位科学家和站长就经历了优胜劣汰。

在这样具有创新性的项目运作模式和考核机制下，水稻产业体系逐渐发展壮大，已初步构建出一支充满活力、开拓创新、团结协作、稳定发展的科研队伍。今天的水稻产业体系已有 6 个功能研究室、47 名岗位科学家、53 个综合试验站、270 个示范县、416 名团队成员。每位岗位科学家任务明确，分工协作，在服务全国水稻产业发展中发挥着不可替代的作用。新时代下人才是最宝贵的，能够组建成功这样一支有战斗力的团队实属不易，这些岗位科学家、综合试验站站长和团队成员均已成为我国水稻产业发展的最宝贵的财富。

三、东北稻区十年成就

十年来，水稻产业技术体系建设取得了巨大的成功，可谓"人才济济，硕果累累"。以东北稻区为例，产业体系在东北稻区设置了 7 名岗位科学家、9个综合试验站、10 个示范县，服务近 1.0 亿亩的优质粳稻生产。10 年来，这些岗位科学家和试验站站长带领各自团队在种质创新、新品种选育和配套生产技术组装集成等方面出色地完成了各项任务，取得了一系列创新性成果。

东北南部稻区在高产、优质、多抗粳稻高效育种理论与技术研究上取得了新的突破，率先提出"以优质籼稻作母本，高产粳稻作轮回父本，通过多次回交和定向选择减少粳稻遗传背景中影响米质的不利籼型遗传累赘，实现超高产与优质结合"的超级稻优质化育种理论与选择指标体系，实现了北方粳型超级稻育种技术的又一次创新。育成审定了46个优质高产高效水稻新品种，累计推广面积6 500多万亩，新增稻谷产量32.5亿kg，新增产值97.5亿元。研究成果先后荣获2009年国家科学技术进步二等奖、2014年辽宁省科学技术进步一等奖和2016年辽宁省科学技术进步一等奖。

各试验站与基层农业技术推广部门密切合作，通过开办技术培训班、田间现场指导、免费发放各种宣传资料等多种方式，探索新品种、新技术高效推广模式，重点推广大棚基质旱育苗技术、平衡施肥技术、节水灌溉技术、全程机械化强化栽培技术、病虫草害统防统治技术等多项实用栽培新技术，使东北南部稻区的种植模式发生了重大的变化。过去房前屋后的小拱棚育苗方式不见了，替代的是大棚基质旱育苗。过去的手工插秧、手工收割越来越少见了，替代的是机械插秧、机械收获。过去一家一户从种到收全部单干的模式少见了，替代的是农机合作社集中代育苗、代插秧、代机收，劳动效率大大提高。

在体系的支持下，东北中部稻区建立了不同生态区域穿梭育种新模式、白城抗盐碱水稻育种基地、通化抗稻瘟病筛选育种基地、万昌水稻品种比较筛选基地、双辽水稻新品种筛选育种基地等。10年共育成审定新品种45个，累计推广面积4 760万亩，新增稻谷23.8亿kg，新增产值71.4亿元。2016年吉粳511被农业部认定为超级稻品种；同年"优良食味超级稻新品种吉粳511选育与推广应用"获吉林省科技进步一等奖。2017年"优质、抗病、广适超级稻吉粳809的培育与推广应用"获得吉林省科技进步一等奖。"吉粳809"的育成突破了吉林省水稻育种优质、抗病、广适性难聚合的技术瓶颈，集成了优质、高效配套栽培技术，在生产上得到大面积推广应用。

东北北部寒地稻区在寒地早粳稻育种方面取得重大突破。创制出一批具有优质、耐冷、抗病的育种新材料及香稻、糯稻资源；培育出穗型半直立，适合轻简化生产和抗逆的育种新材料。育成审定水稻新品种65个，其中 4 个被认定为超级稻品种。新品种累计推广面积达 1.83 亿亩，增收稻谷 85.6 亿 kg，增创社会经济效益 256.8 亿元。获国家及省（部）级科技奖 24 项。"寒地早粳稻优质高产多抗龙粳新品种选育及应用" 2017 年获国家科技进步二等奖，这是水稻产业体系实施以来黑龙江取得的首项国家级科技进步奖，成为寒地粳稻科研事业发展的重要里程碑。"优质多抗超级稻龙粳 21 的选育""优质高产耐冷抗病水稻新品种龙粳 25 的选育""寒地早熟优质多抗超级稻龙粳 31 的选育""龙稻 5 号水稻品种的选育及推广"均获黑龙江省科技进步一等奖；"寒地早粳耐冷抗病新品种选育及推广应用"获农业部中华农业科技一等奖。

四、几点感想

1978 年 3 月，全国科学大会在北京召开，标志着科学技术也迎来了久违的春天。这是一次具有里程碑意义的会议，会议确定的我国科技发展政策、方针和路线，对此后中国的科技进步起到了至关重要的作用。全国科学大会以后，在强大的政策保障、巨额的经费支撑和一大批爱国科学家的不懈努力下，中国的科技事业很快进入高速发展阶段，一大批科技成果相继产生并顺利转化，极大地促进了国民经济发展、社会进步和国际地位的提升。

但是，进入 21 世纪以后，我国科技界开始"乱象"迭出。随着国家科技投入的不断增加，各部门都想在掌控科技资金分配权上有更多的话语权，通过增设各级、各类"计划、专项、工程"等争相切割"国家科技投入"这块大蛋糕。结果导致"多龙治水、跑部钱进""两台锣鼓唱一台戏"，由国家重复买单现象层出不穷，造成有限资源的极大浪费。与此同时，科技管理官本位现象越来越严重，结果导致不公平竞争，科技人员常常被迫把大好的时光浪费在拉关系、跑项目上。科技研发体系运转效率和创新绩效越来越低，社会各界反映也越来越大，批评、讽刺、挖苦之声不绝于耳。

科技要发展，就必须打破旧的科技研发体系，建立新的科技创新体系。在这样一种严峻形势下，"农业科技产业技术创新体系"应运而生。

这是一种科技体系与制度的创新，它打破了长期以项目为核心配置科技资源的传统管理定式，建立起以产业为核心、兼顾全产业链的点面结合的新模式。在这种模式下，科技资源实行按人头而不是按项目配置，彻底解决了无论大小项目都要"跑部钱进"，科技人员苦乐不均，科技发展结构性失衡等问题，少了"潜规则"，多了自由度，科技人员终于可以安安心心地、踏踏实实地、实实在在地搞他们的科研与推广工作，不用再"为五斗米而折腰"了。

经历了 10 年的快速发展，产业体系已由启动时的 10 个产业体系，发展成现在的 50 个产业体系，几乎涵盖了所有涉农产业。无论从管理、运行上看，还是从创新、效率上看，产业体系都堪称我国科技体系与制度改革的成功尝试。

特别值得提出的是，体系为每个产业构建并稳定了一支贯穿全产业链的科技队伍。这支团结协作的创新团队，在当前实施乡村振兴战略的大背景下，必将为解决"三农"问题提供强有力的技术支撑。

推进国家水稻产业持续健康发展，助力农业供给侧结构性改革与乡村振兴

——暨国家水稻产业技术体系启动十周年

谢华安

特邀代表　福建省农业科学院

水稻是我国最主要的粮食作物之一，我国有 60% 以上人口以稻米为主食，是世界上最大的稻米生产国和消费国，水稻对我国的粮食安全具有举足轻重的作用。我国水稻年播种面积约 3 000 万 hm^2，占世界的 20%，产量约 1.85 亿 t，占世界的近 1/3，单位面积产量为 6.35 t/hm^2，比全球平均产量的 3.85 t/hm^2 高 65%。水稻在我国谷物产量中始终保持在总量的 40% 左右，占据了近半壁江山。我国的水稻育种在 20 世纪以来经历了矮化育种和杂交水稻三系配套两次革命后，继续保持世界领先的优势地位。

2007 年，中央为全面贯彻落实党的"十七大"精神，加快现代农业产业技术体系建设步伐，提升国家、区域创新能力和农业科技自主创新能力，为现代农业和社会主义新农村建设提供强大的科技支撑，在实施优势农产品区域布局规划的基础上，由农业部、财政部依托现有中央和地方科研优势力量和资源，启动建设了以农产品为单元、产业链为主线、从产地到餐桌、从生产到消费、从研发到市场各个环节紧密衔接、服务国家目标的现代农业产业技术体系。先期选择水稻、玉米、小麦、大豆、油菜、棉花、柑橘、苹果、生猪、奶牛等 10 个产业开展技术体系建设试点，针对每个大宗农产品设立一个国家产业技术研发中心，并在主产区建立若干个国家产业技术综合试验站。至 2008 年底，中央财政共投入了 9.675 亿元专项资金正式启动建设了 50 个现代农业产业技术体系，水稻产业技术体系即为其中之一。按照我国主要稻区的布局规划，依托具有创新优势的中央和地方科研资源，设立一个国家产业技术研发中心，并在主要稻区建立若干个国家产业技术综合试验站，进行全国水稻产业的

协作研究。

国家水稻产业技术体系启动十年以来，在农业农村部的直接领导及首席科学家中国水稻研究所所长程式华的组织和引领下，水稻产业技术体系全体岗位科学家和试验站站长紧紧围绕体系总体目标及各年度任务，以科技促增产为己任，大力开展技术创新、技术指导和技术培训，为全国水稻连续多年增产做出了重要贡献。

国家水稻产业技术体系始终坚持以生产需求和市场引领为导向，针对我国水稻生产环节技术中的新难题，积极融入国内外水稻行业先进技术和方法，高效组织体系内成员，把水稻产业技术体系建设成现代农业优质高效特色的农业科技研发体系，为增加农民收入，保障有效供给，推进我国水稻产业供给侧结构性改革及响应国务院关于推进农业绿色发展的意见做出了积极贡献。在农业农村部、财政部的高度重视和有关部门的大力支持下，国家水稻产业技术体系建设创新团队及各综合试验推广站通过加强组织领导、制订实施方案、创新推广机制、组织宣传培训、开展绩效考评和强化督促检查等措施，将各项工作落到实处，取得了显著成效，形成了完整的以生产需求为导向的现代农业产业技术体系，有效地推进了我国水稻产业的健康持续发展。主要体现在：

一、以体系平台为依托，突破水稻产业关键技术

1. 优质粳型新品种的选育与应用

针对目前生产亟须解决的关键问题和各主要稻区的现实情况制定目标任务，尤其在推进粳稻生产关键技术研究与示范，创制耐低温、耐盐碱、抗稻瘟病、抗条纹叶枯病和黑条矮缩病新品种及优质粳型不育系的选育，东北优质、耐逆粳稻品种选育与应用，江淮地区优质、抗病粳稻品种的选育与应用以及南方双季稻区优质抗病粳稻品种的选育上取得突破。同时制定出相应完善的优良食味粳稻原种生产技术规程，在优质粳稻品种的选育、应用与推广方面取得了显著的成效。

2. 南方籼稻品质改良关键技术研究与应用

体系建立之初，鉴于南方稻区杂交水稻品种优质率低的现状，开创性建立了稻米品质育种技术平台，制定了标准化操作规程，其中《优质早籼高效育种技术及新品种选育》通过专家鉴定。克隆了控制淀粉合成关键基因 *PDIL1-1*、品质性状基因 *DGS3* 和 *DGS5* 等，并开发出与低垩白紧密连锁的 SSR 分子标记用于田间辅助选择。此外，在高整精米率、直链淀粉含量、胶稠度、香味、食

味等重要品质性状相关的实用分子标记的开发上获得突破，并已应用于生产实践。同时，建立了高质量的种子生产、加工技术规程，所生产的优质品种在南方各稻区示范推广，所选育的重要育种材料在体系内实现共享，为各单位育种专家提供了丰富的种质资源。

3. 水稻病虫草害预警及防控关键技术集成与应用

通过水稻产业技术体系项目建设，初步明确了水稻的主要病虫害包括稻瘟病、纹枯病、条纹叶枯病和稻飞虱、稻纵卷叶螟、稻螟虫等灾变的关键生态因子，研究发现田间稻瘟病发生的先决条件是品种的感病性，充分掌握了广西等南方稻区稻飞虱常发区水稻田间稻飞虱及其天敌发生的规律，也明确了不同播栽期田间稻飞虱的发生规律及造成的稻谷产量损失，筛选出了一大批抗性品种用于生产，确定稻飞虱、稻纵卷叶螟、螟虫、稻瘟病、纹枯病、条纹叶枯病的应急防治策略，筛选出高效低毒环境友好的农药在生产上推广应用，集成了轻简化的"三防两控"等水稻综合防控技术。

4. 水稻生产全程机械化装备及配套技术研发

农村劳动力短缺是当前农业生产中的突出矛盾，农业生产机械化，特别是水稻生产全程机械化相关装备及配套技术的研发和推广应用迫在眉睫。水稻产业技术体系成立以来，在生产上急需的田间育秧播种机、宽窄行机插机型、开沟机的研发取得了初步成功，同时根据生态环境的不同特点及要求，建立了不同季节的机插秧壮秧培育调控技术，研制出超微粉种衣剂和种肥剂，有效控制了机插秧苗高度，通过延长秧龄弹性，给生产带来便利。通过品种间实验，明确了适应不同季节机插秧水稻品种特性，并育成和筛选适宜机械化生产的优良品种在生产上推广应用，为水稻的全程机械化生产提供了基础保障。

此外，水稻产业技术体系还在香稻种质系统研究与特优质香稻培育利用、长江中下游稻区单改双关键技术、南方水稻黑条矮缩病防控关键技术、高低温对水稻成苗与结实影响及预防技术、水稻合理密植下肥水高效利用技术及稻米主食工业化关键技术等水稻全产业链方向的关键技术进行了系统深入的研究，获得了可喜的成绩，在很大程度上解决了长期以来困扰水稻生产的技术性难题，也为我国粮食安全生产提供了保障。

二、形成了健全的组织管理和工作协调体系

国家水稻产业技术体系成立十年以来，能够取得显著的成绩，与其在有关部门的高度重视和首席科学家程式华的周密组织下，高效、平稳地运行，及所

形成的健全的组织管理和工作协调体系密不可分。

1. 严格执行上级主管部门的工作要求，狠抓日常管理工作落实

严格认真做好体系各年度任务书的拟定、收集、整理、征求意见和修改上报等各项工作，制定好任务书，制定完备的体系示范基地建设布局规划。各功能研究室、综合试验站对示范基地标志进行统一的调整和规范。同时围绕水稻生产特点、科研亮点、社会舆论热点，进行广泛宣传。坚持将体系动态信息在"中国水稻信息网"及时更新，获得多家媒体和行业参与者的好评。

2. 全面落实《水稻产业技术体系工作细则》，督促体系人员按照细则要求落实工作

国家水稻产业技术体系成员开展工作时以《水稻产业技术体系工作细则》为准则，严格规范进行体系的组织运行和管理。要求全体岗位科学家和试验站站长要按照该细则的内容和要求开展工作，务求规范，特别是在工作日志填写、进展汇报、材料上报、经费管理等方面的工作部署和任务落实，确保体系规范、高效运行。

3. 加强体系内成员间交流，推进体系的健康发展

为了加强体系内各成员间的相互交流，促进相互了解和信息共享，体系每年定期组织进展汇报、学术交流、现场观摩等活动，共商水稻产业技术体系建设和发展大计。同时积极与各地农业行政主管部门交流、沟通，获得了各地政府部门对水稻产业技术体系及所在地岗位科学家和试验站站长工作的支持，通过与农民及种业公司等企业交流，及时掌握市场动态，提高品种选育与技术研发的效率。

三、创新了体系运行机制和学风建设

1. 创立学术报告制度

体系建立以来，十分重视学风建设，建立了操作性较强的学术报告制度，针对不同的学术交流主题，对学术报告的专业性、学术性要求更强、更深入。体系通过每年要求各功能研究室分别遴选一位岗位科学家做相关学科的深度研究报告来进行交流，既促进相互了解，又形成了良好的学风制度。体系组织的现场考察内容丰富，时间长，基本覆盖了南方稻区的各个熟期类型，为学术交流提供了良好的平台和时机。此外，一年一度的产业技术报告会暨现场考察活动也成为水稻产业技术体系的标志性活动，为深化体系学术交流制度起到了积极的推动作用。

2.加强体系内合作交流

水稻产业技术体系需要全行业围绕水稻产业发展需求进行协作研究。水稻产业技术体系规模较大，加强体系内学术、人员和工作交流，学术探讨，经验交流，人员培训等，有力促进了体系内部的大协作、大发展，为进行共性技术和关键技术研究、集成和示范提供了有利条件。

3.强化协作机制

针对生产实践中产生的现实问题，多家研究单位围绕一个共同的研究主题，在不同的生态区，用不同的品种、技术等开展由岗位科学家、有关综合试验站共同参与的科研协作，同时进行相互交流与信息、资源共享，促进高产优质品种、高效增产技术的大面积推广应用，有利于形成国家级科技成果，促进农民增产丰收，实现上中下游的有机结合和良性循环。

除此之外，国家水稻产业技术体系还在为政府提供产业发展决策咨询、农业生产中应急突发状况的处理、技术培训与推广、信息共享等方面做了大量的工作，也为我国水稻产业的持续健康发展发挥了重要的作用。

四、存在的主要问题与建议

1.我国水稻产业面临的主要问题

（1）农户种植水平有待提高。目前水稻生产中农民的科学种植管理水平有待提高。虽然有栽培专家研发出大量绿色环保的栽培技术，但由于我国农民习惯较为传统、粗放的种植方式，对新技术、新方法的接受程度低，特别是在防治病虫害方面使用高毒农药，以及在施肥方面轻钾、轻磷、重氮的施肥方式对我国水稻的产量和品质水平产生较大影响。

（2）育种家的目标转变跟不上生产需求。目前水稻新品种审定的数量不少，多以高产、抗病的品种为主，植株偏高，全生育期迟，突破性的重大品种缺乏，特别是达部颁一、二级标准以上的高档优质米品种少，适宜机械化种植、抗倒性好的品种少，不能充分满足水稻生产发展和市场需求，缺乏市场竞争力。

（3）科研单位与种子企业结合不够紧密，新品种推广较慢。主要存在品种经营权转让不灵活、资源整合不到位，同时科研单位的人员流动机制不够灵活，产学研结合不够紧密，不能满足种子企业对品种类型的需求，新品种展示示范点少、生态覆盖面窄。

（4）水稻育种理论创新不够，分子育种技术实用性有待提高。在水稻育种理论与技术研究方面，原始创新少，缺乏关键性的创新与突破。分子育种技术研究的实用化程度低，基因发掘与克隆基础薄弱，能广泛应用于育种实践的基因很少。

2.水稻产业化发展的建议

（1）培育良种，开展协同攻关和创新。现阶段，我国通过对水稻育种课题组的深入研究，调整了育种思路，把品质育种放在了第一位，不仅抵抗病虫害，还可以提高产量。将来我国水稻的育种就是要加强创新，积极引进优质资源，开发新的育种方法，培育出的新品种不但高产、抗病、优质，而且株型合理；以国标或者部颁标准3级（含）以上标准为准则培育新品种的品质。在我国未来当家的主体品种中会广泛使用育成的新品种。育种科技人员具有利用种质资源、新品种创制、良法推广、良种繁育等技术优势，鼓励科技人员到企业开展服务，与种业企业、种子推广部门紧密结合，了解企业和生产需求，有针对性开展育种创新，帮助企业创建品牌。积极推动科研成果转让，积极培育国有育种单位＋种子企业联合创新，联合推广新机制。

（2）构建全方位、多平台的评价体系。与种子企业联合建立水稻高技术育种的规模化平台、新品种展示示范片和召开新品种观摩会，选育高产、优质、抗病、抗虫、抗逆的广适性新品种，鼓励有实力的"育繁推一体化"企业建立品种审定的绿色通道。

（3）加快育成适宜全程机械化种植、轻简化栽培的直播、种养结合的品种。劳动力的转移，生产成本提高，种粮效益逐步缩小，迫切需要培育适合机插、直播、强再生力、种养结合的优质多抗水稻新品种。

（4）加快优质稻新品种研发，特别是高档优质稻选育和品牌建设。水稻供给侧结构性改革对现代育种提出新要求，在粮食"三高"重压下，选育米质达一、二级的高端优质米杂交稻新品种是今后育种的主攻方向，同时加强优质高产常规稻新品种的选育与推广和重金属低吸收的优质稻新品种。

（5）加快水稻种质资源收集、保存、评价、利用和优异种质创新，数据库平台建设及种子信息共享机制。种质资源是育种创新的基础，加大现有种质资源的研究，对我国丰富的水稻种质资源进行广泛研究，发掘水稻重要农艺性状的新基因，创制优异种质材料，进行基因克隆，建立数据平台，广泛应用于育种。

3.对水稻产业体系未来发展的建议

水稻产业技术体系建立十周年取得了可喜的成就，但在未来的建设中需要进一步加强管理，充分发挥体系在我国水稻产业中产、学、研一体化的重要作用，尤其是在任务的分配上要明确到位，在协作上要拓展深入，在信息共享上要上下贯通，在统一行动上要更加快速灵活，在管理上要进一步严格规范。

五、结束语

我国水稻种植和研究的历史悠久，老一辈科学家在水稻的育种技术和种质创新上进行不断的探索和研究，在获得水稻三系配套成功后，便开始了两系法杂种优势利用的新探索。并于1981年提出了通过两系法途径利用水稻杂种优势的新思路，开辟了我国杂交水稻研究的新篇章。1987年，光温敏不育系与两系杂交水稻研究相继被列为国家自然科学基金重大项目和"863"计划，开展全国性协作攻关，经过多年的努力，两系法杂交水稻于1995年获得成功，随后就进入生产应用。两系法杂交稻研究是我国的独创，是继三系法杂交稻之后水稻遗传育种上的又一重大科技创新，与三系杂交稻一道，撑起了我国杂交水稻行业的半壁江山，对丰富我国杂交水稻的遗传背景、提高产量和品质起到了重要的作用。

然而，步入20世纪90年代后，水稻品种产量潜力出现了徘徊不前的局面，为实现水稻产量新的突破，世界各国先后开展了水稻超高产研究和"超级稻"选育。早在1981年，日本率先启动了水稻超高产育种计划，经8年时间选育出的品种因在抗寒性、品质和结实率方面存在问题，未能大面积推广。1989年，IRRI也开始了培育"超级稻"（后改称"新株型"）育种计划，遗憾的是新株型超级稻同日本一样，也未能推广应用。在国内，1996年农业部组织专家论证后正式启动了"中国超级稻育种计划"，即采用理想株型塑造与籼粳杂种优势利用相结合的中国超级稻育种技术路线，大幅度提高水稻单产。1998年"超级杂交稻育种"被列入总理基金项目，同年"863"计划也启动了"超级杂交稻研究计划"，拉开了中国杂交稻超高产育种的序幕。经我国水稻专家多年的不懈努力，我国超级稻尤其是超级杂交稻育种取得重大突破，分别于2000年和2004年实现了超级稻第1期10.5 t/hm^{2}和第2期12.0 t/hm^{2}的产量指标。超级杂交水稻育种计划的实施，为我国水稻高产育种协作攻关奠定了基础。

随着现代育种技术的创新和飞速发展及市场需求的多样化，对水稻新品种选育、栽培、收获、加工和品质等全产业链均提出了更高的要求。需要全行业围绕水稻产业发展需求，进行共性技术和关键技术研究、集成和示范。同时，收集、分析水稻产业及其技术发展动态与信息，为政府决策提供咨询，向社会提供信息服务，为用户开展技术示范和技术服务，为产业发展提供全面系统的技术支撑；推进产学研结合，提升农业区域创新能力，增强我国农业竞争力。至此，中央高瞻远瞩，国家水稻产业技术体系应运而生，并通过设立管理咨询委员会、执行专家组和监督评估委员会等，确保决策、执行和监督3个层面权责明晰、相互制约、相互协作。这对于调整和完善我国优势农产品区域布局规划，形成以产业需求为导向的现代农业产业技术体系奠定了坚实的基础，同时也为推进国家水稻产业持续健康发展，助力农业供给侧结构性改革与乡村振兴战略提供了保障。

体系十年有感

陈志强

特邀代表 华南农业大学

光阴似箭,日月如梭。转眼间,参加水稻产业技术体系建设工作已经十年有余。按照体系首席程式华所长的指示,让体系的老成员谈谈这些年在体系中的工作体会和感想。

我是 2007 年体系成立之初首批受聘的育种岗位科学家,并受程式华首席之托,担任华南稻区协调人,至 2016 年把接力棒交给王慧教授。当然,现在还是体系之人,要说体系建设这些年的工作体会和感想,我相信体系中的各位同仁、战友应该有同感——三天三夜也说不完。因此,我只能谈谈一两个观点和镜头与诸位分享。

"交流",一是学术思想、技术思路的交流;二是重要种质资源的交流。我的体会是这两方面的良性交流,是促进体系工作水平不断进步和体系团队之间紧密合作共同进步的灵魂。为什么这样说呢?为什么把这两方面的交流提到如此高的地位呢?古语说"同行如敌国","逢人只说三分话"。这种传统的思想以及现实教训在我们众多研究领域或科学家之间是随处可见。然而,体系从建立之初至今,在程式华首席的带领下,从一开始就营造了一个良好的学术氛围,无论从整个体系的各研究室之间、各稻区之间、各学科团队之间,在学术交流上都能做到知无不言,言无不尽,倾囊相授;在种质交流上,大家知道的材料慷慨赠予,大家不知道的新材料主动介绍、主动呈送,将好种质、好材料心甘情愿主动提供给体系同行,促进共同的进步。这种氛围、这种胸怀、这种行动在体系之外的单位和其他学科领域很难见到,值得我们全体体系人珍惜和发扬。

华南稻区四省的岗位科学家和综合试验站所有的体系人,从体系建立至今,精诚团结、协同作战、互相支持、互相关心帮助,在"交流"上,除了秉承体系的优良作风和氛围,也做出了我们的特色。由于华南稻区的气候特点和区位优势，我们不但一年可以种植两季水稻，加上海南岛的南繁，可以种植三季。因此，从体系建立之初，我们就确定除了参加体系的每年两次固定交流活动之外，每年早、晚两季征集四省的新品种进行集中展示、观摩、交流，各省轮流坐庄，多数年份加上海南岛的品种展示，大家就有 2～3 次机会聚在一起观摩品种、交流思想、交换种质，"家庭"聚会，其乐融融！

镜头之一：

"这是谁家的姑娘（注：不育系）啊？长得这么漂亮！"

"我的，我的。"

"能不能拿出来让大家配一配呀？"

"好的好的，愿意愿意，但是小伙子（注：恢复系）一定要帅才行啊！"

这是每年新品种观摩过程中经常可以看到的镜头。在这种欢快、轻松的"交流"气氛中，一个好的不育系很快在第二年就能在华南四省辐射开来。这是体系建立之前不可能发生的事情。

说到体系华南稻区有什么特别之处，那就是我们有灵魂人物谢华安院士。论年纪他最大，论贡献他最大，论学术地位他最高，论工作他最忙，然而，每年的新品种观摩交流活动他都参加。每次看品种他看得最认真，对品种的优缺点评价最客观中肯，对品种特性的记录最全最多。一个在育种上做出重大贡献的前辈，一个让人高山仰止的院士，能够如此放下身段，以平视的姿态在实践中传、帮、带，为年轻的育种家做出表率，谢华安院士这种踏实谦逊的工作作风，有镜头为证。

镜头之二：

烈日当空，当水稻观摩的大队伍已经从田里上来，大家都跑到树荫底下凉快时，回头一看，还有一个人手里拿着小型摄像机在对着田里摄像，而且还口中念念有词，走近一听：

"这是广西农业科学院水稻研究所育成的……品种"。

"这是华南农业大学育成的……品种"。

"这是广东农业科学院水稻研究所育成的……品种"。

"这个品种穗大粒多……"。

"这个品种优质长粒……"。

"这个品种后期熟色好……"。

……

　　原来是谢华安院士在对一些表现好的新品种进行现场录像并现场配音。他说，这样我记得牢，万一记不起来，查一查录像资料就肯定没有错。这几年，虽然谢院士亲自录像录音少了，但手里总是拿着笔记本，不时将品种的重要信息详细记录下来。在品种观摩活动中，下田最早是他，最后一个上来也是他。说实际话，有时候我们以为院士的境界和学术高度，我们不可能学到，其实，他们对事业追求的那种精神和品德，对业务的那种脚踏实地和科学细致，对细节的精益求精，往往是我们忽略的。这也是华南稻区的特色和优势所在。

　　参加体系工作十年，也是自己和带领的团队在育种研究上不断进步的十年。正如前述，在体系这个大家庭中，在大家的支持和帮助下，利用广东特别的气候生态环境，同时也利用国家植物航天育种工程技术研究中心这一国家科技平台，我们重点瞄准稻米品质改良和稻瘟病抗性改良的目标，创建了一大批优异的新种质，培育出一大批优质、抗病、高产的优良新品种，并在华南稻区大面积推广应用。从 2008 年至 2017 年，我们育成通过审定 30 多个水稻新品种，其中很多新品种特别是常规稻品种米质达到了国标优质等级，高抗稻瘟病。常规优质稻新品种在体系的"交流"过程中受到大家的青睐。我们最高兴的是，兄弟稻区的同仁每年都喜欢来到我们的基地田头进行观摩交流和指导，同时，我们培育的很多"小伙子"（常规稻）也受大家的青睐，这是对我们工作的肯定。

　　路漫漫其修远兮，放眼过去十年，能成为体系这个大家庭的一员，幸福！感恩！展望下一个十年，任重道远，期盼大家不断进步，体系再创辉煌！

产业体系提升科技解决水稻产业问题的能力

朱德峰　张玉屏

特邀代表　中国水稻研究所

水稻产业技术体系设立已经有 10 个年头。自 2007 年加入水稻产业体系以来，科研工作的活动及科技对产业的支持变化巨大，给科研人员带来创新活力就像科技插上腾飞的翅膀。在加入体系前的科研工作，以申请项目、结题交账为主要目标，科研经费少、合作交流少。产业亟需解决的问题，也是科技想做的工作却没办法做，科研人员的激情和热情难实现，产业的需求和稻农的问题无法及时得到解决。体系的设立和运作，科研工作以产业问题为导向、以需求为目标。科技人员针对产业问题及稻农需求，在产业需求中找课题，在稻农需求中找方法。体系岗位科学家、试验站专家间合作紧密，交流密切，联合针对问题创新技术和推广技术，缩短技术创新周期，加快创新成果应用。

水稻产业技术体系成立以来的十年，也正是我国社会经济快速发展的时期，我国社会经济的发展要求水稻产业技术模式转型升级。随着社会经济的发展，水稻产业出现了新情况、新问题和新需求。农村劳动力大幅转移，从事水稻生产的劳动力结构发生变化，劳动成本大幅上升，迫切要求生产实现机械化。人口增长，人均耕地面积下降，因此要求实现高产高效。

一、创建水稻生产机械化技术，推进生产技术转型升级

我国经济发展，农村劳动力向其他产业转移，迫切需要发展水稻生产机械化。20 世纪中期，水稻机插秧快速发展，但是，在生产中机插秧返青慢，农民告诉我们机插还没有抛秧的好，机插质量差，产量不高。在分析日本引进的毯苗机插时发现，特别在东北等水稻插秧季节温度较低情况下，引进的水稻毯苗机插伤根伤秧重、漏秧率高、插苗数不均匀，导致插后返青慢，产量不高。针对上述问题，提出了水稻毯苗与钵苗结合机插新方法。在 2007 年前，没有专项资金支持，该项目的发展举步维艰。这项技术研发与应用，还真多亏了水稻现代产业技术体系的支持。在 2006—2007 年技术研发之初，当时研究团队

正面临着研发经费短缺的问题，提出的水稻毯苗与钵苗结合创新思路，需要研发不同类型的水稻钵形毯状秧盘，利用水稻钵形毯状秧盘培育上毯下钵水稻机插秧苗。每种秧盘设计都需要开模具，每开一个模具就需要 4 万～ 5 万元。由于钵形毯状秧盘与传统的平底盘内部构造存在差异，为保证育秧效果和起秧方便，要确定合适的钵碗高度和大小参数，需要不断开模具做秧盘试验，一般至少要开 8 ～ 10 个模具才能正式确定下来加工的秧盘规格，仅仅模具就需要 40 万～ 50 万元经费。为了节省经费支出，往往只开半个秧盘模具进行试验，影响了试验效果和进度。2007 年，正值水稻现代产业技术体系平台的启动，在每年固定经费的支持下，钵形毯状秧盘设计和研发才得以快速发展。通过技术创新，设计出不同类型的水稻钵形毯状秧盘，发明培育上毯下钵的钵形毯状苗的育秧和机插方法。在与水稻产业体系黑龙江试验站站长霍立君、宁夏试验站站长殷延博等专家的合作下，该技术开始在黑龙江、宁夏等地示范应用。2009 年，黑龙江农垦总局引进该技术，在 8 个农场的 1 000 亩土地上示范钵毯苗机插技术。到年底，各农场纷纷采用机插技术。与传统毯苗机插比较，钵毯苗机插伤根伤秧率低，插苗均匀，机插后返青快，增产 7% 左右，还可省去机插漏秧补苗。该技术在黑龙江快速推广，每年新增面积 500 万亩，现在该技术在黑龙江农垦 2 000 余万亩水稻上推广应用，实现机插技术的转型升级。该技术已获得国家发明专利 20 多项，在水稻育秧和机插技术等方面处在国际领先水平，连续 6 年入选农业部水稻生产主推技术，在黑龙江、浙江、吉林、宁夏、江苏、天津、安徽、湖南、湖北、云南、江西、广东、广西、四川等 20 多个省市区试验和示范应用，年推广应用面积已近 4 000 万亩，提升了我国水稻种植机械化水平，目前正向东南亚等国家示范应用。该技术获得省、部技术发明和科技进步奖及全国农牧渔业丰收一等奖。

在我国水稻机插秧推广过程中，各地出现了不少问题。2010 年，在温州市考察一个种粮大户早稻机插秧时，发现漏秧率很高，机插苗返青期很长，秧苗插后不发。早稻生长期短，错过早期分蘖期，生长量小，产量自然低。与当地推广人员及稻农交流中，他们说"机插秧育秧难，育不好秧"。我们研究水稻机插秧多年，深有体会，机插的关键是育秧。其间研发了育秧基质，创建"中锦"牌育秧基质，并实现产业化生产。研发的水稻机插叠盘出苗育秧模式也已经取得突破。当时告诉他们育好水稻机插秧苗应采用两种办法，一是选用基质育秧；二是采用叠盘出苗育秧模式。以后几年中，该大户采用这两种育秧技术,每年给自己承包的 1 500 余亩水稻田育秧,并且给当地 3 000 余亩水稻机插提供秧苗,秧苗质量一年比一年好。他说:"科技解决他们的大问题"。水稻机插叠盘出苗育秧模式在试验示范中不断完善,秧苗质量好,育秧风险和成本低,育供秧能力和装备利用率大幅提高。2014 年以来,连续在浙江等地组织全省、全国现场会。推广技术人员及种粮大户都认为该模式是水稻机插育秧的关键性技术。目前该模式在全国主要稻区推广应用,为水稻生长规模化经营和社会化服务提供技术支撑。

我国水稻生产中杂交稻超过 50%,但是杂交稻的机插秧技术一直没有很好解决,导致近年来因机械化种植的发展,杂交稻面积萎缩。稻农反应,杂交稻的机插用种量大,成本高,且机插质量差,产量不高。杂交稻要求少本稀植,而目前机械无法实现。我们联合相关企业,开展杂交稻精量定位播种技术与装备研发。目前,已经实现杂交稻精量定位播种。近年的示范表明,秧苗健壮,实现精量播种、少本机插,节种增产增效明显,为杂交稻的推广奠定技术基础。近年来,针对生产中的新问题,开展双季稻全程机械化、盐碱地水稻生产、水稻减肥增效的机插侧深施肥及高低温防控等领域研究,也取得较好进展,为水稻产业转型升级提供实用技术。

二、情系稻农心系产业,解决水稻生产实际问题

我国水稻生产地域广阔、种植季节各异、品种类型丰富、种植制度与种植方式多样,且水稻经营模式和主体也发生了重大变化。水稻生长受到不同环境因子影响,各个生产环节中灾害多发频发,生产中常常遇到多种水稻生长异常现象。由于水稻生产区域、气候、土壤、季节、品种和管理的差异,稻农在生产中遇到的水稻生长和生产各种问题,需要技术支持。产业体系多与科学家合作,他们深入稻田,与稻农交流,开展技术培训、指导和示范。稻农也把我们当作顾问,有问题就联系我们,我们帮助分析问题,提出解决办法。我们还带着稻农遇到的问题做试验,明确问题再回复。有一次下乡,水稻种粮大户的机插秧开始死苗,分析原因可能是大棚温度、湿度太高,造成秧苗发病。这种秧苗插到田里开始死苗,但不太清楚病原菌是什么,就带回实验室研究分析,明确后再告诉他们。还有一个大户,直播稻出苗后秧苗叶片大面积发白,到田间调查后认为,肥料可能有问题,告诉他应采取的措施,使水稻恢复生长。同时,针对这个问题,在所里做试验研究,明确了水稻出苗叶片发白是因肥料中缩二脲含量过高引起的。

2010年初西南稻区春旱严重，早春从南到北出现倒春寒，夏末秋初长江中下游发生洪涝灾害和秋季中晚稻后期低温灾害。针对灾害，联合体系多位专家，开展一系列调研和技术对策进行研究。早在2010年2月提出西南稻区春旱的影响及对策报告，在水稻播种移栽季节，多次深入西南稻区的贵州、云南等地开展抗旱技术指导和培训。早春到长江中下游的浙江等地调研指导；夏末秋初深入湖北等地开展抗涝技术指导；秋季针对中晚稻后期低温灾害，提出防止水稻后期低温危害的技术方法。

围绕水稻规模化生产、机械化作业、社会化服务的要求，我国种粮大户、专业合作社、家庭农场等经营主体形成。在技术推广中，加强与种粮大户等水稻生产主体的联系和服务。带领团队每年下乡进行技术指导50余次，建立种粮大户交流渠道，每年接受种粮大户等咨询指导上百次，解决稻农的问题，也为产业发展提供技术支持。开展调研示范指导已经成为科技创新研究的一个重要组成部分，掌握产业发展动向，了解稻农的需求。在生产一线调研和与稻农交流中，更加明确科研的方向，更好地服务水稻产业和稻农。

国家水稻产业技术体系岗位科学家感悟

邹应斌

特邀代表　湖南农业大学

2007 年我有幸被推荐为国家水稻产业技术体系栽培与土肥岗位科学家。由于推荐前不需要本人申请，我是在收到首席专家依托单位（中国水稻研究所）的确认函后才知道的，当初的欣喜之情，不需言表。这次，接到程式华首席科学家的电话，希望我就担任岗位科学家以来所做的试验研究及生产调查工作写成感悟，再一次使我回想起当年接到确认函后的欣喜之情。的确，回首从事水稻栽培科研的路程，感触颇深，现把这些感悟做如下总结，期望我的感悟能与在岗的专家、试验站长共勉。

一、对水稻产业技术体系建立的认知

1. 水稻产业技术体系建立的目的意义

全国各省份水稻科研的现状是研究单位多，从事育种的研究人员多，但各研究单位没有形成特色，科研人员（尤其是栽培方面）没有稳定的研究方向，科研短期行为多，低水平重复研究多，有实质性的科技创新成果少之又少，有限的科技资源和财政投入浪费严重。其原因主要是国家的科技投入从上至下，即由政府出指南（课题），科技人员向上争课题，大部分时间忙于论证和总结，浪费了认真做科学研究的时间。解决这种现状的最好方法是建立现代农业产业技术体系，即以产业为中心的科研和生产密切联系的协同研究队伍。以水稻栽培为例，我国已进入全面工业化时代，大量的农村青壮年劳动力向城市转移，劳动密集型的水稻生产方式将成为历史，以轻简、省工、规模化生产为特点的新型生产方式正在形成。水稻生产集约化，产前、产中、产后市场化的需求日益增强；因此，国家水稻产业技术体系应运而生，这是国家科研项目立项改革的第一次尝试。国家水稻产业技术体系给予各位岗位科学家团队以长期稳定的经费支持，让科研人员从水稻生产的实际需要开展科学研究，培育适应种植模式和市场化需求的水稻新品种，研发与机械化作业高度融合的新技术和新产品。

2. 水稻产业技术体系建立的必要性

构建水稻产业技术体系首先是保障国家粮食（口粮）安全的需要。以湖南为例，稳定双季稻种植是增加粮食总产量、保障口粮安全的重要举措。因为双季稻早晚两季互补性强，避免了单季稻由于自然灾害造成减产所引起的粮食安全风险，加之双季稻品种稳产高产，农民有种植双季稻的经验。但是，由于谷贱伤农，双季稻种植面积难以维持稳定，需要开展深层次的专题调研和省工高效的技术研究。其次是实现水稻产业可持续发展的需要。通过国家及各省份水稻产业技术体系建设，源源不断地研发出农艺与农机高度融合的新品种、新技术、新产品，并在各试验站进行田间示范应用，实现集约化、规模化的水稻绿色生产和产业化开发利用，辐射带动水稻产业绿色可持续发展。三是服务地方经济建设的需要。国家水稻产业技术体系研发中心从国家层面、区域层面开展从田头到仓库，从仓库到餐桌的多学科、跨单位的协同创新研究，从理论和技术上支撑地方水稻产业经济发展，促进水稻主产省份的产业技术体系建设，培养一批服务于地方水稻产业发展的人才研究队伍。

二、目标任务完成情况

1. 认真完成了体系确定的岗位科学家重点研究任务

"十一五"期间，我的岗位任务是长江流域双季稻栽培技术研究，具体为筛选出区域内双季稻抗高温、耐低温品种；明确施肥方案、解决机插秧的关键技术。结合长江流域双季稻生产的特点及前期研究基础，团队在湖南长沙进行了双季稻氮肥用量×栽插密度长期定位试验，在江西南昌及湖南长沙、郴州、益阳、衡阳、岳阳进行了双季稻品种筛选、施肥方法的多点联合试验；在湖南长沙、桂东、南县进行了超级稻新品种生态适应性及产量稳定性研究的多点联合试验；在湖南长沙进行了种衣剂、壮秧剂、抗寒剂、育秧基质等机插稻育秧技术物化产品研制，早稻耐高温、晚稻耐低温品种筛选试验；同时，在宁乡、浏阳、醴陵、湘阴、长沙等县（市、区）进行了双季稻测叶色定量施氮肥方法的应用示范。通过上述长期定位试验、多点联合试验、物化产品研制以及应用示范，提出了超级杂交稻"三定"栽培技术，即定目标产量、定群体指标、定技术规范；探讨了依据基础地力产量确定目标产量的理论和方法，依据水稻株高确定合理密植的黄金分割方法，依据水稻叶色确定氮肥用量的田间尺度施肥方法；研发了水稻种衣剂、叶面肥、耐寒剂、育秧基质等与双季稻"三定"栽培技术配套应用的物化技术产品；确定了双季稻氮肥利用率（40%～45%）、氮需求量（16 ～ 18 kg）、基蘖氮肥与穗肥比例（双季稻为 7:3，一季稻为 6:4）、氮素诊断叶色卡阈值（3.5 ～ 4.0）、氮肥与磷肥（P_2O_5）和钾肥（K_2O）的比例（1:0.4:0.6 ～ 0.7）等水稻施肥方法。

"十二五"期间，岗位任务调整为华南稻区双季稻栽培技术研究，具体为筛选出区域内双季稻抗高温、耐低温品种；明确施肥方案、解决机插秧的关键技术。结合华南稻区早稻、晚稻生产特点及长江流域双季稻栽培研究基础，团队在海南澄迈、广东怀集、广西宾阳、贵州兴义、湖南长沙进行了超级稻氮肥用量×品种（杂交稻、常规稻）的多点联合试验；在海南澄迈、湖南长沙进行了超级稻氮肥用量×栽插密度、栽插密度×基本苗/穴的多点联合试验；在湖南长沙进行了双季稻直播、机插、手插、抛秧等不同栽插方式的比较试验，双季稻早籼晚粳、早晚兼用、早晚早熟等品种搭配比较试验，机插稻播种量、育秧方式比较试验，不同氮肥用量条件下超级稻氮肥利用率 ^{15}N 示踪试验、早稻高温处理试验、低温处理试验、超级杂交稻/优质油菜免耕直播、免耕移栽、翻耕直播、翻耕移栽长期定位试验等田间试验研究；同时，在广西、广东、福建、湖南、江西、贵州等省份进行了水稻"三定"栽培技术生产应用示范。通过上述试验研究，提出了杂交稻单本密植大苗机插（三一）栽培技术，即机插杂交稻 1 粒种子、1 棵秧苗、1 蔸禾苗的栽培技术。研究结果明确了华南稻区双季稻氮、磷、钾养分吸收积累规律，氮素吸收量前期为 25% ～ 30%，中期为 50% ～ 55%，后期为 15% ～ 20%，吸收的氮素 65% ～ 70% 来自耕作层土壤，30% ～ 35% 来自当季所施用的肥料；同一品种在华南稻区种植从抽穗到成熟的时间（≤30 d）较短，干物质积累量（≤30%）比例较低；在长江流域种植从抽穗到成熟的时间（≥35 d）则较长，干物质积累量（≥35%）比例较高；从华南稻区引进品种到长江流域种植表现为高产、高收获指数，而从长江流域引种到华南稻区种植，表现为产量下降，收获指数降低；据此，推测认为华南稻区能满足水稻胁迫育种的气候条件，可作为我国籼稻育种的理想地点。

2. 主动参与水稻生产调查研究、新技术推广应用

（1）水稻生产过程中应急性事件处置。积极参与当地农业部门水稻生产的应急处置和专题调研同样是国家水稻产业技术体系岗位科学家的重要任务。在履行岗位科学家期间，多次参加了农业农村部办公厅、湖南省农业农村厅组织的干旱、洪涝、冷害、热害等水稻灾害的调查考察，着重进行了杂交稻、直播稻发展等专题调研，调查报告多次上呈首席专家，并通过农业农村部水稻生产专家指导组、湖南省水稻生产专家组提交相关水稻生产主管部门。即使在我离开体系岗位以后，仍然关注水稻生产问题。例如，2017 年国庆节期间（10 月 3-4 日），长江流域日平均气温骤降至 14 ℃以下，逼近双季晚稻安全灌浆结实的下限温度。为了解冷害对双季晚稻灌浆结实的影响，及时抽样调查了湖南湘阴、赫山、南县、安乡、鼎城等县（市、区）不同类型晚稻生产的受害情况，提前向有关水稻生产主管部门提交了洞庭湖地区双季晚稻生产冷害影响的调查报告。

（2）水稻生产调查。理清水稻生产的技术问题和产量限制因素对于栽培技术研究非常重要。通过国家水稻产业技术体系试验站对 19 个水稻主产省份 79 个县（市、区）511 个乡（镇）的水稻种植方式及品种类型的问卷调查，以及对湖南省沅江、赫山、南县、湘阴、汉寿、株洲、醴陵、安仁、浏阳、宁乡等 22 个县（市、区）、160 个乡（镇）的访问调查，得知 2015 年我国杂交稻达到水稻种植面积 50%左右，比 20 世纪 90 年代下降了约 7 个百分点；还发现杂交稻种植比例下降与种植方式的改进有关。以湖南省为例，常德、益阳、岳阳等湘北地区杂交稻种植面积为 46.6%，区域内种植方式以抛栽和直播为主，分别占 39.7%、38.4%；长沙、株洲、娄底等湘中地区，杂交稻种植面积达 71.6%，区域内种植方式以抛栽（占 50.7%）为主，直播稻面积仅为 11.5%；衡阳、永州等湘南地区，杂交水稻种植面积达 70.7%，区域内种植方式以抛栽（38.1%）和手插秧（39.9%）为主，直播稻面积仅为 4.5%。可见，杂交水稻种植面积的减少是由于撒直播栽培的快速发展，导致用种量大幅增加（60%以上），杂交稻种子成本过高的问题凸显。机插稻节省劳力，适合于规模化生产，但机插稻同样种子用量大、育秧成本高、插秧机维修保养难，至今发展缓慢（20%以下）。直播稻的快速发展是因为除草剂和收割机应用后水稻种植省工、省事，在生育期相同和栽培管理技术到位的条件下与移栽稻的产量差异不大，但直播稻（撒直播）除草剂的用量大（2～3 次）、早稻出苗不整齐、杂交稻落粒谷发芽成苗、多熟制种植季节矛盾突出等问题严重，亟待研究解决。

调查还发现，影响南方水稻生产的自然灾害主要有高温热害、低温阴雨冷害，以及局部地区干旱、洪涝等。以湖南省为例：湘北早稻育秧期间常有低温阴雨导致烂秧，插秧后常有低温，加之土壤缺锌，导致僵苗迟发；晚稻抽穗期间常有寒露风危害，导致空粒及秕粒增加；湘中早稻、中稻结实期间高温火南风导致高温逼熟，晚稻亦有寒露风危害，加之灌溉设施老化，旱灾时有发生；

湘南及湘西山阴冷浸田多，早稻、中稻插秧后发苗困难，加之地下熔岩广布，水利蓄积力差，常遇夏旱、秋旱等灾害。

（3）新技术推广。水稻种植散户更重视品种的更新，而水稻种植大户则认为新技术和品种的更新同等重要。自担任岗位科学家以来，本人参与指导了农业农村部在湖南省实施的水稻高产创建生产示范、超级稻新品种及配套栽培技术应用示范、基于机插秧栽培的双季稻全程机械化生产示范；先后为农业部及湖南、江西、福建、贵州等省农业技术推广系统举办基层农业技术培训班，以及湖南浏阳、宁乡、长沙、望城、醴陵、湘潭、攸县、汨罗、湘阴、赫山、鼎城、沅江、安仁、武冈等县（市、区）举办水稻生产技术培训班 130 多期（次），累计培训省内外基层农技人员、种粮大户 12 600 余人（次），讲授了超级稻"三定"栽培、水稻轻简栽培、水稻集中育秧、机插稻育秧等技术；同时，发放超级稻"三定"栽培技术资料 26 000 份，叶色卡 6 200 余张，种衣剂 8 600 余包；与全国农业技术推广服务中心合作，于 2015 年编著出版了《水稻"三定"栽培与适度规模生产》，并发放到南方各水稻主产省份农业推广系统参考应用；受湖南省农业农村厅粮油处委托，2018 年 10 月连续举办了 19 期机插稻水肥一体简易场地无盘育秧技术培训班，共培训来自省内 75 个县（市、区）的种粮大户 1 000 余人；参与指导隆平高科组织的在湖南、湖北、安徽等省共计 126 个地点进行的机插杂交稻"三一"栽培技术试验示范。在新技术推广示范过程中，大多数农户经历了从观望到接受最后满意的过程，即在单本机插秧时保持观望，进入分蘖期后认可接受，在成熟收割时感到满意。

3. 离岗后的延续研究

2016 年，我因年龄超过 60 周岁离开水稻产业技术体系栽培岗位，但学校延聘让我继续做点力所能及的水稻栽培研究。3 年来，重点研究了机插杂交稻单本密植大穗与穗数优化协调的增产机制及其育秧技术，研究结果形成了机插稻水肥一体简易场地无盘育秧技术，即选择稻田、山坡地、水泥地用作固定育秧场地，在平整的育秧场地铺垫岩棉构建秧床水肥层，再铺垫有孔薄膜、无纺布构建隔离层、装填基质或泥土、铺垫印刷定位播种的纸张、覆盖基质等构建秧苗根层。岩棉固定秧床既具有水肥储蓄的仓库作用，又具有带孔的通透作用供给水肥，有利于水稻出苗整齐、培育壮秧。采用机插稻水肥一体简易场地无盘育秧技术，每亩大田杂交稻种子及育秧的费用为 120 ～ 150 元，机插秧费用为 80 ～ 100 元。这样，杂交稻种子＋育秧＋插秧的总费用为每亩

200～250元，其中一季稻每亩约200元，早稻、晚稻每亩约250元。杂交稻种子及育秧的费用构成为杂交稻种子及加工费用80～100元，基质及无纺布费用20～25元，人工及机械折旧费用10～15元，保水材料折旧及育秧场地费用约10元。与传统机插杂交稻比较，节省种子用量60%以上，减少育秧成本50%以上。

三、取得的科研业绩

在我履行岗位科学家期间，主持研究的超级杂交稻"三定"栽培技术于2009年3月在长沙通过了以袁隆平院士为组长的专家技术鉴定，鉴定结果为该技术具有可操作性强、省工节肥、增产增收的显著效果，达到了国际同类研究先进水平。该技术于2010年获湖南省科技进步一等奖，并连续7年（2010—2016）被农业农村部列为水稻生产主推技术，在南方双季稻区得到大面积推广应用。

主持研究的机插杂交稻"三一"栽培技术于2015年10月通过了袁隆平院士、张洪程院士等专家技术评议，评议结果为该技术具有节省种子、延长秧龄期、增强秧苗素质的显著特点，有利于发挥杂交稻分蘖大穗的增产优势，达到国际同类研究先进水平。该技术于2016年获得首届三亚国际水稻大会创新技术奖。

参与的由朱德峰研究员主持的"超级稻栽培关键技术与区域化模式研究"课题，于2014年获得国家科技进步二等奖，本人为第四完成人。

在人才培养方面，指导博士后研究人员1人，培养博士研究生10人、硕士研究生15人，指导的研究生获得湖南省优秀博士学位论文奖2人、优秀硕士学位论文奖1人。同时，在国家水稻产业技术体系资助下，以通信作者身份发表SCI研究论文22篇，以第一作者身份出版著作3部。

在离岗后续研究期间，主持研究的机插稻水肥一体简易场地无盘育秧技术，体现了农艺与农机的高度融合，省工、省种、节本的特点显著，所培育的秧苗个体健壮、根系发达，移栽后返青快、分蘖发生早，适合于机插、手插。该技术进一步完善了杂交稻单本密植大苗机插栽培技术，于2018年9月在长沙通过了湖南省农学会组织的专家现场技术评议，得到张洪程院士等专家的认可和好评。

四、几点遗憾

在我担任水稻产业技术体系栽培岗位科学家9年及离开岗位后的3年时间

里，的确有不少收获，但同时也留下了几点遗憾：一是团队在区域内进行了多点联合试验，但没有利用试验站在全国不同生态区域布局的有利条件，开展覆盖全国的多年多点联合试验，不同生态区域的水稻生长发育规律、生态适应性及影响其产量稳定性差异的原因仍然不清楚；二是团队在区域内进行了长期定位试验，但没有进行不同生态区域水稻直播（机播）、育苗移栽（机插）的多年多点联合试验，不能对我国未来的水稻生产发展究竟是以直播（撒播、机播）栽培方式为主，还是以育苗移栽（机插、抛栽、手插）方式为主，以及水稻直播、移栽与其多熟制作物的可适配性进行技术评价；三是团队仅仅在湖南进行了稻稻油、稻稻肥、稻稻、稻油等多熟制种植模式的多点联合定位试验，但没有进行涵盖国内多熟制地区不同种植模式的多点联合试验，不能对基于水稻种植的多熟制模式的发展进行技术评价；四是生产上应用的水稻栽培技术模式多种多样，不同栽培技术模式之间的可实用性、技术先进性及其环境安全等方面缺乏科学评价，农民也不知道究竟应选择哪种栽培技术模式、哪种栽培技术。上述几点遗憾仅仅是个人的感悟，与仍然在岗并对此有兴趣的专家、试验站长交流和探讨。

体系工作十二年有感

任光俊

长江上游杂交水稻新品种选育岗位科学家　四川省农业科学院

2018 年是我国改革开放 40 周年，也是农业农村部现代农业产业技术体系建设与运行 12 年。我有幸成为一名体系人，感到非常光荣和自豪。12 年来，我切实感受到农业农村部现代农业产业技术体系是我国农业领域组织最成功、最有成效的项目之一。体系顶层设计思路清晰，目标明确，实现了全技术链的深度融合和技术链与产业链的有效贯通；汇集了产业内的优势研发单位和优秀科技人才，有利于针对产业技术瓶颈问题聚力攻关和协同创新；经费支持长期稳定，有利于创新转化的深入和持续，有力地推动了水稻产业的高质量发展。

在农业农村部科技教育司的领导下，在程式华首席专家的带领和指导下，在财政专项资金的稳定资助下，我和团队同事们发扬自主创新、攻坚克难的精神，勤奋工作，较好地完成了本岗位的目标任务。12 年来，我所在团队获国家科技进步二等奖 1 项，省科技进步一等奖 2 项，二等奖 1 项；获品种权 41件，发明专利 4 件；发表论文 63 篇，参编专著 1 部；先后自主育成或提供新不育系、新复系联合育成杂交水稻新品种 74 个，87 次通过省级及以上农作物品种审定委员会审定，其中国审 13 个，尤其是我们于 2011 年育成了长粒型优质高产杂交水稻新品种川优 6203，解决了四川杂交水稻高产不优质的技术难题。该品种是农业农村部和四川省遴选的主导品种。

作为体系的建设者、实践者，回首十二个春秋，感慨万千。主要体会有以下四点：

一、突出了研究工作的针对性

体系按水稻产业发展的技术链进行系统设计，包括资源创新、品种培育、土壤肥料、耕作栽培、植物保护、农业机械、稻米加工、产业经济和示范推广，以促进产业技术整体跃升，从而支撑国家现代水稻产业的稳定发展。就同一个技术环节，比如品种培育，又按照全国水稻区的生态特点，设置区域性育种岗位，既兼顾了共性育种技术的探索与突破，又体现了区域特色。体系制定的年度育种目标任务，都有翔实的考核指标，细化到品种的米质、产量、抗逆性、繁殖制种产量等。"十二五"期间，还专门设置与土肥技术、机械化种植、稻米加工相适应的育种任务，主要解决农村青壮年劳动力转移条件下适度规模生产对品种的需求。"十三五"以来，水稻体系突出质量强农，绿色兴农，把稻米品质改良、重金属污染治理、抗多种有害生物和非生胁迫、适应机播机收的品种选育作为根本性、关键性育种任务，体现了新时代体系人的担当和作为。我们要努力为国人吃得舒心、吃得放心贡献智慧和产品。

二、培养了调查研究的作风

研究课题从实践中来，成果要解决生产中的实际问题。比如在推广长粒型优质稻的过程中，有农民反映，传统的小型碾米机，加工出的碎米较多。我们同农机专家到农户家做调研，找到了小诀窍，即减慢放稻谷的速度即可大幅度提高整精米率。另外，有种子公司反映，优质稻制种产量不高等问题。对此，我们进行了系统调查，发现川106A有边抽穗边开花、包颈度轻、稻谷细长、千粒重不高等特点，研制出一套适宜的丰产制种技术，即"一早、一增、两减"（父本早抽穗、增施促进灌浆结实的生长调节剂、减少"九二〇"用量、减少氮肥用量），使大面积制种单产突破150 kg，高产田块单产突破200 kg。此外，我和团队的同事们每年都要抽出时间到农户、种稻大户、合作社和稻米加工企业调研，对他们提出的在优良食味基础上要更加注重整精米率问题，我们加强了高精米率保持系、恢复系及其杂交种的严格筛选，即将审定的新一代优质高产品种的整精米率都在60%以上。同时，针对种稻大户希望小麦、油菜和水稻的生育期都缩短一些，有利于水稻直播和机播秧，我们发掘出早熟且不完全显性新不育系川235A，配制出的早熟优质杂交稻将于2019年参加四川省区域试验。

三、开阔了研究工作的视野

水稻体系的年终汇报会，可谓精彩纷呈。来自全国科研单位、高校和生产一线的专家都要汇报各自的工作亮点和问题。从重要性状基因定位、克隆到功能解析，从功能标记开发到分子设计育种，从植保、农机、农艺到加工与产业经济，从单项技术研究到集成示范推广，信息量大，使我增长了新的知识。特别是首席科学家程式华对国际国内水稻产业形势的分析和年度技术总结，使我准确了解到水稻产业的发展动态，增强了责任感和信心。每年的水稻现场交流会，既有单项技术、科学与生产问题的专题报告，更有新品种、新技术和新产品的展示，使我有机会看到和学到东北粳稻、长江中下游粳稻、西部宁夏粳稻品种与栽培技术的相似与不同之处，使我有机会看到和学到长江中下游杂交水稻、华南杂交水稻和西南杂交水稻品种的株型、产量水平与耕作制度的异同，使我有机会看到和学到全国不同生态区域稻作生产的多样性、稻作文化的多彩性，以及不同研究团队的创新性和特色。这些都将使我终身受益。

四、增强了科技工作的服务意识

农业科技工作必须面向重大生产需求，面向地方党委政府对经济工作的重要部署。因此，科技工作既要遵循自身规律，做好基础性、前瞻性的研究，又要服从当地、当前产业的应急需要。在参加体系十二年的工作中主要抓了三方面的科技服务。一是考虑如何保障四川口粮基本自给的科技问题。四川水稻面积近 2 800 多万亩，年总产量 1 500 万 t 以上，但是大中城市超市销售的稻米以东北大米、汉中大米及高端品牌泰国米为主。四川 95% 以上的稻田都是种植杂交水稻，单产较高，稳产性好，但存在稻米外观和食味品质较差、以小农户生产为主、稻米营销缺乏知名品牌等突出问题。因此，提出了从品种、生产、繁育、加工、品牌着手，加快发展四川优质稻的对策建议，并得到了省领导的批示。目前，为了保证四川全域优质稻谷加工品质的一致性，建议"非优不审"，以满足老百姓对食物品质更高的要求。二是做好应急科技服务工作。2008 年汶川地震后，我和同事们奔赴灾区调研，为应对迟栽问题，提出水稻稀播长秧龄高产技术对策。2010 年贵州、云南发生罕见的干旱灾害，本人受产业体系的安排，紧急奔赴贵州兴义等市（县）调研，及时提出抗旱保春耕的对策建议。2012 年四川南部丘陵地区发生了 80 年不遇的春夏干旱，我和省内多位专家急赴灾区，及时提出抗旱保苗技术措施，被四川省农业厅采纳。三是开展技术培训，重点是培训县乡农技人员，帮助他们知识更新，提高现代生产技术水平，累计培训人员超过 1 000 人。

十二年来，我一直怀着感恩的心情。感谢体系的支持，让我和团队在推进区域性水稻产业发展的实践与探索中不断成长。今后，我和同事们将在育种岗位上不负体系使命，不断培育优质绿色超级稻新品种，加强与种子企业、稻米加工企业和新型农业主体的合作，助力农业供给侧结构性改革和乡村振兴战略的实施，为擦亮四川农业金字招牌谱写新的篇章。

国家水稻产业技术体系建设十周年随想
——不一样的岗位

黎用朝

长江中游优质常规稻品种改良岗位科学家　湖南省农业科学院

举国上下正浸润在乐享改革开放四十年的丰硕成果中，人们更是忙于梳理四十年来全国各行各业所施行的各种各样的改革。科技体制机制的改革四十年来一刻也未曾停步，是改革最活跃的领域之一，实施了很多卓有成效的重大改革举措。今天看来，2007年国家农业科技管理部门等倡导试点试行农业科研领域的一项重大改革——"国家现代农业产业技术体系的建设"就是科研体制机制成功改革的一个典范。

2007年农业部挑选水稻、生猪等10个生产农业主要产品的"产业"进行先期试点，2008年拓展到50个农产品为单元的现代农业产业技术体系建设，到今天已走过成果丰硕的10个春秋。在不断改革的科研体制中，科技人员经历了各种与自身发展和切身利益息息相关的"改革"磨炼。就在2007年国家水稻产业技术体系（以下简称"体系"）建设试点之际，我非常荣幸地成为了该体系育种与繁育研究室的一名岗位科学家，并依据体系赋予的重点任务组建了研发团队，而且还在本体系运行中被首席选为长江中游稻区协调人。

在人们奋斗历程中，会主动或无奈地承担各种各样的任务，扮演各色各类的"角色"，经过努力获得职责不同的"岗位"。但十年前我荣幸地从体系获得的这一岗位，让我十分珍视、坚守职责、不懈奋进。

十年来，我们肩负着为国家粮食安全提供坚实技术支撑的重任，有见证粮食多年连续增产的满足，有培育出符合体系任务目标要求的水稻新品种，并在生产上大面积推广应用的喜悦，有我们的答疑解惑帮助水稻新品种、新技术用户增产增收的小兴奋，也有区域内生产出的稻谷重金属含量超标的不安和稻谷收购价格大幅下降给稻农带来亏损的迷茫。十年来，水稻生产追求过高产，倡导过优质，强调过安全，但我体会水稻产业要持续健康发展至关重要的内生动力应是较大幅度提高全产业链各环节的效益。

凭借长江中游地区（江西、湖北、湖南）水稻的种植规模优势，特别是湖南长期不懈抓优质水稻生产的成效，体系赋予了我常规优质籼稻新品种选育岗位，让我和团队成员能专注常规优质籼稻新品种的选育；承接了体系明确的研发任务，同时拥有国家财政持续稳定的经费支持，我们团队力量不断充实，研究目标更加明确，重点更加聚集，品种特性改良的针对性强了，出品种的速度也加快了，近年团队先后育成了创香5号、金穗128等省评二等以上的优质稻品种11个，培育了板仓粳糯、晚籼紫宝等特种稻品种5个。

抗逆型高产优质香稻品种创香5号（湘审稻2011023）湖南省区试平均产量为8.082 t/hm²，比对照汕优63减产0.35%，日产量为4.54 kg，比对照高0.14 kg，耐高低温能力强，为湖南省评二等优质香型一季晚稻品种。该品种的选育与应用2017年获湖南省科技进步二等奖。

小粒香型优质晚稻品种金穗128（湘审稻2015039）千粒重19.4 g，整精米率60%，为湖南省评二等优质稻品种，有香味，食味评分达一等（9分）籼稻标准。

镉低积累晚粳糯品种板仓粳糯（湘审稻2017033）整精米率达70.14%，直链淀粉1.6%，达到优质糯稻标准。经检测，该品种籽粒镉含量稳定低于应急性镉低积累品种湘晚籼12，且含有多个已知镉低积累分子标记。

高档优质香稻玉针香（湘审稻2009038）为湖南省评一等优质香型晚籼品种，米粒长宽比达4.9，适口性好，食味品评9分，在2018年农业农村部召开的国家优质稻品种攻关推进暨鉴评推介会上被评为首届全国优质稻（籼稻）品种食味品质鉴评金奖品种。

大粒香稻品种"玉晶91"（湘审稻2015034）千粒重达32.7 g，直链淀粉15.7%，为湖南省评一等优质香型晚籼中熟品种，在2018年农业农村部召开的国家优质稻品种攻关推进暨鉴评推介会上被评为首届全国（籼稻）品种食味品质鉴评金奖品种。

本团队承担体系的重点任务是培育抗逆稳产优质的常规籼稻新品种，并适宜在长江中游地区大面积推广应用；作为区域协调人，我较为了解区域内水稻产业发展的主要动因与瓶颈，熟悉区域内的主推品种和主要生产技术、水稻种植模式等；要通过和区域内本体系的12个试验站站长们交流，了解他们对在本区域加强加快体系建设的意见、建议和好办法等，并及时报告给首席科学家和水稻体系技术依托单位等。

一直以来长江中游稻区都是我国水稻种植面积最大、产量最多、种植模式最丰富的稻区，同时也是水稻产业持续发展技术难题相对集中呈现的稻区。2007 年全国水稻种植面积为 2 891.9 万 hm²，长江中游地区有 907.03 万 hm²（其中江西 319.43 万 hm²，湖北 197.88 万 hm²，湖南 389.7 万 hm²），占全国水稻种植面积的 31.4%；全国水稻总产量为 18 603.5 万 t，江西、湖北、湖南三省稻谷产量为 5 718 万 t，占全国总产量的 30.7%。2013 年全国水稻种植面积为 3 031.17 万 hm²，长江中游稻区种稻 952.42 万 hm²（其中江西 333.8 万 hm²，湖北 210.12 万 hm²，湖南 408.5 万 hm²），全国稻谷总量为 20 361.2 万 t，长江中游三省稻谷产量为 6 242.1 万 t（其中江西 2 004.0 万 t，湖北 1 676.6 万 t，湖南 2 561.5 万 t），占全国总产量的 30.66%。6 年中，其他省水稻的生产面积和产量有增有减，有的省份的增减幅度还很大，如黑龙江省的水稻种植面积 2007 年为 225.32 万 hm²，2013 年种稻面积达 317.56 万 hm²，2016 年该省种植面积达 320.33 万 hm²、十年中水稻生产面积呈现了较快的增长；至 2013 年，长江中游三省只是双季稻与一季稻的种植面积有所变化，而总面积和总产量在全国的份额（占比）几乎与六年前相同。2016 年全国水稻种植面积为 3 017.82 万 hm²，长江中游地区三省水稻种植面积为 953.28 万 hm²（其中江西 331.63 万 hm²、湖北 213.1 万 hm²、湖南 408.55 万 hm²），占全国种植面积的 31.59%；2016 年全国稻谷总产量 20 707.51 万 t，长江中游三省稻谷产量是 6 308.42 万 t（其中江西 2 012.6 万 t，湖北 1 693.52 万 t，湖南 2 602.3 万 t），占全国稻谷总产量的 30.46%。2007—2016 年，种植业结构调整是常态性课题，但长江中游地区（江西、湖北、湖南）的水稻生产始终抓得很紧，保持了持续稳定的态势，为国家粮食安全做出了应有的贡献，其中水稻产业技术体系研发成果的示范转化起了重要的支撑保障作用。

十年来，本团队因为在国家水稻产业技术体系中有一个优质常规稻新品种选育岗位，也就随之成为一个本体系"长江中游稻区"协调人。特别的岗位对于我和同仁们只意味着责任：体系赋予的重点任务、自选任务、基础性工作和应急性任务等汇聚成岗位责任。这个"岗位"不一样，首先是责任重大、事关产业发展大业；任务明确，重点任务就体现于岗位名称上，真是再明确不过了；这个"岗位"不一样，还因为它是竞争性的，每年都必须接受考查考核，执行专家组会结合同仁们评分给出各岗位的评价，而且无论大家做得多认真，每年总会有那相对的后 10%，在某种意义上来说，这样定量考核的竞争还是很残酷的；这个"岗位"不一样是因为他的职数很有限，每个主产省都有很多从事水稻科技研发的佼佼者，但在体系中的岗位是有限的，有无数双专业的眼睛盯着这一光荣的"岗位"。

十年来，就因为深感"岗位"责任重大、使命光荣，唯有尽心竭力，扎扎实实，围绕本岗位的重点任务，本区域水稻产业发展的主要技术瓶颈，与团队成员一道南繁北育、攻坚克难，与同仁们协作前行。

十年来，体系建设不断完善，让我们团队的科研工作得到国家财政的稳定支持，也让我们为区域水稻产业的健康发展尽了一份力，更让我坚定了在优质水稻新品种培育方面多花工夫、多费力气的信念和决心。近年来虽然强调企业的创新主体作用，但有着丰富人力与资源材料的省级农业科研院所，在万众创新的新时代更应大有作为，给产业发展注入科技"营养"。

回望十年体系岗位的工作，我们深刻地体会到，应该深深感谢这个改革前行的美好新时代；感谢科技管理体制改革的成功探索——国家现代农业产业技术体系建设；感恩工作在有水稻生产优势的长江中游地区；感恩湖南作为全国水稻生产重要的主产省。在今后的岁月里我们将倍加珍视这来之不易的不一样的"岗位"。不论机制如何转变，体制怎样改革创新，我们永远庆幸自己曾在这样的"岗位"上努力过、奋斗过，收获过别样的精彩。

在"水稻体系"大家庭中茁壮成长

王慧

华南稻区常规稻品种改良岗位科学家 华南农业大学

国家现代农业水稻产业技术体系（以下简称"水稻体系"）是全中国从事水稻产业科学研究的科学工作者之家。我有幸作为水稻体系育种岗位科学家陈志强教授团队的核心成员，从水稻体系成立之初（2007年）就加入这个大家庭，并在这个大家庭中，亲自体会到这个家庭中同仁的亲人般的情谊和无私的精神，在大家的关心、帮助和支持下，我不断成长成熟，为水稻体系、为国家的水稻产业进步做出更大贡献。按照程式华首席的布置，在体系成立十周年之际，我谈谈在体系十年的成长经历与感想。

我在本科、硕士、博士三个阶段就读的专业都是作物遗传育种，研究生的研究方向是水稻遗传育种，毕业后作为陈志强老师的助手留校任教。从事水稻育种科研后，我自己有两个想不到，第一个想不到的是，我是自小生长于长沙市，从来不知道水稻是怎么种出来的城里妹子，现在竟然要成天泡在水田里还乐在其中；第二个想不到的是，在水稻育种这个几乎都是男子汉的世界中，作为女性还能"生存"下来，还得到水稻体系中众多老师绅士般的"宠爱"有加，幸福感满满。水稻体系十年，这种由衷的幸福感一直伴随着我的成长。

水稻产业技术体系，五大稻区将全国东西南北种稻产地全覆盖，不同稻区的气候生态条件、水土生产需求、人们的生活习惯、市场需要的千差万别以及落实到具体的育种目标、生产管理技术等的差异，呈现的各具特色的品种形态、技术要求五花八门、各放异彩。这些不但一次又一次地给了我惊叹，更使我在专业知识积淀以及研究思路的开拓方面更加厚实和宽广，特别是我们这些长期上讲台和带研究生的农业科技教育工作者，从水稻体系中积淀的知识和开阔的眼界使我在专业授课中举些生动的例子如情景画面信手拈来，不但有效地吸引学生的兴趣，更重要的是有效地提高了专业课的教学质量和学生培养质量。如果说不是有幸加入水稻体系，不要说十年，一辈子我也不可能转遍五大稲区，而且还看到、听到和学到那么多自己喜欢和感兴趣的东西。

水稻产业技术体系，聚集了围绕国家水稻产业发展科学研究的全国精英。这些年我有一个发现，就是不管是专家还是普通成员，都有一个共同的外观性状——"黑"！而且越黑成果越多，越黑成果越大，越黑越受大家的尊敬和农民的欢迎！这种"黑"基本与从爹妈那里遗传的基因没有多大关系，而是长年累月在田里锻造出来的黑金颜色，风雨洗礼、经烤耐晒。金黑的皮肤镶嵌着一对火眼金睛，不管田里杂种群体有多纷杂，一抓一个准，好品种大品种频出不穷，提升产业，造福农民，造福百姓。华南稻区的谢华安院士，北方稻区的潘国君研究员就是我们体系中典型的"黑"代表。我也深受这种"黑"的感染，特别是在"水稻体系"中的这十年，我基本上已从一个皮肤白皙的湘妹子蜕变为一个"黑大婶"。广州夏天的太阳又辣又毒，每年夏收夏种的双抢季节，每天在这种毒辣的太阳底下连续工作 5～8 h，不黑才是有问题的！晒得黑是不是与下田时间的多少、长短有关系？这见仁见智，人与人个体间也有差别。但我的体会是，这肯定与对这份事业的热爱有关，爱得深才不在乎才不怕黑，才以黑为美，黑出光泽，黑出健康。

水稻体系就是一个大家庭，体系人就是"家人"，我想这肯定不光是我一个人的体会。自从 2007 年参加水稻体系工作以来，随着工作的进步和个人的成长，这种体会越来越深。对于"家人"这个词汇，我的理解是超越了一般同行、同事和朋友的关系，其互相关心和帮助不仅仅是出自礼貌，而是发自内心的真情实感。这些年来，我跟随陈志强老师拜访了水稻体系不同稻区团队（或综合试验站），各受访团队的专家就像对待家人一样，新技术和新方法、"宝贝材料""秘密武器"倾囊相授，使我们深受感动。这种被作为家人来对待，这种被当作家人"宠爱"的感觉太好了！当然，我们团队每年也接受不少来自不同稻区的"家人"来访，我们也有不少材料和品种得到了大家的称赞，我们也觉得心里美滋滋的。

参加水稻体系工作的另一个深刻体会就是接地气。无论是作为育种岗位科学家团队的核心成员还是作为岗位科学家，我们的研究团队没变，研究方向也没变，唯有变的是越来越关注生产和市场，越来越重视各综合试验站的品种试验示范与当地需求相结合，越来越接地气。作为水稻体系华南稻区的协调单位，这些年，我们不但走遍各主产区，了解各主产区的需求，通过各综合试验站和岗位科学家团队试验网点，有效地辐射推广一批优质抗病主产水稻新品种，同时也通过华南稻区体系的各团队基地，扩大新品种应用范围，促进产业发展。

参加水稻体系工作十年来，我与我们团队的同事们，育成一大批优质、抗病、高产（超高产）水稻新品种在广东以及华南稻区大面积推广应用，一批优良的新材料、新种质被水稻体系的家人们所欣赏和引用。作为第一完成人获得两个广东省农业技术成果（新品种）推广一等奖，以第二完成人获得两个广东省科技一等奖以及一个教育部科技二等奖和农业部丰收二等奖。从副教授晋升为教授和博士生导师；从水稻体系育种岗位科学家团队核心成员成长为岗位科学家，并受程式华首席委托，接上陈志强老师华南稻区协调人的职责。我衷心感谢水稻体系家人们的帮助，衷心感恩水稻体系和团队的关心、支持和提携！

在未来的日子里，我将与大家一道努力奋斗，为国家水稻产业的健康发展，为国家的粮食安全做出自己最大的贡献。

科技创新　服务产业

朱德峰　张玉屏

栽培与土肥研究室岗位科学家　中国水稻研究所

农业生产随着社会经济的发展和生产环境的变化，出现了新情况、新问题和新需求。特别是水稻生产面临自然灾害成常态等不利因素，耕地和淡水资源短缺压力加大，农村劳动力大幅转移，从事水稻生产的劳动力结构出现显著变化，水稻生产成本大幅上升等影响，导致水稻生产不确定性明显上升。水稻生产要求技术转型升级，迫切需要与社会经济发展水平相适应的现代稻作技术。国家水稻产业体系建立十年来，作为水稻产业体系的岗位科学家团队，研究经费有了基本保障，工作任务和要求发生变化，需要更加关注产业发展的新动向、新情况和新需求，也需要岗位科学家及团队成员深入农村、基层、田间，发现水稻生产新问题，分析产业发展和技术需求。从生产需求和发展中找科学问题，创新理论，突破技术瓶颈，做好科技服务。

一、创新水稻生产新技术，引领我国稻作技术的发展

团队加强水稻生产农艺农机结合，实现农艺技术农机化，推进水稻产业技术转型升级。针对我国农村劳动力的转移及老龄化，水稻生产方式和稻作技术需求发生了重大变化，深入调研和分析水稻机械化种植中存在的问题，发明了水稻钵苗与毯苗结合机插新方法，首创了水稻钵形毯状秧苗机插新技术，研制了水稻钵形毯状育秧盘，该技术已获得8项发明专利授权，十余项实用新型专利授权。该技术连续6年入选农业部水稻生产主推技术，目前在黑龙江、浙江、吉林、宁夏、江苏、天津、安徽、湖南、湖北、云南、江西、广东、广西、四川等20多个省市区试验和示范应用，现年推广应用面积已超过3 000多万亩。这项技术的研发与发展得到了水稻现代产业技术体系的支持。在2006—2007年技术研发之初，项目研究团队正面临着研发经费短缺的问题，提出的水稻毯苗与钵苗结合创新思路，需要研发不同类型的水稻钵形毯状秧盘，利用水稻钵形毯状秧盘培育上毯下钵水稻机插秧苗。每种秧盘设计都需要

开模具，每开一个模具就需要 4 万～ 5 万元，由于钵形毯状秧盘与传统的平底盘内部构造存在差异，为保证育秧效果和起秧方便，要确定合适的钵碗高度和大小参数，需要不断开模具做秧盘试验，一般至少要开 8 ～ 10 个模具才能正式确定下来加工的秧盘规格，仅仅模具就需要 40 万～ 50 万元经费。为了节省经费支出，往往只开半个秧盘模具进行试验，故而影响了试验效果和进度。2008 年，正值水稻现代产业技术体系平台的启动和运行，在每年固定经费的支持下，钵形毯状秧盘设计和研发才得以快速发展，解决了日本引进的水稻毯苗机插存在的伤秧伤根重，插后返青慢等问题，实现水稻钵苗机插，大幅提高水稻机插产量和效益。"水稻钵形毯状秧苗机插技术研究与应用"获 2013 年全国农牧渔业丰收一等奖、2014 年浙江省技术发明二等奖、2017 年中华农业科技成果二等奖。

二、技术创新与应用结合，帮助稻农增收增效

针对现有水稻机插育秧方法存在的问题及传统一家一户育秧难的问题，团队创新了水稻机插叠盘出苗育供秧模式，创建了水稻叠盘出苗"1+N"育供秧技术，解决了稻农在水稻机插育秧中常出现的出苗差、整齐度低、烂芽死苗等问题，培育壮秧，为机插标准化育秧及社会化服务提供模式及技术支撑。研发水稻机插育秧系列基质，实现产业化生产应用。改进完善了精量育秧播种装备、暗出苗可叠秧盘、秧盘托盘等装备，建设智能化叠盘暗出苗室，建立专业育秧中心平台，将刚出苗（芽长 0.5 ～ 1.0 cm）的秧苗连盘提供给不同育秧点，用秧户在炼苗大棚或秧田完成后续育秧过程。该模式选用先进播种装备、优良品种、标准化种子处理、优良育秧基质，合理调控温度和水分，育秧关键环节技术到位，出苗整齐、出苗率高，用户后续育秧（秧田管理）技术相对简单，有利于培育标准化壮秧，育秧中心的空间置盘量可增加 6 倍以上，室内出苗管理时间可由 5 d 缩短到 2 d，供秧能力至少提高 12 倍以上，通过采用叠盘运输，成本大大降低，运输距离加长，供秧范围大幅扩大，大幅度提高育秧中心的供秧能力和服务水平。同时，由于育秧设备利用率和劳动效率提高、秧苗质量提高，育秧总体成本下降；并可减少种粮大户或合作社重复建设育秧中心、购买育秧设备的投入，节约农业设施用地，解决了传统一家一户育秧难的问题，推动机插育秧模式转型，育秧社会化服务。水稻现代产业技术体系不仅仅在经费上给技术创新提供充分保障，还按照水稻区域布局规划，在不同稻区建立产业技术综合试验站，从而为我国水稻产业发展提供广阔的平台，这也充分保障了创新技术在全国得以快速推广应用。水稻叠盘暗出苗技术近年在湖南、浙江、江西等省年推广应用面积超 500 万亩。制定了叠盘出苗育秧的农业行业标准、浙江省地方标准，指导建立一批现代化叠盘出苗育秧中心，促进育秧模式升级。2016 年 3 月底，与全国农业技术推广服务中心组织浙江、安徽、江西、河南、湖北等 18 个省市 100 多名农技推广专家在浙江省诸暨市成功举办了水稻机插叠盘暗出苗育供秧模式现场观摩会，取得非常好的反响。在技术推广中，团队加强与种粮大户、专业合作社及家庭农场等水稻生产主体的联系和服务，多次举办水稻育秧模式技术培训会、下乡技术指导促进技术到位及成果推广应用，为我国水稻规模化生产和社会化服务提供实用推广的模式。温州乐清市有一位种粮大户名叫包碎云，种植水稻 8 000 亩，过去由于机插育秧技术没过关，每年出现烂秧缺苗问题。通过团队技术培训和指导，他掌握了水稻机插育秧模式和技术，育成的机插秧苗齐、壮、成毯性好，通过技术改进增产近 50 kg，增产增效显著，现在他还带着其他农户的技术问题来咨询，成为新技术的示范户。技术研发与技术应用结合，促进了技术的推广应用，加快科研成果的转化，一分耕耘，一分收获，脚踏实地就会结出丰收的硕果。

三、开展服务指导，为稻农提供技术支撑

充分利用水稻产业体系科技资源，开展不同稻区水稻生产新动向、新问题、新需求的调研。针对水稻生产方式和技术的转型，种粮大户增加、工商资本经营水稻生产增加，及机械化作业、社会化服务的要求，围绕水稻生产中出现的新情况、新问题，通过下乡、培训、研讨、来访及电话、邮件等途径和手段开展调研，技术指导、咨询科技服务。建立种粮大户交流渠道，每年接受种粮大户等咨询上百次，成为种粮大户的技术顾问。在调研水稻生产技术需求的基础上，结合我国水稻生产栽培、施肥、灌溉和植保的技术，组织撰写了 10 多份我国水稻生产主导栽培技术，为各地水稻生产提供技术支撑。在水稻生长季节，组织撰写了 20 项主要生产技术环节的水稻高产栽培、施肥、灌溉、植保等技术规程，并由《农民日报》刊登。"水稻高低温灾害防控技术"连续 6 年被列为农业部主推技术，为水稻生产提供了技术支持，为推进水稻生产技术的传播发挥了应有的优势。

针对生产问题开展试验研究，着力突破农业重大关键技术和共性技术，在研发水稻生产实用技术、破解技术难关、推动科技服务、为行政管理部门进行决策咨询等方面取得了显著成效；与各岗位科学家及试验站的合作，打破部门、区域、学科界限，充分发挥产业体系技术创新、试验示范、辐射带动的积极作用。加强科技创新与技术应用的结合，为稻农提供技术支撑，加快农业技术转移和成果转化，努力发挥稻作技术研究的引领作用。

　　团队将继续努力，踏着坚实的脚步，不断前行，为水稻的可持续发展做出应有的贡献！

沐风栉雨十载，我与体系共辉煌

侯立刚

北方水稻高产栽培岗位科学家　吉林省农业科学院

加入水稻现代农业产业技术体系已经十年了，从作为团队成员辅助赵国臣岗位科学家工作，到接续岗位并完成角色的转换。沐风栉雨十载，体系工作锤炼我，从一名普通青年科技人员，成长为全国农业科研杰出人才。这一段时光是我人生最难忘记的珍贵回忆，它见证了我与体系共同成长的辉煌历程，也记录了我们团队秉承体系产业化，求实创新、团结协作，不断发展的农业科研之路。

一、农业科技创新与服务要秉承产业化思维

国家现代农业产业体系的重大创新在于围绕产业链部署创新链，针对产业发展的需求，进行共性技术和关键技术的研究、集成和示范。十年来，团队注重以产业化思维来引领科技创新工作和技术服务工作。一是发挥政府智库作用，积极为吉林大米产业发展出谋划策。其中，2013年向省政府提出"吉林稻米产业现状及发展建议"，促成了吉林省"提升吉林大米品牌建设战略的实施"。2015年对优良食味稻品种选育的建议，促成了吉林省农作物品种审定委员会开设了优良食味稻区试组。通过引导，2018年，吉林省水稻品种审定实现了全部优质化。二是开展优质栽培和绿色生产综合技术研究，为吉林大米品质提升提供技术支撑。依托吉林省得天独厚的优质粳稻产地资源环境，团队近年来先后创新提出"翻旋耙平"稻草还田技术、免耕轻耙土壤培育技术、稻作复合生态种养技术、蛋白质激动素稻瘟病主动控制技术，构建了吉林省有机水稻综合生产技术体系，2012年获吉林省科技进步二等奖，累计推广67万亩，建设有机水稻生产基地13.4万亩，生产有机稻谷3.02亿kg，其中，农民增收8.028亿元，企业增收1.146亿元，累计实现增收9.174亿元。三是注重产研合作，协力打造吉林大米名牌产品。团队一直坚持以企业为主体的产业化经营模式，通过龙头企业的产业带动、专业合作社的生产

组织和科研单位的质量控制，进行了专业化、集约化、科技化的农业产业化模式探索，创新企业＋科研单位＋专业合作社的紧密型利益联结机制。2010年与蛙田米业共建"柳河县火山岩稻米产业园区"，打造姜家店火山岩石板地大米品牌；2013年，与松粮集团共同发起"松原－查干湖水稻插秧节"，如今已连续5届；同时开展科企合作5家水稻米业公司，镇赉裕丰公司的"好雨"牌系列米、吉林市东福米业的"大荒地"牌有机米分别荣获"中国名牌产品"和"吉林名牌产品"称号。

二、现代科研的组织形式强调协同攻关、协作推广

团队围绕产业整合资源，开展大联合、大协作的运行模式，构建协同创新技术体系和一体化推广网络，打造典型样板，成功地探索出了科技与经济紧密结合的模式。一是整合科技资源，构建协同创新技术体系。团队围绕关键技术攻关，积极开展体系内、体系间协作，如与李革老师合作洋马密苗机插育苗技术和机插侧深施肥技术攻关；与王金武老师合作稻草还田农机技术攻关；与华中农业大学廖庆喜团队合作研发了水稻翻旋一体机。团队与吉林省水稻产业技术体系建立了紧密的协作关系，有效实现了上、中、下游衔接，多学科融合，改变了以往农业科技资源分散低效、各自为战的现象。二是重视研发体系和推广体系衔接，构建一体化推广网络。体系依托地级农业科学院区域优势和地方农技推广部门以及农民专业技术协会网络优势，重视政产研推用有机衔接，形成源强、流畅、库大的一体化推广网络，解决了科研、推广、培训三大系统脱节的突出问题。三是强化聚合效应，打造典型示范样板。依托产业发展布局，选择区域典型地区，打造示范样板，先后建立了镇赉县嘎什根乡后围子村、大屯镇英台农机合作社、前郭县红光农场、吉林市东福米业、柳河县姜家店蛙田米业等试验示范基地。要求一个屋子研究方案，强调技术集成性；一块地里展示成果，强调技术比武；一项技术的规模示范，强调技术成熟度。通过典型示范样板打造实现由点及面的迅速推广。

三、坚守求真务实是科学精神的根本

科学探索是一个艰辛的过程，"板凳坐得十年冷""十年磨一剑"即是最好的注解。但"重数量不重质量""重论文不重生产实际""搞噱头、炒概念"等科研浮躁现象正严重侵蚀学术诚信的土壤。产业体系赋予了团队稳定的经费支持和相对自由的科研选题权力，也提供了团队扎根祖国大地，坚守求真务实科学精神的条件。一是坚信生产一线是农业科技创新的源泉。团队坚持把论文写在大地上，把成果送到农民家。1988年，李学谌老师带队进驻镇赉县嘎什根乡进行蹲点指导和示范推广，使镇赉县水稻生产由无到有，发展到16万亩，实现了"以稻治碱、以稻治涝、种稻致富"。1988—2018年，三代农科人三十年扎根嘎什根，历经不懈探索，在苏打盐碱地上书写下举世瞩目的篇章。目前镇赉县水田面积达到130万亩，成为全省水稻第一大县，仅嘎什根一个乡水田面积就达到30万亩。三代农科人奉献八百里瀚海稻花香，铸就的"嘎什根精神"被"东方时空"等各大媒体广为宣传。二是坚持使命感是农业科技创新的核心动力。当一个又一个光环降落在我们团队头上时，我们没有知足常乐，没有停步不前，正是因为把吉林水稻产业发展当作使命，才使我们团队充满奋斗的激情与动力。吉林省是水稻生产小省，综合生产能力低、科技力量薄弱，尤其水稻栽培领域只有两支队伍，8名科技人员。采用的栽培技术措施基本都是引进日本和南方模式，没有基础理论支撑，技术对产地环境针对性不强。因此，要进一步提升吉林省水稻综合生产能力，首先要完成吉林稻作区水稻生育基本生理指标和规律的探索，对我们仅仅5人的团队来说，这无疑是一项巨大的工程。比如在超级稻综合生产技术集成研究中，团队系统分析了超级稻品种特性，揭示了超级稻高产机制，提出了吉林省超级稻株型指标，构建了不同类型超级稻品种，不同生态区的目标产量技术模式。2007—2011年五年累计示范与推广面积为2 308.43万亩，推动吉林省水稻单产水平上升到600 kg台阶。三是坚守求真务实的科学精神。团队成员秉承老一辈专家持之以恒、真抓实干的科研态度，连续多年在吉林省乾安县、柳河县等稻区蹲点，2018年更是在镇赉县东屏乡重度苏打盐碱稻区新建60池长期定位试验基地。我们坚守科研生产一线，每天早出晚归，晴天一身汗，雨天一身泥在试验基地搞规划、育苗、插秧、施肥、灌水、调查、测产、收获等，掌握田间试验的第一手资料，关注第一时间农情，依托生产实践，提出和解决科学问题，与基地农民同劳动、共建设，心往一处想、劲往一处使，在攻坚克难中追求卓越，在实际工作中不断提升科技创新能力。

我们曾经不安过，因为不知道会有什么样的重担等着我们；我们曾经惶恐过，因为不知道能否承受起这样艰巨的工作。是体系的引领，为我们指明了方向，是体系不断的支持，为我们铺就了坦途。

作为新时代的农科人，我们会继续忠诚农业科研事业，沉下来、钻进去，耐得寂寞，甘于清苦，大胆实践，推陈出新；我们会继续以全心全意为农民服务为宗旨，深入农村基层，了解农民所需所想，结合农业生产实际开展科研工作；我们会继续努力学习、积极创新，有效解决农业科学问题，履行好自己的岗位职责。"乘风破浪会有时，直挂云帆济沧海"，我们要用自己的智慧和汗水，加强科技创新和技术应用，为吉林乡村振兴努力奋斗。

浅谈加强体系内外合作实现再生稻"双千"栽培目标的工作体会

唐启源

长江中游稻区高产栽培与秸秆综合利用岗位科学家 湖南农业大学

我国的水稻生产正处于前所未有的转型时期，面临着许多新问题和新挑战：一是农村劳动力数量短缺、质量下降、水稻生产意愿不强；二是农业生产成本如生产资料、用工成本增长过快；三是规模化经营的新型农业经营主体逐渐成为水稻生产的主力军。生产方式和规模的变化必然推进水稻生产方式的变革。新型农业经营主体逐渐放弃了传统的高强度、低效益的水稻生产方式，轻简化、机械化、效益化的水稻栽培与经营管理方式成为首选。为了在新形势下研发适合于新型农业经营主体的水稻轻简高效栽培技术，本岗位从 2014 年开始，得益于国家水稻产业技术体系的人才资源优势，经过不断研究完善，研发了一套适合于南方农村的高效型再生稻技术体系，获得了广大农民和政府的认可。2017 年溆浦县种粮大户舒小兵种植千亩再生稻，获利百万元，一举扭亏为盈；2018 年机直播机收再生稻技术成为湖南省农技推广总站的主推技术，并在大通湖基地召开了全省现场观摩会。本文是我的点滴体会。

一、主动学习并与农技主管部门合作，研究示范再生稻技术

2014 年以前，湖南省的机收再生稻面积很小（不足 7 万亩），完全没有引起领导和专家们的重视。我在岗位科学家邹应斌团队工作，一次在洞庭湖区进行水稻生产调研和布点的过程中发现，益阳大通湖区千山红镇的部分农民自发大规模种植再生稻，立即意识到水稻种植模式随生产规模扩大转变的重要性，及时跟进调查研究。同时在向农民学习的基础上，主动前往福建尤溪向谢华安院士团队学习高产再生稻的栽培技术，前往湖北蕲春向彭少兵博士的湖北省再生稻创新团队学习机收再生稻技术，结合湖南实际，迅速开展再生稻品种筛选，研发了湖南省再生稻"四防一增"栽培技术。在学习研究的同时，也及时

和湖南省农委农技推广总站合作，取得政府层面的支持，组织百千万亩再生稻生产示范，开展现场观摩，推进全方位技术培训，使湖南省再生稻生产得到蓬勃发展，湖南省再生稻面积由 2014 年的不足 7 万亩、2015 年的 25 万亩，发展到 2016 年的 75 万亩、2017 年 210 万亩、2018 年接近 400 万亩。

二、引进与协同科研，研发机直播再生稻技术

进一步降低水稻生产成本和生产风险是本团队致力研究的方向，现在回想起技术的研发过程，充满了困难与挑战。困难之一是再生稻的种植方式，平湖区域的新型农业经营主体普遍采用传统的撒直播，而山区和丘陵区多半采用手插秧和人工抛秧。手插秧成本高、效率低，手抛秧和撒直播是无序种植，群体通透性差并有倒伏风险，撒播更易造成低温烂芽、草害等问题，如何改撒直播的无序为有序群体呢？通过水稻产业体系的大平台，了解到华南农业大学罗锡文院士有性能优异的机械直播机具，本团队立即与罗院士联系，引进机直播技术和直播机具，通过反复调试，罗院士及其团队每年亲临基地指导，终于使机械精量穴直播技术应用在再生稻上。

直播稻的杂草防治问题又横亘在课题组面前，在节约成本、环境友好的前提下，又是通过水稻产业技术体系的大平台，取得了杂草防除岗位、中国水稻研究所陆永良研究员的支持，陆老师带领团队成员亲临基地指导杂草防控技术，不仅解决了再生稻机直播的除草问题，同时实现了再生稻机械直播播喷同步，省去了施用封闭除草剂的人工成本，并保证了除草效果。

三、跨行业合作，完善种肥药一体化直播再生稻技术

如何简化再生稻的多次施肥也是本团队在与种粮大户互动中定下的目标。本团队与多家肥料企业开展了合作，并与龙舟农机合作将侧深施肥机加装在直播机上，形成种肥药一体化直播机具。在此基础上不断完善配套技术以及配套农资和配套农机的选用，形成了农艺三配套、药剂三配套、农机三配套的种肥药一体化直播再生稻技术，使再生稻生产的用工成本大幅度减少，种肥药的使用量大幅下降。这一技术引起了全省种粮大户的广泛兴趣，湖南省农技推广总站 2018 年将该技术确定了全省主推技术，并在大通湖基地和溆浦县召开了两个全省推广系统的现场观摩与培训会。

四、体系内外合作结硕果，机直播机收再生稻产量效益过双千

水稻产业技术体系长江中游稻区高产栽培与秸秆综合利用岗位科学家团队立足于水稻生产现状，以产量与质量并重、轻简节本与提质增收并进为研发思

路，创新集成了机直播机收再生稻"四防一增"栽培技术，并由湖南省作物学会组织专家在益阳市大通湖区宏硕生态农业农机合作社、益阳大通湖区千山红镇大西港村的示范基地进行了测产验收，示范品种为甬优 4149、甬优 4949，大田用种量每亩为 1 kg，比传统撒直播大田用种量减少 1/3，示范片再生季测产平均单产每亩为 320.0 kg，头季测产平均每亩单产 687.2 kg，实现了周年产量超千千克；通过成本核算，实现全年纯利润超千元，成功实现了机直播机收再生稻"四防一增"栽培技术的设计目标，即周年产量超千千克、利润超千元的"双千"目标。在保障了粮食总产量实现了农民增收，同时还做到了化肥农药的双减，以及杜绝了稻草的焚烧。

十年——水稻产业技术体系建设十周年感悟

姜永根

生物防治与综合防控岗位科学家　浙江大学

现代农业产业技术体系是中央为全面提升国家、区域创新能力和农业科技自主创新能力而推出的一项重大举措。由农业部、财政部于 2007 年共同启动，至今已建设了 50 个现代农业产业技术体系。每个体系由一个产业技术研发中心和若干个设在相关农产品主产区的综合试验站构成，研发中心下设由岗位科学家组成的多个功能研究室。每个体系以农产品为单元、产业为主线，依靠各岗位科学家和综合试验站站长的研究团队，围绕产业需求，从产地到餐桌、从生产到消费、从研发到市场等各个环节进行共性技术和关键技术研究、集成和示范。因此，现代农业产业技术体系是围绕一个或一类农产品产业研究的大合作、大融合与大交流，对产业的提升将发挥重大作用。本人自 2008 年参加现代水稻产业技术以来，已有 10 个年头。通过这十年与各类水稻专家的交流与合作，各方面受益匪浅，不仅对水稻从生产到消费的整个产业结构、产业现状等有了比较全面和深入的了解，而且也拓宽了自己的知识领域，提升了自己的研究水平。下面结合自己的研究岗位，谈一下自己加入产业技术体系后的体会与感悟。

一、体系拓宽了我们团队的研究领域，加深了对水稻整个产业的了解

我们从事的是农业昆虫与害虫防治专业，在加入体系前，主要从事水稻-害虫-天敌间互作关系的基础研究，重点揭示水稻在受害虫为害后所表现出来的防御反应的化学与分子机制，即揭示虫害诱导的水稻防御反应的机制。加入体系后，我的科学家岗位，2008—2010 年是无公害防治，2011—2015 年是生物防治，2016—2020 年是生物防治与综合防控。承担的主要任务除了继续研究水稻的抗虫机制外，2008—2015 年的重点任务是研究并开发水稻病虫草害无公害关键防控技术；2016—2020 年则参与 3 项重点任务，分别是水稻病虫草害绿色防控技术集成与示范（CARS-01-2A）、水稻生产全程机械化栽培

技术集成与示范（CARS-01-3A）和水稻抗病、抗虫品种资源鉴定及其利用（CARS-01-5B）。除了这些主要任务外，还承担了一些基础性工作和应急性任务；同时，每年还参加各种技术培训授课 6 ～ 8 次、培训技术人员 200 ～ 300 人次；参加各类调研活动、学术交流 10 多次。这些研究任务不仅使我们从原有注重水稻 - 害虫互作关系的基础研究拓展到了注重基础研究与应用并重，而且通过参加各类技术培训、学术交流与调研活动，使我们加深了对整个水稻产业生产和研究现状的了解。这些对于我们了解制约水稻产业的主要技术瓶颈问题以及提出具有针对性的研究项目具有重要意义。

二、体系拓展了我们团队的合作领域，提升了我们的研究水平

通过与体系内各位专家的交流与合作，我们深深感到目前水稻有害生物的防控主要还是依赖于化学农药，而绿色防控技术不仅缺乏，而且已有的也是技术含量较低或可操作性较差。由此，我们团队在原有揭示水稻诱导防御反应机制的基础上，又拓展了如何利用水稻防御反应防控有害生物的研究方向，并且邀请了从事化学研究的相关专家加入了我们团队。同时，利用与育种专家合作便利的条件，我们又开展了图位克隆水稻抗虫基因的研究。通过近十年的相关研究与合作，我们团队不仅克隆鉴定了 10 多个水稻抗虫相关基因、精细定位了 1 个水稻主效抗虫基因，阐明了这些基因在水稻抗虫中的作用与机制，而且开发了多种天敌引诱剂和水稻抗虫性调控剂，明确了它们的作用机制，并取得了很好的田间防治效果。这些成果相关的论文已在 *Ecology Letters*、*Nature Plants*、*eLIFE*、*Molecular Plant*、*Plant Physiology*、*New Phytologist* 等重要学术刊物上发表，并且获得了多项国家发明专利。这些研究成果也获得了国内外同行的认可，不仅获得了注重基础研究的国家自然科学基金的多项资助（包括国家自然科学基金重点项目和国家自然科学基金国际合作重点项目各 1 项），而且也获得了注重应用研究的 1 项公益性行业（农业）科研专项的资助。

三、体系拓宽了我们团队成果的辐射面，有利于相关成果的推广应用

依赖于水稻产业技术体系遍布全国的综合试验站，我们对近几年中研发的一些水稻有害生物绿色防控技术，如天敌引诱剂、害虫引诱剂与趋避剂以及水稻诱导抗虫剂等，分别在广东、安徽以及浙江等多个省份开展了相关的田间应用技术现场会。这些现场会不仅取得了较好的田间防控效果，而且也起到了很好的宣传、示范与推广作用，对于我们今后相关成果的推广应用具有重要的推动作用。同时，这些现场会对于提升我国农民有害生物绿色防控意识，减少化学农药使用量，实施乡村振兴战略具有很好的促进作用。

四、体系创立的新型科研管理模式，为我们提供了宽松的科研环境

体系不仅给了每位岗位科学家和试验站站长稳定的经费支持，而且简化了经费的预算和管理以及相关的工作总结等，把各位专家从日常管理的繁文缛节中解放了出来；同时，在体系资助的经费中，允许每位专家根据自己的研究特长与兴趣，选择一项自主研究任务。这种新型的科研管理模式，为科研工作人员创造了宽松的科研环境，也激发了各位科研工作人员的创造力。相信这种模式会进一步提升我国农业生产的创新能力，增强我国的农业竞争力。

总之，加入现代农业产业技术体系以来，通过与从事基础研究、应用基础研究以及推广应用研究的各类专家的合作与交流，通过培训相关技术人员以及参加各类实地考察和调研，不仅使我们团队对水稻从生产到消费的一个整体产业有了更详细与完整的了解，明确了当今生产条件下水稻产业中存在的主要技术瓶颈问题，而且也促使我们为解决这些技术瓶颈问题而去开展更广泛、更深入的合作与研究。这些研究工作全面与深入的展开，将有望大力提高我国农业竞争力，助力乡村振兴战略的实施。

最后，感谢十年的支持，我们任何研究成果的获得，都离不开国家现代农业产业技术体系稳定资金的支撑和对科学技术的高度重视；感谢十年的相伴，我们点点滴滴的进步，都离不开各位产业专家的付出与帮助。祝愿现代农业产业技术体系在今后的乡村振兴战略实施中做出更大贡献。

借得春风化雨露，吹得遍地稻花香——参加水稻体系的随想

王孝甲

吉林综合试验站站长　吉林市农业科学院

吉林市地处松嫩平原和长白山脉交界的过渡地带——松花江畔，地貌特征可概括为"六山一水三分田"。现有 76 个乡镇，19 个涉农街道，1 378 个行政村，乡村户数 59 万户，乡村人口 215 万人。耕地面积 64.7 万 hm^2，人均耕地 0.3 hm^2，农作物播种面积 76 万 hm^2，其中，粮食播种面积 70 万 hm^2（玉米、水稻、大豆、杂粮播种占比约为 71%、21%、6%、2%）。粮食产量保持 55 亿 kg 的阶段性水平。农村常住居民人均可支配收入 12 960 元。水稻常年保持在 200 万亩左右，20 世纪 90 年代已经开始种植吉粳 88 等超级稻品种，但大部分农户的种稻水平还是很低，就连基层的农技人员也多以经营开发为主，很少关心科技进展和更新。

2008 年我有幸进入国家现代农业水稻产业技术体系，成为了不多的试验站长之一。进而参加了"十五"期间的体系活动，真正见到了水稻大专家们，看到了他们的科研成果和科研精神，领略到了以程首席为首的岗位科学家们在水稻领域的前瞻布局。更是从根本上弄清楚了很多以前从未接触的知识，跟着谢院士看到了再生稻的发展和未来，了解到什么是红莲型杂交稻；什么是二系杂交稻；什么是最好吃的丝苗米；南方的籼改粳发展到什么程度等。在我的面前打开了一扇中国水稻科技进步的发展之窗，同时也使得我很自卑，自己在这个集体中能贡献的东西太少了，只能不断地学习、再学习，努力、再努力。

随着体系的工作不断的展开，我把能为吉林地区所用的都引进到我们吉林市农业科学院的试验地，进行适应性试验，在试验中学、在实验中开展培训和交流，让基层的农技人员一起来调查，做试验，总结交流，在此基础上，再培训种田大户，以点带面，逐步铺开。这样做引进的技术和品种，农民接受快、

效果好、效益高。

十年来，在院士和首席的关怀下，在各位岗位科学家的指导下，吉林市水稻综合试验站也已成长起来，取得了可喜的成绩，试验示范品种 30 多个，包括通科 28、九稻 39、九稻 68、吉大 3 号、九稻 75、九稻 76、九稻 77、长白 17、松粳 6 号、吉农大 505、通系 938、通科 29、金浪 303、通丰 13、庆林 168、吉宏 6 号、通禾 856、吉粳 808、吉粳 302、吉粳 88、吉农大 878、宏科 67、宏科 88、吉农大 888、平粳 8 号、吉洋 1 号、稻花香 2 号、通科 29、吉粳 809、吉粳 810 等。

重点推广了以下几项技术：①水稻宽窄行栽培技术；②增施有机肥，培肥技术；③微量元素、测土配方施肥技术；④钵盘育苗、机插秧技术；⑤组织专业队统一防治病、虫、草害技术；⑥超级稻综合配套栽培技术；⑦喷施植物生长调节剂技术；⑧水稻机械化收获技术；⑨综合节水栽培技术；⑩示范基地新品种及成果展示观摩。

同时，大力开展科技培训活动，多样化、多渠道开展科普宣传工作，通过大课堂、小圆桌、炕上谈、地里看、实际干、电视上讲、电话里聊等多种形式为农民服务，提高科技种田水平。共培训农民 34 000 人次，发放技术资料 4 万余份。

（1）"四建四化"，提升科技入户。既建农民学堂，实现技术服务基地化；建示范园地，实现服务直观化；搭建网络平台，实现服务信息化；构建服务终端，实现服务高效化。

（2）建立示范观测网络，统一管理，协调数据，快速反馈，指导生产。

（3）和吉林市植保观测站联合，及时、准确预报病虫害，统一召开现场会。和吉林省科技厅联合，开展科普宣传及品种展示。

（4）九稻系列水稻品种的选育，连续六年获得吉林市科技进步一等奖。

（5）九稻 45 ～ 86 号等近 30 个品种通过吉林省品种审定委员会审定。

（6）九稻 39、九稻 58、九稻 62、九稻 63、九稻 68、九稻 72、九稻 73、九稻 77、九稻 80 都选入各年省主推品种。

（7）通过市科技局成果交易平台，成功转化水稻品种 7 个，交易金额 130 万元。

在此过程中我个人也得到了组织和大家的认可，被科技部评为全国优秀科技专家特派员，吉林省优秀专家特派员、吉林市第八批有突出贡献的中青年拔尖人才、吉林省第四批拔尖创新人才、吉林市第九批有突出贡献的中青年拔尖人才。连续多年被评为优秀共产党员、优秀党务工作者、九三学社吉林市委优秀社员等。

我是借体系的春风得以飞翔，是体系的雨露滋润着我成长，在工作中我也以一名试验站站长来鞭策自己，在工作中努力前行。

现在吉林稻区基本实现了品质优质化；技术绿色、有机化；科技服务常态化；病虫防控系统化；打药无人机专业化；病虫防治无害化；充分发挥北纬43°线黑土地的优势，生产出国人喜爱的健康、营养大米，吉林大米已行销国内，吉林贡米已走进中南海，这一切都离不开体系的引领和帮助。在此我向为吉林水稻发展给予过各种帮助的院士、岗位科学家和试验站站长们表示衷心的感谢，没有你们的关怀和指导，吉林这块土地上的水稻产业不可能发展这么快，我为自己成为体系的一员骄傲，我为吉林市农业科学院有水稻试验站而庆幸，今天已是彩虹满天，明天必将稻香满家园。

感悟与感恩

赵基洪

通化综合试验站长　通化市农业科学研究院

今年是体系成立十周年，作为地区级科研院所的一名普通科研人员，本人有幸同体系同仁一起走过，回顾自己十年的成长历程，只有感悟与感恩。

一、十年感悟

1. 体系引领水稻育种方向

2007年以前吉林省水稻主要育种方向以高产抗病为主，穗型以弯穗为主，生产上大面积种植的品种如通35、通31、通育308等。2008年以后通过体系项目新品种筛选与示范以及示范县的推广，类超级稻（吉粳88）品种在吉林省很受农民欢迎，2008—2015年吉林省水稻育种进入了以高产优质喜肥抗病为主要目标的类超级稻育种阶段。由于农业生产成本持续增加，轻简化、高效、节约等对水稻育种越来越重要，体系项目"十三五"计划第一项重点任务便是适合轻简化生产的水稻品种培育，通过体系项目的推广与辐射，吉林省水稻轻简化育种、高产高效育种发展迅速。目前，适合轻简化的水稻品种筛选试验，选育适合旱直播、水直播的水稻品种和高产高效香稻，特别是选育适合旱直播、水直播的香稻等相关项目已启动，引领吉林省水稻育种方向。

2. 体系是水稻产业的驱动创新力

国家水稻产业技术体系内部由水稻产业技术研发中心、功能研究室、综合试验站、示范县四个层级组成。水稻产业技术研发中心主要负责各项重点任务与工作目标的论证与实施，功能研究室主要负责重点任务关键技术研究，综合试验站主要负责以上2个层级布置的中间试验，并联合示范县辐射带动周边县市进行新品种、新技术的试验示范和推广应用，促进水稻生产。从水稻产业技术研发中心到示范县囊括了国家各级大学、科研院所、农业技术推广站，凝聚了遗传育种、耕作栽培、植物保护、营养加工、农业机械和产业经济等方面的水稻研究人员。大到院士小到一线普通农技推广人员的各级科技人员以体系为主线凝聚在一起，实现体系从上到下、专家团队之间以及专家团队内部的有效衔接，体系人员的组成打破了部门、区域和学科的界限，较好地解决农业科研资源劣势、思维不开阔、低水平重复研究、重复建设等问题，真正使科研人员眼界开阔、思维创新、学术开放，营造了科研人员潜心钻研业务、安心服务生产的氛围。体系从启动之初，就较好地解决了科研人才上、中、下游的有效衔接与互动，充分利用水稻产业各级人才资源，整合优质人才，集中力量办大事，不断为水稻产业提供驱动创新力。

二、十年感恩

1. 由"小家"变"大家"

本人1986年毕业于延边农学院，1990年进入通化市农业科学研究院从事水稻育种工作，35岁担任课题主持人。当时科研经费严重短缺，育种资源匮乏，试验地少，对外交流少，育种设备落后，主要依靠田间性状观察、室内考种等，可用的仪器设备很少，所以育种效率较低，科研一度进入停滞不前的阶段，也使本人对水稻育种之路产生过怀疑，当时课题也被外人称为"小家"。

2007年本人有幸进入体系，充足的科研经费解决了本人水稻育种的后顾之忧，使自己潜心钻研水稻育种。时至今日，本课题团队成员由原来的4人发展到8人，拥有研究员级别3人，副研究员2人，助理研究员3人，科研力量不断壮大；仪器设备由原来的简单脱粒机、老式烘干设备发展到拥有先进的单株脱粒机，单捆收割机，光照培养箱，日本进口FC2K糙米机、VP32精米机，谷物分析仪，大米外观检测仪，大米食味计，米饭食味计等；育种成效显著提升，2007年至2018年本课题共审定通育系列水稻新品种19个，育种效率是体系科研经费资助前的3倍，课题也被外人称为名副其实的"大家"。

2. 由"默默无闻"变"知名专家"

由于本人育种思路不宽，对外交流少，育种材料缺乏有效互动与交流，育种成效不高，2007年以前并没有得到同行与专家的认可，是一名"默默无闻"的育种工作者。

通过体系项目平台，本人对外交流逐渐增多，也有机会与知名专家当面交流育种经验，育种材料频繁往来互动，开阔了眼界，增长了知识，调整育种思路，抓住市场需求，育种成效逐渐提高，育成的通育系列水稻新品种逐渐得到同行与专家的认可。通育水稻品种也逐步成为吉林省当家品种，先后有8个水稻新品成为吉林省农业主导品种，2个水稻新品种被评为吉林省优质米品种，

3 个水稻新品种获吉林省高产竞赛一等奖或二等奖，本人成为同行认可和农民欢迎的知名专家。

3. 体系成就个人

成为体系人的十年，也是个人荣誉显著的十年，今天的成绩来源于体系，没有体系就没有今天的我。

2007 年至今，担任吉林省品种审定委员会委员。2009 年被吉林省农委授予"12582"农信通服务平台专家，同年被政协通化市委员会评为优秀政协委员。2009 年晋升三级研究员。2012 年晋升二级研究员。2013 年被吉林省授予重大项目谋划咨询专家。2016 年被评为吉林省第十四批有突出贡献中青年人才。2007 年至 2018 年获吉林省科技进步二等奖 9 项，吉林省农业技术推广一等奖 2 项，通化市农业技术推广一等奖 2 项，通化市科技进步一等奖 3 项，全国农牧渔业丰收三等奖 1 项，吉林省科技成果登记 19 项，植物新品种（水稻）权 7 项。

回顾体系的十年，太多的感悟，不能一一记录，只有用心铭记，我想每个体系人除了感悟，大部分是感恩吧！

最后，祝体系越来越好！

创新科技　提高标准　推进垦区水稻生产健康发展

霍立君

黑龙江垦区综合试验站站长　黑龙江省农垦总局

时光飞逝，国家水稻产业技术体系已经走过了十年的辉煌历程，十年来，在农业农村部科技教育司产业技术处的正确领导下，在中国水稻所的统一指挥下，国家水稻产业技术体系取得了长足的发展，针对我国水稻的地域分布和产业发展，不断充实和完善相关研究领域；汇聚了我国水稻各行各业的顶尖人才，精诚团结，潜心研究，相互交流，取长补短，取得了多项重大成果，并在生产中得到广泛应用，为我国水稻产量提高、品质提升、效益增加，保障国家口粮安全，促进国民经济持续健康发展发挥了重要作用。

这十年来，黑龙江垦区综合试验站在依托单位的大力支持下，紧紧围绕产业体系的 20 余项重点工作及垦区生产实际，团队成员及示范单位技术骨干，结合重点任务，精心组织、潜心研究、深入调研、指导服务、示范推广等，克服了各种自然灾害，超额完成各项工作任务，累计撰写试验报告、调查研究等 150 余份，下发各类技术资料 9 万余份，技术培训 10 万余人次，解决生产问题 1 200 多个，筛选出优质水稻品种 8 个，示范推广新技术 15 个，编制技术规程或技术要点 15 个，各项新技术应用面积累计达 1 500 余万亩，为黑龙江垦区水稻优质高效生产，促进农场增收、职工增效，推进垦区水稻生产持续健康发展起到了重要作用。

一、品种结构进一步优化

从寒地特点出发，以优质高产多抗品种为前提，连续多年开展水稻新品种筛选试验研究，为垦区水稻品种结构调整提供了重要依据。到 2017 年垦区水稻种植面积达 2 333 万亩，以市场为导向，加大优质高产抗逆新品种的推广力度，促进了水稻品种结构的进一步优化。其中，种植面积超 100 万亩的品种有

4 个，分别为龙粳 31、龙粳 46、龙粳 39、龙粳 43 等，面积为 1 520 万亩，占垦区水稻面积的 65.2%，为水稻持续稳产高产奠定了良好的基础。

二、特色优质品种种植凸显

针对近年稻谷保护价格持续下调的实际，为推进供给侧结构性改革，保证种植户效益，农垦局、农场等各级单位积极发挥区位优势，及早谋划，扩大特色优质品种的种植面积，狠抓订单生产，实现由"种得好"向"卖得好"转变。积极推广本站筛选出的市场认知度好的优特品种，如三江 6 号、绥粳 18、龙垦 201、龙稻 18、龙粳 57、粘稻 325、黑稻等。2017 年累计种植面积 783.8 万亩，为提高稻米品质，打造品牌，提高市场竞争力赢得主动。产业体系示范单位七星农场以订单特色种植为抓手，大力推广三江 6 号、绥粳 18、龙庆稻 3 号等优质水稻，订单特色种植面积达 20 余万亩，并以每吨高于市场价格 200 元回收，带动三江管理局订单种植面积达 100 余万亩，为促进水稻效益稳步提升起到了积极的示范带动作用。

三、节肥技术取得新突破

多年来，本试验站积极开展以水稻侧深施肥技术为核心的节肥技术研究，通过先进侧深施肥机的引进和专用肥料的筛选应用，基本解决了以往侧深施肥技术存在的施肥不匀、肥料施用不到位、肥料质量差等难题。通过几年的试验研究与改进，该项技术得到了广泛应用，并取得了较好效果。一是筛选出氮、磷、钾配比较为合理，适合侧深施用的水稻专用肥；二是形成了寒地水稻侧深施肥配套技术；三是该项技术达到节肥、增产、增效、降低劳动强度等目的。到 2017 年垦区已推广水稻侧深施肥面积 311.3 万亩，常量施肥水平下，平均亩产 632 kg，较常规施肥亩增产 6.2%，亩增效 100 元以上，其中，宽窄行侧深施肥面积 25 万亩，亩增产 7% 以上，增效 150 元以上。在节肥 5% 情况下，匀行侧深施肥平均亩产 625 kg，较常规施肥增产 5% 左右，每亩节肥 2 kg，每亩节本增效 94 kg。2018 年此项技术推广面积达到了 522.2 万亩，占垦区水稻面积的 22.8%。

四、纹枯病防治取得新成效

针对纹枯病的逐年蔓延的实际，本站组织各示范单位积极开展纹枯病防治技术研究，取得较好的效果，并在生产中进行了大面积应用。筛选出的主要药剂有 24% 的噻呋鲜胺、35% 噻呋酰胺·氟环唑悬浮剂、10% 多抗霉素已唑醇、75% 肟菌酯·戊唑醇、52% 噻呋酰胺·戊唑醇、13% 井冈霉素和 28% 井冈霉素等。在水稻孕穗初期和孕穗末期两次施药，对纹枯病防效均达94%以上，并较空白对照增产4%～8%。2017年纹枯病防治面积达1 100余万亩，效果十分显著。

五、绿色有机生产成效显著

示范单位八五〇农场合理配置农业资源要素，优化水稻品种结构，通过标准化生产、规模化经营、产业化带动，促进产能提升和效益增加。该场开展蚯蚓系列有机肥和发酵腐熟农家肥替代化肥种植高端米，2017年推广面积1万余亩，亩施蚯蚓有机肥50 kg，每亩减少了化肥用量12 kg。为实现由"种得好"向"卖得好"的转变，大力发展互联网＋农业，开启线上线下互动营销，依托农场工业园区的"华彬粮油经贸有限公司"，努力打造"八五〇"品牌，将蚯蚓系列有机肥种植的寒地香稻加工成高端米，在大连、上海等187家连锁超市进行线下实体店销售，平均销售价格为16元/kg，利润率超过40%，企业利润达到1 300万元以上，示范效果显著。

六、全程机械化有新进展

针对劳力成本逐年上涨（特别是育苗期和插秧期用工量大）、劳动力短缺、水稻保护价下调的实际，为确保种植户效益，示范单位开展了育苗和运苗机械化研究，取得了显著效果，有效地降低用工量，提高了工作效率。示范单位七星农场开展了秧田机械化研究与示范，结合寒地育秧特点，集成组装大棚清雪机、秧田旋耕机、置床平整机、摆盘覆土机、运苗机、运输轨道车等机械，为提升水稻育苗标准，解决劳动力短缺，降低用工成本和控制成本增加起到了重要作用。据该场测算，应用水稻育秧棚内机械比人工作业每亩节约成本51.8元，效果明显，为水稻生产全程机械化注入新的活力；试验示范并推广的摆盘覆土机，具有机械成本低、摆盘速度快、降低劳动强度和节约用工成本等特点。据测算，3人1台机械每天可摆4栋标准大棚，即9 000盘，而人工3人每天仅摆1栋大棚，相差3倍；到2018年已推广2.7万台，播种面积占43%。

七、优质品种配套技术研究与示范初见成效

为进一步提高垦区水稻品质，结合寒地特点和体系的重点工作，开展了水稻优质品种配套技术研究，并取得较好的效果，确定了影响米品质的主要因素及相关性，其中前五大因素排序为品种、积温、以施氮量为主体的施肥技术、稻谷的新鲜度、秧苗素质，同时确定了栽培技术对稻谷品质的影响。

（1）三期。三期是指播种期、插秧期、收获期。三期是影响稻米适口性的重要农时标准，播期为 4 月 15—20 日、插期 5 月 20 日左右，较其他时期播种和插秧可提高食味值 2.5 分以上；抽穗后 50 d 左右收获，稻米的食味值较 60 d、70 d 收获的食味值分别高 3.8 分和 6.6 分。

（2）肥料。常规施肥水平减氮 20%，$m_N : m_P : m_K = 2 : 1 : 0.6 \sim 1$，同时配施平安福、基施旺等有机肥，可提高稻米食味值 2 ～ 3 分。

（3）灌溉。全程间歇灌溉是保证适口性的基础，水稻生育前期控水影响产量、后期控水影响品质，其中结实期缺水，食味值降低 1 ～ 2 分。

（4）防病。健身防病是提高适口性的保障，易倒伏水稻可在拔节前 7 d 施用"矮壮素 + 烯效唑"，缩短水稻倒二、倒三节间长度，防止倒伏，保证品质。

（5）储藏。低温保存对稳定适口性具有重要作用。常温储藏 1 年的水稻，其糙米率、精米率、整精米率及蛋白质含量有下降趋势；直链淀粉含量略有升高，食味值下降 2 ～ 3 分。

通过近几年的研究与示范，已累计推广面积 78.78 万亩，其中，绥粳 18 为 31.5 万亩，三江 6 号为 20.7 万亩。通过应用优质品种及优化栽培技术，有效提高示范品种的食味值，平均达 84.3 分，比常规栽培高 2.6 分，比对照龙粳 31 高 6.5 分，为促进垦区优质米生产提供了重要技术支撑。

八、智能化育秧技术促进秧苗素质提升

为降低育秧劳动强度，提高秧苗素质，垦区开展智能化育秧技术研究与示范推广，取得了显著效果。此项技术的应用，使水稻选种饱满率达 99% 以上，种子的浸透率达 95% 以上，种子芽谷率达 92% 以上，芽长 2 mm 以内的双峰芽谷率达 60% 以上。智能精播机，机插中苗播量 26 000 ～ 28 000 粒 /m²，空穴率减少 5% 以上。目前，垦区现有大型智能浸种催芽设备已达 130 余处，智能浸种催芽占 80% 以上，使垦区水稻壮秧率达 90% 以上，完善集成了水稻智能化育秧技术模式。

九、钵形毯苗机插秧技术全面应用

钵形毯苗机插秧技术是中国水稻研究所的专利技术，各示范单位经过多年试验示范，取得了显著的增产效果。钵形毯苗实现了钵盘和平盘的有机结合，且利用现有各种型号插秧机即可实现机械插秧，有效地解决了钵育秧盘和钵苗摆栽机成本高、育秧烦琐、用工量大、播种效率低、管理难度大、推广速度慢等难题。此项技术的优势已得到垦区广大干部职工的充分肯定，到 2017 年此项技术应用面积达 2 000 余万亩，占水稻种植面积的 85% 以上，平均亩增产

6%以上，为垦区水稻平均亩产达到 600 kg，商品粮达 200 亿 kg 奠定了坚实基础，对保障国家口粮安全起到了重要作用。

十、秸秆还田成效显著

为提高耕地质量，促进农业可持续发展，多年来，5 个示范场不断加强水稻秸秆综合利用技术研究与应用，并取得了显著成效。如八五〇农场实现多年连续 100%还田，亩平均增产 30 kg 以上，同时杜绝了焚烧秸秆现象，减少环境污染。该场水稻秸秆全量还田 5 年，研究结果表明，土壤理化性状明显改善，土壤容重下降 0.06 g/cm³，有机质量含量增加 0.6 g/kg，全氮含量增加 0.04 mg/kg，有效磷含量增加 2.9 mg/kg，速效钾含量增加 36 mg/kg，pH 下降 0.14 等。该项技术研究应用为垦区大面积推广此项技术起到了积极示范带动作用。

我们将在农业部和首席的领导下，以保障国家粮食安全为己任，以提高水稻产量品质效益为目标，结合体系重点工作和垦区生产实际，努力开展水稻提质、节水、节肥、节药、降本、增效等技术研究，为推进垦区绿色、环保水稻生产再上新台阶做出积极的贡献。

体系十年伴我成长

孙世臣

哈尔滨综合试验站站长 黑龙江省农业科学院

弹指一挥间，水稻体系已经走过了 10 个春秋。十年间，体系为国家粮食生产的"十三连丰"提供了巨大的技术支撑。作为体系的成员之一，感受更多的是光荣、使命、责任与担当。体系是全产业链的系统规划设计，更是成员间沟通的桥梁和纽带，和谐的体系建设为大联合、大协作提供了便利的条件。作为体系成员，感悟颇多……

一、建设了稳定的团队

哈尔滨综合试验站是体系第二批启动的综合试验站，首任站长是张凤鸣研究员。作为试验站的核心骨干之一，我有幸见证了试验站在张凤鸣站长带领下的启动、建设与不断完善。在体系经费的持续支持下，试验站团队的人员结构发生了很大的变化，引进和培养人才是体系发展的重要保证，团队从学科进行了合理布局，十年间共培养博士 2 人，硕士 2 人，引进博士 2 人，从建立之初没有博士到目前的 4 博士、3 硕士，人才梯队的建设日趋完善。随着张凤鸣站长的退休，我接过了张老师的大旗，从核心骨干成长为试验站站长，团队力量也逐步加强。

二、促进了南北方不同稻作区的交流

我国幅员辽阔，南北方及各生态区水稻生产有较大的差异，每个生态区形成了独特的稻作文化，在体系首席科学家程式华的带领下，体系南北方各岗位、试验站间进行了广泛的交流与合作，使得我们更深层次地了解了我国不同区域的稻作文化特点，促进了南北方及不同生态区的资源交流、技术交流等，开拓了研究思路，取长补短，加快研究速度。十年间，哈尔滨综合试验站通过体系引进辽宁、吉林、江苏、云南、宁夏、新疆等地区优异种质资源 500 余份并全部评价与应用，引进了水稻直播栽培技术、钵形毯状苗机插秧技术、钵育摆栽机插秧技术等，在区域内进行试验示范取得了良好的效果，促进了各区域技术的交流和融合。

三、取得了丰硕的成果

体系成立以来，在首席科学家的正确领导下，各成员间的合作交流持续加强，一大批好的成果应运而生。通过与各岗位科学家、综合试验站站长团队合作，哈尔滨综合试验站取得了可喜的成果，获得黑龙江省科技进步一等奖 1 项、三等奖 3 项，中华农业科技一等奖 2 项，育成水稻新品种 13 个，育成品种的品质显著提高，满足了国家供给侧结构性改革对优质品种的需求。2014 年，龙稻 18 育成并通过黑龙江省品种审定，该品种是黑龙江省第一个也是目前唯一的国标一级米，结束了黑龙江省作为水稻生产大省却没有国标一级优质米的历史。该品种在 2014 年省良种化工程中优质中标，2017 年获首届黑龙江省优质粳稻品评会特等奖，2018 年获农业农村部主办的首届全国优质稻（粳稻）品种食味品质鉴评会金奖，农业农村部党组副书记、副部长余欣荣称赞："龙稻 18 食味与日本渔昭越光相媲美"。在北方稻作协会举办的全国粳稻优良食味米品评中，龙稻 3 号获食味第一名，龙稻 5 号获二等奖，龙稻 13、龙稻 7 号获一等奖，龙稻 16 获特等奖。"龙稻"成为黑龙江省优质水稻的靓丽名片。

四、为区域水稻的发展提供了持续的支撑

哈尔滨综合试验站位于松嫩平原腹地，覆盖并辐射水稻面积 1 000 万亩左右，下设的 5 个示范区县绥化北林区、庆安县、延寿县、宾县、木兰县均为区域内有代表性的水稻主产县（区）。通过每个示范县建立的两个示范区，每年进行新品种筛选、展示与示范，使各单位新育成品种直接能够展示在农民身边，结合现场会的讲解，极大地方便了稻农对种植品种的选择，促进了新的优良品种的推广速度，使该区域的水稻品种由原来的高产全面转向了优质优价，促进了品种的更新换代。通过水稻稻瘟病及杂草综合防控示范区的试验示范，实地展示了稻瘟病及杂草的综合防控为水稻增产增收带来的效果，系统讲解了如何防控稻瘟病及田间杂草，推动了该区域稻瘟病的统防统治，田间杂草做到了有效的防治，使水稻生产技术有了较大的提升；技术的进步永远在路上，随着农村富余劳动力的转移，水稻生产也不得不向轻简化、高效化探索。在各示范县建立的水稻直播栽培技术示范区、水稻全程机械化栽培技术示范区等为农民进行新技术的探索尝试提供了样板，促进了新技术的推广。这些新技术的示范与推广为区域内水稻的供给侧结构性改革和持续发展提供了强大的技术

支撑。

　　光荣，我是国家水稻产业技术体系的一员，这里有使命与担当；感恩，体系十年建设伴随着我的成长，哈尔滨综合试验站不断加强。伴随着十九大以来改革与发展的步伐，相信水稻产业技术体系建设会越来越好，为国家水稻的持续发展，为国家粮食安全做出更大的贡献！

十年体系路　种出好味稻

王才林

南京综合试验站站长　江苏省农业科学院

2007年，我作为综合试验站站长，第一批加入了水稻产业技术体系，加入了国家队，成为了体系人，倍感荣幸。十年来，在首席科学家程式华的带领下，在体系各岗位科学家、试验站站长的共同努力下，水稻体系得到了长足的发展，取得了骄人的业绩。而我以及我的团队，在各位专家的关心、指导和帮助下，也和体系共成长，在水稻体系这个温暖的大家庭中，扩大了科研平台，壮大了创新团队，取得了工作业绩，得到了农户的一致好评。

一、体系是产业信息、资源交流的平台

现代农业产业技术体系是以农产品为单元、产业链为主线、从产地到餐桌、从生产到消费、从研发到市场紧密衔接，由育种、栽培、土肥、植保、机械、加工、经济分析等产业链的各个环节构成的研发平台，涉及产业的各个部门，信息交流和资源交换更加便捷、高效。每个产业按照优势农产品区域布局规划，依托具有创新优势的中央和地方科研资源，设立一个由若干功能研究室组成的国家产业技术研发中心，并在主产区建立若干个国家产业技术综合试验站。有利于围绕产业发展需求，进行共性技术和关键技术研究、集成和示范；收集、分析农产品的产业及其技术发展动态与信息，为政府决策提供咨询，向社会提供信息服务，为用户开展技术示范和技术服务，为产业发展提供全面系统的技术支撑；推进产学研结合，提升农业区域创新能力，增强我国农业竞争力。

二、体系让体系人集中精力解决产业发展中的关键技术问题

体系在经费上实行相对稳定的资助政策，进入体系的每个岗位和综合试验站，只要按照计划任务完成规定的目标任务，经年度考核合格，就能获得稳定的经费支持，解决了科研人员每年为拿课题、争经费而奔波，难以集中精力做科研的困境，让体系人可以集中精力解决产业发展中的关键技术问题，促进了

产业的稳定、协调发展。十年来，本试验站在新品种、新技术展示，农民技术培训和解决生产实际问题等方面都取得了显著成绩。

（一）展示示范了一批新品种、新技术

建立新品种、新技术的展示基地和万亩区、千亩片、百亩方，开展新品种与新技术的筛选、展示和示范是综合试验站的第一大任务。十年来，本试验站在首席科学家、功能研究室主任和岗位科学家的指导下，紧紧围绕本试验站制定的五年工作目标与年度工作任务开展工作。十年在张家港、无锡、高邮、姜堰、海安 5 个示范区县累计建立南粳 44、南粳 45、南粳 46、南粳 49、南粳 5055、南粳 9108、南粳 52、南粳 0212 等品种的万亩区 37 个（次）、千亩片 89 个（次）、百亩方 166 个（次）。筛选新品种（系）1 547 个（次），示范新品种、新技术 555 个（项），展示新品种 494 个（次），为示范区县种植大户提供了一大批可供选择的新品种和新技术。

（二）培训了一批新型农民

组织开展农民技术培训，通过现场观摩、现场实训、讲课培训等方式培训基层技术员、种田大户和农民是综合试验站的第二大任务。十年来，在 5 个示范区县累计组织开展技术培训 122 场次，培训县（市、区）和乡镇（街道）农技员 2 446 人次、种粮大户 2 025 人次、农民 14 808 人次，举办现场观摩会 40 次。先后到 5 个示范区县和省内 30 多个县（市、区）进行现场技术指导与技术咨询 350 次，在农技耘回答农民问题 1 000 余次，发放技术资料、明白纸 137 545 份。举办现场观摩会 40 场次，开展调研 49 次，形成相关调研报告 113 份，填写日志 1 521 篇，编写简报 111 期。

（三）解决了一些生产实际问题

监测本领域水稻生产和市场的异常变化，及时向农业农村部、首席科学家和当地农业主管部门上报情况；分析水稻生产的重大灾害，及时制订分区域的应急预案与技术指导方案；并组织开展针对性、应急性技术指导和培训工作是综合试验站的第三大任务。十年来，每年 7-9 月到 5 个示范县和睢宁、铜山、丰县、沛县、贾汪区、邳州、新沂、东海、灌云、灌南、沭阳、宿城、宿豫、泗阳、泗洪、盱眙、洪泽、江都、邗江、如东、如皋、通州、兴化、浦口、丹阳、溧水、溧阳、江阴、常熟、昆山、太仓等 30 多个县（市、区）的绿色高产增效创建示范和大面积生产现场进行考察指导，针对考察中发现的问题，及时提出技术指导意见。还现场解答农户提出的问题，针对大面积生产上出现的问题开展调研，分析原因，提出解决措施，及时解决了一些生产上出现的突发性问题。如 2014 年水稻生长期间，江苏省遭遇了长达 40 d 的持续低温阴雨天气，导致分蘖期叶稻瘟严重发生，如果防治不及时将导致水稻稻瘟病、纹枯病、稻曲病等病害大流行。我们积极采取应急措施，做好技术指导与技术服务工作。7 月下旬至 9 月中旬先后发布三期简报，通过《江苏农业科技报》、农信通短信平台和各示范区县网站提醒广大农户及时做好三大病害的防治以及中后期田间肥水管理，立足抗灾夺丰收。带领团队成员到 30 多个县、市、区进行现场技术指导 50 多次，接受电话咨询 20 多次，举办 6 次培训班，指导技术人员和种田大户切实加强穗期病害，特别是穗颈瘟的防治。针对抽穗期间温度低，抽穗时间长，抽穗不整齐的特殊情况，提醒农户在始穗到齐穗之间多打一次药。由于技术指导与技术服务到位，该年各示范区县水稻生产仍然获得丰收。

又如 2016 年 6 月下旬以后，江苏省沿江苏南地区遭遇大暴雨侵袭，致使部分地区水稻等作物严重受灾。针对这一情况，南京综合试验站积极投入抗洪救灾，深入生产第一线指导抗洪救灾工作。我中途终止江苏省劳模考察，带队赴南通市海安县、如皋市调研水稻受灾情况，随后又赴江苏常州武进、苏州常熟、张家港和无锡等地指导灾后水稻田间管理。同时组织团队成员先后赴南京浦口、姜堰、兴化、海安、大丰、射阳和滨海考察了解水稻生产情况。及时提出灾后管理技术要点，提出了开沟排水控水、洗苗扶苗、适时适量增施肥料、及时防治病虫害和及时改种五项补救措施，在江苏省农业科学院微信平台和省作栽系统微信平台发布，并报送水稻产业技术体系（简报 567 期），受到各级农业推广部门的好评，3 天内阅读量超过 6 000 条，起到了很好的指导作用。

三、体系解决了新品种、新技术示范推广的"最后一公里"问题

体系由产业技术研发中心和综合试验站两个层级构成。每个农产品设置一个国家产业技术研发中心，研发中心由若干功能研究室组成，设 1 名首席科学家和若干科学家岗位；在主产区设立若干综合试验站，每个综合试验站设 5 个示范区县。试验站的主要任务是在示范县开展新品种和新技术的筛选、展示与示范，开展农民技术培训和应对产业发展中的突发性、区域性问题。试验站将岗位科学家培育的品种、研发的技术通过展示与示范，明确其适应性，筛选出优良品种和适合的技术在生产上扩大推广，解决了传统的示范推广中专家研发

的新品种、新技术难于走向田间地头、为老百姓所掌握并使用的"最后一公里"问题。

（一）选出一批适合江苏省不同稻区种植的优良食味品种

通过新品种的筛选、展示与示范，为各示范区县和周边区域筛选出了一批优质、高产、抗病的水稻新品种。十年间共筛选出新品种 16 个。尤其是筛选出适合江苏省不同生态区种植的优良食味粳稻品种。从 1999 年国家提出产业结构调整开始，我们就注意食味品质的筛选。通过系统研究影响食味品质的关键因素，建立食味品质的科学评价技术；研究 Wx 位点不同基因型直链淀粉含量的变化规律及其对食味品质的影响，发现直链淀粉含量在 10% ～ 14% 之间的半糯基因型食味品质适合于长江中下游地区居民的口感需求；发掘含有半糯基因 Wx-mq 的日本半糯粳稻"关东 194"作为食味品质改良的核心种质；创建了优良食味与抗病和高产相结合的分子标记聚合育种方法，将半糯基因 Wx-mq、香味基因 fgr、抗条纹叶枯病基因 Stv-b^i、抗稻瘟病基因 Pi-b 与粒型基因 $GS3$ 结合到一起，筛选出不同生态类型的优良食味、抗病、高产粳稻系列品种。2008 年筛选出南粳 46，适合在江苏省太湖地区东南部种植，2011 年筛选出南粳 5055，适合在沿江和苏南地区种植，2013 年筛选出南粳 9108，适合在苏中地区种植，2017—2018 年又筛选出南粳 505 和南粳 2728，适合在淮北地区种植，同时筛选出适合在江苏沿江和苏南地区种植的早熟晚粳稻新品种南粳 3908（表 1）。至此，江苏省不同生态区都有适宜本地种植的优良食味粳稻品种，实现了优良食味粳稻品种覆盖江苏省不同生态区的战略布局，为今年水稻生产的供给侧结构性改革奠定了品种基础。

表 1　南粳系列优良食味粳稻品种的适宜种植区域

品种	全生育期 /d	类型	适宜地区
南粳 46	165 ～ 170	中熟晚粳	江苏苏南、上海、浙江
南粳 5055 南粳 3908	155 ～ 160	早熟晚粳	沿江和苏南地区
南粳 9108	150 ～ 155	迟熟中粳	淮南、苏中和宁镇扬丘陵地区
南粳 505 南粳 2728	150	中熟中粳	淮北、山东、河南

（二）集成一套绿色高产优质高效配套栽培技术

在新品种筛选的同时，积极开展配套技术研究、集成与示范。十年来，制定南粳46、南粳5055、南粳9108等品种，原种生产、机插、抛秧等栽培技术和优质稻米生产与食味品尝等地方标准与企业标准15项，通过研究温光资源、种植方式、播期调控、肥水运筹和微肥配比等因素对优良食味粳稻品种产量和品质形成的影响，组装集成"优良食味水稻绿色安全生产技术"，2016年以来被江苏省农委推介为江苏省主推技术，在生产上大面积推广应用，为优良食味粳稻南粳系列品种的品质保优高产高效栽培提供了技术支撑。

（三）支撑一批种子生产、稻米加工企业和新型农业经营主体

南粳46、南粳5055、南粳3908、南粳9108、南粳505和南粳2728等优良食味系列品种的育成及其绿色安全生产技术的集成，不仅为江苏省及其周边省份优质稻米生产提供了技术支撑，也支撑了一批种子企业、稻米加工企业和新型农业经营主体。南粳46种子在苏州市由江苏苏南种业有限公司生产经营，其他地区由江苏省高科种业科技有限公司生产经营；南粳5055种子由江苏红旗种业股份有限公司独家经营；南粳9108和南粳505种子由江苏省高科种业科技有限公司独家经营；南粳2728种子由江苏大丰华丰种业股份有限公司独家经营；南粳3908种子由江苏明天种业科技有限公司独家经营。南粳系列优良食味品种由于符合当前种植业供给侧结构性改革的需求，审定以来一直是江苏省的主推品种，其中南粳5055和南粳2728被农业部确认为超级稻，南粳9108被农业部推介为长江中下游主导品种，种植面积不断扩大。至2018年已累计推广4 676万亩，其中，2018年超过1 000万亩，占江苏省粳稻种植面积的1/3。累计增产稻谷20亿kg，增收65亿元。这些品种的种子经营公司也取得了显著的经济效益，其中，江苏省高科种业科技有限公司年利润超过2 000万元。

用南粳系列优良食味粳稻品种生产的优质大米具有"软、香、糯、白"的特点，米粒饱满圆润，洁白如玉；米饭晶莹剔透，香气扑鼻，软糯滑润，冷不回生，口感极佳，深受消费者的欢迎。南粳46、南粳5055和南粳9108先后在第一至第四届江苏省优质粳稻食味品尝会上获得第一名，20多次获得全国"优质食味粳米""金奖大米""金奖稻品"等荣誉称号，2016年在日本优质粳稻育种技术与食味品鉴中，南粳46荣获"最优秀奖"。利用南粳系列品种成功创建多个优质大米品牌，如"苏星四季"南粳46、"苏垦"南粳5055、"蟹园"

南粳 9108 等品种品牌大米，得到优质稻米市场的广泛认可。南粳系列品种成为绿色高产高效创建和种植大户、种植合作社和联合体等新型农业经营主体的首选品种，其稻谷成为江苏、浙江、上海、安徽等省、市数百家稻米加工企业和粮食部门竞相争购的原粮，其中，南粳 9108 品种更作为全国区域公共品牌"兴化大米""射阳大米"和中粮集团福临门大米的主打品种，促进了江苏省及周边省份优质稻米产业的发展。

榜样的力量

谢磊

荆州综合试验站站长荆州　农业科学院

我是湖北省荆州农业科学院一名普通的农业科技工作者，也是国家水稻产业技术体系荆州综合试验站站长。自 2007 年国家水稻产业技术体系创建以来，转眼春秋十余载，我经历了体系从最初组建到成熟壮大，亦经历了由团队成员到试验站站长的角色转变，这十年，是体系发展壮大的十年，也是我奋勇前行、砥砺成长的十年。

回首这十年，感触颇深。犹记得第一次见程式华研究员是在 2013 年 8 月，我们怀着忐忑不安的心情，前往中国水稻研究所向程首席汇报前任站长离职，请示站长继任事宜以及下一步工作安排。由于前期单位发展的变化、人员的变动以及工作思路的问题，当时荆州站在体系试验站考核排名比较靠后，我们本以为会因此遭到程首席一顿训斥，早已做好接受批评的准备，没想到程首席听过相关情况后，非但没有批评我们，反而鼓励我们不要受前期工作影响，找准荆州站在江汉平原湖区水稻产业中的位置，做好技术推广和产业支撑，并对我们将工作重心由水稻育种向水稻新品种、新技术、新模式推广示范转变的工作思路给予了充分肯定。首次接触，程首席对水稻产业深刻而独到的见解、严谨扎实的工作作风，以及儒雅谦逊的为人给我留下了深刻的印象，并对我此后的工作生活产生了巨大的影响。而随着我参与体系工作越多，接触的专家、学者越多，便发现越来越多像程首席这样的专家。大到两院院士、国家学科带头人、知名专家，小到如我一般的基层农业科技人员。在听取他们的学术工作报告、面对面的交流讨论以及在田间地头躬身示范中，我深深地感受到他们对事业的热爱、对学术的严谨性、对工作的责任心，同时也被他们学识的渊博、行事的儒雅和为人的谦逊深深打动。他们身上总有一股能量让我不由自主地萌生出奋发向上的冲动，这大概就是榜样的力量。

在我心中，国家水稻产业技术体系不仅是一个推进产业创新发展的平台，他更像一个大家庭，作为这个大家庭中的一员我感到无比的骄傲与自豪。

国家水稻产业技术体系是一个团结和谐的集体。体系内从首席开始，在管理上能以身作则，在科研中能求实创新，功能研究室、岗位科学家和综合试验站能够协作互动、精诚合作，紧紧围绕计划任务开展技术创新与咨询服务。作为一名基层的综合试验站站长，我感受到了首席的关怀与言传身教，感受到了功能研究室主任与岗位科学家的悉心指导与帮助。

国家水稻产业技术体系是一个务实求真的团队。团队在程式华首席的带领下，以促进产业发展为目标，从水稻的遗传改良到栽培生理研究，从水稻病虫害绿色综合防控到轻简化栽培的研究集成与示范，从产品加工到产业经济的研究，从提高信息服务支持到政策咨询服务，形成了一个由点到线及面的完整体系，不仅全面圆满地完成了各项工作任务，且一次又一次突破水稻领域科技前沿及相关技术瓶颈，为产业发展提供技术支撑。体系内专家们孜孜不倦的研究态度和务实求真的科学精神，促进了体系内科学精神的升华与传承。

国家水稻产业技术体系是一个引领育人的团队。体系每年定期开展学术报告会、现场观摩会、技术培训会及年度考核，不仅提高了体系的整体学术水平和科技创新能力，同时，培养了一大批懂农业、爱农村、爱农民的农业科技工作者和新型职业农民。参与体系工作，我本人无论是学术水平，还是职业精神都得到较大提高。编制了荆州市水稻全程机械化生产技术规程，获得了荆州市科技进步一等奖和湖北省科技进步一等奖各一项，在 2018 年被评为荆州市十大杰出科研工作者。

参与体系工作十多年来，在体系领导的指导下，荆州水稻产业得到了质的提升。在品种应用上，积极与体系专家合作，先后在体系张启发院士、朱英国院士、程式华、胡培松、游艾青、任光俊、王才林等研究员的指导下，开展新品种引进、抗虫抗病鉴定及适应性试验研究与示范，一大批优良水稻品种得到广泛应用，如丰优系列、荃优系列、隆优系列、红莲系列等新品种。在高效模式上，在彭少兵教授的指导下，开展再生稻栽培技术的研究与集成技术的示范，在再生稻品种选育、筛选以及栽培技术的研究上取得较大突破，先后指导打造了洪湖春露、江陵中氮、监利内荆河、松滋鄂福优等 10 多个品牌，累计推广再生稻面积近 300 万亩，实现了亩产吨粮，亩增收 1 000 元左右的目标。在病虫草害绿色综合防控上，先后与中国水稻研究所陆永良、四川农业科学院彭云良以及华中农业大学等专家教授合作，开展喷播同步封闭除草、病虫绿色综合防控技术的试验示范，累计推广面积 50 多万亩，实现了减肥减药，提质增效的目标。在轻简化栽培上，利用体系罗锡文院士的精量穴直播机及其技术，开展水稻麦后精量穴直播技术示范，达到了亩产 730 kg 的高产水平，有效推动了荆州水稻机械直播技术的应用。此外，在朱德峰、张玉屏等研究员及相关岗位科学家的指导下，扎实开展水稻病虫草害的预测预警，水稻高温热害缓解技术等相关技术的研究示范与推广，精心组织团队开展新型职业农民培训，积极为地方提供信息咨询与产业发展建议，为荆州水稻产业有序良性发展提供了有力支撑。

感谢体系给予我机会，让我得以遇见、结识这么一群可敬可爱的农业科研精英，并能与之共事；也能得以学习、见识到水稻产业研究前沿、三产融合典范，并能为水稻产业发展贡献自己微薄的力量。我将在体系的带领下，更加认真履行职责，圆满完成体系各项科研任务，努力完善自我，做"一懂两爱"的农业人，为水稻产业发展做出应有的贡献。

参与水稻体系十周年体会

赵德明

宜宾综合试验站站长　宜宾市农业科学院

2007年成立水稻体系以来，刚开始作为宜宾站团队成员，2016年成为宜宾试验站站长。十年期间，从完成体系安排的任务、与其他试验站交流、参与体系召开的现场会和总结会中收获良多，认识了以院士为首的国内众多同行专家，完成了从单纯的基层科研工作者到科研推广应用相结合的基层推广者的转变。

一、从水稻体系中了解了水稻产业的发展情况

每年的总结会上，众多专家分析介绍了国内外水稻遗传育种、病虫害防控、栽培、机械化与设施设备、产后处理与加工、产业经济的研究进展和发展情况，让我学习、了解了当年水稻产业的发展情况。

二、从水稻体系安排的水稻产业发展调查深刻了解到川南宜宾基层水稻产业发展的艰难

1. 宜宾水稻产业发展较落后

宜宾市181个乡镇水稻面积从2007年的232.3万亩下降到2017年的223.1万亩，90%以上为冬水（冬闲）田；产量从113.9万t增加到123.9万t。由于交通不便和山地较多等原因，水稻机械多以小型或微型为主。如耕作机械以微型旋耕机为主；机插秧面积10%左右；全市拥有联合收割机507台、割晒机16台、小型机动脱粒机14.08万台。由于交通不便，北方的安徽、山东等机收队伍到了自贡市、泸州市也不到宜宾市来进行水稻机收作业。

2. 宜宾水稻产业从业人员少、人员素质较差

宜宾农村450.25万人，从事水稻产业仅106.5万人，且多为老年人或妇女。这些从业人员学历低，吸收和掌握新技术的能力差。每年落实百亩示范片要做很多工作，开展技术培训的效果也较差。

3. 乡镇农技人员经常变动工作

体系十年来，每年均在 5 个示范区县 10 个乡镇通过乡镇农技人员建立百亩示范片。示范乡镇技术骨干变动工作的有 6 人，10 个示范乡镇仅有 5 个稳定开展了十年工作，5 个示范区县的 5 个技术骨干变动了 3 人，5 个示范区县的技术领导全部变动。

三、学到了基层农技推广工作经验，培训了一批新技术，推广了一批新品种、新技术

十年来，同示范区县机收骨干和示范乡镇机收骨干一起到基层开展示范工作，学到了同农户、种植大户、专业合作社打交道的工作经验，把自己当作一名普通的农技人员，切实为农户增收增效着想，受到农户、种植大户、专业合作社以及基层技术骨干的普遍认同。因此，十年来落实百亩示范片的工作比较顺利。共建立百亩示范片 102 个、千亩示范片 1 个、万亩示范片 1 个。

十年来，开展了近百场技术培训，培训近 0.3 万人次。培训了水稻高产制种技术及田间管理、稻瘟病绿色防控技术、水稻栽培及病虫害防控技术、2017 年水稻育秧技术、水稻病虫草害绿色防控技术集成与示范、水稻虫害综合防控技术、再生稻续留及病害防控技术、水稻高产栽培技术及配套措施、"宜长兴"五粮液专用酿酒原料技术、酿酒专用粮富硒稻栽培管理技术、农作物暴雨灾害紧急应对措施等新技术、新措施，示范推广应用了宜香 2115、川优 6203、宜香 4245 等 27 个新品种。

四、积极调查水稻生产上出现的突出问题，并提出应急性应对建议

十年来，针对干旱、苗期低温阴雨、病虫害爆发等提出应急性建议 12 条，如干旱对本市水稻栽插的影响情况、稻飞虱对本市 4 个山区县水稻的影响情况、三月下旬"倒春寒"对宜宾水稻秧苗的影响及建议、针对宜宾地区阴雨寡照天气对水稻生产的建议、暴雨后宜宾市水稻补救管理工作、川南水稻坐蔸的特点与防治措施、宜宾市水稻穗期稻褐飞虱防控紧急建议等，提供给当地农业行政主管部门，减轻了干旱、苗期低温阴雨、病虫害暴发等对宜宾水稻产业的影响，为宜宾水稻产量年年增产贡献了试验站的力量。

五、积极参与精准扶贫工作，为乌蒙山区脱贫贡献水稻体系力量

2015 年开始，本站承担了珙县王家镇四合村王文宽农户、珙县巡场镇坳田村和下罗镇农利村的农技员扶贫工作。通过进村入户，了解了贫困户的生产生活现状、贫困原因。2016 年制定了珙县巡场镇坳田村和下罗镇农利村的脱贫规划，并帮助坳田村和农利村发展自己的贵妃枣、钩藤、茶叶等主导产业。每年为每个贫困户制订了分户脱贫发展实施方案；每年开展技术培训会 8 次以上、现场技术指导 10 次以上；每年培养科技示范户 11 户；帮助建立专业合作社 2 个；每年送新品种 50 kg 以上。

2017 年开始对乌蒙山区特贫县屏山县、叙永县等进行帮扶。每年都到叙永县合乐苗族乡指导山区水稻生产，筛选高产、优质、早熟的水稻新品种。到屏山县龙溪乡建立了百亩富硒优质稻生产示范片一个。屏山县是国家乌蒙山区特贫县，2017 年全县 GDP 仅 48 亿元，水稻面积 8.5 万亩，单产 453.5 kg/亩，是全市面积和单产最低的县。但屏山县多数稻田富硒，海拔高度较高且无工业污染，适宜发展富硒优质稻。2017—2018 年已经筛选、示范了宜香优 2115、川优 6203、宜香 4245 等优质稻，单产 550 kg 以上，增产增效明显。

参加水稻体系十周年工作，在与水稻体系同行的交流、参加现场考察会、学习先进试验站的工作经验等方面还有很多感悟，水稻体系就像一个大家庭一样，首席、岗位科学家和兄弟试验站给予了我很多帮助和支持，让我从一个团队成员顺利成长为一个试验站站长。

感谢水稻体系！

感谢水稻体系的同行专家！

感谢示范区县技术骨干！

凝聚人心体系兴旺，科技创新产业发展

陈勇

内江综合试验站站长　四川省内江市农业科学院

2007年国家农业部启动现代农业产业技术体系建设，水稻作为保障我国口粮安全的第一大粮食作物首批进入。内江综合试验站以国家西部四川省川中的一个地级市有幸首批进入水稻体系，我作为一个体系小兵——内江站团队成员之一（2011年后聘为内江站站长）见证了水稻产业体系历经"十一五"到"十三五"各方面建设、成长、兴旺。从体制机制的探索、创新和成就来谈谈参与水稻体系试验站十年建设的一点体会。

一、体系建设本身高瞻远瞩，多功能平台日益完善

参加工作20多年，或多或少了解我国科研项目的运行和管理。当我获得"现代农业产业技术体系建设实施方案（试行）"并多次学习领会后，才体会到农业部领导、相关司局领导在现代农业产业技术体系建设的高瞻远瞩。该实施方案就目标和原则，任务、结构和职责，管理体制，运行机制，遴选方式，知识产权和成果管理，保障措施等七个方面进行了翔实的论述。其中多个方面的论述均与以前的重大项目运行不同，它具有创造性、新颖性和前瞻性。"十二五""十三五"连续两次的顶层设计，使得体系的学科建设、岗位配置、研究任务和试验站布局越来越完善、越来越科学。

《现代农业产业技术体系建设实施方案》《现代农业产业技术体系建设专项资金管理试行办法》、农业部和财政部印发《关于地方开展现代农业产业技术体系建设工作的指导意见》的通知、《现代农业产业技术体系人员考评办法（试行）》《现代农业产业技术体系信用管理办法（试行）》等规范文件的实施，保证了体系的正确、安全、高效的运行。

现代农业产业技术体系建设是在现有体制下，探索建立以科技支撑产业发展长效机制的新路子，是提升区域创新能力、建设创新型国家的重要举措。我认为水稻产业技术体系是一个多功能的平台，是一个高起点、高度创新的平

台，它的创新主要包括农业科技、项目制度与机制、项目高效管理、人才培养、事业继承与发展等方面。正如刘艳司长曾说：体系已经成为目前国内科技界最受人称赞、产业上最认可的一支队伍；我们的探索不但得到了社会各界的认可，而且也引起了国际上的关注。

二、水稻体系聚人心谋创新，产业稳步发展助力口粮安全

水稻是我国的第一大粮食作物，为解决我国人民吃得饱、吃得好、吃得放心的问题做出了重大贡献。我在实施方案中理解了整个水稻体系的首席科学家、研究室主任、岗位科学家、试验站站长等的遴选和布局的严谨性、科学性、合理性，"十二五""十三五"的岗位设置及岗位人选也非常完美。

正是因为国家水稻产业体系集聚了国内国家级、省级的科研、教学、企业等单位的科学家、行业大专家，再加上市地级农业科研院所的科技人员和示范县（基地）核心技术骨干，构成了水稻体系的科技大军。这支具有高品德、高素质、高水平的科技大军具有很强的创造力、凝聚力和执行力，在中国水稻研究所所长、水稻体系首席科学家程式华的带领下，攻克了水稻产业技术体系上中下游存在的重大难点、关键点和技术瓶颈，有些经过试验站的及时试验、展示、示范，辐射推广到当地水稻生产中。经过水稻体系成员的共同努力，每年应用新品种、新机械、新技术、新机制从各种灾害中夺取了水稻生产的丰收。水稻体系的十年，是水稻连续增产的十年，水稻科技攻关进展显著，水稻产业稳步发展。水稻体系的十年，是集成与发展的十年，紧跟我国农业、农村、农民发展的步伐，新农村建设、脱贫攻坚和乡村振兴战略中都有水稻产业技术体系的身影和贡献。

水稻产业技术体系在提升农业科技创新能力，增强我国农业竞争力方面做出了实实在在的贡献，其中杂交水稻育种科技依旧世界领先。

三、试验站率先试验示范，科技服务助力乡村振兴

现代农业产业技术体系建设实施方案中定位并明确了综合试验站的主要职能。我认为非常到位，因为地市州农业科研院所既有一定的研究创新、试验示范、实施培训的能力，又地处于基层，联系省、县两级，起到了桥梁沟通、上传下达的作用。既能通过试验示范筛选获得适宜本区域水稻产业所需的新品种、新技术、新机制、新模式，又能与当地农业主管部门、推广部门及时沟通，甚至协同实施水稻产业取得的新成果。特别是在调查、收集生产实际问题与技术需求信息，监测分析疫情、灾情等动态变化问题上形成一个比较通畅的

通道，有助于国家层面与基层双向通道的快捷互通。

2008年，我35岁，协助第一任内江综合试验站站长肖培村老师完成其中部分工作，并有机会参加部分会议、考察。初次见到水稻产业界的精英们激动万分。2011年，我接下了试验站站长的担子，作为市州农业科研院所的1位基层农业科技人员，有幸成为水稻产业大军的一员，并进入了国家水稻体系平台。自"十一五"担任试验站站长，开始很不习惯工作日志与经费的填报，工作方式、管理体制、考核机制等均有些不适应。幸好及时认真拜读了刘艳司长"给体系专家的一封信"后，尤其是信中体系建设的三大硬任务、四大软任务和几点希望，让我深刻认识到自身存在很多问题，努力按刘司长的要求对照改正，力争做好内江试验站的建设，尽量做好试验站的本职工作，维护与促进本区域水稻产业的稳定与发展任务。决心为水稻体系增光，绝不给水稻团队抹黑。

我既是水稻体系的一个小兵，又是一个老兵，我倍加珍惜获得的机会。内江综合试验站团队成员努力地完成了试验站的各项任务，积极参加体系开展的活动，及时了解体系的新动态，实时吸收体系的新成果，提升了业务水平，增强了创新能力。我们将在水稻产业技术体系首席科学家的领导下，在整个体系各位老师的指导下，不忘初心，继续前行，为水稻产业的可持续发展、为助力乡村振兴贡献自己应有的力量。

陕稻十年铸辉煌　科技支撑产业旺

葛红心　周凯

汉中综合试验站站长　汉中市农业科学研究所

陕西省水稻常年种植面积约 185 万亩，秦岭以北为优质粳稻和糯稻区，秦岭以南为优质籼稻和特种稻区。主产区的汉中安康两市水稻种植面积分别为 120 万亩和 55 万亩，占全省面积的 94.5%；平均亩产 450 ～ 650 kg。陕南水稻品种以杂交籼稻为主，属华中单双季稻稻作区川陕盆地单季稻两熟亚区，稻油或稻麦两熟制，被气象专家竺可桢誉为"中国籼稻生长最适宜的地方"，也被西北农业科技大学认为是"全国最佳优质籼米生态区之一"。

一、体系科技引领　支撑产业发展

陕西省汉中综合试验站自 2008 年加入国家水稻产业技术体系至今已有十年。它在体系的科技引领及支持下，在首席科学家和岗位科学家的关心指导下，在试验站全体科技人员的共同努力下，完成省市重大科研立项 7 项，审定新品种 8 个，制定地方标准 8 套，获省市科研成果 7 项，示范推广技术措施 20 余项，发表科技论文 63 篇。

1. 注重亲本创新创制，积极开展品种选育推广

先后完成香型优质水稻三系不育系汉香 166A 和陕农 1A（2016 年 8 月 24 日通过陕西省农作物品种审定委员会鉴定）、优质水稻三系不育系陕农 2A 和陕农 5A（2017 年 9 月 5 日通过陕西省农作物品种审定委员会鉴定）、两系不育系"秦康S"（2018 年 8 月 12 日通过陕西省水稻产业技术体系技术评价）等 5 个不育系的省级鉴定。自育并通过省级审定新品种 8 个，其中，两优 687（陕审稻 2015009）表现为晚熟、高产、优质，适宜陕南汉中、安康海拔 650 m 以下稻区种植；中优 186（陕审稻 2015004）表现为中早熟、高产，适宜陕南汉中、安康海拔 700 ～ 830 m 及宝鸡海拔 650 m 以下稻区种植；广 8 优 5 号（陕审稻 2017003）表现为熟期早、秆粗、中抗稻瘟病，适宜陕南汉中、安康海拔 700 m 以下稻区种植；川香 145（陕审稻 2017004）表现为晚熟，适宜陕

南汉中、安康海拔 650 m 以下稻区种植；陕农优 206（陕审稻 2017007）表现为晚熟、高产、优质，适宜陕南汉中、安康海拔 650 m 以下稻区种植；荃香优 1521、陕农优 229、盛优 145 三个品种 2018 年 5 月通过陕西省品种审定委员会审定，适宜陕南川道地区种植。

2. 组织制定省市地方标准，积极申报地标产品认证

先后组织制定省市地方标准或规范 8 套，其中制定的陕西地方标准《洋县黑米酒》2013 年发布实施；陕西朱鹮酒业有限公司企业标准《朱鹮牌米酒》2014 年发布实施；汉中市地方标准《杂交水稻种植技术规范》2014 年发布实施；汉中市地方标准《汉中水稻机械化育插秧生产技术标准综合体》2016 年发布实施；陕西地方标准《洋县红米》《洋县黑米》2016 年发布实施；陕西省地方标准《陕南水稻机械化育秧插秧生产技术规范》2017 年发布实施；陕西地方标准《地理标志产品汉中大米》2017 年发布实施。"汉中大米"2015 年荣获"国家农产品地理标志认证"，并成功注册"中国地理标志集体商标"，标志着陕南优质大米的品质和品牌建设再上新台阶，更具市场影响力。

3. 积极申报省市科技成果，大力推进品种转化应用

先后获得省市科研成果 7 项。其中，《中籼晚熟杂交水稻新品种选育及推广应用》2017 年 3 月获陕西省科学技术成果二等奖；《香型优质稻米产业化关键技术研究与应用》2012 获陕西省科技成果二等奖；《水稻新品种泸优 11 选育及配套技术推广应用》2017 年 3 月获陕西省科学技术成果三等奖；《籼型迟熟杂交稻选育与推广》2015 获陕西省农技推广三等奖；《汉中盆地水稻精量穴直播和全程机械化生产关键技术研究及应用》2016 年获汉中市科学技术成果一等奖；《水稻全程机械化生产关键技术研究应用与优质米产业化开发》2017 年 5 月获汉中市科学技术成果二等奖；《洋县无公害及有机稻油规范化生产质量控制关键技术研究与产业化应用》2016 年获汉中市科学技术成果二等奖。先后有两优 687、中优 186、广 8 优 5 号、川香 145、陕农优 206 等 5 个品种通过商业化招标形式转让，目前已推广到陕西、四川、广西等省市种植。

4. 成立陕西水稻产业体系，集成推广关键栽培技术

依托国家水稻产业技术体系汉中综合试验站，2016 年经陕西省农业厅批准成立了陕西省水稻产业技术体系，由汉中综合试验站站长葛红心研究员任首席科学家，下设 8 个岗位、5 个专家大院。按照"112"工作机制，每年向陕西省农业厅提交一份水稻产业发展报告，解决 12 项制约产业发展的技术难题，向基层推广 12 项研究成果，向农民推广 12 套"傻瓜"技术，有效促进了陕西省水稻产业的发展和技术水平的提高。特别是通过系统试验研究，组装配套和示范推广了水稻机械化育插秧技术、秸秆腐熟还田技术、病虫绿色防控技术、稻田养殖高效栽培技术和稻经轮作高产高效技术等。

二、搭建交流平台　相互学习提高

以国家水稻体系每年的田间品种技术观摩会和年终总结汇报会为契机，加强与各试验站之间的交流学习，相互取长补短，不断提高技术水平。同时采取走出去、请进来的方式，强化新品种、新技术、新机具、新模式的引进应用，助推陕西水稻产业健康持续发展。

1. 加强体系内部相互交流，针对产业瓶颈联合攻关

我们先后组织科技人员到四川省农业科学院、四川省水稻高粱研究所和绵阳、宜宾、内江、南充及重庆达州等 7 个水稻综合试验站考察学习，就作物引种育种、材料创新交换、共建区试联盟等方面开展横向科研合作；到河南信阳和南阳、湖北襄阳和十堰、甘肃天水和陇南等周边农业科研院所学习交流；到新疆乌鲁木齐、宁夏银川等水稻综合试验站考察籼改粳种植技术、耐盐稻种植技术和沙漠直播稻种植技术。还组织参加了国家水稻体系主办的海南三亚国际论稻大会、浙江海盐水稻生产机械化与杂草防控交流研讨现场会、东北粳稻品种观摩现场会、四川水稻新品种新技术展示会和宁夏水稻直播新品种、新技术现场考察会等，学习借鉴了水稻育种栽培新技术、新理论、新方法、新模式，为陕西水稻生产提供了技术引领和方法经验。

2. 积极举办学术报告会议，邀请体系岗位科学家授课

我们先后组织召开 19 次学术报告会，邀请农业部科技发展中心崔野韩处长、中国水稻研究所副所长钱前研究员、广东省农业科学院水稻专家周少川研究员、西北农林科技大学归国博士王中华教授分别做了《种业科研"小岗村"实践》《稻米品质的调控机理及应用》《我国优质稻育种》《水稻重要性状的分子解析》的专题学术报告。邀请国内外知名专家如日本早稻田大学二宫正士教授、安徽省农业科学院朱启升研究员、湖北省农业科学院牟同敏研究员、农业部刘平副主任等来我站传授"新品种黄华占栽培技术""杂交水稻机械化制种组合及耐旱品种的研究进展""我国农业植物新品种保护概况"等科技新知识，开阔了技术人员的视野。还先后邀请体系岗位科学家朱德峰、杨万江、任光俊、熊洪、彭云良来我站指导工作并做学术报告，邀请宜宾、内江、绵阳、南充、三峡、银川等试验站站长来我站开展学术交流，促进了长江上游和秦巴山地毗邻区域水稻产业的发展。

3. 主动加入四川科企育种联合体，积极外聘专家指导培训

为推动汉中综合试验站水稻育种进程，扩大新品种适宜区域，积极介入商业化水稻育种，2016年，我站主动加入了由四川省内江试验站牵头的四川科企育种联合体，并连续三年承担"四川省水稻育种联合体长江上游区域试验"。同时，为提升我站水稻育种水平，还特聘四川省农业科学院副院长、国家水稻体系杂交稻育种岗位科学家及西南片区负责人任光俊为我站杂交稻育种岗位特聘指导专家，并积极引进推广"川优6203"优质稻新品种，为陕西水稻优质高产提供了品种支持。

三、横向协同创新　促进合作共赢

1. 产业结构逐渐优化调整，技术水平不断完善提高

陕西水稻主产区的汉中、安康近年来全面加大了水稻品种调整力度，全面淘汰高产劣质品种，重点推广优质香型杂交稻，把丰优香占、黄华占、川优6203、美香占等作为主推品种，有效提高了"汉中大米"的品质和产量。通过推广"公司＋农户＋基地"的订单生产模式和对稻米加工设备进行全面升级改造，提高了汉中大米的稻米品质和商品率。同时加大了工厂化育秧、机械化插秧、水稻直播等轻简化栽培技术的示范和秸秆腐熟还田、病虫绿色防控、药肥减量使用技术的研发应用力度，集成推广了选用良种、培育壮秧、合理密植、配方施肥、科学灌水、病虫害综合防治的水稻高产创建技术。

2. 新型经营主体已成规模，生产组织方式开始形成

在农业部门的大力扶持和水稻体系的技术指导下，陕西金沙滩农业、汉中汇力公司、南郑裕丰农机合作社、城固长丰农机合作社、汉台农友合作社等上百家生产大户、种植企业和专业合作社逐渐形成，建新农业、定军米业、鑫科米业、成祥米业、双亚公司等一大批大米加工企业带动了加工产业化。目前，仅汉中市就建立粮油生产合作社90个，植保机防队118个，这些新型生产经营和服务组织积极为农户提供代耕代种、代育代插、代管代收服务，通过统一供种、统一育秧、统一插秧、统一田管、统一防治、统一收储、统一订单的生产模式，很好地解决了个户分散生产中的突出问题。

3. 机械化生产技术取得突破，高效轮作种植模式有创新

经过多年多学科的联合攻关，已经选出适宜陕南生产条件的水稻育秧插秧、整田播种、喷药施肥、收获脱粒、烘干加工等机械，水稻全程机械化和科学田间管理技术基本配套，特别是"集中代育秧＋机械化插秧"模式得到示范，"水稻＋元胡""水稻＋蔬菜""水稻＋冬播双膜马铃薯"等高效轮作种植模式得到推广，不仅实现了一年两季亩产千斤[①]粮、亩收万元钱，而且为推广水稻机插秧、水稻直播创造了良好的茬口条件，有利于节本增效、轻简节约。

---

① 斤为非法定计量单位，1 斤 =0.5 kg。

一个基层科研人员眼中的体系精神

刘亮

北方水稻高产栽培团队成员 吉林省农业科学院

2018 年，国家现代农业产业技术体系运行整整十年。人常言"十年树木，百年树人"。回首十年，产业体系给吉林大地留下的不仅仅是一项项技术、一个个品种，更是水稻产业发展的方向和希望。而对基层科研工作者而言，更是那种坚韧、无私、脚踏实地的科研精神！

一、技术的创新离不开生产实际

吉林水稻产业具有得天独厚的优势，四季分明，雨热同季，环境的优势造就了吉林省一直以来都是我国商品粮输出大省。但吉林省西部盐碱重、东部冷害频发，地理环境多样，导致吉林省水田多为中低产田，水稻产量的稳产高产、优质高效难以协调统一。面对不断变化的科研热点、市场机制，吉林省水稻产业应该如何发展，技术研发应该从何入手，唯一能够指导我们的只有实践。只有从生产中发现问题，从实际中了解问题，才能让我们的技术真正落实在吉林大地上，为吉林省水稻产业发展做出真真正正的贡献。西部盐碱重，应以如何安全改良土壤、合理淡化盐碱为重点；中部病害多，应以如何协调高产高效、防控病害为核心；东部冷害多，应以如何合理品种布局、实现优质高效为主旨。处处点点均从生产中来，点点处处均向生产中去。技术在创新，产业在发展，良种良法早已遍洒松江两岸，这是对水稻科研人员最大的抚慰。

二、科研的进步是需要几十年如一日的坚持和积累

常言道"前人种树后人乘凉"，这里既有对前辈数十年如一日的无私奉献的缅怀，也有对我辈应继承和发扬前辈精神的鞭策。任何一项成果的取得都不是靠一个人来实现的，而是依靠团队力量的坚持和积累。或许几年十几年前甚至几十年前的一个灵光闪现才造就了今日的成果辉煌。水稻体系从"十一五"经过"十二五"走到现在的"十三五"，栽培与土肥研究室东北稻区高产栽培岗位科学家也由赵国臣换成了侯立刚。前辈已仙逝，英志我辈承。科研的道路

多为单一而枯燥，只有钟情于此才能持之以恒。春花秋月，优质丰产；花前月下，土壤改良。压力大了就多下基地，深入实践了解基层，不仅能够放松自己，更能缓解精神疲劳。白山脚下，黑水河边，总有无数的美丽风景等待着我们去欣赏，正如科研道路的探索，只有不断的坚持才能发现更美丽的风景。让我们放弃的理由总有千千万，但能够让我们不断走向成功的理由只有一个——坚持。坚持是一种态度，洪朝生老先生回国60年后别人还在感叹说，他要是不回国应该就拿诺贝尔奖了，这样的老先生90高龄时还天天看英文文献。师昌绪老先生90多岁时也坚持天天上班，编辑《材料大词典》。去师老家时看见墙上有一副对联：九旬创得千秋业，百岁更庆万世功。可惜九旬已过，百寿未及……古人讲智者乐，仁者寿，长者随心所欲。这些前贤贫贱不移，宠辱不惊，行师道而守节义，循学理而尽人伦，逝者留芳，存者继行。再远大的梦想也抵不住傻子一样的坚持，不怕梦远，贵在坚持！

三、心怀"三农"，赤心报国

树立"心有大我、至诚报国"的爱国情怀。自觉把个人的理想追求融入国家和民族的事业中。1988年吉林省农业科学院李学谌老师带领水稻栽培团队远赴吉林西部镇赉县嘎什根乡开展水稻栽培技术示范与推广，转眼三十年已过。嘎什根由过去遍地碱斑、寸草难生的不毛之地，变成如今稻浪千里的吉林省西部粮仓。过去那里的农民吃不饱、穿不暖，生活难以为继。通过水田开发，最终实现了"以稻治碱、以稻致富"，真正通过水稻致富一方。经过三十年的改造，镇赉县水田面积已达130万亩，成为全省水稻第一大县，仅嘎什根一个乡水田面积也有30万亩。当年的科技通信员也已成为富甲一方的种田大户，当年的科技示范户也带动了无数稻农。"淡泊名利、甘于奉献"正是嘎什根精神的真实写照。三代科研人早已用自己的实际行动将事业写在了这片大地上，作为后辈的我们也必将秉承先辈遗志，心怀祖国，矢志不渝铸就新时代下的"嘎什根精神"。

伟大时代呼唤伟大精神，崇高事业需要榜样引领。产业体系给我们造就了一个良好的学习交流的平台，让我们基层科研工作者有机会近距离向"榜样"学习，让榜样的力量引领我们不断前行。

水稻栽植机械化技术与装备研究的经验体会和面临的挑战

——水稻产业体系工作十年回眸

李泽华

田间管理机械化岗位团队成员　华南农业大学

　　岁月如梭，转瞬即逝。自 2008 年以来，我们在国家水稻产业技术体系中工作已悄然走过了十年。十年来，我们团队以水稻种植模式田间对比试验为主要内容，对水稻栽植机械化技术进行了系统探索。现就十年的工作，从主要经验和体会以及面临的问题与挑战两个方面谈谈自己的体会。

一、主要经验和体会

1. 装备研制是水稻栽植机械化技术创新的核心

　　种植机械化是我国水稻生产机械化发展中的难点，对华南双季稻区而言，栽植机械化技术是重点研究对象。2008 年产业体系工作开展之初，江门和肇庆两个综合试验站都尚未建成育秧温室，育秧播种生产线无法应用，当地的育秧方式都是田间育秧。为适应田间育秧的需要，我们研发了一种水稻田间育秧精密播种机，该机采用螺旋勺式槽轮播种器，生产效率可达 1 000 盘/h。但该机质量较大，加上种子总重量约 50 kg，播种时机器在田间的移动问题成了主要困难。曾尝试采用铺导轨的方式解决该问题，没想到几根导轨在泥浆中的安装与拆卸就把我们累得筋疲力尽，此法只好作罢。后来改用浮板人力拖动移动方式解决了田间行走问题，使得该机获得农户们的欢迎。机械化田间育秧的第二个困难是床土问题。由于田间泥浆混杂着小石头、根茬和稻草，使得机插秧时容易堵塞和损坏秧爪，为此我们研发了一种泥浆铺浆机。泥浆机在一定程度上解决了田间育秧床土铺放问题，但泥浆机的田间行走比播种机更难，并且劳动强度较大，使得机械化田间泥浆育秧方式成为被新方法替代的对象。我们清楚地记得，为解决杂交稻低播量精密播种的问题，曾将适用于工厂化育秧作业的精密育秧流水线搬至田间，配合泥浆机进行田间泥浆精密播种育秧试验。由于流水线作业效率高，十几个人围着两台机器转，累得上气不接下气，现在回想起来仍觉心潮澎湃。为解决杂交稻机械化栽植问题，我们探索杂交稻低播量精密条播育秧与插秧机取秧面积耦合栽插技术，基于振动种室与螺旋勺式槽轮供种、气动振动匀种相结合的原理，研制了气力振动式水稻精密播种装置，并正在探索采用智能监控、自动调节工作参数来保证播种装置实现恒量播种，现已研制出 2SJB-500 型水稻秧盘育秧精密播种流水线。该机能实现杂交稻精密播种 1～3 粒/穴（格），合格率超过 90%，能基本适应杂交稻低播量精密育秧播种的要求。2017 年，广东省江门市、肇庆市和汕头市 3 个试验点的结果初步证明该技术是突破杂交稻栽植机械化问题的可行方案之一。这一路走来，我们一边探索，一边研发机具，总结出唯有加强装备研制，方能有效解决水稻种植机械化的难题。

2. 因地制宜选择育秧方式

在华南双季稻区，水稻育秧方式主要有田间育秧和工厂化育秧。田间育秧中，因泥浆去杂和秧块变形等问题，至今在杂交稻机械化栽插中未形成成熟的技术。工厂化育秧与一定的种植规模相匹配，因广东地区气候湿热，温室育秧易滋生病害，且育秧床土配备较难，目前仍处于试验阶段。为探索适应杂交稻栽插的机械化育秧方式，我们对泥浆、山地旱土、育秧基质和旱土与育秧基质的混合等床土类型，以及田间育秧和工厂化育秧进行过比较研究。现已基本形成"工厂化精密播种+暗出苗+田间培育"的育秧技术，在一定程度上替代了曾经耗费大量心血的机械化田间泥浆育秧技术。试验表明该技术能获得较好的育秧效果。从某种意义上说，该技术是田间育秧与工厂化育秧的结合，具有区域特色。

3. 农业科技创新需扎根于田间

自从参加水稻产业体系的工作以后，团队的研究方式有了很大的改变。我们将书斋、实验室和田间试验结合起来，形成一个闭式循环回路，让科技创新真正源于实践也应用于实践；将高校教学科研与地方农技推广和农业生产结合起来，让农民、学生、农技推广人员和教师互助互惠、相辅相成。通过田间试验，我们观察到田间育秧泥浆去杂的难题，工厂化育秧取土困难，传统的播种器不能满足杂交稻低播量精密播种的要求，因广东地区气温高，种芽长度难以控制而影响播种精度，育成的秧块因干湿程度难以控制而影响插秧工作，平整地水平较低而影响机插质量，插秧机纵向送秧不准而影响栽插精度等一系列问题。这些问题的发现是不可能在书斋和实验室内得到的。对这些问题的思考，使我们多年来取得了一些成绩：培育了 10 余名博士和 50 余名硕士，研发了 3 套播种育秧装备，均已转让企业生产，刊发了 60 多篇论文，获得了 10 余件国家发明专利。其实，这些成绩不足为道，最值得珍惜的是认可了农业科技创新必须扎根于田间这样一种研究方式，这是意义深远的，必将影响一代代的人而流传久远。

4. 团队合作是获取成功的基石和保障

十年来，团队在产业体系中的工作，是在广东省江门综合试验站和肇庆综合试验站等配合下，在育种研究室陈志强、王丰和王慧，栽培研究室邹应斌和唐启源，病虫草害防控研究室朱小源和陆永良等岗位科学家指导下完成的。因为工作，我们已经有了深厚的友谊，建立了默契的合作方式、和谐的团队氛围和积极探索的团队精神。我们团结互助、众志成城、携手共进、勇于担当。为了拓展试验范围，我们的试验田从江门地区的台山市转到江门市新会区，再到开平市三江镇，然后到现在的恩平市鸿燕合作社，肇庆地区从怀集县大岗镇换到怀集县冷坑镇，再到现在的肇庆市鼎湖区，洽谈沟通，辗转腾挪，都是我们同综合试验站团队协作辛苦促成的，这其中经历的困难和携手作战的情意也许只有当事人才能真正体会。每次试验，无论是播种育秧、插秧，还是收获，从试验材料的准备、人员的配备到试验过程的管控，以及试验数据统计与分析，都是双方协商配合完成的。这时常给予我们感动和鼓舞，给予我们加强研究奋进的力量。当然，产业体系中，还有其他许许多多的人，他们也给予我们鼓舞和力量。但这两个综合试验站的朋友，因为沟通的高效和无私的情愫，让这份力量彰显得更加强劲和久恒。

二、面临的问题与挑战

1. 杂交稻栽植机械化的难点

华南双季稻区，杂交稻种植比例超过 50%。多年的试验研究表明，现有的机械化栽植技术对华南双季稻区的常规稻具有良好的适应性，可以替代人工手插大面积推广应用，但对杂交稻还不完全适用。因此，杂交稻栽植机械化是华南双季稻区种植机械化发展中的难点。依我们判断，采用低播量精密条播育秧与插秧机取秧面积耦合栽插技术，降低播种量培育健壮秧苗实现 1～2 株/穴精准栽插是突破该难点的可行方案之一，但现有育秧播种装备还需进一步提高播种精度，插秧机需解决纵向送秧精准性问题，特别是播种量与插秧机取秧面积的耦合机制是该技术研究中的难点所在。

2. 加强装备智能化研究

针对杂交稻低播量精密育秧，国内外已研制出一系列播种育秧装备。这些装备的自动化程度较高，都能实现自动供盘、铺底土、淋水、播种、覆表土、清扫、自动叠盘等多道工序一次性自动完成，但智能化程度相对较低，特别是对播种质量的智能化调控水平更低。现有秧盘育秧播种质量监控技术主要是监测育秧播种效果，尚不能实现在线实时监测和控制，包括重播调整、漏播补种以及播种量数字化显示和播种量稳定调控等。此外，平整地装备作业能力不足，插秧机插深调节欠佳，在泥脚偏深的水田中易出现雍泥而插深偏深现象等。为减轻劳动强度，提高作业质量，亟须加强育插秧装备的智能化研究。

3. 育秧床土问题

随着水稻生产全程全面机械化的发展，种植规模化将成为水稻生产方式的主要特点。为适应规模化发展，对育秧床土的制备和育秧生产的规模都提出了新的要求。我国现有的育秧床土制备方式不科学也不可持续，北方采用农田中取土育秧方式，对耕地的破坏较大，是一种不可持续的育秧技术；南方采用田间泥浆育秧，符合可持续发展，但育秧质量较差，影响栽插质量；需制备适于机械化操作、结构松散、通气性好、有利于秧苗根系的生长和成秧率较高的育秧床土，实现育秧床土的产业化，这是解决机栽植机械化育秧取土难题的重要途径。

总之，十年耕耘，十年收获。虽然水稻栽植机械化技术研究在国家水稻产业技术体系的支持下已取得了一些成绩，但距全面突破还有一段距离。特别是在理论研究方面，还有更多的未知需要去探索。未来的路还很长，任重而道远。希望大家能砥砺前行，矢志不渝。

挥汗所至，稻香自来

赵柳霖

田间管理机械化岗位团队成员　华南农业大学

一、来到华南农业大学读书是意外也是惊喜

本科毕业，研究生考试，一切来得很快，措手不及。在我焦头烂额之时没想到遥远的南方还有一所绿荫掩映的学校——华南农业大学愿意为我张开双臂。广州天河，我坐着清晨的火车来到这里；报到、复试，天气闷热潮湿，一天下几场大雨；见导师，参观实验室，窗外大型的亚热带绿植，窗内老师同学脸上的笑意，构成了我对这里的第一次记忆。

二、与国家水稻产业技术体系初见是惶恐也是期待

开学了，我进入实验室。实验室门口有块牌匾，写着"国家水稻产业技术体系机械化研究室"，实验室里坐了十几位师兄、师姐和老师们，满满的一屋子，当时屋里还有一个单独的隔间，存放着之前设计的各种农机装置。看到这些，无知的我，除了敬仰之外，不免有些惶恐，有些期待，希望能不负老师的期望，希望能像师兄们一样做出实实在在的成果，希望学有所成、学以致用。找到座位，发现坐在我左侧的就是我的导师齐老师，右边是梁CC，对面是小鹿师姐，后面就是大师兄，形成了一个明显的"多带一"包围圈（虽然他们后来纷纷表示带不动）。经过短暂的调整，我开始了研究生的生活。

三、与国家水稻产业技术体系结缘是辛苦也是甜蜜

还记得我第一次设计一台乘坐式除草机，那是我人生第一次设计并且加工出来的装备。虽然过程中一直有老师和同学们的帮助，但很多细节还是要自己去琢磨。层层艰难，层层磨砺，又层层修改，最终成型的时候心中竟还有些激动不安。然而真的拉到田里一试，发现我设计的不是除草机，而是"除苗机"——我把拖拉机轮距与秧苗的行距算错了……我以为齐老师会骂我一顿，毕竟浪费了那么多时间和金钱，并且完全没有达到试验目的。然而他只是评价了一下机具，交代了下次要做什么，要注意什么，然后说不管做得好不好，重

要的是要先开个头。现在想来，正是这种包容、务实的工作精神让实验室的我们一直敢想敢做，动力十足。

改进后的"除苗机与喷雾除草机"

第二次设计是做一台 19 行的乘坐式宽幅除草机。由液压驱动控制两翼架开闭，并且在两翼架设置了可以使除草轮避开秧苗的调节装置。我记得是从2015 年 7 月开始加工，其间阿龙哥陪着我一次又一次在大德路寻找合适的零件，设计回路、核对参数；两位提前入学的师弟，小崔和小胖，不辞辛苦和我一趟又一趟去顺德的加工厂进行安装和调试，齐老师则是经常下班后开车过来接我们回去，有时顺道还请我们在"美食之乡"顺德吃晚饭。想想那段时间，真是简单又快乐。不过后来做试验的时候就难受了，正赶上广东最热太阳最毒辣的 8 月。我现在还记得正午时踩在稻田里的感觉，泥是凉的，水是热的，头顶是冒着烟的。然而，就是这样的条件，我们还是按计划做完了肇庆和江门的试验。

乘坐式宽幅除草机试验现场（肇庆）

四、农机成果不仅要写在大地上也要写在农民心坎上

江门的试验是在一位"广东省劳动模范"家中的田地里完成的，他是当地的"种田大户"，经营着几百亩稻田（我曾跟师弟说，看看他的那双脚就知道他为什么是劳动模范了）。他不仅种田经验丰富，对农业机械了解也很深，同时更是位难得的热心肠，经常操着我们半听不懂的外国语（江门本地话）来指导我们，帮我们开拖拉机，组装设备，给我们提出建议，告诉我们小窍门。

有一次做试验的时候他说："你们这个机型也做过几次试验了，效果不错的，可以做出来实际应用了。"他不经意的一句话，让我热泪盈眶。我想这不仅仅是他对机具的认可，也代表着农民对我们国家水稻产业技术体系机械化研究室所付出努力的认可，好的成果要写在农民的心坎上。

五、体系是田间地头也是一种精神的传承

往后的日子里外出做试验有很多次：有马老师带我们插秧，爬鼎湖山；有齐老师领我们测产，走碧莲湖；有陈老师请我们在肇庆挖土豆，烤土豆片；有李老师"坑"我们去搬麻袋，累到懵懵的。试验的机型也从梁CC的"泥马"、小鹿师姐的振动播种器、大师兄的流水线到江师兄的"薯土草"；从黄冠的自动叠盘装置，我的"除苗机"，阿龙哥的"风刀""水刀"，果冻的螺旋输送机到桂生的温室育秧；从安沛的皮带传输机、小胖的液态肥施肥机到小崔的智能识别机……

实验室的每个人，从现场测绘到结构设计，从力学分析到制图出图，从加工装配到试验优化，从粗糙的样机到成型的机具，一步步，一遍遍，从不会到学会，从本科毕业时的纸上谈兵成长为现在可以真刀真枪做研究、做装备。作为一个农机的学生，我深深地体会到"纸上得来终觉浅，绝知此事要躬行。"

六、学习之外的二三趣事

比如有一次出差做试验，晚上和齐老师睡一个屋。第二天他就投诉，说我打呼噜又说梦话，他一晚上都没睡着，哈哈哈。后来再出来做试验，基本就没人愿意和我睡一个屋了，我也"因祸得福"睡了好多次单间。嗯，开心。

又比如阿龙哥和我一起入学，但比我早一年毕业。他毕业的时候齐老师在国外，还特别暗示要我安排给阿龙哥送送行，当时我的理解是要我们一起吃顿饭。但我想我们天天都在一起吃啊，就果断"假传圣旨"组织去了一趟长隆水上乐园（他们后来表示对这个安排很满意）。嗯，我也很满意。

再如有一次改小论文，齐老师让我把论文投影在墙上，实验室同学们一起

观看，一起修改。中间有个地方我记得我改了，齐老师说我没有改，我不服，说看看我的记录要不咱们打赌。我看他们一个个笑而不语，觉得似乎我是输定了，就愤然打开了我的记录——嗯，还好没赌。

还有马老师经典的《三套车》，齐老师的《听海》，每年迎新结交两个"朋友"：一个是图书馆，一个是运动场；晚上查岗时"我在二楼就看到你打游戏了"；齐老师的鸡汤"我读研究生的时候，都是翻墙去实验室学习的"……嗯，情景全都历历在目。

七、挥汗所至，稻香自来

回忆很多，就像打开了一扇巨大的门，看着满屋子珍贵的影像，千言万语却说不出话来，只剩喃喃的重复，你看这个是什么，那个是什么。

感触很多，就像酝酿了一坛绵柔的酒，一再品尝，一再斟酌，依然一缕一缕的绵延不绝，醇香依旧。

一路走来，有继承，有创新，有失败，有进取，小小的我一直站在巨人的肩膀上——国家水稻产业技术体系机械化研究室团队，让我有机会与很多优秀的人一起学习、生活，让我尝试了很多没想过的事，看到了更大的世界；是这个团队，那令人骄傲的文化底蕴——互助、真诚、吃苦耐劳、乐观进取，深深影响着每一个人；是这个团队大家齐心协力，不畏惧艰难，不轻言放弃，只为农机人一个最朴实的信念——念念不忘，必有回响，挥汗所至，稻香自来。

感谢这个团队，衷心地希望它会越走越好！毕业一年，仿佛从未离开。

青春献体系，体系助成长

何虎

南昌综合试验站团队成员　江西省农业科学院

我是甘肃人，典型的西北汉子，但从小就爱吃米饭，我想这可能就是和水稻的缘分。研究生和博士阶段均毅然决然选择了水稻研究方向，毕业后又选择了在江西省农业科学院水稻研究所工作，工作后又有幸参加了国家水稻产业体系南昌综合试验站的工作，踏上了水稻研究之路，这一路有艰辛、有喜悦、有成长、有希望。

在江西开展水稻研究工作真的很辛苦，早、中、晚三季水稻，有时为了获得试验数据，经常要在38～39℃的天气去田里暴晒几个小时，朋友经常调侃说我冬天和夏天是两个人，一黑一白。参加试验站工作后认识了很多农户和种植大户，他们也非常辛苦，在双抢的时候要起早贪黑，要在炎炎烈日下收割、插秧，但不一定辛苦付出就有丰厚的回报，经常遇到"卖粮难""优质不优价""丰产不丰收"等情况。每当听到或看到这种情况都很辛酸，总想通过自己的努力来改变这种情况，自己能做的也唯有加倍努力工作和研究。2018年7—8月江西大旱，很多农田都无法灌水，看到开裂的农田、萎蔫的禾苗和满面愁容的农民，我的内心一阵酸楚。我通过体系平台及时发布了一条题为《江西稻区需加强病虫害防控并及时应对高温干旱》的信息，希望能为农民减少损失贡献自己的一份力量。通过体系平台每年在水稻生长关键时期发布栽培管理技术要点、病虫害防控要点、防涝抗旱技术等信息10余条，开展技术服务20余次，对接服务主体10余个。有时看见种植大户丰产丰收时的喜悦感到很幸福，我服务的云山垦殖场的种植基地，开展稻鳖综合种养模式，从2017年开始小面积初试，我们经过2年的共同努力，水稻种植技术和稻田养鳖技术都已相对成熟，2017年综合种养面积达到200亩，2018年继续开展此模式，并在江西省农业科学院高安试验基地也开展稻蛙共生、稻鳖共生、稻虾共生等综合种养技术模式的研究和示范。

　　从毕业到参加工作后加入试验站，是一个从理论到实践的转变过程，以前更多的是开展水稻生理生态研究，虽然也结合大田生产但更多的是为了完成试验任务。加入试验站后在开展技术服务过程中农民经常会有各种各样的问题和需求，尤其是在这几年农业结构调整阶段，粳稻栽培技术、稻田综合种养技术、优质稻栽培技术及机插和机直播等机械化轻简化栽培技术经常被问到。"我家田里水稻有一片发黄了是怎么回事?"，"直播稻杂草太多怎么办?"，"直播的水稻怎么抗倒?"，"优质稻有哪些品种，哪里有卖?"……这些都是在生产中遇到的实实在在的问题。一项技术或措施就可能帮助农民增加收益、减少损失，这就督促我必须要多学、多看、多想、多总结。经过这几年的学习总结，我系统总结出了"国内和本省水稻生产现状"，"与水稻有关的政策、发展和研究方向"，"水稻种植新模式"，"当前水稻生产的主要种植方式"，"江西省优质稻新品种和主推品种"，"近年江西省水稻主推技术"及"与农业和水稻方面公众号和软件"等方面的知识，做到了不单是了解，能写出来，还能跟农民讲出来，指导农民使用，真正做到了学有所用、学用结合。

　　记得在读书期间我的性格比较内向，每次科研总结汇报或做研讨会时都特别紧张，紧张到说话不流畅。参加试验站的工作后，要和示范区县对接安排试验示范，要和示范区县农技人员、种植主体等对接开展技术服务，要与种子和农资等企业接触了解新品种、新产品，还要和试验站其他成员沟通、交流、协作，现在已经逐渐克服了紧张、结巴、表达不出等情况。还记得2015年6月到抚州市金溪县，第一次给种粮大户培训时还很紧张，而且农民问了一个有关于植保的问题，当时不懂也回答不上来，但是这几年通过从事试验站的很多工作，科研试验和示范也都贴近实际生产，多向专家和基层农技人员学习请教自己之前不懂或不熟悉的技术和专业知识，更多地掌握了实际生产中的很多实用技术和田间管理经验。2016年至今，在试验站示范区县和其他一些场合，累计开展技术培训14次，累计培训农技人员和种粮大户等650多人次，发放技术资料3 200多册，现在讲课不论是讲台还是在田间，可以做到不紧张，流畅的表达，且可以及时解答大家的大部分疑问，如遇到自己确实没有做过也不了解的领域，也会及时请教其他专家或者直接为他们搭好沟通的桥梁。讲课多了，很多人都亲切地称我为"何老师"，许多学员还通过微信、QQ或打电话经常向我咨询或进行沟通。这同时也是我学习的过程，我可以了解农民或基层农技员在实际生产中遇到的困难或他们真正关心哪些问题，需要哪些技术，可以帮助我更接地气地开展技术研究和指导。有两次在参加下乡活动和其他学术活动，还碰到几个学员过来亲切的打招呼聊天，我觉得，这是一份肯定，一份荣耀，更是一种成长！

在十九大报告的大蓝图中看到"懂农业、爱农村、爱农民"这些字眼，对我们农业科研工作者来说，感动之余全是满满奋斗的底气。在十九大报告中，习近平总书记还用200余字的篇幅专门谈到青年，"青年兴则国家兴，青年强则国家强"，"中华民族伟大复兴的中国梦将在一代代青年的接力奋斗中变为现实"。作为一名青年农业科研工作者，作为国家水稻产业体系中的一名青年成员，我深感肩上的责任重大，同时也看到了更加光明的前景。我一定面向实际、深入实践，严谨务实、苦干实干，做好科学研究，写好科技论文，推广应用好科技成果，造福广大人民。面对农业供给侧结构性改革的新形势，面对"稳粮、优供、增效"的目标，我要不断开展适宜优质水稻新品种筛选及配套绿色、高质、高效技术的研究，让产出的米供不应求，真正成为农民增收致富的手段。我明白这会是一个艰辛的过程，但我相信在所有水稻科研工作者的共同努力下，水稻产业一定能成为助力乡村振兴的朝阳产业。

我与体系共成长

束爱萍

南昌综合试验站团队成员　江西省农业科学院

2009 年，我在江西省农业科学院水稻研究所开始了工作生涯。从那时起，我便荣幸地成为了南昌综合试验站的一名成员，加入了国家水稻产业技术体系这个大家庭。可以说，现在的我，已成为体系的一个老兵。作为普通的试验站团队成员，回想起参加体系工作以来的点点滴滴，有感激、有经验，也有责任和使命。

首先，感谢体系能提供给江西省农业科学院南昌综合试验站这样一个稳定的平台，让我们有机会向国家团队学习，并与之合作，尤其是像我这种刚刚工作不久的年轻人，参与国家级项目的机会较少。足额、稳定的财政支持是体系的一大亮点，这使体系人员免去了"下发项目指南、专家申报、竞争答辩、立项"等竞争项目的烦琐程序之苦，规避了竞争，有更多的时间和精力安心从事体系工作，有利于稳定人才队伍。而且，有参加体系这种国家级项目经历的年轻人在职称评定等方面也有优势，我本人也于 2016 年幸运地晋升了副研究员职称。

其次，体系工作加强了不同层面之间的合作。科研和推广是农业科技发展的一对孪生兄弟。科研成果如新品种、先进技术在各个示范区县的示范推广，起到很好的辐射作用。农业科技与农民"亲密接触"，使科技真正用在实际需要的地方，解决了科技成果转化"最后一公里"的问题。科研人员与基层人员的沟通，田间信息更易捕捉，能够及时发现生产上出现的问题并快速做出反应，锻炼和培养体系人员，科研人员也能更好地为生产服务，做好应急性工作。2010 年，江西省抚州市唱凯镇发生决堤，导致大量农田受灾。南昌综合试验站及时派出专家驻唱凯镇，坚守在科技救灾第一线，并进行灾后重建工作。连续奋战近 4 个月后，我们实施的灾后农业生产万亩示范水稻喜获丰收，受到了当地政府和群众很高的评价，也增强了我们作为农业科研工作者的责任感和使命感。2016 年，南昌综合试验站在示范区县考察水稻生产时发现田内杂草严重，站长立即组织专家进行指导，建议农户直播田一定做好"一封二杀三补"的田间管理工作，并编写了《双季稻区常用除草剂》和《双季稻区除草技术》的宣传画册，在科技下乡和技术培训时发给农民，指导农业生产，深受农民好评。2018 年 7 月，国家水稻产业技术体系杂草研究室团队成员来江西调研收集抗性稗草，南昌综合试验站提出沿环鄱阳湖一带调查的建议，并提出以鄱阳、都昌、新余、南昌等几个县为调查重点，使其有针对性有重点地开展工作，这都是在田间调查基础上得出来的宝贵经验。

南昌综合试验站在管理实施方面，总结了两个比较好的经验：一是南昌综合试验站建立以来，示范县在进行水稻品种筛选、技术示范等工作时，可以结合其他项目同时进行，这样可以兼顾多个项目共同实施，提高经费使用效率，项目实施内容更加丰满，成效更显著。二是 2014 年江西省水稻产业技术体系成立以来，我作为首席助理，一直从事省水稻产业技术体系工作。国家水稻产业体系综合试验站和省体系的有效对接和紧密合作，使得南昌综合试验站工作能够更加顺利完成，也促进了我们和其他省份水稻方面的合作。2016 年，湘赣两省水稻产业技术体系联合现场考察交流会在我院高安基地召开。2017 年，江西省水稻产业技术体系全体专家就水稻产业供给侧结构性改革赴湖南开展调研及学术交流会。两次交流活动，南昌综合试验站均积极参加，共同促进两省水稻产业的发展，共同推进长江流域双季稻区水稻产业升级发展。2018 年 6 月，由江西省农业科学院主办的全省机械化制种现场观摩暨产业技术扶贫院士指导会在萍乡市莲花县召开，会议邀请了国家水稻产业技术体系直播机械化岗位科学家罗锡文院士、田间管理机械化岗位科学家马旭教授亲临指导，此次会议将先进的农业生产技术向全省推广，为乡村振兴和农业产业供给侧结构性改革提供科技支撑。我作为会务组主要人员负责会务工作。

"论文写到大地上，成果留在百姓家"，产业体系工作深入基层，走向田间，接地气，得人心。通过实施南昌综合试验站这个项目，团队成员得到了很多的锻炼，研究思路更加清晰，科技服务水平得到了提高，从田间捕捉的信息能及时了解生产的需求，解决田间生产上的实际问题，并成为以后科研工作的宝贵经验。"雄鹰选择了蓝天，蓝天任鹰翱翔；蛟龙选择了大海，大海凭龙翻腾；我选择了农技员岗位，岗位上有我生命的闪光。"普通农业科技员赵扣海优美的语句，将面朝黄土背朝天的农科事业定格成闪光的浪漫。对于我来说，选择产业技术体系是我不悔的选择，南昌综合试验站成为我实现人生价值的一个舞台。在这里，我一边学习一边成长，可以说，我和体系共成长。我将一如既往地做好南昌综合试验站的工作，为之付出努力和汗水，为江西水稻产业服务，为国家水稻产业的发展贡献微薄之力。

国家水稻产业技术体系助推豫南粳稻产业发展

段斌 王青林 宋世枝

信阳综合试验站团队成员 信阳市农业科学院

豫南稻区地处河南省南部，水稻常年种植面积 53.3 万 hm² 左右，包括整个信阳市和驻马店、南阳市部分县区，是河南省的水稻主产区，占全省水稻生产面积的 80% 以上。该地区气候资源丰富，是我国南北方过渡地带，是中国籼型水稻分布的北沿。水稻生产在国民经济中占据十分重要的地位，发展粳稻生产一直被认为是提高稻谷产量、改善稻米品质的最有效途径。历史上豫南稻区也曾经历过几次"籼改粳"活动，都没有取得成功。自 20 世纪 90 年代末，根据当地农业生产发展的需要，信阳市农业科学院再次立项对豫南粳稻栽培技术开展研究。2008 年以来，信阳综合试验站充分利用国家水稻产业技术体系的人才、技术及成果优势，加大对豫南粳稻生产技术的研究力度，较好地解决了豫南粳稻生产上的系列技术难题，使豫南粳稻生产得到迅速发展。目前，粳稻生产已成为农民增产增收的主要种植方式。

一、豫南粳稻的发展历程

豫南粳稻研究与应用起步较早，从中华人民共和国成立初期开始，历经几代人的努力。1960—1975 年推广应用双季晚粳，最大面积达到 3.13 万 hm²，由于季节紧张，总产量不高，后被稻麦两熟代替。1985—1987 年，豫南迎来第一个"籼改粳"高潮，信阳行署在全区推广种植 1 万 hm² 粳稻，利用品种为黎优 57 和秀优 57，由于稻瘟病、纹枯病发生较重，平均单产不足 4000 kg/hm²。1992—1995 年再次发展粳稻，分别在罗山、固始、淮滨等部分县区引种郑稻 5 号、新稻 681、黄金晴等，最大面积达到 400 hm²，由于三化螟三代暴发或稻瘟病、纹枯病危害，产量水平较低，再加上脱粒困难，不受农民欢迎。20 世纪 90 年代末，偏籼粳型品种（组合）CO12、两优培粳、两优信粳 1 号的选育成功，使豫南粳稻有了适度发展。

20 世纪 90 年代末，信阳市农业科学院对历次"籼改粳"失败的原因进行系统分析，认为前三次"籼改粳"失败的主要原因是将粳稻与籼稻同期播种、同期抽穗，抽穗灌浆期的高温高湿使粳稻结实率、千粒重降低，纹枯病、稻瘟病偏重发生，易造成三化螟三代集中危害。结合豫南稻区气候生态特点和粳稻的特性，提出推迟粳稻抽穗灌浆期和播种期的栽培策略，实现了豫南粳稻的高产稳产。2010 年以来，河南省科技厅立项对信阳"籼改粳"进行技术攻关，并列入重大科技专项进行资金支持。与此同时，国家水稻产业技术体系将"籼改粳"列入重点研发课题，信阳综合试验站充分利用国家水稻产业技术体系的人才及技术成果优势，制定出豫南粳稻高产稳产优质的技术路线，加大对豫南粳稻生产技术研究力度，较好地解决了豫南粳稻生产上的系列技术难题，完善了栽培技术体系。由于各级政府的高度重视和国家水稻产业技术体系的助推，豫南粳稻得以快速发展，目前，粳稻种植面积常年达 14 万 hm² 以上，粳稻生产已经成为当地农民特别是新型农业经营主体提质增效的主要途径。

二、技术研究成果

国家水稻产业技术体系信阳综合试验站充分利用国家水稻产业技术人才、技术成果，结合水稻产业技术体系"十二五"重点研发任务，针对豫南粳稻生产上存在的问题，开展技术研究，解决问题，完善豫南粳稻栽培技术理论。

1. 确定了豫南粳稻安全齐穗期

信阳综合试验站针对豫南稻区 9 月以后气温下降较快，粳稻晚播后安全齐穗期问题进行研究。通过对豫南地区 50 年来的气候资料进行分析，确定了80% 保证率下的豫南粳稻安全齐穗期为 9 月 6 日。并根据品种特性，确定每一个品种的最佳齐穗期和播种期。以豫南地区近 35 年晚播粳稻幼苗期、分蘖期、拔节孕穗期、抽穗扬花期和灌浆成熟期等 5 个生育阶段的平均气温、降水量和日照时数等数据为基础，对豫南地区粳稻晚播后的气候适宜度进行了研究，研究结果表明豫南地区粳稻晚播后综合气候适宜度较高，豫南地区粳稻晚播后整个生育期内气候较为适宜。针对气候资源利用问题，将豫南粳稻晚播前后进行气候资源利用率分析比较，分析结果表明，推迟粳稻晚播后，有利于提高气候资源利用效率。

2. 摸清了豫南粳稻晚播病虫害发生规律

通过研究发现，豫南粳稻播种期推迟及相应栽培措施变化，也引起了病虫害发生规律的变化：水稻三大传统病害趋于偏轻发生态势，晚播粳稻未见白叶枯病的发生；推迟播期后在一定程度上打破了稻瘟病的侵染循环，叶瘟和穗颈瘟也少有发生；纹枯病发病期推迟，程度显著减轻；完全避开一代螟虫为害。但恶苗病成为苗期主要病害，稻曲病偏重发生，已成为豫南粳稻最为严重的病害。稻蓟马是晚播粳稻苗期早生快发的重要障碍因子，稻纵卷叶螟更容易造成集中危害。由此制定了豫南粳稻晚播主要病虫防治措施，筛选了一批防治药剂，规范了技术规程。

3. 优化了豫南稻麦耕作制度

在豫南稻区籼稻－小麦耕作制度中，一直存在光温利用不充分、麦茬籼稻秧龄长、产量低、机械插秧难以应用等问题。推迟粳稻播种期后，缩短水稻适宜播期与小麦成熟期的时间差，机械插秧、抛秧技术得以在麦茬粳稻上应用；选择利用生育期较短的品种，可以实现麦茬粳稻直播；选择适宜的晚熟粳稻品种，可以实现粳稻小麦套种技术的应用，解决因秋旱和秋涝小麦播种难的问题，实现小麦在灾害年份适期播种，客观起到减灾避灾的作用，减少豫南稻区冬闲田面积，客观上优化了豫南稻麦耕作制度。

三、豫南地区粳稻发展现状

国家水稻产业技术体系"籼改粳"重点研发课题及"籼改粳"河南省重大科技专项的实施，极大促进了豫南粳稻的发展，2014 年，整个豫南稻区粳稻面积超过 13 万 hm²，粳稻生产面积达到 2 万 hm² 的县区有 3 个，超过 7 000 hm² 的县区达到 10 个，700 hm² 乡镇超过 50 个，涵盖信阳市八县二区以及驻马店、南阳的沿淮县区。其中以平桥区、罗山县、息县、潢川、固始、商城县、光山县以及驻马店正阳县种植面积较大。部分县区将粳稻作为调整种植业结构的重要抓手。粳稻生产主要以种植大户、家庭农场、种植合作社等新型农业生产经营主体为主，作为调整种植结构、延长水稻生产季节的重要手段，以缓解水稻种植季节过于集中劳动力短缺、农业生产机械不足的问题。特别是在目前水稻价格下滑的情况，新型农业经营主体将发展粳稻特别是优质粳稻作为提质增效的主要途径，打造粳米品牌，实现优质优价，粳稻生产的规模化、产业化效果明显。目前，豫南稻区粳稻大面积生产平均产量超过 9 000 kg/hm²。

四、水稻产业技术体系助推豫南粳稻产业发展

1. 产业发展离不开政策支持

国家水稻产业技术体系"十二五"期间将"籼改粳"列入体系重点研发内容实施，信阳综合试验站根据试验站承担的研究与示范任务，并结合豫南粳稻生产需求，开展相关技术研究和示范推广，极大促进了豫南粳稻的生产发展。在此工作的基础上，地方政府将豫南"籼改粳"列入省重大科技专项，进一步提升了豫南粳稻产业发展。

2. 产业发展离不开体系技术支撑

豫南粳稻发展过程中进行了系列技术攻关，克服了技术瓶颈，并实现了高产优质增效。国家水稻产业技术体系首席科学家程式华、国家科学院院士谢华安、中国工程院院士陈温福及其他体系专家先后到信阳视察、指导粳稻发展，为豫南粳稻产业发展提供了有力帮助。国家水稻产业技术体系的水稻全程机械化生产、肥水高效利用和病虫害预警与防控等技术研究成果在粳稻生产中的大面积示范应用，解决了生产中的系列问题，为豫南粳稻生产稳定发展提供了技术支撑。

3. 产业发展离不开体系团队协作

信阳水稻综合试验团队成员团结协作，多年致力于豫南粳稻技术研发，解决了豫南粳稻生产中的技术难题。通过国家水稻产业技术体系纽带，密切了综合试验站与各示范区县的关系，各示范区县充分发挥地方区域优势，进行大面积示范推广，保证了豫南粳稻产业的可持续发展。

体系十年

傅荣富

江门综合试验站　江门市农业科学研究所

体系十年，是我收获的十年，是我成长最丰富的十年！

2008 年，国家现代农业产业技术体系正式成立了，我们单位有幸成为水稻产业技术体系第一批综合试验站，而我也非常幸运地成为了试验站团队的一员，从此开始了我不一样的技术推广生涯。作为团队里面最年轻的成员，我深深感到，这是我难得的一次机遇，同时也是对我自己的一个挑战。

体系十年，让我接触到了一个全新的天地。

试验站的工作，很大一部分是示范推广的工作，作为一个地级市的科研部门，作为水稻综合试验站，我们最重要的作用就是一个枢纽传送带——承上启下。作为团队里面的年轻人，我承担了大部分的工作——新品种、新技术试验示范推广。

大学本科四年，我读的是植物保护专业，对遗传育种只是一知半解，尤其是对水稻选育种工作更是毫无涉及。由于试验站工作是一项综合性非常高的工作，首先要求对水稻品种尤其是本区域内的品种有一定的认知。刚接手的我，甚至连杂交稻与常规稻的区别也无法说出来，更不用提什么不育系、恢复系等专业名词了。是体系给了我学习的机会，使我从一个水稻品种新手进入到了入门阶段，认识到了水稻品种的发展史，在示范推广的过程中，更是认识到了水稻品种对于稻农的重要性，对于水稻产业发展的决定性作用。

接手体系工作的时候，我的本专业技术大部分还停留在书本的层次，开始对外做试验示范推广以后，我才发现，理论实践远比书本要高深得多，深深体会到读万卷书不如行万里路的意义。在承上启下的过程中，我作为一个新手认真倾听岗位科学家和试验站站长的指导，虚心接受稻农的意见，在试验中反复推敲，将理论与实践结合，认真总结，不断提高自己的专业技术水平。

体系十年，让我更切身感受到了农民的辛酸，也让我真正地服务

"三农"！

由于工作性质的原因，我经常需要深入基层，亲身到生产一线工作，这使我接触到了很多基层农技人员，很多水稻种植户特别是大耕户。在与他们交流的过程中，我更加深刻地认识到了现代农民的辛酸，更加切身感受到了农民的不易。在本地农民口中经常会听到一句话：种地要与天斗，斗过了天还要与人斗。每次下乡见到有些稻田里水稻品种杂乱，病虫草害严重，晚稻无法抽穗等现象时，了解到不少农户在水稻丰收欣喜的时候却因稻谷粒型、谷色等原因而被收购商砍价的情况时，我都深深感受到自己的渺小。

每逢这个时候，我就想到了试验站，想到了体系。因为体系给我提供了一个非常庞大的平台，非常丰富的资源，我可以联系到很多的岗位科学家，联系到很多的试验站站长，他们让我感觉到我不是一个人在工作，我背后有很多水稻界的专业人士在支持我，他们是我坚强的后盾。多年来，我与多位岗位科学家、试验站站长等深入生产一线，实地指导农民如何提高栽培技术，加强田间管理，如何识别并防治各种病虫草害，指导农民如何选择水稻品种才能获得更大的经济效益。多年来，我们成功推广了粤晶丝苗2号、华航31、华航38、华航48、五山丝苗、金农丝苗等优质水稻品种，这些品种现在江门市已经成为当家品种；成功地推广了水稻"三控"技术，它成为现在农民最喜爱的技术；成功举办了水稻病虫草害培训班多期，让大部分农民都认识了水稻黑条矮缩病、水稻细菌性条斑病、水稻白叶枯病、水稻蹯线螨等次要病虫害及其主要防治方法。

体系十年，为我提供了一个宽阔的平台，让我更好地发展成为了一位优秀的农技工作者。

刚接触体系工作的时候，我只是一个助理农艺师，每天的工作就是负责我们基地里面的试验，工作单一且视野窄小，对于同行其他单位部门的了解并不多。通过体系这个平台，使我接触到了更广的天地，认识了更多的同行，拓宽了自己的视野。

通过协助各岗位科学家开展调研、试验，我学会了区分水稻品种的优劣与适应性，懂得了盐碱地反酸田对于水稻种植的影响，认识了如何提高水稻氮肥利用率，明白了水稻机械化在水稻种植过程中的重要性，加深了水稻病虫草害的认知与防治知识，了解到了稻米深加工对于整个水稻产业发展的促进作用，让我真正融入了水稻这个行业里面。

通过前往各地交流参观学习，我认识了很多本地没有的水稻品种，再生稻、海水稻、紫稻、黑稻、稻田养鱼、稻田养鸭等，都是我在体系工作以后才接触和学习的新知识，同时也认识了很多优秀的水稻工作者、基层农业技术员及稻农，他们身上太多的优点值得我去学习。在这个过程中，我逐渐地成长和成熟起来。

体系十年，我从一个初出茅庐的小子，成长为一个专业的农业工作者，尤其是在水稻的试验示范推广方面，我更是收获匪浅。

体系十年，我从一个水稻知之甚少的人成长为一个专业的水稻工作者，从一个助理农艺师成长为高级农艺师。

感谢体系，是体系为我提供了一个平台，让我成长，让我成熟，让我真正服务"三农"，回馈农民。

回首体系十年，不禁让我想起了成龙大哥的那首歌："……曾经是懵懂少年……，我是如此平凡，却又如此幸运……，我要说声谢谢你！……"这简简单单几句话描绘出了我最想对体系说的话。

感谢体系！

国家水稻产业体系引领农场试验示范插上腾飞的翅膀

姜灏

黑龙江省垦区综合试验站七星农场示范县　黑龙江省七星农场

2008 年参加工作以来，我一直是国家水稻产业技术体系黑龙江垦区综合试验站七星农场示范场的技术骨干，当时示范场水稻科技研发中心刚组建不久，各种条件都不具备，各项工作举步维艰。面对各种困难和压力，试验站负责人努力寻找工作切入点，在上级部门的正确指导下，在示范农场的高度重视和大力支持下，科学谋划，创新思路，健全制度，强化管理，使示范场水稻科技研发中心的各项工作都步入了正轨，并取得了一个又一个辉煌成绩，得到了各级领导和上级部门的认可和好评，成为全场管理区水稻技术人员提高能力的课堂，为广大种植户提供了一个了解品种特征特性，学习新技术、新成果，进行交流互助的平台。

一、科学谋划试验示范基地功能定位

俗话说"思路清，方向明"，准确定位是水稻科技园区发展的前提。示范农场业务部门通过认真查找资料，广泛开展调研，科学借鉴各地科技园区的成功经验，准确地把园区定位为现代农业的展示窗口，科技成果转化的孵化器，现代农业新技术、新品种的博览园，农业培训的科普基地和休闲旅游的观光园，同时园区要具备环境优美、设施先进、技术领先、品种优良、运行高效的特点，既能代表现代农业的发展方向，又要引领现代农业发展。有了准确的定位，就有了明确的发展方向和清晰的工作思路。在产业体系专家的指导和业务人员的不懈努力下，七星水稻研发中心不断发展壮大，基础设施日益完善，科研实力显著增强，服务领域不断拓展，在垦区乃至全国的知名度不断提升，现已经发展成为拥有试验示范、成果展示、分析测试和信息服务四个分中心的现代农业新技术科研推广部门，充分发挥了现代农业展示、科技创新研发、成果转化示范、技术推广带动、农业人才培训、休闲旅游观光"六大"功能，为农场乃至垦区现代化大农业的发展起到了引领、示范和带动作用。

二、充分认识试验示范成果转化的重要性

试验示范推广是推动现代农业发展的动力。"十一五"以来，七星示范农场高度重视农业试验示范和成果转化工作，发挥水稻研发中心的科研优势，每年都引进了大量优质高产水稻新品种、新技术进行专项研究、试验示范和技术集成，总结形成了一批具有推广应用价值的科研成果。这些技术成果的应用提高了示范农场的粮食生产能力和农户经济效益，并在现代化农业发展中起到了引领、示范和辐射带动的重要作用。因此，示范农场各有关部门及各管理区、作业站切实提高了对试验示范成果转化工作的认识，把此项工作纳入重要日程，加快推进，落实到位，确保农业转方式、调结构目标的实现。

三、试验示范成果转化取得了显著成效

"十二五"期间，示范农场充分发挥水稻研发中心试验示范推广主渠道作用，大力开展新品种、新技术、新成果试验示范和推广应用，推广水稻新品种67个，新技术56项，转化新成果6项，促进了粮食增产、品质提升和效益增加。

1. 推广新品种 67 个

推广应用水稻品种67个，其中，主栽品种10个，主茎叶片数为11～13叶，生育日数为127～140 d，活动积温在2 250～2 600℃，2018年种植面积80.8万亩，占全场水稻种植总面积的80%。五年来，全场水稻龙粳31、龙粳46、龙粳43、龙粳39和垦稻26等新品种累计推广面积450万亩，亩增产45 kg，亩效益增加135元，累计为农户增加经济效益6亿元。

2. 推广新技术 56 项

通过农艺农机结合、良种良法配套技术试验示范，推广水稻育苗、插秧、施肥、除草、防病以及灌溉等新技术56项。累计推广面积300万亩，亩增产59 kg，亩效益增加177元，累计为农户增加效益5.3亿元。

3. 转化新成果 6 项

转化水稻智能旱育壮秧、精确定量播种、毯式钵苗盘育机插、测土配方施肥、侧深平衡施肥、全程绿色植保等新成果，累计转化面积100万亩，亩增产63 kg，亩效益增加189元，累计为农户增加效益近2亿元。

到"十二五"末期，通过科技示范带动和成果转化推广，示范场全场水稻优质品种覆盖率达到100%，推广新品种、新技术累计550万亩，新增粮食总产量为 3.35 亿 kg，粮食增产率达到 10.3%，新增经济效益近 10 亿元，科技成果转化率达到了 85%，农业科技贡献率达到了 80%，促进了示范农场现代农业的发展，辐射带动周边农村农业机械化、科技化、产业化、水利化上了新台阶。

四、创新试验示范成果转化方式

示范农场以优质特色种植和有机米生产为发展方向，以降低成本、增加效益、保护环境为目标，重点在水稻优质特色品种引进、超早育苗、振捣提浆、配方侧深施肥及精准农业和农业信息化等方面开展技术推广与成果转化，创新转化方式，拓展转化渠道，加快推进试验示范成果转化落地。试验示范成果转化的具体措施：

1. 建立示范基地

继续加强和完善"农场水稻科技园区－管理区示范基地－作业站科技示范田"的科技成果转化示范基地网络建设，理顺管理体制和运行机制，提升技术示范标准，同时也为技术培训提供田间课堂。

2. 加强技术培训

针对农户技术需求和农业发展需要，以解决生产实际问题为出发点，重点开展实用性和前瞻性的技术培训，不断丰富技术培训内容，创新技术培训方式，让农户亲自参与、亲身感受和现场讲解新技术、新成果带来的实际效果，增强农户应用新技术、新成果的主动意识。采取冬春季节集中培训、专题培训、现场培训等多种方式，年均举办各类培训班 20 期次以上，培训技术人员 300 人次以上，培训科技示范户 800 人次以上，培训普通农户 2 600 人次以上。

3. 编制发放技术资料

在农业生产的关键阶段，以通俗易懂的语言和图文并茂的形式，编印水稻新品种、新技术、新产品以及农机和农业信息化等方面的技术资料，编印技术资料 22 000 份，其中，技术手册 7 000 册，光盘 500 张，宣传资料 8 000 份，技术明白卡 6 500 份。

成绩属于过去。面对成绩，示范农场技术骨干们不满足于现状，正以饱满的热情，带领水稻研发中心全体科技人员以"做科技先锋，创一流业绩"为目标，以科技创新为动力，内强素质，外树形象，不断提升产业体系示范农场水稻研发中心的科研综合能力，力争把水稻研发中心打造成国内一流、技术超前、实力雄厚的现代农业科技创新基地，努力争作现代化大农业的领跑者，抢担现代化大农业建设重任。

国家水稻产业技术研究促进农场水稻机械化快速发展

刘洪国

黑龙江垦区综合试验站八五二农场示范县 黑龙江省八五二农场

水稻是农场的主要粮食作物之一,十年来,在国家水稻产业技术体系项目支持下,为农场农业技术人员掌握了水稻育秧、插秧机械化技术和相关水稻的农艺知识,积累了一定的实践经验。特别是农场水稻种植户和农机大户也已基本掌握机械化育秧和插秧技术,农民种地的积极性高涨,农民种稻效益逐年增加。特别是近几年结合国家水稻产业技术体系项目的实施,农场将水稻育插秧技术推广列为农场农业工作重点来抓,深化技术研发,坚持农机、农艺协调发展,水稻育插秧技术在农场推广已见成效,产生了显著的经济效益和社会效益。

一、发展历史

在农场水稻发展历程中,种植方式的演进,概括起来可分为直播栽培和旱育稀植栽培两个阶段。1984 年前在直播栽培过程中,虽经历了不断的技术改进,但始终未摆脱粗放的栽培模式,因水稻尤其抗御低温冷害能力弱,因而使水稻种植面积小、单产低。1984 年推广旱育稀植栽培技术后,仍有部分面积延用直播栽培。1993 年,由于直播的产量、米质特别是稳产高产性能与单位面积经济效益明显不如移植栽培。因而直播面积大大减少甚至基本消失。截至 2018 年农场育插秧水稻面积稳定在 20 万亩。

几年来,农场在水稻栽培上不断充实、完善和提高旱育稀植栽培技术,组装形成了寒地水稻旱育稀植三化栽培技术体系。"三化"是指旱育秧田规范化、旱育壮苗模式化、本田管理叶龄指标计划化。旱育秧田规范化是保证培育壮苗的基础;旱育壮苗模式化是以旱育为基础,以水稻同伸理论为指导,以调温控水为手段,育成地上地下均衡发育的标准壮苗,制定了秧田管理标准及壮苗标准；本田管理叶龄指标计划化是依据同一水稻品种主茎叶龄数基本稳定及叶龄与生育进程关系的原理，以叶龄为指标进行田间水肥调控，促使水稻安全抽穗、成熟、高产稳产，并提出了"育壮秧定穗数，管好后 4 叶保穗重"的水稻高产途径。

二、抓好基础

农场经过近几年国家水稻产业技术体系项目研究发现，机插稻较人工插秧在水稻单位面积穗数、粒数和粒重上都有明显增加，机插秧能使水稻个体和群体正常生长，实现高产稳产。机插秧的基本苗数、穴行距和行向，建立在高产群体结构基础上。

基本苗数是影响水稻群体的重要因素，每亩基本苗的用量，除应根据品种特性，气候条件、土壤肥力和管理水平等综合因素外，还应利用"穗苗比"来安排适宜的基本苗数。穗苗比的幅度一般为 4 ～ 5.7∶1，如预定穗数每亩为 40 万，基本苗每亩一般应为 7 万～ 10 万。当品种生育期短，分蘖弱，肥力低，管理水平差，穗苗比宜小，相反则大。

穴行距是协调个体与群体矛盾，充分有效利用光能地力，达到增穴、增穗、增粒的有效措施。种植方式，一般穴行距为 12 cm × 30 cm、14 cm × 30 cm 或 14 cm × 25 cm 为好，其优点在于，透光好，发挥边际优势，稻株上、中、下层叶片均能受光，提高光能利用率，行间通风好，有利于二氧化碳交换，有利于光合作用进行，增加干物质积累。另外，还能降低株间湿度，预防病虫滋生，同时也便于除草、施肥、用药等田间管理。

行向是从光照条件来讲，东西向比南北向好；但从通风条件看，由于夏季多吹东南风，南北向通风要好些。具体在确定行向时，还要考虑地势、田块形状，尽可能做到通风透光，使群体协调生长。

三、搞好培训

农场在近几年的水稻机械化插秧、育秧上不但涉及机械操作知识还涉及水稻相关的农艺知识，必须搞好培训。培训的对象涉及技术人员和农户。培训的内容主要涉及的是如何育水稻机插秧、插秧机操作和大田管理等技术。水稻育秧和稻田的管理是以寒地水稻叶龄诊断技术为标准，这一技术是以寒地水稻不同叶龄期的个体或群体的正常生长发育为标准，与实际种植的稻田进行比较、诊断，及时采用施肥、灌溉、植保等田间管理手段进行调控，促使水稻生育向着高产、优质的轨道上发展，叶龄诊断栽培技术的应用，改变了传统意义上的种、管、收流程式栽培技术，使水稻种植更加科学。

四、推广优势

国家水稻产业技术体系项目在八五二农场水稻生产上得到了广泛的推广，转变了农场稻农传统的种植模式，与过去传统的种植技术相比，水稻育插技术具有较大的优势，育插秧可大幅度降低育秧和栽插环节的劳动强度，有明显的省工优势，适时完成插秧标准。其中机育秧可保证播种密度均匀一致、出苗整齐、利于管理、省工省时。机插秧有以下明显优势：①保证做到适时抢早；②合理密植，保证田间基本苗数；③插秧深度整齐一致；④保证秧苗立苗正，不会东倒西歪；⑤插穴行距规整，每穴苗数均匀；⑥机插秧能插到地头和边地，稻田四角能插满。

因此，国家水稻产业技术体系项目几年来在八五二农场大面积示范推广应用取得了较好的成效，这些成绩的取得给我们的启示：一是项目经济上合算；二是项目技术上可行；三是项目符合农民需求。

国家水稻产业技术体系近十年工作回顾和总结

刘剑历

黑龙江垦区综合试验站 黑龙江省二道河农场

在国家水稻产业技术体系的正确领导下，根据黑龙江垦区综合试验站的统一部署，二道河农场科技园区长期以来坚持不懈地开展现代农业产业示范活动，在近十年的历史中，积极引进水稻种植新技术、新设备、新理念，逐步实现新技术的进步、转化及推广，从而连续多年实现水稻平均单产和总产量屡创新高。水稻生产形势呈现出持续、快速、健康的发展态势，基本实现了农场粮食增产、农民增收、企业增效的目标。

一、园区十年建设和发展基本概述

1. 示范基地建设情况

二道河农场科技园区成立于 2004 年，园区的主要任务和目标就是承接水稻病虫草害绿色防控技术集成与示范，建设以"水稻病虫草害绿色防控及关键防控技术"为核心的示范基地，探索单产提高的有效途径和综合性解决方案，示范基地的核心面积 1 000 亩，辐射带动面积 52.33 万亩（全场水稻面积）。

2. 技术指导培训情况

近十年来，我们园区每年都在不同的农时阶段，以示范基地为典型，召开多次现场培训，每年培训近 3 000 人次，对各阶段标准及应注意事项进行培训，起到了示范带动作用，向广大受训人员显示了较强的科技创新能力，并为促进科研成果的转化奠定基础。

3. 切实提高科技创新能力

为提高先进理论和科技创新能力，园区多年来不断探索，先后承担并完成了多项较为重要的试验，例如氮肥运筹试验和氮肥精确定量试验，水稻机播测深施肥试验，水稻稻瘟病、纹枯病药剂筛选试验，杂草防治试验等。

4. 成果展示，辐射带动

园区长期以来都把科技成果的应用转化和推广宣传作为工作的重点和核

心。一方面将我们的试验成果展示给大家看，为此示范基地设计以全程植保为根本的试验项目，综合防病、防虫、除草等组装成全水稻生育进程贯穿植保技术，为农业生产保驾护航；另一方面将成果转化成生产力，投入到实际生产中，综合了预测预报、生物预警、灾害预测等十余项技术的水稻病虫草害预警及关键防控技术的集成与示范，经常性地承担农场的相关会议，并长年接待临近农场、地方等组织和个人参观活动。

二、加强监测预警，探索重大病虫草害发生和防治有效途径

多年来，我们园区始终把建设生物预警及关键防控技术示范区作为自己的一大目标。十余年来，我们的主要做法体现在以下几个方面：

1. 建立病虫害预测预报系统

示范区内配备了孢子捕捉仪、虫情测报灯、单灯式智能太阳能灭虫器等关于有害生物防治的先进设备，并分析和总结其实际效果。对于病害预测预报，首先设立了水稻病害诱发圃，地点选择在方圆 300 m 内没有障碍物的地方（设立在该示范区的中间），诱发圃面积为 100 ㎡（10 m × 10 m 的方形田块），对其管理要求为长期深水淹灌，增加氮肥施用量，增加栽植密度等有利水稻病害发生的条件，并且配合孢子捕捉仪。该仪器由两名技术负责人负责，以保证监测顺利进行。每天下午 2 点开机运行 2 个小时，下午 4 点取样后进行室内镜检，能有效监测水稻病害的早期发生及发生趋势，为全场防病防治时期的确定和防治药剂的选择提供了准确、科学的依据。这种虫情测报等又分两种，一种是监测害虫的数量，当数量超过一定数值时，启动智能灭虫器，杀灭害虫；另一种是当水稻二化螟等趋光性害虫发生时，灭虫器一天最高可杀灭害虫 100 头左右，不但减少了化学药剂对水稻的污染而且省工省力。

根据气象部门预测和实际情况，制定措施得当、行之有效的抗灾减灾应急预案和指导办法，重点建立低温冷害气象预警和病虫害生物预警机制，提早预防，确保试验基点和示范基地相关工作顺利进行。

2. 品种选育

示范区内设有品种展示区，内设近 60 个品种及有苗头的品系，通过试验比较，对各品种的适应性、丰产性、抗逆性及品质表现进行综合评价，推荐可用于大田生产的品种有：龙垦 201、龙粳 50、龙粳 43、垦稻 32、龙粳 20、垦稻 33、龙粳 29、龙粳 31。与对照龙粳 31 相比较，表现突出的是龙垦 201、龙粳 50、龙粳 43 和垦稻 32 多个品种。这为农场选择适合本地区栽培的品种提供了前期考证。

3. 除草技术示范

结合示范区内恶性杂草的不同种类，在水稻一次、二次封闭灭草时选用不同的药剂进行大范围示范。降低恶性杂草对水稻产生的影响，为水稻高产打好基础。

三、示范基地建设要点和主要成效

根据示范区内先进设备多、农艺理念领先、管理措施到位等优越条件，园区先后开展了一系列其他试验。取得最好效果的就是高产攻关项目。现在我们所在的农场在水稻种植方面已经拥有一套完整的高产技术。至 2017 年示范区内每亩平均产量是 614.5 kg，全场水稻每亩平均产量为 576.12 kg，比 2012 年的 553 kg，单产提高 4 %。

综上所述，围绕提高单产水平这一重点目标，多年来我们主要突出做了以下几个方面的工作：

（1）采取灵活的管理机制。根据每年不同的气候条件及各阶段的天气情况制定相应的农艺措施，来调节水稻长势。我们还安装了信息平台，可以随时通过平台将技术要点及注意传送到技术人员及农户手中。

（2）以优良品种为保障。根据本积温带选择水稻品种，要适合本地区种植并且具有丰产性状。每个水稻品种都有自身的生长特性，根据种植的不同品种，配套相应的农艺措施，才能保证增产目标的实现。通过多年研究，我们摸索出了三江 1 号、空育 131、垦稻 20 等多种高产模式。

（3）培育壮苗是基础。"壮苗八成年"说的就是秧苗的重要性，不但要培育出健壮的秧苗还要使其在移栽时具有一定的带蘖率。近几年，我们园区一直研究秧苗在苗床和田间的合理分布，保证后期主茎及分蘖都有良好的生长空间。我们的做法是采取多营养土育秧，促进其健壮生长移栽时达到 80% 以上带 1 个蘖，50% 带 2 个蘖。在旱育秧田规范化建设的基础上，重点抓好置床处理、床土处理、床土厚度、定量播量、精密播种、智能秧田管理等关键环节的技术标准，力求水稻壮苗率达 96% 以上；推广机械精密播种和钵形毯式苗育秧等技术。

（4）植物保护是手段。要实现高产攻关目标，必然要增加施肥量和密度，这可能导致水稻易倒伏、易感病，因此，做好植物保护成为高产的有力手段。防病期间我们园区本着地面作业和空中航化相结合的方式，解决因天气等条件制约的困难。采取这些措施后我们连续多年实现了示范区无病害发生。

四、严格管理，明确责任，狠抓落实

所在农场高度重视示范园区的项目实施，成立了以场长为组长的领导小组和以农业副场长为组长的专家组，下设办公室（农业科），负责示范园区日常事务。确保明确示范区的工作内容与工作重点，保证示范区各项工作的顺利进行。园区设专人负责制，对不能认真完成示范区内试验项目的责任人，如限期内不能改正，给予必要的经济处罚。

五、综合各种条件，科技服务到户

经过多年的积累和实践，园区拥有了较强的农户服务意识、服务手段和服务经验。一方面直接与农户保持最直接的联系，掌握最新信息，及时帮助解决农户遇到的各类问题。每年利用家闲时间举办农业生产系统的知识讲座，让每一个农户都能系统地知道一年的种植过程，田间水肥管理等相应的技术标准。另外，园区还组织科技小组，深入田间地头，开展田间指导，并对有害生物预测预报，为农户降低农业灾害送去科技力量。为促进农业新技术的推广，促进农民的增产增收服务，我们开办了农业科技服务热线，并派专人管理，定时组织技术专家进行解答，事无巨细，真正为农民服务到家。

在做好各项科技培训与指导工作的同时，为了更好的服务水稻生产，我们还结合水利部门、气象站、种子公司等部门，加强科技力量，配套各项措施，更好地服务农户。

六、存在的问题与建议

回顾十多年的工作，尽管我们园区取得了一定的成果，也在不断进步之中，但依然存在一些缺点和不足。主要表现在员工的学习自主性不够，有时偏重于生产试验而忽视了学习；有时工作安排不够细致，有时只顾速度而忽视了效果。在今后的工作中，我们要更细致地做好工作规划，加强相互沟通，更进一步明确责任，合理统筹安排各项工作，根据黑龙江垦区综合试验站每年下达的任务书，结合本园实际，认真准确地完成当年的试验及任务，完善生物预警系统，继续推进新技术、新服务，进一步挖掘本地区水稻的高产潜力。

我与国家水稻产业技术体系的十年情结

闫大明

黑龙江垦区综合试验站 黑龙江省七星农场

近年来，随着年龄的增长，我的水稻情结愈来愈重了。居住在城里，吃着市场上销售的粮食和蔬菜，穿着那些满是化学元素的衣服，满眼是现代化的楼房，总是感觉浑身都不自在。于是，坐在办公室，偶尔发会儿呆；扎在人堆里，心却飞到了野外。听不见鸟鸣，闻不得雨声，感觉不到宜人的风声，心里总想着巴不得到郊外的田埂上去，走一走、闻一闻泥土的清香。

对于在农村长大的我之所以有割舍不断的水稻情结，绝不是因为我曾经有一个多么风景如画令我时常引以为傲的乡村老家，或者说我是一个长时间生活在乡村的人，没有见过世面，害怕接触现代文明。恰恰相反，我更爱这片黑土地，更是因为与国家水稻产业技术体系有着割舍不断的十年情结。

一、初次接触国家水稻产业技术体系

2008年7月我来到了七星农场研发中心，在这里我开始接触到国家水稻产业技术体系，有幸参加了建三江管理局农业局、科技局联合组织的2008年国家水稻产业技术体系培训班的学习，3天紧张愉快的理论学习，聆听到了多位老师关于水稻高产高效栽培技术、水稻叶龄诊断技术、水稻产业发展现状等课程，充实了我的理论知识，更让我开阔了视野，解放了思想。无论是听课还是交谈，都让我有所感动和收获。学习到很多知识，同时也提高了自己的理论水平和工作能力。

二、成为培养人才的摇篮

国家水稻产业技术体系为农场培养了许多专业技术人才，通过水稻产业技术体系培训出来的人才专业知识丰富、实践能力强，能够更好地为农场的发展提供可靠的人才支撑。国家水稻产业技术体系为人才培养提供了科学有效的实践教学体系运行机制，是保证高质量技术性物流人才培养的摇篮。创造人才培养的良好环境首先要尽可能多地给年轻人提供更多实践的机会，让年轻员工参与水稻试验项目的落实和试验的实施全过程，并在实施过程中对他们加强专业的引导与交流，以促进其健康快速成长。国家水稻产业技术体系的管理模式为更多青年员工成才创造了条件，这种管理模式可更好地为农场管理人员和技术人员进行科学理论指导和技术指导，能够使更多的年轻人快速成长起来。如从七星农场走向副场长岗位的魏玉光，走上领导岗位的苗得雨、唐庆刚等。

对于每一个人才的成长过程来说，不仅需要关心和帮助，而且还需要发展的空间和机遇。国家水稻产业技术体系根据学员的特点，制订培养计划和措施。根据学员自身素质和性格特点，精心安排部分学员轮岗学习，并注重发挥员工个性优势和特长，有意识、有目的地加以引导，为其发挥特长提供平台。这样，通过适当的实践锻炼，充分发现并发挥每个学员的专长，把他们放在最适合的岗位上，也让他们在轮岗过程中得到了全面发展。让他们都能基本了解各个部门的工作流程，在本职工作中更加得心应手。

三、十年推广多项水稻新技术

推广应用水稻栽培实用新技术 29 项，其中常用技术措施 10 项。累计新技术推广面积 6 200 万亩，实现亩增产稻谷 59 kg，亩增效益 170 元，累计为农户增加收入 105 亿元。

从当初开始推广叶龄诊断技术，到现在的水稻侧深施肥，十年间已经累计推广了 29 项先进的水稻生产技术，包括钵形毯状秧苗机插、优质水稻品种筛选、钵毯式育秧、绿色植保、旱育壮秧等实用新，为七星现代化农业的发展，提供了有力的技术支撑。以优质水稻品种为例，通过国家水稻产业技术体系形成了三江地区优质高产配套栽培技术模式，优质水稻推广品种 18 个，龙粳 21、龙粳 31、龙粳 46 等已成为当地的主栽品种，累计推广面积 3 100 万亩，水稻的平均单产由原来的不足 400 kg，提高到了现在的 620 kg，创造直接经济效益 39 亿元。水稻侧深施肥技术可提高肥料利用率 10% 左右，水稻侧深施肥是在插秧的同时将肥料施于距稻苗 5 cm、深 5 cm 的土壤中，肥料呈条状集中施于耕层，距水稻根系较近，利于根系吸收利用，可节省速效化肥 20% ～ 30%，全面促进水稻早期生育，水稻无效分蘖少、抗倒伏。减轻环境污染，2018 年七星已经推广应用面积为 50 万亩以上，可有效节约肥料 10% 左右，可以节约成本 150 万元以上。通过水稻产业技术体系示范推广了摆盘覆土机及秧田、本田轨道运输车，针对水稻摆盘劳动强度大、用工量多、劳动力成本上涨的实际，与生产厂家联合研究出水稻摆盘覆土机，经过几年改进完善，收到了较好的效果，并加大推广力度，2018 年推广播种面积占 31.4%，较上年提高 10 个百分点，为提高摆盘速度，降低劳动强度，节约用工成本，促进水稻全程机械化的发展起到积极的推动作用；应用轨道运输车可以减少人工投入、提高效率、节约成本，秧田轨道运输车每亩可节约成本 2 元，本田轨道运输车每亩可节约成本 11.2 元，已经推广面积达 30 万亩以上，秧田可节约成本 60 余万元，本田可节约成本 350 余万元，可实现节约种植成本 400 余万元。

国家水稻产业技术体系不仅给我们带来新的技术，同时也为我们现代化农业的发展注入了新的动力和为农业现代化信息化提供了可靠的技术和理论支撑。

四、勤学不断，提升自我

每年参加总局举办的国家水稻产业技术体系培训班，听专家、教授、同仁们亲自传授经验，讲解各项技术措施要点，使我受益匪浅。从教学培训内容的精心编排，到农技专家和老师们的言传身教和悉心辅导，无不体现了国家水稻产业技术体系对农技人员培训的高度重视和良苦用心，学员们始终保持高度的热情和积极性投入培训，端正态度，自觉学习，上课认真做好笔记，下课相互交流和沟通，紧紧抓住这次难得的学习机会，增加农业知识，提高自身的业务水平和能力，形成了学习培训的良好氛围。通过培训，进一步增强了我对现代化农业技术推广应用、水稻栽培技术、现代农业发展方向的理解和认识，学习储备了一定现代农业前沿和更好的农业技术生产经验，对农业供给侧结构性改革有了直观的了解，为下一步的工作与学习打下了良好基础。

通过培训，不仅使我的农业科技知识得到进一步丰富和充实，而且也使我从中找到了自身的差距，为我明确了努力的方向，更教会了我要勤于思考，开动脑筋，立足于本职工作，勤奋学习，把学到的知识和本领运用到今后的工作和学习中，为七星农场现代农业的发展发挥自己应有的作用。

十年对于历史的长河来说是转瞬即逝，但是对于人的一生来说确实很漫长，十年里对于国家水稻产业技术体系由相遇到相知再到后来的融入，让我懂得了它存在的意义，有了它能让现代化农业发展得更快、更好，不断创造辉煌。

国家水稻产业技术体系感想与心得

张金成

黑龙江垦区综合试验站　黑龙江省七星农场

我国粮食产量取得连年增长，之所以有这样骄人的成绩，与我国建立国家现代农业产业技术体系分不开，水稻产业技术研发体系，为科研成果与农业生产紧密连接架起了一座沟通的桥梁。水稻产业技术体系，涵盖育种与繁育、栽培与土肥、病虫害防控、机械化、产品加工、产业经济等学科领域，分布在辽宁、吉林、黑龙江、江苏、安徽、江西等水稻主产省。七星农场作为水稻技术集成示范场加入到国家水稻产业体系之中，七星农业技术推广中心则承担起了国家产业技术体系技术的落地试验、转化推广示范等功能。现将参与国家水稻产业技术体系的感想与心得汇报如下：

一、国家水稻产业技术体系增添园区科技含量

国家水稻产业技术体系的建立，将垦区水稻管理体系各自为政、研究方向重叠、研究内容重复的科技创新力量，基本整合成一支分工明确、团结协作、相互支持的科技创新队伍，从而构建形成了从源头创新到试验示范的较为完整的产业技术支撑系统。七星农业技术推广中心利用水稻产业技术体系的科技支撑，以农艺农机结合、良种良法配套为原则开展技术创新研发和试验示范，应用水稻育秧、栽培、灌溉、植保、耕作等领域实用新技术4项，这4项实用新技术如下：

（1）水稻标准化集中育秧关键技术。通过集成组装集中大棚、秋作高床、调酸消毒、芽种精播、精控温度、水肥调控、除草防病、标准操作等技术，培育出叶龄适宜、根系发达、茎叶挺拔、带蘖率高的健壮秧苗。

（2）侧深施肥机插技术。在插秧行侧3cm，深5cm处施肥带，变全层施肥为根际条带施肥，同时，优选侧深肥料，改进施肥设备，提高插秧施肥质量，可提高肥料利用率，减少肥料使用量，减少环境污染。

（3）水稻病虫草害绿色防控技术。以寒地水稻叶龄诊断植保技术为依据，

以水田难治杂草和重大病虫草害综合防治为重点，优选配方、规范施药、更新药械、绿色防控、全程跟踪、综合评价，有效预防和控制病虫草的危害，实现农药减量和产品安全目标，促进绿色生态农业可持续发展。

（4）割晒拾禾收获。选择晴好天气采用横插竖割的方式将水稻铺子晒 3～4d进行拾禾脱谷，可以适时提前收获，缓解秋收压力，降低收获风险，减少收获损失；割晒后水稻秸秆干脆，有利于粉碎还田，同时，能够加快籽粒脱水，降低青瘪粒比例，防止稻谷营养倒流，促进早熟，确保水稻在生育期内能够安全成熟，实现品质提升。

二、国家水稻产业技术体系缩短了专家与基层技术员的距离

水稻产业技术体系按照农业部统一部署，组织开展了育种材料交流会、学术报告会、现场观摩会、年终考评会、新技术研讨会等系列活动，建立起专家与基层技术员之间交流研讨平台，形成了每一位岗位科学家身后的一支老中青相结合的技术示范的先遣队，建立起"专家－技术员"的农业实用技术传送高速公路，解决了基层技术员获取先进技术的难题，增强水稻产业技术体系的农业实用科技推广能力，有力地促进了水稻产业技术体系健康、较快发展。

在水稻产业体系的统一安排下，着力推进农业供给侧结构性改革，着力转变农业发展方式，着力发展绿色生态农业，体系岗位科学家和综合试验站根据七星农场寒地水稻生长特点和生产实际，并依托体系项目经费支持，通过参与和主持的水稻病虫草害绿色防控技术集成与示范等试验示范项目，率先、直接将最新科技成果在七星农场农业技术推广中心示范田大规模示范展示，供稻农现场实地考察学习，促进了先进、适用技术的大面积推广应用。水稻产业技术体系岗位科学家、综合试验站的专家技术团队结合播种、育秧、田管、收获等关键季节，体系专家纷纷带领自己的创新团队调研七星农业技术推广中心试验田，与技术员面对面进行交流，实地调查了解水稻生产的实际情况，了解田间管理中存在的问题和病虫害发生及危害情况，并根据所了解的情况，及时提出技术建议与应对措施，科学指导田间管理，进一步加强基层技术员的农业科技服务能力。

三、国家水稻产业技术体系锻炼科研队伍

农业技术推广中心应用国家水稻产业技术体系的科研管理方法促进试验与管理、试验与生产、试验与培训的三个结合，增强技术员的试验管理水平与生产经验，提高技术普及率、到位率、转化率和贡献率，锻炼农业技术推广科研队伍。

（1）促进试验与管理相结合。国家产业技术体系试验项目具体落实到专人负责，开展作物长势长相与试验落实情况田间学习会、技术研讨会、阶段性试验汇报会等提高了试验负责人的管理水平，通过直观地看、面对面讲、手把手教、形象地记，部门成员尤其是新来实习大学生的试验管理能力与技术水平得到较大的提高，理论知识与生产实践联系得更加紧密。

（2）促进试验与生产相结合。严格执行国家水稻产业技术体系的要求，按照"小区试验研究＋大区示范对比＋大面积推广"的技术流程，试验与生产紧密结合，促使水稻病虫草害绿色防控技术集成与示范等试验示范项目，逐步在试验示范中改进、提升，并适应七星农场水稻产业的发展要求，为农场科技示范带动和成果转化推广提供了可靠的技术保障。

（3）促进试验与培训相结合。国家水稻产业技术体系专家技术团队针对基层技术人员和种植户技术需求与农业发展的需要，以解决生产实际问题为出发点，重点开展水稻良种良法配套、侧深施肥、水稻病虫草害绿色防控技术等实用性和超前性的试验示范，不断丰富技术培训内容，创新技术培训方式，让基层技术人员亲自参与、亲身感受、现场讲解新技术、展示新成果带来的实际效果，增强基层技术人员应用新技术、新成果的主动意识。

国家水稻产业技术体系为农服务解难题

张晓斌

（黑龙江垦区综合试验站　黑龙江省八五〇农场）

我是一名普通的农业试验人员，主要从事水稻植保试验工作，对本地区的病虫草害进行监测和试验防治。国家水稻产业技术体系开始对于我来说是比较陌生的，我对它没有任何了解，但随着体系的运行，我对它的了解逐渐加深，也看到了它对水稻生产的作用，体系的运行给水稻生产注入了新的活力，解决了很多农业生产中遇到的难题，可以以点带面，促进新技术、新药剂的示范推广，为水稻生产保驾护航。

我们试验区有 200 亩地，随着水稻种植年限的增加，病害种类开始增多，尤其是水稻纹枯病发生越来越严重，最开始只有 4～5 亩地发病，但很快蔓延至全田，并且发病面积和发病程度急剧上升，水稻大片大片发病，最高病级可达 7 级，这严重影响了我们的试验工作和水稻生产。对此，我们自行购买了一些药剂，如爱苗（30%苯甲·丙环唑乳油）、25%丙环唑乳油、瘟克净（20%多菌灵·井冈霉素·三环唑可湿性粉剂）、50%多霉唑·井冈霉素纳米超微乳剂、润苗（5%井冈霉素A可溶性粉剂）等，对这些药剂进行了大量的试验，但效果均不理想，我们也很灰心。这时，水稻产业技术体系开始运行，在 2009—2017 年对纹枯病开始了专项的试验研究，提供了很多的试验药剂，如 5%井冈霉素水剂、5%己唑醇乳油、30%己唑醇乳油、粉红粘帚霉孢子、井冈·蜡芽菌悬浮剂、24%噻呋酰胺悬浮剂、30%噻呋酰胺悬浮剂、30%噻呋·嘧菌酯悬浮剂等，这些药剂又给了我们希望，使我们全身心地投入到试验中。通过大量的试验和示范，终于在 2014—2015 年筛选出了能有效防治水稻纹枯病的药剂，24%噻呋酰胺悬浮剂、30%噻呋酰胺悬浮剂、30%噻呋·嘧菌酯悬浮剂，并在试验区进行了 2 年的大面积应用示范，终于有效地防治了水稻纹枯病；第一年示范时从远处一眼就能看出示范区与空白区的区别，示范区水稻下部叶片和叶鞘深绿，只有少量发病，且病级多为 1 级，而空白对照区尤其是池埂边大部分水稻下部叶片和叶鞘早已枯黄病死，有的甚至蔓延到中部，部分严重的已到达剑叶，可见防治效果的明显程度。第二年示范时防效得到进一步加强，全田已经很难见到纹枯病病斑，这在之前是不敢想象的，因为我们一直以为纹枯病防效能达到80%都很困难，而现在通过两年的大面积防治示范，防效已经达到95%以上，甚至达到100%。从此，我们试验区很少有纹枯病发生，全田一片绿色怡人景象。这时，我认识到了水稻产业技术体系的好处，它能给我们提供了丰富的资源和强大的技术支撑，毕竟我们的眼界和知识量是有限的，而体系则能汇集四面八方的力量，攻坚于一点，更快速、更有效地达成目标。如果仅仅依靠我们自己的话，可能要晚很多年。从搜集材料到试验周期都会延长很多时间，毕竟北方一年只能做一次试验，如果失败了只能下年重新开始。

取得了阶段性成绩以后，体系继续加大纹枯病防治药剂的筛选力度，作为备选药剂，便于药剂的轮换使用，避免抗药性产生，为水稻的生产保驾护航。

为了绿色水稻的生产和绿色生物农药的推广使用，还专门对生物农药进行了试验，选择了短稳杆菌、茶黄素、多抗霉素和2种井冈霉素A类药剂，试验其在北方寒地水稻上的应用效果，通过两年的试验发现2种井冈霉素A类药剂对水稻纹枯病防效也较好，可以在生产中进行应用，这就增加了药剂选择的余地，为绿色生态农业的发展提供了便利。

从纹枯病防治这一方面上就可以看到水稻产业技术体系带给大家的惊喜，筛选出的药剂不但方便自己使用，还可以指导和帮助种植户合理选择农药，通过示范可以提高种植户对水稻纹枯病的认知程度，便于他们自己识别病害和选择药剂，效果展示也能增强他们对纹枯病的防治信心，让他们了解到纹枯病的防治要点和能达到的预期防效，不再听之任之，早发现、早防治，控制其发生、发展，有了示范区做参照，也能提高他们的防病积极性，适当的引导和刺激能使他们下定决心，一个带动一片，联防联治，久而久之就有了防病的自觉性。

另外，每年虎林周边地区都有来参观的种植户，通过他们的观察和我们的讲解，对示范区的核心技术进行互相交流，这样方便他们接受新技术，也可以增强他们的防病意识和药剂使用技术，起到示范带动作用。这种连锁效应把体系的成果广泛传播，使之发挥更大的作用。

此外，水稻产业技术体系还在病虫草害监测预警、减少杀菌剂农药使用、防倒伏、防稻瘟病、抗病品种选育、秸秆还田和水稻机械化生产等方面同时进行研究，包含十分广泛、全面，为水稻生产提供整套、精准的技术服务体系，可见体系的强大实力和全体人员的悉心努力。

一个人的力量是有限的，但一个集体的力量是无穷的，体系就是一个大集体，集体内分工明确，把任务落实到人，责任到人，这样极大地调动了大家的工作积极性，提高了工作效率，再加上各成员的努力，所以体系各项工作才能有序进行，取得了这么多的成绩。希望体系在水稻生产中发挥出更重要的作用，取得更多的成绩，我们也将继续努力，在体系的支持下解决更多的难题，为农业生产贡献出自己的全部力量。

国家水稻产业技术体系为农保驾护航

张晓斌　秦传东　徐宝玉

黑龙江垦区综合试验站　黑龙江省八五〇农场

八五〇农场种植水稻面积 35 万亩，是一个以水稻为主要粮食作物的农场，但是随着水稻种植年限的增加，水稻生产中发现的问题也越来越多，如何解决这些问题成为我们的工作重点。像我们这样的基层试验站在科研力量和技术水平上与正规的科研机构还有很大差距，对最新信息的掌握也很有限，然而通过水稻产业技术体系的运行和实施，我们对水稻新技术的最新发展情况有了更深入的了解，为八五〇农场水稻的生产发展起到了重要的作用。

在第一阶段的水稻产业技术体系里，八五〇农场主要承担两项任务，一是推进粳稻生产关键技术研究与示范，进行高产、优质、多抗粳稻新品种筛选和展示示范，筛选出了适合本区域种植的高产、优质、多抗粳稻新品种 1～2 个，提出供大面积示范种植的配套栽培技术，在本区域内进行万亩种植试验示范，形成 1 套大面积高产种植技术模式；二是水稻病虫草害预警及关键防控技术集成与示范，系统调查本地区主要病虫草害发生实况和关键防控技术，集成与示范本地病虫草害关键防控技术，对主要水稻病虫草害引起的水稻产量损失进行测定。

在第二阶段的水稻产业技术体系里，八五〇农场主要承担了三项任务，一是水稻病虫草害绿色防控技术集成与示范，开展水稻抗瘟品种布局与稻瘟病绿色防控技术、水稻细菌病害绿色防控技术、水稻纹枯病及病虫害的绿色防控技术、水稻防病药剂减量技术等的集成与示范，形成整套的绿色植保防控技术；二是优质、安全、高效的水稻新品种培育，对优质、安全、高效水稻新品种的关键技术进行集成与示范，对新品种及新技术示范成功并简化后，对技术推广骨干进行培训，并交由农技推广部门和企业推广应用，并建立优质安全高效水稻品种配套栽培技术规程、高质量种子生产、加工技术规程；三是稻田培肥及水稻肥水高效利用技术研究与示范，配合岗位科学家集成水稻养分推荐方法、化肥养分有机替代、秸秆还田及水分管理等关键技术，形成稻田培肥及水稻肥水高效利用技术模式，并示范应用，初步建立寒地稻区水稻秸秆还田快速腐熟及碳氮调节技术，集成稻田培肥及肥水高效利用技术模式，系统提出寒地水稻秸秆还田技术体系，建立稻田培肥及肥水高效利用技术模式百亩示范片。

通过两个阶段的不同任务可以看出，水稻产业技术体系的研究是针对不同时期水稻发展的需求来进行的。

在水稻品种的选育上，第一阶段是选育水稻高产、优质、多抗粳稻品种，现阶段则是选育优质、安全、高效水稻新品种，对水稻品种的要求由高产、优质、多抗转向优质、安全、高效，转变思路，促进水稻生产的发展。以往的水稻生产先是以追求高产为目标，随着化学肥料的大量使用，影响水稻品质和病虫害发生。水稻生产又以高产、优质、多抗为目标，但是现在人们都在追求更高品质的生活，对吃也越来越挑剔，要吃外观好、口感好、绿色安全的大米。而现在国内水稻品种主要以高产优质为主，食味较好的品种很少，种植区域也受限制，产出少，另一方面水稻生产成本不断增加，大米价格却在降低，种植效益在减少，所以水稻种植方式也要进行改变，产量不再是第一追求，种的好也要卖得好，选育优质、安全、高效水稻新品种，进行绿色种植，提升稻米的安全性、米质和食味值，增加种植效益，引领水稻生产发展方向。

在病虫草害防控上，先是系统调查了本地区主要病虫草害发生实况和关键防控技术，做好水稻病虫草害的预测预报和关键防控技术的集成与示范，减少水稻病虫草害引起的水稻产量损失；而后为适应绿色水稻生产，同时，为了响应农业部提出的到2020年我国农业要实现"一控两减三基本"的要求，"一控"即严格控制农业用水总量，大力发展节水农业，"两减"即减少化肥和农药使用量，实施化肥、农药零增长行动，"三基本"指畜禽粪便、农作物秸秆、农膜基本资源化利用。我们积极开展了水稻病虫草害绿色防控技术和应用助剂实现减药等方面的研究，集成各项绿色防控技术和应用助剂防病药剂减量技术，使用低残留农药，并根据预测预报和田间监测适当减少农药使用次数，同时应用助剂减少防病杀菌剂的使用量；通过田间培训等形式进行示范推广，还对技术人员进行培训，促进技术推广，扩大影响范围，服务农业生产，为大面积生产应用提供技术保障；对生物杀菌剂和生物杀虫剂进行筛选试验和示范，促进生物农药的应用，减少化学农药的使用，降低农药残留，为水稻的绿色生产和生态环境的改善做出重要贡献。

在肥水管理上，北方气温低，秸秆腐熟分解慢，而水稻秸秆量大，所以秸秆还田技术十分重要，以秸秆还田为中心，从翻地、施肥、灌溉等方面进行研究，促进秸秆分解，提高土壤有机质含量和土壤肥力；开展有机替代化肥、水分管理和新的施肥技术等方面的研究，形成水稻肥水高效利用技术模式，并进行示范应用，达到节水减肥的目的，减少地下水的利用和肥料对环境的污染，利国利民。

每个行业都有自己的一套规则，对行业进行指导和约束，维系整个产业的正常运行和长远发展，体系要不断地进行完善，保持先进性，不断地进行技术更新，符合不同阶段的要求，使产业能够不断地发展和壮大，发挥更大的作用。国家水稻产业技术体系根据当前形势也在不断地调整水稻发展方向，整体协调水稻生产与生态环境间的矛盾，为水稻的可持续发展积极努力；体系从科学的、全面的角度看待水稻生产，指引水稻产业的发展方向，不断解决目前水稻生产过程中遇到的问题，提升整体的生产质量，提高资源的利用率，保证水稻生产的绿色健康和持续发展。

我们在体系运行的过程中也要不断接触新的事物，勇于尝试，善于总结出新旧的优劣，不断地发现问题和解决问题，增强自身的专业素质，为体系发展和水稻生产做出更大的贡献。

国家水稻产业技术体系聚力为农贡献多

张晓斌　秦传东　徐宝玉

黑龙江垦区综合试验站　黑龙江省八五〇农场

　　不知不觉间国家水稻产业技术体系已经运行十年了，在这十年里体系取得了很多的成绩，解决了很多水稻生产中遇到的问题，不断为种植户排忧解难，各地成员都很活跃，纷纷为体系建设和运行出力献策，说明体系的运行深得人心，大家都需要体系、认可体系。体系就是一个平台、一棵大树，把大家召集起来，凝聚众人之力，进行攻坚，排忧解难，而大家也借助于体系来解决自己在实践中遇到的难题，因为体系能够统筹兼顾，增加信息量和消息渠道，并进行多点试验，缩短试验周期，加快试验进程，早日解决问题。这样大家可以互惠互利，而且最终都是为水稻生产服务，目标是一致的，所以，体系的建立和运行顺理成章，取得的成绩也越来越多。

　　水稻是我国主要的粮食作物，营养价值高、用途广、产量高，还能适应多种生态环境，为解决我国粮食安全问题做出了重要贡献。但随着种植年限的增加和化肥农药的大量使用，水稻病虫草害日益严重，很多药剂的防治效果也开始下降，抗药性也普遍产生，每年全国水稻都有很大的产量损失，给粮食安全带来很大的隐患，因为你不知道什么时候会出现一种新的病虫害或对哪种药剂突然产生了抗药性，所以，越来越多的问题摆在了我们面前。我们开始只能发现问题，还只能局限在我们的小区域里，另外，知识更新慢，对新药剂产品、新技术和新的机械都缺乏认知和了解，自然解决起来也要慢许多。

　　自从有了国家水稻产业技术体系后，黑龙江垦区综合试验站体系针对垦区水稻生产的形势和存在的问题，开展了推进粳稻生产关键技术研究与示范、水稻病虫草害预警及关键防控技术集成与示范、水稻生产全程机械化装备及配套技术研发、高低温对水稻成苗与结实影响及预防技术研究、水稻合理密植下肥水高效利用技术研究与示范、双季稻种植机械化关键技术研究与示范、稻米主食工业化关键技术研究与产业化示范、水稻产业发展与政策研究、智能化育秧技术示范和钵形毯苗机械插秧技术推广等方面的研究，不仅从品种、栽培、植保、土肥等方面对水稻进行细致的研究，还在机械化种植和加工方便米饭上进行尝试和突破，全方面、多角度对水稻进行成套技术研究，取得很多的成果。同时，每年还进行大量的稻瘟病、纹枯病、褐变穗防治技术研究，对防治药剂进行筛选、示范，并研究配套使用技术，筛选出很多安全、高效、广谱的杀菌剂，在示范应用中取得了很好的效果，尤其是在水稻纹枯病的防治上更是成效显著。

按照国家水稻产业技术体系和黑龙江垦区综合试验站的新要求，农场又承担了水稻病虫草害绿色防控技术集成与示范、水稻生产全程机械化栽培技术集成与示范、优质安全高效水稻品种培育、稻田培肥及水稻肥水高效利用技术研究与示范、水稻生产机械装备研发与示范和水稻侧深施肥技术等方面的研究。水稻病虫草害绿色防控技术集成与示范对稻瘟病、纹枯病、细菌病害和虫害等防治技术进行了集成，为绿色水稻的生产积蓄力量，同时减少了化学农药的使用，另外，还专门集成水稻防病药剂减量技术，研究应用助剂减少杀菌剂使用技术，这样可以大量减少化学农药的使用，减少农药残留，保护生态环境；水稻生产全程机械化栽培技术集成与示范对水稻集中供育秧技术、水稻基质育秧技术和水稻机械直播技术进行研究，均取得了较好的效果，降低水稻种植成本，减少用工投入，缓解目前劳动力大量减少的困局；优质、安全、高效水稻品种培育是对新育成品种进行示范，选取优质、安全、高效的水稻新品种并研究制定出综合配套技术，在全场大面积推广应用，有效地促进了农场水稻品质产量和效益的提升；稻田培肥及水稻肥水高效利用技术是对水稻秸秆还田进行试验研究，总结出秸秆还田方法和配套的技术措施，以秸秆还田为中心，试验不同水肥管理对其影响，总结出秸秆全量还田应用技术，为促进秸秆腐熟，提高土壤有机质含量，减少秸秆焚烧保护环境起到了重要作用；水稻生产机械装备上，对播种、插秧、侧深施肥、整地、施药的设备进行试验对比，选择最优的机器设备，并研究配套技术，促进水稻全程机械化的早日实现和推广使用，使水稻种植能够进入一个新的阶段，真正达到现代化种植；水稻侧深施肥技术以提高肥料利用率为基础，该技术能提高肥料利用率，减少施肥次数和化肥施用量，通过示范应用已经得到广大种植户的认可。

体系是从基础研究开始逐步向深层次研究过度的，先对各地区水稻种植的基本情况进行统计，了解当前水稻种植的具体情况和存在问题，并对生产中急需解决的难题进行专项研究，寻找对策，以求快速解决，并通过大面积示范和参观培训的方式进行宣传推广，让种植户眼见为实，以示范户来带动周边，不断扩大影响范围，加速成果应用。

体系的各项研究就是要不断解决水稻生产中存在的问题，并探索新的发展方向，为水稻生产服务，为水稻产业的可持续发展服务，只有把水稻产业搞好搞活才能使这个产业向好的方向发展，促进产量品质效益的提升，确保国家的粮食安全。我们要依靠体系这棵大树，不断地提高自己的技术水平，将来为水稻产业的发展做出更多的贡献。

科技引领，建设水稻产业技术体系，稳粮增粮促增效

——水稻产业技术体系建设经验体会

李秋保　　温志荣

赣州综合试验站宁都示范县　宁都县田头镇农业技术推广站

宁都县农业依然存在基础设施差、务农人员素质低、科技应用率低、农业效益低的现状，科技的创新及成果的转化应用，是我们基层农技推广人员所肩负的重要任务。作为一名基层的农技推广员，一直从事水稻生产、技术研究和优质新品种的推广经历，我对水稻产业技术的认识越来越深刻。下面就水稻产业技术体系建设谈谈自己的一些认识。

一、做实科技试验示范，助推科技成果应用

紧紧围绕建设现代农业强县的总体目标，以"稳粮增收调结构、提质增效转方式"为工作主线和"稳粮增收、调整转型、提质增效"为工作要求，坚持示范先行、循序渐进、逐步推广的原则，推进农艺农机深度融合、资源要素高效利用、生产生态相协调、促进粮食生产持续稳定发展。

1. 构建水稻产业技术核心示范区

在宁都县农业产业特色鲜明、区位优势明显的南部乡镇田头镇建立1 000亩核心示范区，在示范区实行"五统一"的栽培管理，即统一整地播种、统一肥水管理、统一技术培训、统一病虫防治、统一机械收获，集中展示和推广水稻新品种、新技术、新模式，带动全县粮食绿色高产高效创建整体推进。

2. 示范推广绿色高产高效关键技术

开展新品种展示，筛选早、晚稻不同熟期新品种，分别进行小区对比和大田展示。开展"三控"绿色节本增效技术示范，实施早晚稻"三控"技术简比试验、氮肥减幅与分蘖肥施用时期对比试验和双季稻"三控"技术示范。开展绿色防控示范，推广应用耕沤灭螟、杀虫灯诱杀、性引诱剂诱杀等绿色防控技

术。开展耕地保护与质量提升技术示范，推广土壤酸化改良，稻草腐熟还田，种植绿肥技术，设立耕地地力监测点。开展测土配方施肥技术示范，安排早晚稻"3414"田间试验、肥料利用率试验、配方肥校正试验和配方肥示范。开展全程机械化技术示范，在核心示范区使用大型轮拖耕田整地、高速插秧、点播机点播、机械收割。

3. 攻关区域共性技术瓶颈

"籼改粳"栽培技术攻关，开展一季中粳、双季晚粳百亩示范，双季晚粳品种展示，晚粳稻曲病防治试验。机械化烘干、机防技术攻关，引进购买稻谷烘干机，引进无人植保飞机，开展机烘、机防作业技术调试与演示示范。

4. 推进应用"物联网+粮油"技术

重点在核心示范区建设农田小气候观测站，病虫害自助监测预警系统，农情定点监测系统及联通网络传输系统。

5. 实行多层次培训模式

主要实行"四结合"培训，即理论培训与实际应用相结合、集中培训与现场指导相结合、专业化素质提升与全方位服务相结合、专家指导与能手演示相结合。

二、依托科技创新与成果应用，稳粮增粮增效成效显著

1. 粮食稳定增产

经省市县专家对核心示范区现场测产，双季稻平均每亩单产 1 046.9 kg，亩均增产 4.5 kg，带动全县双季稻（约 80.2 万亩）年总增产 0.2 万 t，增效 500 余万元。

2. 绿色节本增效显著

应用"三控"栽培技术，平均每亩单产为 534.9 kg，较习惯栽培每亩增产 20.6 kg，带动全县总增产 1.65 万 t，节本增效 6 680 万元。应用绿色防控技术，平均节省农药用量 46%，扣除杀虫灯、性诱剂等成本每亩节本 14 元，病虫害损失率为 2.3%，较传统防治降低 1.4%，每亩减少粮食损失 37.2 kg，带动全县绿色防控面积约 30 万亩，减少粮食损失 1.1 万 t，节本增资 2 811 万元。

3. 主推技术普及应用

全县主推品种年均 25 个，核心示范区良种覆盖率 100%，带动全县良种覆盖率达 99%。全县主推集成技术广泛应用，水稻精确定量栽培技术覆盖率为 70%，双季抛秧技术覆盖率 65% 以上，双季机插覆盖率 25%，"三控"绿色

节本增效技术覆盖率为80%，测土配方施肥技术覆盖率为100%，土壤酸化改良技术覆盖率为2.3%，稻草腐熟还田技术覆盖率为6.6%，病虫害绿色防控与统防统治覆盖率达40%，农机作业综合化率为76.4%。

4. 高效生产模式得到推广应用

烟稻轮作，全县面积稳定在1.2万余亩，亩产值5 121元，亩利润约2 621元，较种双季稻亩增效约1 600元，总增收约1 920万元。水稻直播，全县面积稳定在4 000亩左右，以中稻为主，基本为种粮大户使用，较其他栽培方式每亩节省成本约150元，亩增效约50元，有利于解决规模化种植劳力不足的问题。

三、经验启示

1. 建立健全农技推广培训机制，为现代农业发展提供智力支持

基层农技推广人员是解决农技推广"最后一公里"的主力军和排头兵，加大基层农技推广人员的培训力度，稳步推进农技人员知识更新，加强推广队伍业务技能培训，培养一支"技术过硬、一专多能、服务到位"的基层农技推广队伍。依托新职业农民培训等平台，加大对种粮大户、家庭农场、农民专业合作社等新型经营主体的培训，提升种田水平。

2. 抓好农业科技推广，普及应用农业科技成果

依托农业科技项目平台，建好试验示范基地，做实做细农业科技试验示范，加强培训观摩，宣传和演示科技成果，扩大辐射面，提高优质品种和先进农业实用技术覆盖率。

3. 充分利用国家惠农政策，调动农民种粮积极性

在当前粮食生产比较效益相对较低的情况下，迫切需要调动农民的种粮积极性，努力扩大和稳定粮食种植面积，增加投入，提高科学种田水平。政府部门要出台更多农业扶持政策，解决各种种粮问题，有针对性进行产业结构调整，推行高效生产模式，提高粮食生产比较效益，让务农成为一种体面的职业，鼓励和引导外出务工人员返乡务农，加入农民创业队伍。

4. 完善农田基础设施建设，增强抵御自然灾害能力

水利基础设施薄弱仍然是当前粮食生产的突出问题，大多水利设施老化，功能退化，缺乏管护，抵御自然灾害能力较弱，因此，需要国家加大投入，大力兴修农田水利，提高基本粮田旱涝保收面积，通过实施有机质提升项目、标准粮田建设、现代农业生产绿肥生产项目等，扩大项目实施规格，提高耕地地力，挖掘水稻单产潜力。

5. 推进土地流转，提高组织化经营程度

土地合理流转是粮食高产高效创建的有效载体，可通过农业企业、农民专业合作社、家庭农场、种粮大户流转承包权等途径，促进粮食适度规模经营，提升产业化经营水平，提高科技应用水平和农田综合生产能力，提高粮食生产效益，需要国家对这些流转的土地承包经营权的经营主体给予适当的补贴支持，推动土地流转。

十年看变化

余进

南昌综合试验站都昌示范县 都昌县农业技术推广中心

水稻产业技术发展不仅是代表先进农业生产力的发展要求，更是化解农业发展中所面临的资源紧缺、成本上升、劳力弱化、环境恶化、产品安全等难题的根本出路所在，还是提高土地产出率、资源利用率、劳动生产率等指标的必然选择。国家水稻产业技术体系创建十年，示范工作伴生也已十年，十年的凝心聚力，已成为推动水稻产业科技创新发展的力量源泉。都昌县承担国家水稻产业技术体系南昌综合试验站示范工作，十年来成效不菲、变化显然，简挑一二，权做汇报。

一、机械化轻简高效生产技术是示范工作的首选

随着农业和农村现代化的发展，水稻的耕作制度和栽培技术正在发生新的变革，新的省工、省力、高产、高效的轻简化和机械化栽培技术备受农民欢迎，水稻生产技术与先进的电子、信息、遥感技术的成功结合，更将会出现令人耳目一新的水稻种植技术。而水稻生产从播种、施肥、植物保护、灌溉至收获、脱粒、储藏全过程的机械化作业，已成为现实。

都昌县水稻机械化生产中播种方式与十年前的以抛秧为主导，积极推广应用机械插秧的局面相比较，显然播种更从容。2015年扶助大户购进江西省第1台由罗锡文院士团队研发、上海世达尔公司生产的水稻精量穴直播机，首次开展中稻机械直播示范。以南昌综合试验站为技术依托，对早稻低温影响出苗、籼粳种子粒型差距大、杂交与常规种子用量差距大、大田耕整水平差距大等技术或操作问题做了大量的探索，已经总结了如长粒谷盲谷播种、早稻催芽露白播种、调换排种孔与调节穴距和播速相结合来控制用种量、大田耕整后晾晒沉实到位等多个有针对性的解决方案。为扩大示范效果，还特别邀请罗锡文院士在九江市水稻机械精量穴直播（都昌）现场培训会上做专题培训讲座和现场指导。至2018年全县共购机4台，早、中、晚稻及再生稻机械直播面积近

700 hm²，其中，机械直播粳稻亩产有望超 800 kg，达到 900 kg。如今已形成以直播为主流、以机械直播为新秀、以机械插秧和抛秧为补充的水稻播种方式新局面。十年来，水稻机收基本全覆盖，由于播种机械化程度的提升，水稻全程机械化生产比例提高了 10 个以上百分点。

二、绿色优质生产技术是产业技术的方向

采用农业标准化技术，种植绿色优质水稻，使稻米具有农药残留低、品质好、食用安全、营养丰富、经济效益高的特点，无疑是当前乃至今后很长一段时间内水稻生产的发展方向。追求高产、国家保底收购的水稻产业格局已悄然改变，今年有很多农民咨询什么品种的水稻是优质稻？什么是绿色生产技术？这说明市场启动了粮农绿色优质生产意识，提高了发展绿色优质水稻生产的认识。绿色标准化生产技术和优质水稻品种是水稻绿色优质生产的两个必然要素，自 2008 年承担国家水稻产业技术体系南昌综合试验站示范任务的第一年起，绿色标准化生产技术就是必选内容，在积极保护肥沃的耕种土地、清洁的灌溉用水和优越生态环境的同时，广泛开展测土配方施肥、秸秆还田培肥地力、病虫草害绿色综合防治等多种健身栽培技术应用与推广，已成功申报了 16 467 hm² 全国绿色食品原料（水稻）基地。优质稻品种中的早稻湘籼 45，中稻九香粘、万象优华占，晚稻美香占 2 号、泰优 398，再生稻丰两优香 1 号等播种面积逐年扩大，优质优价订单生产初见雏形，优质大米营销也昂首起步。仅 2018 年大港镇就注册成立了两个优质稻米三产融合公司，即由北大荒投资的江西金农绿谷农业科技发展有限公司和上海客商投资的九江鼎盛生态农业科技有限公司，两个公司皆为优质有机稻米生产、加工、营销三产融合发展实体，前期各 80 ~ 90 hm² 的优质稻即将成熟。至今，全县已注册认证了 3 个有机大米品牌，5 个绿色（无公害）大米品牌。

三、体系技术创新是生产发展的源泉

农业生产的目的是依靠农民利用有限的农业资源为社会提供充足、安全的农产品。农业科技创新的目的就是为了调动广大农民的积极性，让新的科学技术迅速应用到农业生产中去，又不断再创新推动农业的发展。在此过程中，产业技术体系承担了技术创新、示范推广的重任。2013 年都昌县开始再生稻全程机械化生产技术示范，选用的品种是准两优 608，结果是头季不耐高温，结实率为 60% ~ 70%，亩产难超 500 kg，再生季结实率 80% 左右，百亩平均单产约 250 kg，而且稻米口感不优。在南昌综合试验站的指导下，都昌县开展了再生稻全程机械化优质高产生产技术探索，初步破解了头季抗高温，机械碾压稻桩快速再生，再生季促早熟、提品质、保高产等难题。2016 年经江西农业大学、江西省农业科学院、江西省农业厅等单位专家联合测产，机收蓄留再生稻百亩平均单产 375.5 kg，刷新全省纪录。同时还开展了再生稻品种筛选试验，至今年不间断地做了 6 年，从上百品种中筛选出适合本地气候条件、优质高产、再生稻能力强的三个品种，如丰两优香 1 号、隆两优华占、晶两优华占。近两年全县再生稻头季亩产在 550～700 kg，机收蓄留再生稻单产在 250～350 kg，而且大部分再生稻实现了优质优价，稻谷 3 元/kg，大米（10～20）元/kg。六年间，全县再生稻面积从零增长到 3 667 hm²。现在提起都昌县的再生稻，可以说是省里有名、市里有位，这都要归功于体系技术创新。

四、办点示范、培训指导是产业体系的工作手段

办点示范是新品种、新技术应用的最佳平台，借助平台开展技术培训指导又是推广的最好方法。十年来，我们的示范点越办越亮，我们的培训指导越来越受欢迎。2009 年在土塘镇杨垅村创建"水稻双季抛秧"示范点，成功地示范了二晚抛秧稀播壮秧技术，并承接了全省现场观摩培训会，示范品种五优 308 以超 618.5 kg 的高产一举通过二晚超级稻测产验收。2014 年在徐埠镇山峰村创建"籼改粳"示范点，省农业厅组织专家现场机收测产，甬优 12 以 914.04 kg 高产水平位居全省水稻百亩平均单产前列，省农业厅厅长也亲临示范点调研指导；当年全市、全县及外县的"籼改粳"技术培训会均在示范点现场观摩，各级新闻媒体争相报道宣传。2015 年在蔡岭镇杨湾村创建再生稻全程机械化示范点至今，承接市、县现场观摩培训会 10 余次，观摩培训农技人员和农民数千人次。

五、农民持续增产增收是产业技术体系工作的最高目标

蔡岭镇杨湾村种粮大户石和庆流转土地种植水稻 8 年来，可谓是一路风风雨雨、摸爬滚打，在体系技术创新的强力支撑和岗位科学家、技术人员的长期指导下，五年来应用全程机械化生产技术全部种植优质稻，年年稳产高产，年年增产增收，年均纯收入 30 万元左右。近两年还尝试着搞优质大米营销，已经有了自己的品牌商标和营销网址，试销再生稻精装大米约 10 t。如今都昌县的"石和庆"们正在体系的示范基地起步，大步跨越、全力赶超。

十年时间过得飞快，我们殷切期待下一个十年有更大的变化，更值得回味。

参加水稻产业技术体系心得感悟

陈荣俊

江门综合试验站台山示范县　台山市农业科学研究所

自从参加水稻产业技术体系工作，一转眼已经十年了。记得当初加入时，还有些懵懂青涩，只能跟着试验站的指导开展工作；到现在，已经能稳步的把控试验点全局，毫无压力地顺利推进日常工作。这其中的变化是巨大的，值得我认真地梳理一下，一是对过往的总结，二是作为分享，让对于和我一样进入本行的体系人，能从中得到一些启发。

一、边探索边学习，适应新的工作岗位

在十年前，国家启动现代农业产业技术体系时，对我们基层农技推广员来说，是一项新生的事物。初加入时，我并不是很清楚自己的角色定位，只是按照试验站的要求，调查、试验、收集数据、示范推广和培训。但这项工作的要求跟以往的科研合作不同的地方是，这是一个庞大的技术体系，它对工作的严谨性提出了更高的要求，比如对数据的收集就细化了很多。开展这项工作反过来对我也是一个促进，要求我更加严谨认真地对待，使我不知不觉地在工作中加强了专业学习，不断提高自己的专业技术水平。

二、体系强调团队合作，使大家都能参与进来

在最初开展体系工作时，我以为只是和以前的科研合作项目一样，与上级科研单位一起单纯地搞搞农技推广，但很快我发现这其中的不同。首先，这是一项长期和有延续性的工作任务，兼顾科研和技术推广，科技成果转化；其次，这是一项团队工作，不同于以往搞科研推广的那种单打独斗，而是需要与其他团队成员共同协作，才能把工作搞好，每个人从事的工作只是其中的一环。特别是其中的团队性，是我在以往的科研合作工作中从没有经历过的。这其中的团队，我个人理解，既指整个体系一个大团队，也指体系的各个岗位的工作，也是由一个个小团队组成的。这包括我们江门综合试验站是由团队组成的，也包括我们台山示范点是由团队组成的。这样的制度设计，能让团队的各个成员都能参与进来，也让我在工作时，更加注重与各成员之间的合作和联系。

三、明确定位，按照体系的工作要求来开展工作

作为体系运作的其中一个零件，经过多年的工作，我们已经非常清楚自己的地位，也明确自己的定位。我们就是体系与农民对接的窗口，是农业生产第一线人员，是农业科技到田头的"最后一公里"的衔接者。我们的工作，就是根据试验站的要求，把岗位科学家的科研成果，推广到广大的农村，同时，搜集田间农业生产信息和遇到的难题，并反馈给试验站。作为体系科技成果转化的实施者，我们的工作，是非常重要的，工作做得好与坏，直接影响体系的工作成效，责任也是非常重大的。

四、要善于总结，勤于思考，不断提升自己的专业水平

作为基层的农技人员，参加产业体系最大的好处是，有了一个畅通的信息交流渠道，能有机会与全国著名的科学家进行交流，学习他们传授的知识，了解我国乃至世界先进的农业科技信息，大大地开阔了眼界，拓阔了工作思路。

对于我们来说，试验站每一次重大的活动，都是一次很好的学习机会，将活动中好的经验、好的做法，以及活动中得到的灵感和启发，在事后总结和记录下来，勤于总结，应用于工作上，能让自己不断做得更好。

不用扬鞭自奋蹄

吴贵崇

江门综合试验站新会示范县　江门市新会区农业技术推广中心

我是江门市新会区农业技术推广中心一名普普通通的农技人员，主要负责农作物新品种的选育、试验、示范及推广工作。作为水稻产业技术体系示范县的一名技术骨干，我对自己目前所承担的工作感到责任重大，使命光荣。

长期在科研、生产一线工作，我经常接触到很多农户特别是大耕户，他们对水稻新品种、新技术的渴求特别强烈。经常见到很多乡镇的稻田存在同一品种在抽穗时禾苗高矮不一、熟期不一，黄熟期转色不正常，病虫鼠草螺为害严重，晚稻抽穗包颈等现象，也了解到不少农户在水稻丰收欣喜之余，却因稻谷粒型、谷色等原因而被收购商砍价时的无奈。这些都是水稻栽培管理及品种选择上的问题，是自己有能力解决的，因此，产生被需要的感觉越来越强烈。

在水稻产业技术体系内通过品种展示，我们筛选出了华航31、华航56、五山丝苗、固广油占、江航丝苗、五粤占3号等优质、高产、抗性强的品种；通过学习、交流和培训，在各乡镇大力推广水稻机械化栽培及配套技术、水稻三控施肥及节水技术、水稻病虫害绿色综合防控技术等一系列先进适用技术，深受广大农户欢迎。

市场需要什么及农户喜欢种植什么品质的水稻品种，我们就选育、筛选、推广什么；农户生产中遇到什么实际问题，我们就通过体系内的资源解决什么问题。我觉得这是作为一名农技人员必须具备的基本素质。我今年已经51岁了，觉得自己为"三农"工作的时间越来越少，产生的紧迫感和使命感更加强烈，希望在自己工作的晚年尽最大努力，在科研与生产之间搭建一座桥梁，把先进适用技术及优良品种送到农户手中，为做好"三农"工作尽绵薄之力。正是"早到迟退寻常事，服务'三农'争朝夕，产业体系赐我力，不用扬鞭自奋蹄"。

应用水稻产业技术体系技术成果　促进粮食生产迈上新台阶

范琼勇

内江综合试验站隆昌示范县　隆昌市农业技术推广中心

2008 年以来，隆昌市（县）以参加水稻产业技术体系建设为契机，充分应用水稻产业体系技术成果，积极整合各种农业项目，大力开展以水稻为重点的粮油高产示范，促进了粮食产量由 2007 年的 21.77 万 t 提高到 2017 年的 28 万 t 以上。因此，隆昌市多年获得四川省人民政府颁发的"粮食生产丰收杯"奖，隆昌市农业部门主持实施的多项科技成果分获全国农牧渔业丰收奖和内江市科技进步奖，从事水稻产业体系建设的科技人员多人次获得全国、全省表彰奖励和破格晋升专业职称或职务。

一、开展高产攻关，屡破最高纪录

结合水稻产业技术体系建设，每年都在高产示范区建立了高产攻关田块，单产纪录不断刷新。经省级专家现场验收，2008 年，中稻攻关田块亩产突破 800 kg 大关，达到 803.8 kg，创川东南中稻亩产最高纪录；杂交中稻+再生稻两季亩产 1 018.8 kg，突破吨粮大关。2017 年，通过落实筛选品种、早播早栽、旱育壮秧、增密减氮、平衡施肥、提早晒田、科学管水、综合防治病虫害等技术，较好地协调了水稻个体与群体的生长关系，最大限度减轻了灾害性气候带来的危害，中稻攻关田块亩产突破 850 kg 大关，达到 854.2 kg，第四次刷新川东南地区中稻亩产最高纪录，并经四川省农业厅认定：打破了 2008 年广汉市创造的四川盆地中稻亩产 853.5 kg 的最高纪录；再生稻高产示范田块亩产 363.9 kg，第 5 次打破川东南再生稻次适宜区最高纪录；最高田块一季中稻+再生稻两季亩产突破 1 200 kg 大关，达到 1 218.1 kg，创造川东南再生稻次适宜区两季亩产最高纪录，标志着隆昌市一季中稻+再生稻高产高效栽培模式探索取得了新的突破。

二、建立高标准示范片，接受各级检验

整合各种农业项目，每年建立大规模的水稻示范区和展示区，集中试验示范和展示新品种、新模式、新技术和新机械，带动和指导农户不断更新应用先进成果。十年来，共建立了20个百亩核心区，8个千亩展示区，60个万亩示范片，核心区和示范片先后多次为全国和省、市农业生产现场会提供了高标准现场，接受了各级领导和专家及广大农户的检验。中国科学院院士谢华安、国家水稻产业技术体系首席科学家程式华研究员、体系研究室的岗位科学家等专家和领导先后多次深入到水稻高产示范区进行现场检查和指导。其中，2011年8月10日，由中国科学院院士谢华安主持的再生稻高效生产模式关键技术研究与示范课题组的中国农业科学院、南京农业大学等20多个科研院校的40余名研究员和教授到水稻高产示范区进行现场观摩和考察，创造了同时来隆昌现场观摩考察农业生产的正教授级数量最多的纪录。2013年和2017年，谢华安院士又两次率全国30余名水稻专家、学者莅临观摩隆昌水稻高产示范片。为此，隆昌市水稻高产示范的技术措施、典型做法和成功经验多次由各级新闻媒体进行了全面宣传报道。其中，新华网以《遭遇罕见持续干旱，内江隆昌抗旱备春耕》为题对隆昌市高产示范水稻抢早播种进行了详细报道。

三、采用六大举措，确保示范效果

按照"突出主作、发挥优势、连片连线"的高产示范思路，通过要素整合和技术集成，将高产优质品种和先进实用技术组装配套，形成全过程、标准化的技术模式，集中力量重点打造水稻高标准示范区和辐射区，促进了高产示范的快速推进。

1. 强化行政推动

成立高产示范领导小组和专家指导小组，全面负责高产示范各项工作。将高产示范作为重点工作，纳入年度目标考核加分范围。组织专家团队，确保各项技术措施的集成和推广。形成主要领导亲自抓、分管领导牵头抓、各级干部和科技人员具体抓的良好局面。

2. 强化宣传培训

每年初，都在重点乡镇举行粮油高产示范启动仪式，进行广泛宣传动员。为推动农业科技共同进步和加快新技术的推广应用速度，几年来，科技人员还积极总结和分析创新成果和工作经验，撰写了《杂交中稻＋再生稻亩产吨粮技术的创新实践》等多篇技术论文和工作经验，分别在国家级刊物《中国农技推

广》和省级刊物《四川农业科技》登载。

3. 强化技术集成与更新

在一个示范区内确定 1～2 个主推品种，重点推广旱育秧、早播早栽等十大集成技术。在核心示范区与南京农业大学和省、市农业科学院等科研院校联合开展新品种、新模式、新技术、新机械的试验示范，为技术更新奠定了良好基础。

4. 强化投入保障

加大资金投入力度，每年都由县、乡两级财政投入高产创建专项工作经费，确保了各项工作的有序进行。

5. 强化机制创新

整合相关农业项目，对参与高产示范的农户予以物资倾斜和奖励扶持。凡是农业项目需要补助到户的，都重点补助高产示范农户；凡是需要培训到户的，都重点培训高产示范农户；凡是引进的新品种、新模式、新技术，都重点在高产示范区实施。对农户的物资扶持采取以奖代补的办法，凡是高产示范区参与农户，只要严格按高产示范各项技术环节进行种植生产，都给予一定的物资奖励补助，不参与或不符合要求的农户，不给予补助。

6. 强化归纳总结

及时全面将高产示范资料建档立案，为粮油生产提供了更为具体的理论技术支持。

附　录

一、获奖项目

两系法杂交水稻技术研究与应用

2013 年获国家科学技术进步特等奖。

主要完成人：袁隆平、石明松、邓华凤、卢兴桂、邹江石、罗孝和、王守海、杨振玉、牟同敏、王丰、陈良碧、贺浩华、覃惜阴、刘爱民、尹建华、万邦惠、李成荃、孙宗修、彭惠普、程式华、潘熙淦、杨聚宝、游艾青、曾汉来、吕川根、武小金、邓国富、周广洽、黄宗洪、刘宜柏、冯云庆、姚克敏、汪扩军、王德正、朱英国、廖亦龙、梁满中、陈大洲、粟学俊、肖层林、尹华奇、廖伏明、袁潜华、李新奇、童哲、周承恕、郭名奇、阳庆华、徐小红、朱仁山。

主要完成单位：湖南杂交水稻研究中心、湖北省农业科学院粮食作物研究所、江苏省农业科学院、安徽省农业科学院水稻研究所、华中农业大学、武汉大学、广东省农业科学院水稻研究所、湖南师范大学、江西农业大学、广西壮族自治区农业科学院水稻研究所、中国水稻研究所、袁隆平农业高科技股份有限公司、江西省农业科学院水稻研究所、华南农业大学、福建省农业科学院水稻研究所、贵州省水稻研究所、北京金色农华种业科技有限公司、湖南省气象科学研究所。

成果简介：该项成果是继三系法杂交水稻之后的又一重大创新，为保障我国粮食安全做出了重大贡献。武汉综合试验站是我国两系法杂交稻水稻研究最早开拓单位之一，培育我国第一个籼型光温敏核不育系 W6154S，培育出我国第一个在生产上大面积应用的粳型光敏核不育系 N5088S，我国第一个通过省级审定的两系杂交粳稻组合，第一个实现技术配套并率先投入生产的两系杂交稻新组合鄂粳杂 1 号。在 PGMSR 育性转换机制与利用、光温敏雄性不育两系杂交稻育种方面做出了卓有成效的基础性工作，编辑出版相关专著四部。

抗条纹叶枯病高产优质粳稻新品种选育及应用

2010 年获国家科学技术进步一等奖。

主要完成人：万建民、王才林、刘超、李爱宏、姚立生、袁彩勇、徐大勇、盛生兰、钮中一、江玲、周春和、邓建平、何金龙、陈亮明、滕友仁。

主要完成单位：南京农业大学、江苏徐淮地区徐州农业科学研究所、江苏省农业科学院粮食作物研究所、中国农业科学院作物科学研究所、江苏里下河地区农业科学研究所、江苏沿海地区农业科学研究所、江苏徐淮地区淮阴农业科学研究所、江苏连云港市农业科学研究所、江苏丘陵地区镇江农业科学研究所。

成果简介：该成果建立了规模化水稻纹枯病抗性鉴定技术体系。对 10 977 份水稻种质资源进行鉴定，筛选出高抗种质 212 份；发掘出抗条纹叶枯病基因 QTL 24 个，精确定位了主效抗病基因 $Stv-b^i$，并开发紧密连锁分子标记 16 个，创建抗条纹叶枯病优质新种质 16 份，利用创新的种质，将常规育种技术与分子育种技术相结合，育成抗条纹叶枯病高产优质品种 10 个，累计推广 1.36 亿亩，取得了显著的社会经济效益和生态效益，保障了南方粳稻的稳定发展。该成果 2010 年获得国家科学技术进步一等奖。

水稻籼粳杂种优势利用相关基因挖掘与新品种培育

2014 年获国家技术发明二等奖。

主要完成人：万建民、赵志刚、江玲、程治军、陈亮明、刘世家。

主要完成单位：南京农业大学、中国农业科学院作物科学研究所。

成果简介：本成果属于作物遗传育种领域。通过 20 年的系统研究，发掘广亲和、早熟和显性矮秆基因，开发相应分子标记和育种技术，聚合广亲和、早熟及显性矮秆基因，成功培育出籼粳交高产水稻新品种（组合）5 个，累计推广 3 049.89 万亩，其中 2011—2013 年推广 1 957.4 万亩，取得了显著的社会经济效益。获发明专利 7 项、植物新品种权 8 项，发表论文 71 篇，在 *Nature*、*PNAS*、*Plant Cell* 等发表SCI论文 41 篇。有效解决了水稻籼粳杂种优势利用难题，为保障国家粮食安全和农民增收做出了积极贡献。该成果获得 2014 年国家技术发明二等奖。

后期功能型超级杂交稻育种技术及应用

2011 年获国家技术发明二等奖。

主要完成人员：程式华、曹立勇、庄杰云、占小登、倪建平、吴伟明。

主要完成单位：中国水稻研究所。

成果简介：该成果针对在应用籼粳交培育超级杂交稻中常常出现的生育后期根系和叶片早衰、结实率低、灌浆差、综合性状不良的现象，创建了由亲本选配、根系筛选和抗病性分子标记辅助选择技术构成，以提高水稻生育后期光合能力为目标的后期功能型超级杂交稻育种技术体系。共获得 4 项发明专利和 4 项植物新品种权，直接育成国稻 1 号和国稻 6 号等 7 个"国稻"系列杂交稻品种，16 次通过国家审定和省级审（认）定，在南方稻区累计推广 3 358 万亩，创社会经济效益 14.1 亿元。其中国稻 1 号、国稻 3 号和国稻 6 号被农业部认定为超级稻品种。主编出版了《中国超级稻育种》等专著 2 部，发表相关论文 41 篇，累计被引用 1 426 次，极大地丰富了超级稻育种理论，推动了我国超级稻的发展。

水稻精量穴直播技术与机具

2017 年获国家技术发明二等奖。

主要完成人：罗锡文、王在满、曾山、臧英、朱敏、章秀福。

主要完成单位：华南农业大学、中国水稻研究所、上海市农业机械鉴定推广站。

成果简介：针对人工撒播水稻疏密不匀、生长无序和群体质量不高等问题，首创了三同步水稻精量穴直播技术。发明了 3 种水稻精量穴直播排种器和 1 种两级螺旋排肥装置等核心关键部件。发明了 15 种水稻精量穴直播机，实现了"行距可选、穴距可调、播量可控和仿形作业"。创建了水稻机械化精量穴直播配套农艺技术，制定了不同区域水稻精量穴直播技术规程。该技术在国内 26 个省份及泰国等 6 国推广应用，应用结果表明，与其他种植方式相比，亩节约成本增效 100 元以上。该成果为水稻机械化生产提供了一种先进的轻简化栽培技术，引领了全国水稻机械化直播技术的发展。"水稻精量穴直播机具"入选 2017 年中国农业农村十大新装备。

北方粳型优质超级稻新品种培育与示范推广

2009 年 12 月获国家科学技术进步二等奖。

主要完成人：陈温福、徐正进、张三元、邵国军、潘国君、隋国民、张俊国、华泽田、闫平、张文忠。

主要完成单位：沈阳农业大学、吉林省农业科学院水稻研究所、辽宁省稻作研究所、黑龙江省农业科学院水稻研究所。

成果简介：首创了通过选育二次枝梗粒上位优势型以确保结实率，进而实现超高产与优质相结合的理论和关键技术，提出了理想穗型概念及其量化选择指标体系，证明了直立穗型由 1 对显性基因控制，并将其定位在第 9 染色体上。超级稻生产技术集成与大面积示范推广取得新突破，育成通过省部级审定的优质超级稻品种 16 个，到 2008 年，在东北稻作区累计推广 14 721 万亩，平均覆盖率超过 60%，在适宜稻区达 80%，每亩平均增产稻谷 50 ～ 65 kg，总增产 83.11 亿 kg，新增直接经济效益 124.67 亿元。东北超级稻已实现从小面积示范到大面积推广，拉动了东北水稻每亩平均单产从 424.6 kg，迅速提高到 488.0 kg，平均增产 63.4 kg，增幅高达 14.9%，远高于全国同期水稻平均增产水平，总产量实现了历史性突破。

水稻重要种质的创制及其应用

2010 年获国家科学技术进步二等奖。

主要完成人员：钱前、朱旭东、程式华、曾大力、杨长登、郭龙彪、李西明、胡慧英、曹立勇、张光恒。

主要完成单位：中国水稻研究所。

成果简介：通过理化学诱变和自然突变等技术，鉴定了类型丰富的各种形态、生理、生化材料并拓建突变体库，构建了国际上第一套籼型形态标记等基因系。该套基因系以"浙辐 802"为轮回亲本，27 个标记基因涵盖了水稻 12 条染色体，被广泛应用于水稻的遗传分析，所携带的 27 个标记基因现已全部被克隆。利用发掘的抗虫、抗病、两系的淡绿叶、巨胚等种质资源，如高抗褐飞虱基因 *Bph-11*（t）、高抗白背飞虱基因 *Wbph6* 等；选育了抗虫常规稻中组 1 号、中组 2 号和优质抗病杂交稻菲优 600、菲优 E1 等系列水稻新品种。利用带标记性状的二系不育系（M2S、A7S、中紫S），成功育成了二系杂交稻光亚

2 号等；利用水稻巨胚等种质资源，选育了伽马 1 号等功能米，在南方稻区获得推广应用。

籼型系列优质香稻品种选育及应用

2009 年获国家科学技术进步二等奖。

主要完成人：胡培松、赵正洪、黄发松、唐绍清、龚超热、王建龙、周斌、罗炬、曾翔、段传嘉。

主要完成单位：湖南省水稻研究所、中国水稻研究所、湖南金健米业股份有限公司。

成果简介：筛选鉴定获得优质半矮秆弱感光香稻资源 80-66，分发国内同行利用，共育成品种 38 个，累计面积 2.1 亿亩；项目组利用 80-66 育成优质香稻 10 个，其中，高档优质香稻中香 1 号、湘晚籼 5 号、湘晚籼 13、中健 2 号等稻米品质达国标一级和农业部部颁一级食用优质稻标准，成为长江中下游稻区优质香型中晚籼主导品种。该技术成果推动了湖南及周边省份优质稻的发展，品种已在多家粮食企业成功进行产业化开发，包括金健牌天然香米、泰香米、秀龙牌香米王、良兴牌衢州香米、润珠牌中国香米等畅销品牌。本项目育成的香稻品种占国内高档优质香米市场 70% 以上，打破了"泰国香米"在国内高档稻米市场上的霸主地位（进口总量从 1995 的 164 万 t 降到 2006 年 10.6 万 t）。

优质早籼高效育种技术研创及新品种选育应用

2012 年获国家科学技术进步二等奖。

主要完成人：胡培松、赵正洪、唐绍清、黄发松、王建龙、罗炬、周斌、张世辉、应杰政、吕燕梅。

主要完成单位：中国水稻研究所、湖南省水稻研究所、湖南金健米业股份有限公司。

成果简介：针对长江中下游稻区早稻籽粒灌浆成熟期特殊生态条件和高温逼熟等导致稻米品质差的技术难题，从稻米品质温度钝感材料发掘入手，结合品质快速鉴定技术，开展大分离群体选择，建立了优质早籼高效育种技术体系，攻克了早籼稻品质改良的技术难关，培育了中鉴 100、中鉴 99-38、湘早籼 31 等一批品质达部颁二级标准的早稻品种，多家企业以其为主要原料进行产业化开发，带动了稻米加工企业的发展。这些品种审定后迅速成为长江中下游稻区主推优质早籼品种，累计推广应用 8 175.2 万亩，实现农民增收 18.26 亿元，创造了显著的社会经济效益。

杂交水稻恢复系的广适强优势优异种质明恢 63

2012 年 12 月获国家科学技术进步二等奖。

主要完成人：谢华安、张受刚、郑家团、林美娟、杨绍华等。

主要完成单位：三明市农业科学研究院。

成果简介：明恢 63 是用地理远缘的水稻品种 IR30 与圭 630 杂交，通过多年、多点、多代、大群体的逆境胁迫选择，实现了双亲优异基因的聚合。该恢复系恢复力强、恢复谱广、配合力好、综合农艺性状优良、抗稻瘟病、耐低钾、耐盐、穗期耐高温、适应性广、再生力强和制种产量高，主要农艺性状的遗传传递力强。明恢 63 的利用改变了当时局限于引用 IRRI 品种作为杂交水稻恢复系的局面，对我国杂交水稻的更新换代起到里程碑的作用。明恢 63 是我国创制的第一个取得突出成效的优良恢复系，所配制的杂交稻组合应用范围最广、应用持续时间最长、推广面积最大，所配制组合累计推广 3.10 亿亩。该项成果技术先进，创新性强，社会经济效益显著，达到国内外同类研究领先水平。

寒地早粳稻优质高产多抗龙粳新品种选育及应用

2017 年获国家科学技术进步二等奖。

主要完成人：潘国君、刘传雪、张淑华、王瑞英、张兰民、关世武、冯雅舒、黄晓群、吕彬、鄂文顺。

主要完成单位：黑龙江省农业科学院佳木斯水稻研究所。

成果简介：寒地稻作区生态条件特殊，种植品种为寒地早粳稻生态型，存在生育期短、难创高产、稻瘟病和低温冷害频发、难以稳产等问题。针对这些问题，创新出优质高产多抗寒地早粳稻龙粳 31 等品种，创建完善了寒地早粳稻育种理论与技术体系，解决了难创高产和稳产等问题。在黑龙江、吉林、内蒙古、新疆等省份累计推广面积 1.37 亿亩，新增销售额 1 984.21 亿元，新增利润 193.44 亿元。该项目技术难度大、系统性强、创新性突出、社会经济效益巨大，达到了国际同类研究领先水平，极大地推动了寒地早粳稻产业的发展，为提升粳稻育种水平、保障国家粮食安全做出了重大贡献。

高异交性优质香稻不育系川香 29A 的选育及应用

2011 年获国家科学技术进步二等奖，2010 年获四川省科学技术进步一等奖。

主要完成人：任光俊、陆贤军、高方远、兰发盛、郑家国、刘永胜、卢代华、熊洪、孙淑霞、李治华。

主要完成单位：四川省农业科学院作物研究所、四川省农业科学院、四川华丰种业有限责任公司、四川大学、四川省农业科学院植物保护研究所、四川省种子站、四川省农业科学院水稻高粱研究所、四川天宇种业有限责任公司、四川科瑞种业有限公司。

成果简介：采用综合育种方法，育成了高异交性优质香稻不育系川香 29A。该不育系繁殖制种产量一般每亩可达 300 kg，高产田块产量每亩达到 426.8 kg，突破了香稻不育系制种产量低的技术瓶颈，现已成为我国三系杂交中稻的主体不育系之一。利用川香 29A 已组配出 26 个杂交香稻品种，通过了省级以上审（认）定。精细定位了川香 29 的香味基因，证明了水稻香味物质的产生源于 *OsBADH2* 基因的功能丧失。2002—2010 年，在我国南方稻区的 15 个省份已累计推广 9 863.97 万亩，新增社会经济效益 43.06 亿元。

江西双季超级稻新品种选育与示范推广

2016 年获国家科学技术进步二等奖。

主要完成人：贺浩华、蔡耀辉、傅军如、尹建华、贺晓鹏、肖叶青、程飞虎、朱昌兰、胡兰香、陈小荣。

主要完成单位：江西农业大学、江西省农业科学院水稻研究所、江西省农业技术推广总站、江西现代种业股份有限公司、江西大众种业有限公司。

成果简介：项目针对双季稻区的光温条件、气候特点和水稻生产要求，创新育种理论和方法，首次提出并建立了"性状机能协调型"双季稻育种技术体系，为双季稻新品种选育提供了理论指导；创制出特色鲜明的双季超级稻骨干亲本 9 个，实现了株型、熟期、品质、抗性的综合改良；培育出包括 6 个双季超级稻在内的杂交稻品种 21 个，突破了双季稻选育"早熟与高产、优质与高产、高产与稳产"难协调的技术瓶颈；研究集成了双季超级稻高产制种与

栽培技术；项目品种和技术在江西、湖南、湖北、广西、广东等省累计推广
7 178.7 万亩，新增粮食 43.44 亿 kg，新增社会经济效益 97.76 亿元。为我国水
稻生产十二连丰、提质增效、农民增收发挥了重要作用。

南方低产水稻土改良与地力提升关键技术

2016 年获国家科学技术进步二等奖。

主要完成人：周卫、李双来、杨少海、吴良欢、梁国庆、徐芳森、秦鱼
生、何艳、张玉屏、李录久。

主要完成单位：中国农业科学院农业资源与农业区划研究所、湖北省农业
科学院植保土肥研究所、广东省农业科学院土壤肥料研究所、浙江大学、华中
农业大学、四川省农业科学院土壤肥料研究所、中国水稻研究所。

成果简介：南方稻区植稻面积占全国植稻面积的 82.7%，低产水稻土占
1/3，主要包括黄泥田、白土、潜育化水稻土、反酸田/酸性田、冷泥田等五大
低产类型。该成果创建了涵盖生物肥力的水稻土质量评价新方法，揭示了低产
水稻土的质量特征与低产成因；研发了黄泥田有机熟化、白土厚沃耕层、潜育
化水稻土排水氧化、反酸田/酸性田酸性消减、冷泥田厢垄除障等关键技术；
研创了秸秆快速腐熟菌剂、精制有机肥、生物有机肥、酸性改良剂、水稻专用
肥等新产品；集成了土壤改良、高效施肥、水分管理、适应性品种等技术，建
立了低产水稻土改良与地力提升集成模式。近 3 年累计示范推广 5 730 万亩，
新增纯收入 131.9 亿元；获授权发明专利 10 项，发表论文 173 篇，含 SCI 论
文 60 篇，出版专著 1 部。

晚粳稻核心种质测 21 的创制与新品种定向培育应用

2015 年获国家科学技术进步二等奖。

主要完成人：姚海根、张小明、姚坚、何祖华、石建尧、鲍根良、王淑
珍、叶胜海、徐红星、管耀祖。

主要完成单位：浙江省农业科学院、浙江省嘉兴市农业科学研究院（所）、
中国科学院上海生命科学研究院。

成果简介：从改善植株光能高效利用的株叶形态入手，通过杂交和基因重
组，聚合优良性状，创造性地定向培育出晚粳稻新种质"测 21"。该种质遗传
基础丰富、抗性强、适应性广、配合力好，成为我国常规粳稻育种和杂交粳稻

育种的优良核心亲本。本项目共审定新品种 54 个，形成了粳、糯配套，早、中、晚搭配，丰、抗、优兼顾的系列品种优势。中国水稻研究所等 40 个单位用"测 21"及其衍生品种作亲本，在浙江、江苏、上海、安徽等 13 个省市审定新品种 195 个，助推了我国常规粳稻和杂交粳稻的大发展。育成品种在集聚高产、优质、抗逆协调结合等方面取得了重大突破，在生产上大面积应用，实现了南方粳稻新品种的多次更新。

超级稻高产栽培关键技术与区域化集成应用

2014 年获国家科学技术进步二等奖。

主要完成人：朱德峰、张洪程、潘晓华、邹应斌、侯立刚、黄庆、郑家国、吴文革、陈惠哲、霍中洋。

主要完成单位：中国水稻研究所、扬州大学、江西农业大学、湖南农业大学、吉林省农业科学院、广东省农业科学院水稻研究所、四川省农业科学院作物研究所。

成果简介：针对超级稻品种物质生产量大、穗大粒多等诸多特性，开展品种特性、高产机制及适宜高产栽培方式研究，重点研发关键栽培技术，并结合区域生态特点开展技术集成应用，为我国超级稻大面积生产提供栽培技术支撑。获国家发明专利授权 4 项和实用新型授权 3 项、计算机软件著作权 2 项，制定地方技术标准 8 个，发表论文 100 余篇，制作了农业部认定的超级稻品种高产栽培技术规程及主要超级稻品种与种植方式结合的高产栽培模式图 113 张，主编出版专著 10 部。其中，《超级稻品种配套栽培技术》出版 18 万册。该成果核心技术被列为全国水稻主推技术，2006 年以来累计推广应用 2.5 亿亩，新增稻谷 1 346.6 万 t；实现了节本增效，取得了巨大的经济效益、社会效益和生态效益，为我国粮食产量"十连增"做出了重要贡献。

水稻条纹叶枯病和黑条矮缩病灾变规律与绿色防控技术

2016 年获国家科学技术进步二等奖。

主要完成人：周益军、周彤、王锡锋、周雪平、刘万才等。

主要完成单位：江苏农业科学院、浙江大学。

成果简介：水稻条纹叶枯病与黑条矮缩病是由灰飞虱传播的我国水稻上重要的病毒病害。本项目针对两种病害协同控制需求，系统开展了病原分布与危害、流行规律与暴发成因、预测预报和绿色可持续控制技术等研究。阐明灰飞虱传播水稻病毒病交替暴发和介体发生的关键生态机制，解析介体传毒机制和病毒致害机制，攻克病毒实时监测关键技术，规范病害流行预测预报方法，提出"源控为首、栽培先行、品种并重、治虫应急"的防控新策略，集成适合在不同生态区应用的绿色防控技术，实现对两种病害的协同控制。绿色防控技术2 011—2013 年在全国粳稻区累计推广 1.267 亿亩，年减少用药 2 ～ 4 次，净增经济效益 62.55 亿元，获得显著的社会经济效益和生态效益。

长江中下游稻飞虱暴发机制及可持续防控技术

2015 年获国家科学技术进步二等奖。

主要完成人：方继朝、刘泽文、刘向东、王利华、褚姝频、张月亮、郭慧芳、张谷丰、刘栋、束兆林。

主要完成单位：江苏省农业科学院、南京农业大学、江苏省植物保护站、江苏丘陵地区镇江农业科学研究所。

成果简介：长江中下游是我国水稻主产区。稻飞虱是水稻重大害虫，1990年以来，褐飞虱、白背飞虱、灰飞虱频繁暴发，2005—2007 年连续暴发，严重威胁水稻生产。本成果探明粳稻面积扩大、籼粳稻区并存，导致灰飞虱前期暴发、褐飞虱后期突发的关键机制，为准确预警奠定基础；揭示稻飞虱抗药性呈"大小 S 曲线"阶段性上升规律及靶标双突变高抗性机制，为抗药性早期发现和新药研发提供重要依据；创建区域稻飞虱虫情准确预警及高抗性早期监测技术，掌握了防控主动权；研发多种防控技术和产品，建立籼、粳稻区一体化治理对策和技术体系，列入农业部防控技术方案，累计推广应用 2.02 亿亩次，净增社会经济效益 86.6 亿元。

红莲型新不育系珞红 3A 与超级稻珞优 8 号的选育和利用

2013 年获湖北省科学技术进步特等奖。

主要完成人：朱仁山、李绍清、朱英国、黄文超、胡骏、刘文军、蔡明历、丁俊平、李阳生、熊卫、李彧、田永宏、杜成波、张祖杰。

主要完成单位：武汉大学、武汉国英种业有限责任公司、湖北省种子管理局。

成果简介：红莲型杂交水稻是目前世界上公认的三大杂交水稻不育细胞

质类型之一。武汉大学利用多种育种手段选育出具有自主知识产权的红莲型新不育系珞红 3A 与恢复系 8108，并配组出超级稻新组合珞优 8 号。珞优 8 号于 2006 年通过湖北省品种审定，2007 年通过国家品种审定，2009 年获得农业部超级稻认定并列为国家主推超级稻品种，2010 年至 2016 年被列为国家杂交中稻主推品种，是湖北省中稻第一个超级稻品种，并且米质达到国家优质二级米标准。珞优 8 号在国内外已累计推广 3 000 多万亩，获得直接经济效益近 10 亿元；增产稻谷近 15 亿 kg，为农业生产增加经济效益近 60 亿元；珞优 8 号氮肥高效，节约化肥近 9 000 万 kg，促进了农民增收，减少了环境污染，为我国粮食安全做出了重要贡献。

长江上游杂交中稻-再生稻高产高效栽培技术机制及模式研究与应用

2015 年获重庆市科学技术进步一等奖。

主要完成人：李经勇、徐富贤、姚雄、熊洪、袁德胜、周虹、郭凤、张林、李杰、李季航、唐永群。

主要完成单位：重庆市农业科学院、四川省农业科学院水稻高粱研究所、重庆市农业技术推广总站、四川省农业技术推广总站。

成果简介：探明了杂交水稻再生力的遗传特性、强再生力品种的形成机制和头季稻齐穗后内源激素与再生力的关系；首次创建了杂交中稻再生力的田间鉴定新方法，提出了"粒芽肥"新概念，建立了根据头季稻组合间着粒数和齐穗期剑叶 SPAD 值确定粒芽肥高产高效施用量的新方法。鉴定出了 30 余个头季稻产量高、抗倒性好、生育期适宜、再生力强的杂交中稻组合，集成的"长江上游杂交中稻-再生稻高产高效栽培技术模式"，突破千亩连片示范平均亩产 1 100 kg 大关。省累计推广 2 250 多万亩，占该区再生稻面积的 68%，新增稻谷 17.35 亿 kg，新增纯收入 36.54 亿元，社会经济效益显著。

优质超级粳稻新品种沈农 9816 的选育及应用

2014 年获辽宁省科学技术进步一等奖。

主要完成人：陈温福、徐海、赵明辉、唐亮、张珣、李洪建、籍平、林洪祥、张震、常淑艳、李岩。

主要完成单位：沈阳农业大学。

成果简介：

（1）首创了"以优质籼稻做母本，高产粳稻做轮回父本，通过多次回交和定向选择减少粳稻遗传背景中影响米质的不利籼型遗传累赘，实现超高产与优质相结合"的超级稻优质育种方法和选择指标体系，实现了北方粳型超级稻育种技术的又一次创新。

（2）培育出具有自主知识产权的优质超级粳稻新品种沈农9816。该品种集超高产、优质、多抗、广适于一身，打破了籼粳稻杂交育成超级稻品种高产难优质的"瓶颈"，实现了超高产与优质的结合。先后获得"国家农业科技成果转化资金"重大项目支持，被农业部认定为超级稻，连续三年被农业部确定为北方粳稻主导品种。

（3）建立了以大棚旱育机插秧为核心的超高产栽培技术，编制《沈农9816高产栽培技术规程》和《沈农9816种子繁育技术规程》，实现了良种与良法配套。近5年在辽宁稻区累计推广982万亩，在适宜稻区覆盖率达60%以上；亩增产稻谷35 kg，总增产3.43亿kg，新增直接经济效益11.93亿元。

高产水稻飞虱的区域暴发机制与综合防控技术

2013年获江苏省科学技术进步一等奖。

主要完成人：方继朝、刘泽文、刘向东、王利华、褚姝频、张月亮、郭慧芳、张谷丰。

主要完成单位：江苏省农业科学院、南京农业大学、江苏省植物保护站、江苏丘陵地区镇江农业科学研究所。

成果简介：针对高产单季粳稻飞虱测不准、控不及的产业难题，研究阐明三种飞虱暴发机制。发现灰飞虱的暴发基于区域最适宜的周年寄主组合、害虫对噻嗪酮等药剂高抗性及抗药性害虫耐田间高温；大面积单季粳稻也是褐飞虱迁入与回迁的集中蓄积区，产生特有的5代若虫，后期易成灾。探明稻飞虱对多种药剂的抗性机制，建立吡虫啉与褐飞虱靶标分子互作模型，促进顺式新烟碱杀虫剂创制与产业化。建立害虫准确监测预警系统，创新单季粳稻田间天敌保护与增强利用技术。集成内吸药剂浸种，中期选用吡蚜酮等药剂，结合烤田增温压制白背飞虱，后期备用低抗性药剂并集约防治多病虫的综合技术体系，在江苏推广7 380万亩次，年减少用药1～2次，为粮食安全和生态安全发挥重要作用。

超级专用早稻中嘉早 17 的选育与应用

2016 年获浙江省科学技术进步一等奖。

主要完成人：胡培松、唐绍清、杨尧城、罗炬、焦桂爱、蔡金洋、谢黎虹、邵高能、魏祥进、圣忠华、徐伟东。

主要完成单位：中国水稻研究所、浙江省嘉兴市农业科学研究院（所）。

成果简介：针对早稻生长前期易受低温危害、生长周期短难创高产、品质差等技术难关，提出前期功能型超级专用早稻选育方法，选育出的中嘉早 17 具有苗期快长、耐寒性较强，为高产潜力打下基础；并在分离世代密植条件下进行选择，低世代高肥和低肥条件下进行双重选择，以提高育成品种的适应性。中嘉早 17 具有优质（专用）、高产、抗逆、环境友好等显著特点。根据农业部农业技术推广中心统计，2013 年中嘉早 17 年推广 744 万亩，成为我国籼稻区年推广面积最大的品种，2014 年年推广面积达 916 万亩，是继浙辐 802 后近 30 年来唯一年推广面积近千万亩的早稻品种。

早熟、抗稻瘟病、耐高温的杂交稻恢复系明恢 82 的选育与应用

2010 年 2 月获福建省科学技术进步一等奖。

主要完成人：郑家团、谢华安、罗家密、张建新、林美娟。

主要完成单位：三明市农业科学研究院。

成果简介：明恢 82 是在确立和采用了"早恢 × 晚恢"的杂交育种技术思路，以 IR60 为母本，圭 630 为父本杂交，经多代稻瘟病重病区筛选＋注射接菌鉴定＋旱病圃鉴定筛选，同时利用"倒春寒"和早季抽穗灌浆期高温条件分别进行苗期耐寒性和抽穗期耐高温筛选，所育成的早熟、抗稻瘟、耐高温强恢复系。明恢 82 在新组合配制中受到广泛的应用，共育成通过省级审定的组合 7 个，至 2007 年已在福建省累计种植 372.91 万亩，在南方稻区累计种植 680 万亩。明恢 82 是进一步选育早熟恢复系的优异种质。明恢 82 的育成，在拓宽福建省早熟杂交稻的稻瘟病抗性遗传基础，降低直链淀粉含量，改善稻米食味品质，进一步提高早熟杂交稻的产量水平，丰富福建省早熟恢复系的种质资源等方面发挥了积极的作用。

优质、抗稻瘟病杂交水稻恢复系明恢 70 的选育与应用

2011 年 1 月获福建省科学技术进步一等奖。

主要完成人：谢华安、郑家团、张受刚、姜兆华、许旭明等。

主要完成单位：三明市农业科学研究院。

成果简介：明恢 70 是采用了"强恢×强恢"的杂交育种技术路线，用人工制恢手段率先育成携带"感光基因"的中熟恢复系。连续采用稻瘟病区自然诱发鉴定+旱病圃鉴定+注射接菌鉴定+抗性谱测定等综合手段，育成的明恢 70 稻瘟病抗性持久，持续应用 20 年仍然保持较好抗性。具有米质好、抗稻瘟病、适应性广、配合力好、易制种等优点，在配制新品种中得到广泛应用。育成汕优 70 通过福建省审定，特优 70 通过国家、福建省和广西区审定，T优 5570 通过福建省和江西省审定，京福 2 优 70 通过福建省、广西区审定。其中，汕优 70 从 1990 年至今一直是福建省推广面积最大的感光型品种。综上所述，明恢 70 恢复系在优质、抗稻瘟病、中熟、携带感光基因结合方面达到国内领先水平。

高配合力、抗稻瘟病、早熟杂交稻恢复系明恢 2155 的选育与应用

2012 年 1 月获福建省科学技术进步一等奖。

主要完成人：张受刚、许旭明、卓伟、马彬林、杨腾帮等。

主要完成单位：三明市农业科学研究院。

成果简介：明恢 2155 是采用籼粳交早籼恢复系与抗瘟高配合力晚籼恢复系杂交、多年多点的大群体系谱选择和多性状综合同步鉴定的技术路线，育成的集高配合力、抗稻瘟病、广适应性、高制种产量于一体的早熟籼型恢复系，是近年来福建省及南方稻区早熟杂交稻选育的标志性恢复系。应用明恢 2155 已育成 11 个杂交稻品种，共 19 次通过福建、广东、广西、陕西和湖北恩施土家族苗族自治州 5 个省份审定，累计推广 726 多万亩。综上所述，明恢 2155 成果技术先进，创新性强，社会经济效益显著。其中，在采用籼粳交结合早晚恢杂交，聚合高配合力、抗稻瘟病、早熟有利基因育成早熟恢复系选育技术方面达到国内外同类研究领先水平。

湖南水稻优异种质发掘及遗传多样性保护研究与利用

获 2015 年湖南省科学技术进步一等奖。

主要完成人：李小湘、段永红、刘文强、潘孝武、黎用朝等。

主要完成单位：湖南省农业科学院、湖南省水稻研究所。

成果简介：该项目大规模研究遗传多样性和交配系统参数，形成了以湖南野生稻为主体的普通野生稻保护技术体系，创建了高效、安全、方便保护和利用的"长沙野生稻异位种茎核心圃"。制定稻种资源评价的地方标准（DB43/T266.1），针对性发掘 76 份育种急需的优异基因源，创制出抗稻瘟病优质的资源，定位了芽期耐冷主效 QTL[$qSCT\text{-}8$（t）]。

新收集国内外水稻资源 6 132 份，占保存资源总份数的 46.97%，来源国或地区由原来的 22 个增加到 58 个，增加 55.17%，实现了基因源拓宽；据不完全统计，21 年累计向 16 个省市 82 家单位分发稻种资源 22 566 份次。利用这些种质资源，引种单位已实施科研项目 63 项，公开发表学术论文 53 篇，育成优质稻为主的品种 17 个，有力地促进了籼型优质稻产业的发展。

双季稻北缘地区早籼稻新品种选育技术研究及应用

2013 年获安徽省科学技术进步一等奖。

主要完成人：李泽福、夏加发、汪新国、王元垒、马廷臣、熊忠炯、桂云波、徐启发、刘春盛、曹新国。

主要完成单位：安徽省农业科学院水稻研究所、安徽省农业技术推广总站等。

成果简介：该成果针对安徽省早稻生长期间光温资源不足，优质与高温灌浆、高产与生育期短之间矛盾突出，优良早稻品种缺乏，以及良种良法不配套等突出问题，在不断引进、发掘和利用新的优异育种材料基础上，通过早、中稻不同生态类型品种之间复合杂交，并结合异地穿梭、南繁加代、系谱选择，以及回交导入系法等多种育种技术，加大水稻不同生态型、地理远缘种质资源间的亲缘渗透和基因重组，充分发掘和利用优异种质所携带的有利基因，成功地解决优质与高温灌浆、高产与生育期短之间的矛盾难以协调的技术难题，育成早籼 65、早籼 15、早籼 276、早籼 788 和早籼 615 等 5 个新品种，累计推广 900 多万亩，新增社会经济效益近 9 亿元。获得植物新品种保护权 1 项，申请植物新品种保护权 2 项，发表相关研究论文 18 篇，制定配套栽培技术规程 4 个。

生物炭暨秸秆炭化综合利用技术研究与应用

2017 年获辽宁省科学技术进步一等奖。

主要完成人：孟军、韩晓日、张伟明、兰宇、于立宏、刘金、史国宏、徐铁男、李眷、陈迪、杨劲峰。

主要完成单位：沈阳农业大学、辽宁省土壤肥料总站、辽宁金和福农业科技股份有限公司。

成果简介：针对秸秆直接还田难、焚烧污染严重、耕地质量提升乏力等问题，项目组率先提出并构建了以生物炭为核心的秸秆炭化还田理论与技术体系，研发出半封闭式亚高温缺氧干馏炭化新工艺和组合式多联产生物质快速炭化设备，创制了生物炭基肥料等系列农业投入品，构建了分散制炭、集炭异地深加工产业模式，突破了秸秆低成本、大批量制炭和生物炭规模化农业应用技术瓶颈，制定了行业标准，实现了成果产业化应用。2014—2016 年累计推广应用 575 万亩，新增经济效益 45 250.8 万元，为消减秸秆焚烧、化肥减量增效、增加农民收入提供了一条全新途径。

优质多抗超级稻龙粳 21 的选育

2012 年获黑龙江省科学技术进步一等奖。

主要完成人：潘国君、王瑞英、冯雅舒、刘传雪、关世武、张兰民、张淑华、杨万春、陈柏利、黄晓群、吕彬。

主要完成单位：黑龙江省农业科学院佳木斯水稻研究所。

成果简介：龙粳 21 原代号龙花 99-454，是采用花培技术与常规技术相结合的综合育种技术育成的优质、多抗超级稻新品种。2007 年 9 月通过农业部超级稻专家组验收。2008 年审定推广，并被科技部列为国家科技成果转化资金项目。2009 年被列为黑龙江省农业良种化工程中标品种。2010 年 9 月获国家农业植物新品种权，品种权号为 CNA20070240.8。该项成果的研究先后列入省攻关、国家攻关、863 和农业部计划，被农业部列为 2010—2011 年的主导品种，被省种子管理局列为 2010—2011 年黑龙江省第二积温带下限的主栽品种。自审定推广以来，种植面积逐年扩大，审定以来累计种植 1 567.33 万亩，创造了巨大的社会经济效益。

优质高产耐冷抗病水稻新品种龙粳25的选育

2013年获黑龙江省科学技术进步一等奖。

主要完成人：潘国君、王瑞英、关世武、张兰民、刘传雪、张淑华、潘博、黄晓群、李锋、冯雅舒、郭爱民。

主要完成单位：黑龙江省农业科学院佳木斯水稻研究所。

成果简介：本项研究针对黑龙江省水稻种植面积逐年攀升，而高产优质水稻品种较少、稻瘟病危害严重及低温冷害发生频繁等突出问题，采用生物技术与籼粳交育种、常规育种、品质育种、耐冷育种、抗病育种有机结合的综合育种技术，在产量、米质、抗性、适应性等方面严格筛选，以期实现高产与优质、优质与抗病、耐冷等特性的有机结合，选育出具有自主知识产权的多优集成的水稻新品种龙粳25，2007年被列为省农业良种化工程品种选育中标品种。2009年审定推广，同年再次被列为省农业良种化工程转化利用中标品种。2010年黑龙江省第三积温带上限的搭配品种，2011—2013年黑龙江省第三积温带上限的主栽品种。2012年5月获植物新品种权，品种权号为CNA20080022.1。自审定推广以来，种植面积逐年扩大，审定以来累计种植1 853.34万亩，创造了巨大的社会经济效益。

寒地早熟优质多抗超级稻龙粳31的选育

2014年获黑龙江省科学技术进步一等奖。

主要完成人：潘国君、刘传雪、张淑华、王瑞英、张兰民、关世武、冯雅舒、黄晓群、邢海军、姜宇博、夏天舒。

主要完成单位：黑龙江省农业科学院佳木斯水稻研究所。

成果简介：龙粳31原代号龙花01-687。2009年被列为黑龙江省农业良种化工程中标品种，2011年审定推广，2011—2013列为黑龙江省农业科技创新工程项目，2013年农业部确认为超级稻品种。2012—2013年成为黑龙江省第三积温带主栽品种，2013年成为农业部主导品种。该项成果的研究先后列入省攻关、农业部超级稻新品种选育研究计划项目。龙粳31推广速度之快、种植面积之大，2012年种植面积达766.34万亩，成为黑龙江省第一大水稻品种，取代了十几年来在黑龙江省第三积温带主栽的日本品种空育131，这是黑龙江省育种史的一次重大突破。2013 年种植 1 692.34 万亩，不仅成为黑龙江省第一大水稻主栽品种，也是 2012—2016 连续五年全国种植面积最大的品种。自审定推广以来，种植面积逐年扩大，审定以来累计种植 8 559.9 万亩，创造了巨大的社会经济效益。

四川杂交中稻丰产高效技术集成研究与示范推广

2009 年获四川省科学技术进步一等奖。

主要完成人：任光俊、杨文钰、郑家国、马军、李季航、陶诗顺、喻春莲、任万军、池忠志。

主要完成单位：四川省农业科学院、四川农业大学、西南科技大学、四川省农业厅农技推广总站。

成果简介：该项成果筛选出岗优 527、川香优 9838 等水稻主推品种 53 个，良种覆盖率由 85% 提高到 100%，优质率由 50% 提高到 70% 以上。研发的"超稀播旱育秧"和"三角形栽植模式"等关键技术，以及成都平原杂交中稻优质高产栽培技术模式、盆地丘陵杂交中稻抗逆稳产技术模式和两熟制稻田水稻轻简高效生产技术模式，使水稻单产水平实现了历史性突破，其中超高产攻关田连续 3 年每亩超过 770 kg；核心区每亩平均产量为 668 kg，比当地平均产量增加 28.97%；示范区每亩平均产量为 582 kg，比当地平均产量增产 12.79%；辐射区每亩平均产量为 532.9 kg，比全省平均产量增产 7.33%。研制国家行业标准 1 项、地方标准 4 项，发表论文 70 篇，出版学术专著和科普读物 8 部。2004—2008 年，累计推广 5 509.20 万亩，新增稻谷 223.84 万 t，社会经济效益达 49.44 亿元。

龙稻 5 号水稻品种的选育及推广

2010 年获黑龙江省科学技术进步一等奖。

主要完成人：张凤鸣、张玉华、白良明、耿丽清、姜辉、乔广辉、孙世臣、尹桂花、田英权、洛育。

主要完成单位：黑龙江省农业科学院耕作栽培研究所。

成果简介：以牡丹江 22 为母本，以龙粳 8 号为父本杂交，采用低世代集团选择、高世代系谱选择育成，2006 年审定推广，生育期 138 d 左右，需活动积温为 2 503.6℃，适于黑龙江省第二积温带插秧栽培。龙稻 5 号集成了高产、优质、耐冷、抗病、耐盐碱、抗倒伏等众多优良农艺性状。2006 年被认定为国家首批超级稻品种，是农业部确定的超级稻主导推广品种，2007 年农业部超级稻专家组对延寿试验田进行验收，实收亩产 802.4 kg；主要品质指标均达到国家一级优质米标准；多年种植田间表现高抗稻瘟病，在低温冷害发生年，结实率均高于 85%；抗盐碱，在 pH8.6 时仍能较正常生长。龙稻 5 号审定推广以来，在黑龙江、吉林、内蒙古部分地区累计推广面积 800 余万亩，创纯经济效益逾 6 亿元。

杂交水稻"三定"栽培技术研究与应用

2010 年获湖南省科学技术进步一等奖。

主要完成人：邹应斌、夏胜平、彭少兵、敖和军、尹丽辉、黄升谋、唐启源、夏冰、谢国和、方稳山、陈玉梅、谢国生。

主要完成单位：湖南农业大学、湖南省水稻研究所。

成果简介：杂交水稻"三定"栽培技术是以目标产量的地力函数确定法、合理密植及株行距配置的黄金分割法、测苗定氮施肥和配套物化产品应用等为核心的三定（定产、定苗、定氮）栽培技术，以解决水稻生产上高产样方与农民生产田产量差距大、品种增产潜力难发挥、栽培技术要求轻简化等重大技术问题，为实现水稻高产稳产和氮肥高效利用提供技术支撑。该技术于 2009 年通过湖南省科技厅组织的成果鉴定，整体达到国际先进水平，2011—2017 年被列为农业农村部和湖南省水稻生产主推技术，获得 2010 年湖南省科学技术进步一等奖，在湖南、广西、湖北、江西累计推广面积 1.19 亿亩，增产显著，社会经济效益、生态效益显著。

超级粳稻新品种选育与应用

2011 年获江苏省科学技术进步一等奖。

主要完成人：王才林、陈亮明、袁彩勇、王宝和、徐晓杰、杨杰、邓建平、吉健安、张亚东、刘世家、赵凌。

主要完成单位：江苏省农业科学院、南京农业大学、江苏徐淮地区淮阴农业科学研究所、江苏里下河地区农业科学研究所。

成果简介：针对 2000 年以来江苏省粳稻生产上存在的单产徘徊不前、主推品种抗性不强和品质较差等突出问题，南京综合试验站组织江苏省内主要科教单位开展育种攻关，以超高产、多抗、优质、抗倒为主攻目标，建立了超级粳稻新种质"四高"筛选技术体系，创建了穗粒结构协调的超级稻新种质27份；挖掘高产、优质、抗病有利基因 *QTL* 209 个，创建了分子标记聚合育种技术体系；育成穗粒结构协调的大穗大粒高结实超级粳稻南粳44等系列品种8个，获得授权发明专利8项，制定标准13个，发表论文115篇，创建了超级稻高产高效配套栽培技术集成与推广新模式，2008—2010年累计推广4 142.7万亩，增产稻谷212.35万 t，增收节支总额达 56.41 亿元。

水稻生物育种技术体系创新与新品种创制应用

2017 年获广东省科学技术进步一等奖。

主要完成人：陈志强、王慧、郭涛、刘永柱、肖武名、张建国、陈淳、梁克勤、唐湘如、黄翠红、罗文龙、周丹华、黄明、王加峰、陈立凯、苏金煌。

主要完成单位：华南农业大学。

成果简介：在国家863计划项目、国家水稻产业技术体系等项目资助下，以陈志强教授为首的岗位科学家团队在水稻生物育种高效技术体系创新、特异种质创制及新品种选育效率方面取得显著成效。该成果首次从全基因组水平解析水稻航天诱变机制，并利用重离子辐射实现航天诱变的地面模拟，有效拓宽水稻特异种质创新途径；首次将航天诱变、重离子诱变、高通量基因分型与传统育种技术集成创新，构建了"高通量＋精确＋工程化"水稻生物育种高效技术体系，获得发明专利15项；利用本成果建立的水稻生物育种高效技术体系，定向育成一批多基因聚合的重要恢复系和特异新种质应用于育种计划，获得植物新品种保护权8项；育成的16个优质高产高抗水稻新品种通过审定，其中国家认定超级稻品种3个、广东省农业主导品种1个，为广东及华南稻区粮食安全提供科技支撑。

水稻高品质高配合力骨干不育系宜香1A的创制与应用

2012 年获四川省科学技术进步一等奖。

主要完成人：林纲、赵德明、郑家奎、李云武、王玉平、刘平、江青山、贺兵、余世权。

主要完成单位：宜宾市农业科学院、四川省农业科学院水稻高粱研究所、四川农业大学、四川省宜宾市宜字头种业有限责任公司、仲衍种业股份有限公司。

成果简介：

（1）创造性通过不同生态类型的黏软资源杂交育种技术，打破了大粒与优质的不良连锁，克服大粒与优质难以统一的技术难点，育成了具有高品质和高配合力特点的香型不育系宜香1A。

（2）宜香1A实现了品质配合力和产量配合力同步改良的重大突破，组配了58个杂交稻品种136次通过国家或省级审定，其中，35个达到国颁优质标准（一级2个、二级10个）。

（3）宜香1A所配品种熟期适中，适应性广，覆盖了我国南方稻区。46个（次）宜香品种推荐为国家和省级主导品种，实现了优质与丰产、广适和多抗的有机结合，是我国杂交稻优质化育种的重大突破。

至2011年，宜香1A系列品种累计推广1.29亿亩，新增社会经济效益35.72亿元。专家组鉴定该成果达到国际同类研究的领先水平。

水稻空间诱变育种技术研究与新品种选育应用

2009年获广东省科学技术进步一等奖。

主要完成人：陈志强、王慧、杨祁云、梅曼彤、张建国、罗森辉、刘永柱、郭涛、梁克勤、唐湘如、朱小源、陈坤朝、刘向东、胡学应、陈益培、周峰、易继财、邹永健、尤福臣。

主要完成单位：华南农业大学、广东省农业科学院植物保护研究所、广东省种子总站。

成果简介：在国家863计划、广东省科技计划项目等资助下，以陈志强为首的岗位科学家团队率先建立了"水稻空间诱变多代混系连续选择和定向跟踪筛选核心技术"，将该技术与细胞工程、分子生物学技术、品质和病虫抗性鉴定技术、常规育种技术相结合，构建了水稻空间诱变高效育种技术新体系。选育和创建了与sd-1非等位的CHA-1等多个矮秆新质源，具有广谱恢复性的航恢7号系列恢复系及特异新种质并应用于各类育种计划。育成全国第一个通过国家品种审定的空间诱变优质稻新品种华航1号和广东省第一个达优质米标准的两系超级杂交稻培杂泰丰，以及特优质、高抗病的华航丝苗、金航丝苗等一批优质、高产、抗病新品种并在生产上大面积应用。育成品种累计推广800多万亩，技术辐射1 000多万亩，新增经济效益28亿多元。

优质超级杂交稻天优998的选育与示范推广

2011年获广东省科学技术进步一等奖。

主要完成人：李传国、符福鸿、梁世胡、王丰、陈友订、陈志远、刘振荣、黄慧君、李曙光、喻愿传、程俊彪、孔清霓、黄德娟、廖亦龙、陈荣彬。

主要完成单位：广东省农业科学院水稻研究所、广东省金稻种业有限公司。

成果简介：育成的华南首个优质超级杂交稻天优998分别通过广东、江西和国家审定及广西品种认定。天优998在国家区试中，平均亩产512.62 kg，平均比对照汕优46增产6.28%，达极显著水平；在广东省区试中，产量比对照增产7.6%，米质达国标优质2级，中抗稻瘟病和白叶枯病。连续2年早季百亩方实割验收亩产分别达761.8 kg和711.1 kg，创造了广东省早季水稻高产新纪录。天优998于2005年被农业部认定为超级稻和广东省高新技术产品，2008年被列为国家华南早籼稻区试对照品种，2006年以来一直是农业部和广东省的水稻主导品种。此外，以天优998为技术核心，企业与科研单位相结合，开创了"一个品种、一个品牌、一个产业"的跨越式种子产业化发展模式，已累计推广2 591万亩，创造了巨大的社会经济效益。

抗条纹叶枯病优质高产粳稻品种徐稻3号的选育与推广应用

2008年获江苏省科学技术进步一等奖。

主要完成人：刘超、王健康、陈萍、丁成伟、吴玉玲、郭荣良、徐家安、王福芹、张涛。

主要完成单位：江苏徐淮地区徐州农业科学研究所。

成果简介：通过抗病基因导入、生态远缘杂交和理想株型塑造等方法育成抗条纹叶枯病优质高产多抗粳稻新品种徐稻3号。该品种2003年通过江苏省品种审定，2004年获得国家863计划"优质专用农作物新品种选育及繁育技术研究"项目资助，2005年被农业部确定为农作物主导品种。2005—2007年均名列江苏省水稻推广品种面积首位和水稻良种补贴品种面积第一位。2006—2007年连续两年被国家植物新品种权保护办公室评为全国水稻授权品种推广面积前五名。2003—2007年在江苏、安徽、山东、河南四省累计推广种植3 606万亩，其中江苏省3 073万亩。按平均每亩增产增收108元、优质加价增收 28.8 元、节省农药及用工 35 元，缩值 0.9 计算，累计新增社会经济效益 54.09 亿元。

优质高产两系杂交中稻系列新品种的选育与应用

2017 年获湖北省科学技术进步一等奖。

主要完成人：游艾青、戚华雄、卢开阳、夏明元、徐得泽、刘凯、万丙良、罗昆、杨国才、陈志军、杨利、查中萍、李三和、殷得所、周雷。

主要完成单位：湖北省农业科学院粮食作物研究所、湖北省种子管理局、湖北省农业技术推广总站、湖北省农业科学院植保土肥研究所、长江大学。

成果简介：针对湖北省中稻品质不优的突出问题，武汉综合试验站历时 16 年研究，将分子标记辅助育种与传统育种技术相结合，先后创制优良恢复系 4 个，培育审定优质高产两系杂交稻品种 5 个（国标二级 3 个：广两优 272、广两优 5 号、培两优 537，国标三级 2 个：广两优 476、培两优 986），授权植物新品种权 7 项、国家发明专利 1 项，发布湖北省地方标准 2 项，发表学术论文 30 篇；品种累计推广 2 510 万亩，其中近 3 年 1 021 万亩，约占湖北优质中稻的 50%，增产稻谷 1.3 亿 kg，新增效益 9.7 亿元，社会经济效益显著。

高产优质多抗晚粳稻新品种浙粳 22 的选育与应用

2012 年获浙江省科学技术进步一等奖。

主要完成人：张小明、吴伟、叶胜海、楼再鸣、金庆生、管耀祖、石建尧、王仪春、朱国富、庞新和、祝剑波、蔡炳祥、虞振先。

主要完成单位：浙江省农业科学院。

成果简介：针对浙江省生产应用的晚粳稻主栽品种血缘关系较近、品种优势不明显、抗性较单一等问题，选用高产、优质、抗病虫种质进行杂交与回交，通过在"海南-杭州-海宁"等地多年选育、实验室人工接种鉴定与重发区田间病虫害鉴定相结合的方法进行抗性鉴定、糙米外观评价与米饭食味评价相结合的方法进行稻米品质鉴定、高产栽培试验与多年多点品种适应性试验相结合的方法进行适应性鉴定，培育出高产、优质、抗多种主要病虫害、综合性状较好的半直立穗型常规晚粳稻新品种浙粳 22，连续 6 年列入浙江省主导推广品种。该成果克服了新类型创制难的技术瓶颈，在生产上大面积推广应用，原创性强、技术先进、社会经济效益显著。

优良食味超级稻新品种吉粳 511 的选育与推广应用

2016 年获吉林省科学技术进步一等奖。

主要完成人：郭桂珍、周广春、全成哲、杨春刚、侯立刚、孟维韧、吴海滨、严永峰、邱志刚、方秀琴、刘亮、金成海、付立中、张焕斌、周舰。

主要完成单位：吉林省农业科学院水稻研究所。

成果简介：吉林省农业科学院水稻研究所利用综合性状优良的新品系吉01-125（吉粳88）为受体，不同属的菰花粉为供体，通过复态授粉法，诱导了水稻转座子激活，产生了广泛可遗传变异群体。通过模块化表型性状综合测试鉴定技术体系，对杂交后代表观特性、抗性和品质做出精准的定量评价，成功实现了优良食味、超高产和抗病等诸多优良有利性状的优化组配，育成了吉粳511。2012 年通过吉林省品种审定，属中晚熟品种。2013 年以来一直是吉林省水稻主导品种。2015 年荣获全国优良食味粳稻品评特等奖，食味值 86 分；在中日优良食味粳稻品评中，获食味最优秀奖。农业部专家组两年百亩连片测产平均亩产 800.4 kg，被农业部确认为 2016 年超级稻品种。适宜吉林省中晚熟稻区及辽宁等省部分稻区。

优质、抗病、广适超级稻吉粳 809 的培育与推广应用

2017 年获得吉林省科学技术进步一等奖。

主要完成人：林秀云、徐建龙、孙强、王金明、张志财、黎志康、刘宝、金京花、侯立刚、刘亮、李毅丹、仲晓芳、沈海波、王国吉、张春艳。

主要完成单位：吉林省农业科学院水稻研究所。

成果简介：采用籼粳杂交、回交结合定位选择育种技术，开展超级稻新品种选育及其关键技术研究。短时间内育成了高产、优质、抗病超级稻吉粳809，并集成了优质、高效配套栽培技术，在生产上得到大面积推广应用。采用籼粳杂交、回交与定向选择相结合的育种技术。以抗性丧失的超级稻吉粳88 为母本，优质、抗病籼稻93072 为父本，采用杂交和两次回交构建 BC_2F_2 分离群体，对群体进行抗病、优质、高产等定向选择并进行聚合，创制一批类型丰富的育种材料，选育出优质、高产、抗病超级稻吉粳 809。提高了吉粳809 的抗性水平。为充分利用感病品种中的抗病残效基因来改良品种抗瘟性提

供了科学依据。集成组装了优质、高产、高效的配套栽培技术，在吉林省大面积推广种植。

吉林省超级稻生产技术集成与推广应用

2010 年获吉林省科学技术进步一等奖。

主要完成人：徐虹、赵国臣、丁万志、侯立刚、刘亮、车丽梅、齐春艳、王大川、郭晞明、隋朋举、岳玉兰、李朝峰、孙洪娇、李保柱、曹文明。

主要完成单位：吉林省农业科学院。

成果简介：针对吉林省生产上缺少超级稻品种以及超级稻在吉林省寒冷稻区及其适应区范围进行大面积推广的障碍因素。通过对不同穗型超级稻品种的光合特性研究指出吉林省半直立穗型的超级稻增产机制具有较强的光合作用；不同穗型的超级稻品种对钾素肥料吸收能力不同，从而明确了钾肥施用方法和施用量。通过对超级稻品种吉粳 88 和吉粳 83 的数学模式分析，构建了亩产 700 kg 以上的高产数学模型。根据吉林省的区域特性，结合全省情况建立了全省大面积提高水稻产量的目标产量技术操作模式中、东、西部各一套，并建立适合吉林省超级稻品种的技术规程，累计推广面积达 2 800 万亩。

水稻优质丰产综合配套技术研究

2011 年获中华农业科学技术进步一等奖。

主要完成人：赵国臣、侯立刚、郭希明、隋鹏举、刘亮、孙洪娇、赵劲松、张学君、周舰、李鹏志。

主要完成单位：吉林省农业科学院。

成果简介：根据北方寒冷稻作区自然环境特点，以稻鸭共作为基础，通过试验、示范与推广，组装集成稻鸭共作技术模式，并建立有机稻米生产基地，填补了北方稻鸭共作技术的空白。通过超级稻品种的筛选，结合超级稻区域特点，对超级稻稻瘟病生理小种的分析，改变超级稻农艺性状，达到超高产的目的，组装集成的水稻优质丰产综合配套技术在北方粳稻区大面积推广应用取得了良好的效果，具有国内领先技术水平。北方优质丰产综合配套技术，累计推广面积 1 400 万亩，增加稻谷 13.07 亿 kg，增收 23.53 亿元。

高原粳型胞质内香籼稻新不育系的选育与应用

2015 年获四川省科学技术进步一等奖。

主要完成人：肖培村、程式华、陈勇、曹立勇、张仁、占小登、谢从简、马晖、孙泽武、黄湘。

主要完成单位：内江杂交水稻科技开发中心、中国水稻研究所。

成果简介：高原粳型胞质内香籼稻新不育系的选育与应用是内江杂交水稻科技开发中心、中国水稻研究所科技人员历时近 20 年取得的成果。该成果创造性地利用含有云南高原粳亲缘的恢复系杂交后代的不育株作为不育胞质，育成优质香型不育系内香 2A、内香 5A、内香 6A 和内香 7A，已成为南方稻区三系杂交稻的骨干亲本。利用内香不育系已育成 37 个杂交稻新品种 48 次通过国家或省级审定，其中，超级稻品种 2 个，国家主导品种 4 个。内香品种实现了"优质、丰产、抗病和广适"的有机结合，累计推广 953.33 万 hm²，新增稻谷 40.22 亿 kg，为保障我国粮食安全做出了重大贡献。该成果创新性和实用性强，社会经济效益显著，整体达国际领先水平。

灰飞虱传水稻条纹叶枯病灾变规律与绿色防控技术

2015 年获高等学校科学技术进步一等奖。

主要完成人：周雪平、吴建祥、周益军、陶小荣、程兆榜等。

主要完成单位：浙江大学、江苏农业科学院。

成果简介：由灰飞虱传播的水稻条纹病毒（RSV）在水稻上引起重要危害。本项目针对病害的防控需求，系统开展了水稻条纹病毒致病机制、检测和预测预报、病害流行规律及绿色控制技术研究。阐明了 RSV SP 蛋白与水稻 PsbP 蛋白互作导致其定位异常是引起条纹症状的主因；明确 RSV NSvc4、NS3 功能分别为病毒运动蛋白和基因沉默抑制子。制备了 RSV 单克隆抗体，并建立了病毒高通量、快速检测试剂盒，研发出基于移动网络的病害预警系统。阐明病害暴发和介体大发生的关键生态机制。研究集成以"抗病品种＋机插秧＋防虫网"为核心的防控技术，实现了对条纹叶枯病的安全规范化控制。病害防控技术在全国推广，2007 年以来推广面积超 1.5 亿亩次。

区域土壤环境质量与农产品安全性关系的基础研究

2018 年获浙江省自然科学二等奖。

主要完成人：徐建明、刘杏梅、卢升高、唐先进、赵科理。

主要完成单位：浙江大学。

成果简介：本项目从土壤采样策略、污染溯源、空间对应关系、环境质量基准等方面全面揭示了"土壤重金属含量超标，但农产品不超标""土壤重金属含量不超标，农产品反而超标"这一复杂现象的内在机制。率先建立了区域尺度土壤重金属污染研究的采样策略优化体系，创建了土壤重金属污染溯源、污染途径识别和污染过程追踪的磁示踪原理，首次耦合土壤质地和pH提出了农产品安全所对应的土壤重金属污染临界值，系统揭示了不同市/县域尺度农产品重金属积累与产地土壤质量的空间对应机制。10 篇代表性论文总计他引 1 023 次，其中，SCI他引 828 次，2 篇代表作入选 ESI 全球 TOP 1% 高被引论文。这些重要的研究成果对《土壤污染防治行动计划》实施有重要科学借鉴和指导意义。

杂交水稻新组合 Ⅱ 优辐 819 的选育与应用

2010 年获福建省科学技术进步二等奖。

主要完成人：江文清、刘端华、黄庭旭、谢冬容、姚祖武、周仕全、陈泳和。

主要完成单位：福建省南平市农业科学研究所。

成果简介：Ⅱ优辐 819 是福建省南平市农业科学研究所用Ⅱ-32A 与自选恢复系南恢辐 819 配组选育而成的杂交稻新品种。2003 年通过福建省品种审定，2004—2005 年分别通过江西、安徽、湖南等多个省审定或认定。2004 年获国家植物新品种权保护专利。该品种是国内首个应用花粉辐照诱变技术选育而成的杂交水稻新品种。Ⅱ优辐 819 具有高产、稳产、适应性广、米质较优、较抗稻瘟病等特点。 2000—2001 年参加福建省晚稻区试，平均单产分别比对照汕优 63 增产 7.36% 和 7.79%。米质经农业部稻米及制品质量监督检验测试中心检测，十二项主要指标中有十一项达部颁优质米二级以上标准，米饭适口性好，是近年来福建省高产与优质结合较突出的杂交中晚稻品种。在南方水稻主产区的福建、江西、安徽、湖南等省推广种植，表现高产稳产，适应性广，尤其在丘陵山区中低产田种植，增产增收效果显著。通过科技特派员、农户、育种单位、种子企业密切合作，育、繁、推一体化方式，该品种推广转化取得了显著成效。2004—2007年Ⅱ优辐819在省内外推广面积604.07万亩，增产稻谷25 229.78万kg，增创社会经济效益39 436.8万元。

杂交水稻新组合Ⅱ优125的选育与应用

2012年获福建省科学技术进步二等奖。

主要完成人：江文清、刘端华、周仕全、应薛养、谢冬容、吴作灿。

主要完成单位：福建省南平市农业科学研究所。

成果简介：通过选用具不同地理和生态远缘遗传背景的高起点强恢复系，利用多亲本复合杂交，创制水稻新材料，并经不同生态条件配组选育出广适性高产杂交水稻新品种Ⅱ优125；探索和规范了Ⅱ优125高产高效配套栽培技术和制种技术；通过科企联姻、公司+基地+农户等成果转化渠道，育、繁、推一体化，加快了成果转化，取得了显著的社会经济效益。育成的Ⅱ优125品种兼具高产、稳产、抗逆性强、适应性广等特性，在山垄冷烂锈水田等中低产田种植增产潜力大。Ⅱ优125于2006年通过了福建省品种审定，2008年通过国家品种审定，2006年获国家植物新品种权保护专利。该品种2009—2012年在福建、江西、安徽、湖南、湖北累计推广面积1 319.78万亩，增创社会经济效益112 589.49万元。其中2011—2012年该品种连续2年当年推广面积居福建省单个水稻品种第一位，且该品种今后仍具有广阔的推广应用前景。

高产专用早籼稻创丰1号的选育与应用

2010年获湖南省科学技术进步二等奖。

主要完成人：黎用朝、闵军、李小湘、张琦、刘三雄等。

主要完成单位：湖南省水稻研究所。

成果简介：创丰1号，2005年通过湖南省审定，区试亩产498.8 kg，比金优402增产4.28%。具有丰产稳产性好、适应性广、耐寒抗倒、适宜直播栽培等特点，是专用稻新品种筛选与示范项目达标品种。该品种被列为2006年度科学技术部农业科技成果转化资金项目资助推广品种，2005年、2007年、2009年度省农业综合开发科技示范品种；2005—2009年在湖南省累计推广278万亩，增产稻谷4 558万kg以上，增收8 609万元以上；作为种质资源被省内外多家科研单位利用。

高产一季杂交稻新品种选育及高效配套技术研制与应用

2013 年获湖南省科学技术进步二等奖。

主要完成人：黎用朝、闵军、李小湘、刘三雄、黄海明等。

主要完成单位：湖南省水稻研究所。

成果简介：高产杂交稻 T 优 109 于 2007 年通过湖南省审定，区试平均亩产 542.85 kg，比对照汕优 63 增产 3.71%，2011 年重庆市认定，区试平均亩产 563.63 kg，比对照 II 优 838 增产 7.28%，具有穗大粒多、稳产性好等特点；丰源优 326 于 2005 年通过湖南省审定，区试平均亩产 521.94 kg，比对照汕优 63 增产 4.1%，具有米质优良、蛋白质含量高等特点。两品种 2006—2012 年共计推广 341 万亩，共增产稻谷 6 820 万 kg，增效 1.69 亿元。发明专利"一种少量杂交水稻种子的简易制种方法"2011 年获授权，提供一种用于杂交水稻育种中间试验用种的简易制种方法，提高了育种效率；实用新型专利"一种水稻花粉简易隔离罩"2011 年获授权，便于在水稻花粉隔离中推广使用。两项专利在 11 家种子企业应用达 13.39 万亩，增效 0.39 亿元。品种和专利累计推广 354.39 万亩，增效 2.08 亿元。

抗逆型优质香稻创香 5 号及配套技术研创与示范

2017 年获湖南省科学技术进步二等奖。

主要完成人：黎用朝、闵军、刘三雄、刘利成、李小湘等。

主要完成单位：湖南省农业科学院、湖南省水稻研究所。

成果简介：创香 5 号，2011 年通过湖南省审定，2016 年获植物新品种权（CNA20101185.9），为省颁二等优质香稻品种，区试平均亩产 538.8 kg，日产量比对照汕优 63 高 0.14 kg，耐受高、低温能力优于对照品种。研创了"一种培育香型水稻品种的方法"，2014 年获发明专利授权，育成了金穗 128 等系列香型新品种，该专利获 2015 年度湖南省专利三等奖；研究创香 5 号耐旱性，研创了综合抗旱力公式，"一种大田鉴定晚稻抽穗扬花期耐旱型品种的方法"2015 年获国家发明专利。运用"科研+企业（种业、米业）+基地连农户"的示范推广模式，创香 5 号在湖南累计推广 323.5 万亩，增产优质稻谷 2.59 亿 kg，近 3 年增效 1.73 亿元，加工增收达 0.41 亿元，合计增效 2.14 亿元，社会经济效益和生态效益显著。

杂交稻强优新组合选育及配套技术研究

获海南省科学技术进步二等奖。

主要完成人：孟卫东、邢福能、云勇、严小微、林朝上、王效宁、林尤珍、陈文。

主要完成单位：海南省农业科学院粮食作物研究所。

成果简介：育成 6 个籼型水稻新组合并通过了海南省农作物品种审定委员会审定，分别是 Y 两优 439、琼香两优 08、博优 225、博 II 优 1586、II 优 1288、Y 两优 865，育成组合抗稻瘟病和白叶枯病较突出。其中，Y 两优 439、Y 两优 865 两年区试平均分别比对照 II 优 128、特优 128 增产 8.43% 和 9.96%，达到了国家超级稻认定产量水平，博优 225 米质达国优 3 级。2009 年博优 225 被海南省农业厅确定为海南省主导推广水稻新组合。首次在海南系统地开展杂交水稻强化栽培技术研究，制定技术规程并示范 200 亩，经海南省科技厅组织验收平均亩产达 800 kg；通过分期播种、培育壮秧、插植规格、肥水管理、病虫草害防治、花期调节、九二〇使用及赶粉、除杂等技术研究配套，集成亩产 250 kg 高产制种技术，在乐东、临高示范经验区平均亩产都超过 250 kg，比一般制种技术增产 15% ～ 20% 或 20% 以上。

绿色稻米标准化生产技术体系研究与示范

2011 年获黑龙江省科学技术进步二等奖。

主要完成人：潘国君、陈书强、杨丽敏、廖辉、赵海新、王志春、张君、姜龙、周建朝、宋成艳、张淑华、郑义方、庄同春、陈国有、高鸿儒、梁正伟、孙玉友、王孝纯、刘传雪、黄晓群等。

主要完成单位：黑龙江省农业科学院水稻研究所、黑龙江省农业科学院农产品质量检验中心、黑龙江省农业科学院五常水稻研究所、中国科学院东北地理与农业生态研究所、黑龙江省农业科学院牡丹江分院。

成果简介：筛选出耐低营养、耐碱、氮高效利用和镉低吸收品种（系）40 个；阐明了盐碱胁迫下的生理响应机制，形成抗逆生理调控技术；建立绿色稻米标准化生产技术体系 2 套，生物、物理控制水稻病、虫、草技术体系 1 套；建立稻米中多组分农药残留和重金属检测技术体系各 1 套，粳稻品质快速检测评价体系 1 套；形成了水稻 GAP 生产规范；取得科技成果 2 项、获奖成果 2 项、申报技术标准 1 项、发明专利 1 项，提供咨询报告 1 份；发表论文 38 篇，其中，SCI 收录 1 篇，出版科技著作 2 部。建立绿色稻米标准化生产基地 3 个，累计建立核心区 158.2 hm²、示范区 1 748.4 hm²、辐射区 15.53 万 hm²，产量分别达到 9 359.3 kg/hm²、8 762.8 kg/hm² 和 8 138.2 kg/hm²。共计增产稻谷 8 261 万 kg，增收 1.8 亿元。

水稻抗稻瘟病优质恢复系成恢 177、成恢 178 的创制及应用

2010 年获四川省科学技术进步二等奖。

主要完成人：陆贤军、任光俊、高方远、任鄹胜、曾宪平、卢代华、苏相文。

主要完成单位：四川省农业科学院作物研究所、四川省农业科学院植物保护研究所、四川省农业科学院。

成果简介：集成应用籼爪交、花药培养、复合杂交、增加选择压、早代定向选择、病区鉴定筛选、多生态穿梭育种等技术，在育种方法创新、新恢复系创制、新品种选育等方面取得了实质性突破，成功育成了抗稻瘟病优质恢复系成恢 177 和成恢 178。利用成恢 177、成恢 178 育成 17 个杂交稻品种应用于水稻生产，在 2000—2016 年国内累计推广 3 943.59 万亩，增产稻谷 9.31 亿 kg，增加效益 12.66 亿元，取得显著的社会经济效益和生态效益。

水稻高产、优质、高效生产技术研究与示范

2010 年获黑龙江省科学技术进步二等奖。

主要完成人：潘国君、邹德堂、解保胜、张凤鸣、陈书强、周建朝、郑桂萍、柴永山、闫平、宋福金、张瑞英等。

主要完成单位：黑龙江省农业科学院水稻研究所、黑龙江省农垦科学院水稻研究所、黑龙江省农业科学院耕作栽培研究所、东北农业大学等。

成果简介：通过对育秧方式、移栽密度、氮钾硅施用及病害发生等群体素质方面的研究示范，形成了黑龙江省第一、二、三积温带及垦区的优质水稻目标产量每亩分别为 600 kg、700 kg 精确定量栽培技术模式各 1 套。并明确了全生育期水稻养分吸收积累规律，开发了"农作物施肥推荐专家系统"一套。确定了机插大苗壮秧指标，制定了叶色诊断的时间、部位以及技术标准，制定了

病虫害的监测和防治策略。在黑龙江省第一、二、三积温带及垦区共建立基地12个，累计建立核心区6 314亩、示范区7.52万亩、辐射区687.2万亩，每亩平均产量分别达到735.0 kg、681.3 kg和637.4 kg，较示范前3年平均增产27.5%、20.6%和14.5%，共计增产稻谷4.5亿kg，增创社会经济效益12.5亿元。培养博士4人、硕士20名，发表相关学术论文51篇。

华南光温敏核不育水稻GD-1S的选育技术及其应用

2009年获广东省科学技术进步二等奖。

主要完成人：王丰、廖亦龙、程俊彪、曾春、刘振荣、柳武革、李曙光、吴旭祥、陈国荣、彭惠普。

主要完成单位：广东省农业科学院水稻研究所、广东省华茂高科种业有限公司、广东省金稻种业有限公司。

成果简介：GD-1S是广东省农业科学院水稻研究所综合利用系统育种、穿梭育种等育种手段培育出的综合性状优良的光温敏核不育系，具有育性起点温度低、不育历期长、配合力强、开花习性好、繁殖制种容易等特点，是华南地区首个能在生产上大面积应用的两系不育系，为华南实用型光温敏核不育水稻的选育奠定了十分重要的基础。该不育系高抗稻瘟病，由其组配的系列杂交稻组合均表现抗或高抗稻瘟病；利用GD-1S育成粤杂122、粤杂889、粤杂922和粤杂2004等4个组合通过省级审定，其中粤杂122是国内第一个日产量达到100 kg/hm² 的超级杂交稻组合，粤杂889日产量达到108.31 kg/hm²，成为第二个日产量达100 kg/hm² 的超级杂交稻新组合，并创造了日产量最高纪录。GD-1S所组配的系列组合累计推广230.93多万亩，增产稻谷1.15亿kg，增加产值2.08亿元，生产种子340万kg，创造直接经济效益2 400多万元。

中早熟广适性优质超级杂交稻五优308的选育与应用

2017年获广东省科学技术进步二等奖。

主要完成人：黄慧君、王丰、李传国、吴玉坤、朱满山、柳武革、李金华、廖亦龙、张志英、刘振荣。

主要完成单位：广东省农业科学院水稻研究所、广东省金稻种业有限公司。

成果简介：通过常规稻与杂交稻恢复系杂交创制新恢复系入手，综合应用复合杂交、品质和抗性鉴定、测恢测优等技术，育成熟期适中、配合力强、恢复谱广、优质抗病的恢复系广恢308，与五丰A组配育成中早熟优质抗病广适性超级杂交稻五优308，农民高度称赞其为"晚稻品种、中稻穗子、超级稻的产量、泰国米的品质"。2010年至今被列为国家区试对照种，并在湖南、江西、广西等省份列为省区试对照种。2012年至今连续7年被列为广东省主导品种，2013年至今连续6年被列为农业部主导品种。截至2017年，全国累计推广超过2580万亩，累计增产稻谷12.91亿kg，新增社会效益89.02亿元，为各级种子生产销售部门创直接经济效益10.84亿元，是目前我国种植面积最大的晚籼早熟杂交稻品种。

江西省超级稻示范推广

2010年获江西省科学技术进步二等奖。

主要完成人：陈大洲、潘晓华、孙火喜、肖叶青、赵梅、邱兵余、邬文昌、刘毅。

主要完成单位：江西省农业科学院水稻研究所、江西农业大学。

成果简介：引进和筛选出适宜江西区域推广种植的主导品种16个，创新了早、中、晚超级稻配套集成技术3套；项目区累计推广2677.58万亩，新增稻谷13.77亿kg，占全省粮食增产总量的19.72%，新增总产值24.653亿元，新增效益21.25亿元，促进了粮食综合生产能力的显著提高。项目区平均亩产491.6kg，比非项目区亩增产稻谷51.4kg，亩增效益101.77元，达到并超过"双增一百"的指标。项目实施提升了江西双季粮食综合生产能力，为江西省粮食生产连续6年创历史新高做出了贡献。

川东南杂交中稻再生稻高产栽培技术集成与应用

2008年获四川省科学技术进步二等奖。

主要完成人：熊洪、刘代银、徐富贤、樊雄伟、朱永川、毛思根、杨大金、王玉光。

主要完成单位：四川省农业科学院水稻高粱研究所、四川省农业技术推广总站、四川省农业科学院。

成果简介：集成了再生稻的生态和高产技术研究、杂交中稻库源结构和物质分配研究及其在再生稻上的应用、水稻强化栽培技术等成果的关键技术。形成了以"稀植足肥、扩库增源"为核心的川东南杂交中稻再生稻高产栽培技术体系，创造了该生态区杂交中稻再生稻两季亩产 962.1 kg 的高产历史纪录。采用人工模拟与实际洪灾相结合的方法，研究形成了洪水再生稻高产减灾关键技术，2007 年从洪灾中挽回了 3 311 万 kg 的稻谷损失，创造了一批新的再生稻高产典型，为今后的水稻抗灾夺丰收提供了有力的技术支撑和救灾预案。成果累积推广面积 2 927.12 万亩，单位面积每亩增产量为 56.52 kg，新增纯收入 15.83 亿元。

杂交粳稻 9 优 418 及其三系亲本的选育与应用

2010 年获江苏省科学技术进步二等奖。

主要完成人：刘超、张忠旭、王健康、丁成伟、郭荣良、吴玉玲、方雷、杨纪晖、孙克新。

主要完成单位：江苏徐淮地区徐州农业科学研究所、北方杂交粳稻工程技术中心（辽宁省稻作研究所）。

成果简介：利用自主选育的优质多抗高异交结实粳稻不育系徐 9201A 与具有特异亲和性的偏粳型恢复系 C418 杂交配组，育成产量优势突出、品质优良、株型理想、适用区域广泛的强优势杂交粳稻新品种 9 优 418。该品种 2004—2009 年在江苏、安徽、河南、山东、四川、湖南等省累计推广种植 2 000 余万亩，年最大种植面积超过 600 万亩，占全国杂交粳稻总面积的 60% 以上，占黄淮、江淮地区杂交粳稻面积的 80% 以上。大面积种植一般亩产 650 ～ 700 kg，高产超过 800 kg，较各地同期主栽常规粳稻或杂交中籼稻品种平均每亩增产稻谷 50 ～ 80 kg，其优质稻米成为上海、苏州、无锡、南通等大中城市的热销品种，年年供不应求。按平均每亩增产增收、优质加价增收和节本增收合计 150 元计算，累计新增社会经济效益 30.5 亿元。

鄂中 5 号配套技术应用及产业化

2010 年获农业部农牧渔业丰收二等奖。

主要完成人：游艾青、徐得泽、杨国才、余贵先、卢开阳、孙宏侠、张仁年、张勇、高祥斌、王前和、郭力、周乾。

主要完成单位：湖北省农业科学院粮食作物研究所、湖北省农业技术推广总站、湖北省种子管理站、京山县农业局、监利县农业局、浠水县农业局、湖北国宝桥米有限公司、福娃集团有限公司。

成果简介：鄂中 5 号是湖北省首个集优质、高产、多抗于一体的高档优质稻新品种，连续 5 年被列为湖北省订单生产水稻主推品种。项目以鄂中 5 号为核心，开展了配套栽培技术集成研究，健全了鄂中 5 号"三圃制"原种生产体系，制定了《优质中稻鄂中 5 号高产无公害生产技术规程》。项目实施期间，产学研密切合作，采用订单农业方式，利用"科研＋公司＋基地＋农户"的产业化模式，累计推广 1 100 万亩，农民增收、节支、企业获利共计 20 多亿元；打造湖北精品名牌，成功打造了国宝大米和福娃大米中国名牌产品 2 个，认定国宝和福娃中国驰名商标 2 个，开发有机产品 4 个，绿色食品 6 个，提升了湖北省大米品种及市场竞争力，社会经济效益显著。

优质水稻核心种质松 93-8 的创建与应用

2016 年获黑龙江省科学技术进步二等奖。

主要完成人：闫平、牟凤臣、武洪涛、于艳梅、张书利、徐振华、计景军、孙严艳、刘恋。

主要完成单位：黑龙江省农业科学院五常水稻研究所。

成果简介：项目创建了优质水稻核心种质"松 93-8"及其衍生新品种（系）。通过 13 年来的努力，黑龙江省农业科学院五常水稻研究所利用自创的种质资源松 93-8 及其衍生品种为骨干亲本，采用常规育种、生物技术育种、辐射育种等手段，通过单交、复交、回交等方式进行改良，配制杂交组合 500 个，选出优良品系 120 份，创造种质资源 19 份，育成水稻新品种 11 个，累计推广种植 2 031.2 万亩。其他育种单位引用"松 93-8"及其衍生品种做亲本配置杂交组合共 1 381 个，创造种质资源 923 份，育成水稻新品种 18 个。该项目于 2014 年 10 月通过专家鉴定，项目研究达到了国内同类研究的领先水平。

优质高产抗病水稻新品种松粳 10 的选育与应用

2009 年获黑龙江省科学技术进步二等奖。

主要完成人：闫平、牟凤臣、武洪涛、周劲松、刘丽、高媛、于艳梅、张君、郑富余。

主要完成单位：黑龙江省农业科学院五常水稻研究所。

成果简介：松粳 10 利用籼粳杂交后代材料选育而成，具有优质、高产、抗病、适应性广的特点，2005 年通过黑龙江省农作物品种审定委员会审定推广。该品种米质优，米质分析 14 项指标中有 4 项达到了国家二级米标准，10 项达到国家一级米标准；两年区试和一年生试比对照东农 416 增产 1.2% ～ 5.8%，最高产量为 8 697.0 kg/hm^2；适应性广，熟期早，适于黑龙江省第二积温区和内蒙古种植；抗病、抗逆性强，人工接种、自然感病穗颈瘟为 1 ～ 3 级，强于对照品种东农 416 的 4 ～ 5 级，属于高抗水稻稻瘟病品种；推广面积大，经济效益显著，2005—2017 年累计推广种植 358 万亩，累计增收稻谷 8 388 万 kg，累计增加经济效益 2.0 亿元。

优质高产抗病水稻新品种松粳 12 的选育与推广应用

2011 年获黑龙江省科学技术进步二等奖。

主要完成人：闫平、牟凤臣、张广柱、武洪涛、桥广辉、李心、周存、周劲松、于艳敏。

主要完成单位：黑龙江省农业科学院五常水稻研究所。

成果简介：松粳 12 是采用籼粳后代材料杂交选育而成，集优质、高产、适应性强于一身的多优集成的水稻新品种。2008 年通过黑龙江省农作物品种审定委员会审定推广，2006—2007 年连续两年稻瘟病鉴定结果为叶瘟 1 ～ 3 级，穗颈瘟 3 ～ 5 级。2008 年审定推广至今在生产上始终表现抗稻瘟病；米质优，三年米质分析平均结果：糙米率 79.2% ～ 82.7%，整精米率 66.7% ～ 73.3%，垩白米率 0.0%，垩白度 0.0%，直链淀粉 17.51% ～ 17.8%，胶稠度 68.0 ～ 80.0 mm，食味评价 82 ～ 89。产量高，两年区试和一年生试比对照藤系 138 增产 6.0% ～ 10.7%，最高产量 8 566.9 kg/hm^2，表现产量潜力高；应用推广情况：2008—2017 年累计推广种植 735.8 万亩。该品种的育成为我国寒地优质高产品种的选育开辟了新的思路。

晚粳稻特异种质的创制与功能鉴定

2014 年获浙江省科学技术进步二等奖。

主要完成人：张小明、何祖华、叶胜海、姚坚、石建尧、王俊敏、严雯奕、祁永斌、陆艳婷。

主要完成单位：浙江省农业科学院、中国科学院上海生命科学研究院、浙江省嘉兴市农业科学研究院（所）。

成果简介：针对现有晚粳稻品种类型单一、产量不高、品质较差、关键种质缺乏等技术瓶颈，应用"核照射+EMS"复合诱变生产上大面积推广晚粳稻品种的方法，创制出叶色叶型、株型、粒型及控制高木质素合成、抽穗期、早衰等一批晚粳稻特异种质资源，分析其农艺品质特性。通过基因定位克隆等方法，明确了控制这些性状的基因来源。解析了粒型基因 $Bsg1$、内颖基因 $Ccp1$、大胚基因 Ge、控早衰基因 $Sms1$ 的功能。设计的特异性明显的实用分子标记应用于育种，创制的晚粳类型彩色稻种质应用于创意农业种植。本项目育成品种累计推广 322.4 万亩，产生了较大的社会经济效益。

高产优质多抗水稻新品种通育 245 的选育与推广应用

2014 年获吉林省科学技术进步二等奖。

主要完成人：赵基洪、梁新、赵卫东、刘振库、邱献锟、由志强、初秀成、赵剑峰、岳杨、刘宁宁、张琼、刘井和、杨洪亮。

主要完成单位：通化市农业科学研究院。

成果简介：通育 245 品种是 1997 年以转"菰"后代材料 A010 为母本，以转"菰"后代材料 GB013 为父本杂交育成。该品种选育以优良性互补为原则，聚集了高产、优质、抗病、抗低温冷害、适应性广、倒伏等转"菰"材料亲本的优良基因。该品种 2010 年通过吉林省品种审定委员会审定，米质符合一等食用粳稻品种品质规格要求。2011 年获吉林省第六届优质米，2012 年获吉林省高产竞赛二等奖，2013 年被推选为吉林省主导品种。该品种 2011—2013 年累计推广 334.5 万亩，累计增产 14 383.5 万 kg，累计增加农民收入 39 397.1 万元。

高产、优质、广适型水稻新品种通育 246 的选育与推广应用

2017 年获吉林省科学技术进步二等奖。

主要完成人：赵基洪、赵剑峰、初秀成、王莉、曹国鸿、邱献锟、徐长营、赵宇、赵丽、赵斌、刘辉、苏群山。

主要完成单位：通化市农业科学研究院。

成果简介：通育 246 是通化市农业科学研究院 1998 年按优势互补原则，

以晚熟品种通育 120 为母本，通育 212 为父本杂交选育而成。该品种 2012 年通过吉林省品种审定委员会审定，米质符合二等食用粳稻品种品质规格要求。通育 246 自推广以来，因高产、优质、出米率高、抗病、抗低温冷害、适应性广等优点，推广面积不断扩大。2013—2016 年全省累计推广面积 265.2 万亩，累计增产 11 934 万 kg，累计增加农民收入 33 415.2 万元。

吉林省有机稻米综合生产技术研究

2012 年获吉林省科学技术进步二等奖。

主要完成人：侯立刚、齐春艳、赵国臣、刘亮、李姝睿、李咏梅、王金明、郭晞明、隋朋举、马巍、孙洪娇、付胜、李保柱。

主要完成单位：吉林省农业科学院。

成果简介：针对有机栽培环境下不同品种农艺性状的规律性和对品质的影响进行研究，对吉林省不同生态区进行了适宜有机栽培品种推荐。根据吉林省主要水田区生物资源量，开发出两种生物有机肥料，结合微生物有机肥技术，项目以免耕轻耙技术为主体建立了有机水稻土壤培育技术体系。并提出以北方稻鸭共作技术为主体的稻作复合生态技术体系，完善了吉林省有机水稻生产综合技术体系。该成果在吉林省松原市、梅河口市、吉林市昌邑区、公主岭市、柳河县、镇赉县等地推广。减少了化肥农药的使用，有利于发展生态农业。

苏打盐碱地水稻抗逆技术优化研究与示范

2014 年获吉林省科学技术进步二等奖。

主要完成人：齐春艳、郭桂珍、侯立刚、严永峰、张强、丁建、全东兴、林秀云、周广春、孙强、全成哲、杨春刚、刘亮。

主要完成单位：吉林省农业科学院。

成果简介：针对吉林省西部盐碱地水田品种单一、品质差、产量低，育苗床土短缺、耕整地技术措施不合理、资源利用率低、技术集成度低等问题，提出内陆盐碱地水稻综合栽培配套技术模式。即通过创制耐盐碱种质资源、选育新品种，提高盐碱地水稻品质和单产水平；通过研发新型替代育苗载体及其配套育苗技术，解决盐碱地育苗床土短缺问题；通过改良盐碱地耕整地技术，达到快速脱盐洗碱、建立淡化耕层的目的；集成以耐盐碱品种和配套栽培技术为主线的盐碱地水稻高产栽培技术体系，全面提高盐碱地水稻综合生产能力，促进农民增收、农业增效。

水稻航天生物育种技术创新与新品种的选育与应用

2016 年获科学技术进步二等奖。

主要完成人：陈志强、王慧、郭涛、刘永柱、张建国、肖武名、梅曼彤、梁克勤、唐湘如、陈淳、黄翠红、罗文龙、周丹华、黄明、王加峰、杨瑰丽。

主要完成单位：华南农业大学。

成果简介：华南农业大学陈志强教授领导的项目团队在国内率先开展水稻航天生物育种研究，经过近 20 年的努力，在水稻航天诱变机制、航天诱变育种高效技术体系、种质创新及新品种选育应用方面取得显著成效。项目成果首次系统解析了水稻航天机制、诱变特点、诱变规律等基础理论，提出水稻航天诱变"多代混系连续选择与定向跟踪筛选"核心学术思想，申报国家发明专利 9 项，对水稻诱变育种实践具有重要指导意义。同时，项目创建了优异水稻种质 1 200 多份辐射至多家科研单位，累计育成新品种 16 个。新品种在华南稻区示范推广 1 196 万亩，对促进我国水稻产业进步、确保国家粮食安全起到了重要作用。

杂交水稻新组合特优 009 的选育与应用

2016 年获福建省科学技术进步三等奖。

主要完成人：刘端华、江文清、谢冬容、周仕全、林芳。

主要完成单位：福建省南平市农业科学研究所。

成果简介：特优 009 通过国家农作物品种审定，编号为国审稻 2005001。2010 年 3 月获国家植物新品种权保护授权号（CNA20060425.2）。特优 009 应用区域广，适宜在华南稻区（含福建南部）作为早稻种植；在福建全省作为晚稻种植；在福建北部作为中、晚稻种植。适应性强，在山垄冷烂锈水田等中低产田种植增产潜力大，具有广阔的推广应用前景。2011 年起成为海南省早稻区试对照种。2013 年成为海南省和广东省高州市农业主导品种。特优 009 已成为福建、广东、广西、海南等省主栽品种。2009—2014 年在福建省累计推广种植 290.75 万亩，表现丰产、稳产、适应性广。按 2001 年、2002 年参加福建省晚稻区试两年平均亩产 447.65 kg，比对照汕优 63 平均每亩增产 26.09 kg，6 年累计增收粮食 7 585.67 万 kg，稻谷按 2.6 元/kg 计，增加社会经济效益

19 722.74 万元。大面积推广种植表现株型适中，茎秆粗壮，结实率高，后期转色好，抗逆性强，耐肥抗倒，高产稳产，适应性广，具高产、超高产潜力，增产增收效果显著。

广适优质杂交水稻品种宜香 481 的选育与应用

2015 年重庆市人民政府科学技术进步三等奖。

主要完成人：雷树凡、黄成志、吕直文、易靖、郑燊、隆江、王开州、胡景涛、袁项成、严明建、黄文章。

主要完成单位：重庆三峡农业科学院、宜宾市农业科学院、重庆市农业技术推广总站。

成果简介：广适优质杂交水稻品种宜香 481 的选育与应用，属农业科学技术领域内农学专业的作物遗传育种应用技术的创新成果。本成果主要是利用了遗传基因的自由组合规律，聚合了云南优质粳稻种质、IRRI抗病籼稻种质和本地方种质的优良基因资源，培育出了品质优、配合力高、抗病力强的籼粳交恢复系万恢 481，进而组配出优质高产杂交水稻组合宜香 481，于 2006 年通过国家审定（国审稻 20060031）。截至 2014 年，已累计示范推广 611.5 万亩，产生效益 73 380 万元。

优质高产杂交水稻品种万香优 1 号的选育与应用

2011 年获重庆市人民政府科学技术进步三等奖。

主要完成人：黄文章、严明建、吕直文、雷树凡、黄成志、胡景涛、袁项成、冉彦秀、胡晓、刘成家。

主要完成单位：重庆三峡农业科学院、梁平农业技术推广中心、开县农业技术推广中心。

成果简介：应用遗传基因的自由组合规律，聚合了云南优质粳稻种质、IRRI抗病籼稻种质和本地地方种质的优良基因，培育出了品质优、配合力高和抗病力强的籼粳交恢复系万恢 88。用该恢复系万恢 88 与引进的浓香型不育系宜香 1A组配育成了优质高产杂交水稻品种万香优 1 号，于 2005 年通过重庆审定（渝审稻 2005011）。累计在重庆市内外示范推广总面积达 200 余万亩，产生经济效益超 2 亿元。

优质、高产杂交水稻品种K优88的选育与应用

2009年获重庆市人民政府科学技术进步三等奖。

主要完成人：郑家奎、黄文章、严明建、吕直文、冉彦秀、黄成文、郑强、雷树凡、袁项成、赵正武、张涛。

主要完成单位：重庆三峡农业科学院、四川省农业科学院水稻高粱研究所、袁隆平农业高科技股份有限公司重庆分公司、重庆大学。

成果简介：优质、高产杂交水稻品种K优88于2001年通过重庆市审定（渝审稻2001001）。该品种具有产量高、品质优、抗性好和适应性好四大显著特点，2003年经专家评审，K优88被评为全国农业实用新技术、新产品精品项目，同时作为重庆市2006年、2008年、2009年度水稻主导品种之一。截至2009年，已累计在重庆市内外示范推广面积达805万亩，增产稻谷2.3亿kg，新增产值3.9亿元。

热带广适性三系杂交稻研究及产业化

获海南省科学技术进步三等奖。

主要完成人：孟卫东、郑秀平、符策强、林强、王效宁、吴志源。

主要完成单位：海南省农业科学院粮食作物研究所。

成果简介：育成的不育系属感温型，米质优、不育性稳定、开花习性好、恢复谱广。育成的恢复系优质、高产、抗病、恢复度高、配合力强。育成的新组合优质、高产、抗1～2种病害（稻瘟病、白叶枯病）、适性广。用自选不育系同生产上应用的、引进的恢复系测配，育成的海丰优408（京福1优128）、丰优6323，用自测恢复系同生产上应用的不育系测配育成博Ⅱ优26均通过省级农作物品种审定。这些新组合已在生产上应用，使农民增产增收。应用推广累计面积达205万多亩。

稻瘟菌毒性变异监测、水稻品种抗性评价及病害绿色防控技术

2015年获四川省科学技术进步三等奖。

主要完成人：彭云良、谢戎、彭友良、黄富、万宣伍、陈友学。

主要完成单位：四川省农业科学院、四川农业大学、中国农业大学、中国水稻研究所、四川省农业科学院、四川省植物保护站、四川省种子站。

成果简介：

（1）建立了四川稻瘟病菌毒性变异监测技术体系，明确了四川稻瘟病菌毒性变异现状、进化途径和趋势，提升了毒性变异监测的科学水平。

（2）阐明了稻瘟病菌在水稻抗、感品种间穿梭循环对于病菌群体内毒性菌株积累的作用，揭示了杂交稻品种抗性丧失的机制。

（3）建立了抗稻瘟病育种技术服务共享平台，为政府部门实行品种审定抗瘟性一票否决制和感稻瘟品种退出机制提供了科学依据，提高了大面积生产品种的整体抗性水平，实现了四川杂交稻品种抗性类型的多样化。

（4）建立了以抗性品种合理布局、"带药移栽"与科学预防相结合的稻瘟病绿色防控技术体系，并大面积推广应用，社会经济效益和生态效益显著，避免了大面积品种抗性丧失引起的病害暴发流行。

水稻高产、高效栽培技术研究集成及示范推广应用

2013 年获黑龙江省科学技术进步三等奖。

主要完成人：孙世臣、洛育、郑桂萍、白良明、姜辉、陈万春、姜树坤。

主要完成单位：黑龙江省农业科学院耕作栽培研究所。

成果简介：首次明确界定出了寒地水稻孕穗开花期对低温冷害最敏感的时期为剑叶与倒二叶叶枕距为 −3 ～ −8 cm；将来自全省的 827 个稻瘟病菌株划分出 7 群 43 个生理小种，并明确了黑龙江省第一、二积温带水稻稻瘟病生理小种的时空分布和动态变异趋势，完成 24 个主要抗瘟基因在黑龙江省第一、二积温带的利用价值，筛选出了对稻瘟病防治效果较好的药剂；首次探明了水稻褐变穗病致病菌属半知菌亚门、丝孢纲、丝孢目、暗色孢科、链格孢属真菌，筛选出了防效较好的化学及生物药剂组合；明确了氮肥施用量及硅钾镁配比对水稻产量和品质的影响；创建了水稻食味计快速检测方法一套。共计建立示范区 87.9 万亩，累计增收稻谷 6 566.3 万 kg，新增经济效益 1.84 亿元。

优质、高产、多抗水稻品种龙稻 13 的选育与推广应用

2015 年获黑龙江省科学技术进步三等奖。

主要完成人：孙世臣、白良明、洛育、张凤鸣、姜树坤、姜辉、丁国华。

主要完成单位：黑龙江省农业科学院耕作栽培研究所。

成果简介：龙稻 13 是以龙稻 3 号为母本、松 98-133 为父本杂交，集团

选择四代后系统选择育成，2012 年通过黑龙江省审定。该品种为普通粳稻品种，主茎 13 片叶，出苗至成熟需≥10℃，活动积温 2 575 d·℃左右，适于黑龙江省第一积温区插秧栽培。该品种集优质、高产、抗倒、抗病、耐冷等优良性状于一体，品质性状突出，尤其是外观品质，0 垩白粒率、0 垩白度，2013 年获全国优良食味粳稻品评一等奖；产量高，生产试验较对照增产 8.7%；高抗倒伏，抗冷性极强，连续两年深冷水串灌耐冷性鉴定，结实率 90% 以上；抗病性强，稻瘟病人工接种鉴定，连续两年鉴定结果高抗稻瘟病。曾先后被省内外多家水稻育种单位引为育种亲本。2012 年审定推广以来，累计栽培面积达 304.4 万亩，多创经济效益 4.02 亿元。

优质多抗香稻品种龙稻 16 的选育与推广应用

2017 年获黑龙江省科学技术进步三等奖。

主要完成人：孙世臣、白良明、姜树坤、张凤鸣、洛育、姜辉、丁国华。

主要完成单位：黑龙江省农业科学院耕作栽培研究所。

成果简介：以五优稻 1 号为母本，绥粳 4 号为父本杂交，经系谱法选育而成，2013 年通过黑龙江省审定。该品种为香型粳稻，主茎 14 片叶，出苗至成熟需≥10℃，活动积温 2 650 d·℃左右。品质极好，米粒细长晶莹剔透，长宽比达到 2.5，出米率极高，出糙率可达 81%，稻米的主要理化指标均达到国家优质米一级标准（优质稻谷 GB/T17891—1999）；抗病性强，穗颈瘟连续两年鉴定均未发生；耐冷性极强，孕穗期人工处理空壳率仅为 2.36%；抗倒伏性强，适合机械化收获；产量高，品种生产试验较对照增产 9.8%。近 3 年该品种累计推广 1 039.6 万亩，创经济效益 20.19 亿元。

豫南瓜后粳稻高效种植模式及高产栽培技术研究与应用

2010 年获河南省科学技术进步三等奖。

主要完成人：宋世枝、段斌、陈应明、何世界、祁玉良、熊焰、李慧龙。

主要完成单位：信阳市农业科学院。

成果简介：项目根据早春作物播期和商品上市腾茬时间存在较大弹性及粳稻品种之间生育期存在较大差异的特点，确定早西瓜（玉米）-粳稻的技术路线，采用温室育苗、地膜覆盖技术提早西瓜、玉米的播种期，争取西瓜玉米提前上市，提前腾茬，选用短生育期粳稻品种作为西瓜、玉米后茬作物，建立起瓜后粳稻高效种植模式。围绕这一模式，引进筛选出 12 个可供利用的短生育期优质高产粳稻品种，开展了安全齐穗期及高产栽培技术研究，建立了瓜后粳稻高产栽培技术规程。2003—2007 年累积应用 6.7 万亩，创经济效益 7 464 多万元。瓜后粳稻找到了农民愿意接受粳稻晚播的方式，打破了农民不接受粳稻晚播的僵局，为豫南"籼改粳"起到了很好示范效应。该研究属于国内领先，填补了我国在这方面研究的空白。

高产抗病杂交稻新组合 II 优 688 的选育与应用

2016 年获河南省科学技术进步三等奖。

主要完成人：王青林、马汉云、扶定、霍二伟、鲁伟林、韩延如、沈光辉。

主要完成单位：信阳市农业科学院。

成果简介：项目完成单位利用三系不育系 II-32A 同信恢 688 测交选育出三系杂交稻品种 II 优 688，2009 年通过河南省审定，2015 年获植物新品种权保护。该品种在河南省区域试验及生产试验中平均亩产稻谷 579.1 kg，比对照种 II 优 838 增产 7.23%；百亩高产示范区亩产稻谷 869.5 kg。全生育期 143 d 左右，株高 122 cm 左右，穗长 24 cm，每穗 165 粒，结实率 88% 左右，千粒重 30 g 左右。II 优 688 高抗稻瘟病，对水稻白叶枯病不同代表菌系表现为中感至高抗，中抗水稻纹枯病。河南省农业科学院科技信息研究所对国内相关文献查新，II 优 688 在近 10 年来河南省审定的 50 个中籼稻品种中，产量表现突出，并具有多抗、优质等特点。　2013—2015 年累计种植面积 507.7 万亩，创经济效益 48 739.2 万元。

优质香型水稻新品种松粳香 2 号的选育与推广应用

2014 年获黑龙江省科学技术进步三等奖。

主要完成人：闫平、牟凤臣、武洪涛、于艳敏、张书利、孙连臣、魏士梅。

主要完成单位：黑龙江省农业科学院五常水稻研究所。

成果简介：松粳香 2 号采用籼粳后代材料杂交选育而成。2011 年通过黑龙江省农作物品种审定委员会审定推广，2011 年国家成果转化资金重点支持项目"寒地优质水稻生产中试与示范"的主推品种。2008—2010 年连续三年稻瘟病和耐冷性鉴定结果为：叶瘟 0～3 级，穗颈瘟 0～3 级，耐冷性处理空壳率 7.03%～28.34%。两年米质分析结果：糙米率 79.5%～81.6%，整精米率 60.2%～66.4%，垩白米率 0～2.0%，垩白度 0～0.1%，直链淀粉 18.60～18.86%，胶稠度 70.0～80.0 mm，食味评价 84～87。2008—2009 年参加全省区域试验平均公顷产量为 8 284.5 kg，2010 年参加全省生产试验平均公顷产量为 9 074.7 kg，比对照龙香稻 2 号平均增产 8.9%。应用推广情况：累计推广种植 278.7 万亩。

超高产耐寒杂交水稻品种黔优 88 的选育与应用

2014 年获贵州省科学技术进步三等奖。

主要完成人：陈文强、石邦志、周乐良、伍祥、张上都。

主要完成单位：贵州省水稻研究所、贵州省农作物技术推广总站。

成果简介：该科技成果研究历时 10 年（2004—2014 年），是整合国家、省各级科技项目，育成杂交水稻品种黔优 88 并进行标准化高产栽培试验示范和推广，集成育成水稻资源优异性鉴定选择技术、资源利用、组合配组和评价、杂交组合的高产制种技术和高产高效配套栽培技术应用于组合选育和生产实际。研究集成了黔优 88 的高产制种技术，培训技术员 164 人，农民 5 628 人，实现了籼型杂交水稻三系组合在贵州山区制种平均亩产达 229.8 kg。研究集成了黔优 88 的高产栽培配套技术，累计培训农民 10 万以上人次，在云南省永胜县涛源乡实现亩产 1 219.3 kg 的超高产水平。黔优 88 分别在越南、四川省和贵州省适宜地区累计示范推广面积 325.54 万亩，创造经济效益累计 17 338.98 万元。

优质高产香型杂交稻新品种宜香 3003 的选育与应用

2017 年获四川省科学技术进步三等奖。

主要完成人：林纲、赵德明、李云武、贺兵、杨从金、朱穆君、江青山。

主要完成单位：宜宾市农业科学院。

成果简介：

（1）宜香 3003 的育成集合了多种资源的特点，具有广泛适应性。

在恢复系选育中成功地采用了两系材料与三系材料杂交，使父母本具备黏稻和糯稻种质、长江流域水稻种质和云贵高原粳稻种质的血缘，集合多种资源的优点，育成品种具有广适性的显著特点，适宜我国南方稻区广泛种植。

（2）宜香 3003 综合采用了多种育种技术和方法在多环境条件下胁迫选育，聚合了优质、高产和香味等优良性状，成为我国三系优质杂交稻的先锋品种。

宜香 3003 累计推广 2 627.2 万亩，累计增产稻谷 13.14 亿 kg，新增社会经济效益 30.82 亿元。经专家组鉴定，宜香 3003 集高产、香型优质、广适性于一身，整体研究水平达国内领先水平。

二、国审品种

中稻 1 号

主要完成人：万建民、徐大勇、翟虎渠、方兆伟、王洁、秦德荣、雷财林、卢百关、程治军、樊继伟。

选育单位：中国农业科学院作物科学研究所、连云港市农业科学院。

品种审定编号：国审稻 2010046。

成果简介：该品种属中熟中粳，在黄淮地区种植，全生育期平均 153.5 d，比对照 9 优 418 早熟 4.4 d。株高 104.4 cm，穗长 17 cm，每穗总粒数 151 粒，结实率 84.2%，千粒重 26.1 g。抗性：稻瘟病综合抗性指数 4.3 级，穗颈瘟损失率最高级 5 级，条纹叶枯病最高发病率 5.4%。米质主要指标：整精米率 62%，垩白粒率 45%，垩白度 4.2%，胶稠度 80.5 mm，直链淀粉含量 17.1%。该品种熟期适中，产量较高，中抗稻瘟病，米质较优。适宜在河南沿黄、山东南部、江苏淮北、安徽沿淮及淮北地区种植。

中作稻 2 号

主要完成人：万建民、王洁、徐大勇、卢百关、王久林、秦德荣、雷财林、王宝祥、程治军、张欣、郭秀平、吴赴清、林启冰。

主要完成单位：中国农业科学院作物科学研究所、连云港市农业科学院。

品种审定编号：国审稻 2013037。

成果简介：每亩有效穗数 24.7 万穗，株高 113.6 cm，穗长 16.2 cm，每穗总粒数 133.1 粒，结实率 89%，千粒重 25.7 g。抗性：稻瘟病综合抗性指数 3.5 级，穗颈瘟损失率最高级 3 级，条纹叶枯病最高发病率 6%。米质主要指标：整精米率 63.8%，垩白粒率 39.5%，垩白度 2.8%，直链淀粉含量 18%，胶稠度 80 mm。该品种熟期适中，产量高，米质较优，中抗稻瘟，抗条纹叶枯病。适宜在北京、天津、山东东营、河北东部及中北部一季春稻区种植。

中作稻 3 号

主要完成人：万建民、王洁、王久林、雷财林、程治军、张欣、郭秀平、吴赴清、林启冰、赵志超、朱杉杉。

主要完成单位：中国农业科学院作物科学研究所。

品种审定编号：国审稻 2013038。

成果简介：全生育期平均 176.4 d，比对照津原 45 晚熟 0.5 d。主要农艺性状表现为：每亩有效穗数 21 万穗，株高 117.8 cm，穗长 21.9 cm，每穗总粒数 134.3 粒，结实率 86.1%，千粒重 27.9 g。抗性：稻瘟病综合抗性指数 4 级，穗颈瘟损失率最高级 3 级。条纹叶枯病最高发病率 2.25%。米质主要指标：整精米率 71.4%，垩白粒率 19.5%，垩白度 1.5%，直链淀粉含量 17.4%，胶稠度 74 mm，达国标优质 2 级。该品种熟期适中，产量较高，米质优，中抗稻瘟，高抗条纹叶枯病。适宜在北京、天津、山东东营、河北东部及中北部一季春稻区种植。

京粳 1 号

主要完成人：万建民、王洁、王久林、雷财林、程治军、张欣、郭秀平、吴赴清、林启冰、赵志超、朱杉杉。

主要完成单位：中国农业科学院作物科学研究所、河南金博士种业股份有限公司。

品种审定编号：国审稻 2015047。

成果简介：每亩有效穗数 20.7 万穗，株高 98.5 cm，穗长 16.3 cm，每穗总粒数 149.4 粒，结实率 86.8%，千粒重 25.7 g。抗性：稻瘟病综合抗性指数 3.3 级，穗颈瘟损失率最高级 5 级。米质主要指标：整精米率 66.5%，垩白粒率 30.0%，垩白度 3.0%，直链淀粉含量 15.2%，胶稠度 87 mm，达到国家《优质稻谷》标准 3 级。适宜在河南沿黄、山东南部、江苏淮北、安徽沿淮及淮北地区种植。

京粳 2 号

主要完成人：万建民、王洁、王久林、雷财林、程治军、张欣、郭秀平、吴赴清、林启冰、赵志超、朱杉杉。

主要完成单位：中国农业科学院作物科学研究所。

品种审定编号：国审稻 20170078。

成果简介：全生育期平均 174.2 d，比对照津原 45 早熟 0.6 d。株高 104 cm，穗长 17 cm，每亩有效穗数 19.9 万穗，每穗总粒数 141.9 粒，结实率 90.4%，千粒重 28.5 g。抗性：稻瘟病综合指数两年分别为 4.4 级和 1.5 级，穗颈瘟损失率最高级 3 级，条纹叶枯病最高级 5 级。中抗稻瘟，中感条纹叶枯病。米质主要指标：整精米率 65%，垩白粒率 33.7%，垩白度 7%，直链淀粉含量 15.1%，胶稠度 75 mm。该品种适宜在北京、天津、山东东营、河北冀东及中北部一季春稻区种植。

京粳 3 号

主要完成人：万建民、王洁、王久林、雷财林、程治军、张欣、郭秀平、林启冰、赵志超、朱杉杉、任玉龙。

主要完成单位：中国农业科学院作物科学研究所。

品种审定编号：国审稻 20180066。

成果简介：该品种高产稳产，区试平均亩产 669.93 kg，比对照津原 85 增产 4.63%。抗性：稻瘟病综合指数 3.0 级，耐肥抗倒伏，米质优，达部标优质 3 级。适宜在辽宁省南部稻区、河北省冀东、北京、天津、新疆南疆稻区种植。

宁粳 4 号 （W008）

主要完成人：万建民、刘世家、刘喜、陈亮明、江玲、翟虎渠、王益华、赵志刚、张文伟、刘玲珑。

主要完成单位：南京农业大学。

品种审定编号：国审稻 200940。

成果简介：2013 年被农业部确定为超级稻品种。该品种属中熟中粳类型常规粳稻，两年区域试验平均亩产 586.3 kg，比对照豫粳 6 号增产 6.8%（极显著），增产点比例 75%，株高 99.1 cm，穗长 16.6 cm，每亩有效穗数 21.1 万穗，每穗总粒数 144.5 粒，结实率 82.8%，千粒重 25 g。抗性：稻瘟病综合抗性指数 3.6 级，穗颈瘟损失率最高级 3 级。米质主要指标：整精米率 67.7%，垩白粒率 33%，垩白度 4%，直链淀粉含量 16.7%，胶稠度 83 mm。经多地示范试验，宁粳 4 号表现综合抗性强，穗多穗大，耐旱耐涝，好种易管，种植风险小。适宜在河南沿黄、山东南部、江苏淮北、安徽沿淮及淮北地区种植。

宁粳 6 号（W026）

主要完成人：万建民、刘喜、刘世家、田云录、陈亮明、江玲、王益华、赵志刚、刘裕强、陈赛华。

主要完成单位：南京农业大学。

品种审定编号：国审稻 2015050。

成果简介：两年区域试验平均亩产 648.8 kg，比徐稻 3 号增产 2.73%。株高 102.5 cm，穗长 16.6 cm，每穗总粒数 155 粒，结实率 86.2%，千粒重 24.8 g。抗性：稻瘟病综合抗性指数 4.2 级，穗颈瘟损失率最高级 5 级，条纹叶枯病最高发病率 21.21%。中感稻瘟病，中感条纹叶枯病。米质主要指标：整精米率 70.3%，垩白粒率 20%，垩白度 1.6%，直链淀粉含量 15%，胶稠度 76 mm，达到国家《优质稻谷》标准 2 级。适宜在河南沿黄、山东南部、江苏淮北、安徽沿淮及淮北地区种植。

内香 8156

主要完成人：肖培村、谢从简、陈勇、张仁、袁驰等。

主要完成单位：内江杂交水稻科技开发中心。

品种审定编号：国审稻 2008002。

成果简介：该品种属籼型三系杂交水稻。在长江上游作一季中稻种植，全生育期平均 151.3 d。有效穗数每亩 16.1 万穗，每穗总粒数 162.2 粒，结实率 80.4%，千粒重 29.7 g。抗性：稻瘟病综合指数 3.2 级，穗瘟损失率最高 5 级。米质主要指标：整精米率 56.2%，长宽比 3.1，垩白粒率 35%，垩白度 6.8%，胶稠度 57 mm，直链淀粉含量 15.3%。2005 年、2006 年两年区域试验每亩平均产量 589.6 kg，比对照 II 优 838 增产 0.80%，增产点比例 59.4%。2007 年生产试验，每亩平均产量 565.4 kg，比对照 II 优 838 增产 3.98%。

内 5 优 5399

主要完成人：肖培村、张鹏、陈勇、赵惠霞、张仁、袁驰等。

主要完成单位：内江杂交水稻科技开发中心。

品种审定编号：国审稻2009005。

成果简介：该品种属籼型三系杂交水稻。在长江上游作一季中稻种植，全生育期平均155.6 d，比对照Ⅱ优838短1.6 d。叶鞘、叶缘、颖尖、茎节均为紫色，穗顶部少量谷粒有短芒，每亩有效穗数16.0万穗，每穗总粒数170.9粒，结实率80.1%，千粒重29.0 g。抗性：稻瘟病综合指数3.8级，穗瘟损失率最高5级，褐飞虱9级。抽穗期耐热性中等，对低温敏感。米质达到国家《优质稻谷》标准2级。2007年、2008年两年区域试验每亩平均产量599.92 kg，比对照Ⅱ优838增产0.51%，增产点比例61.5%；2008年生产试验，每亩平均产量为587.90 kg，比对照Ⅱ优838增产5.00%。

内5优39

主要完成人：肖培村、陈勇、黄湘、谢从简、张仁、袁驰等。

主要完成单位：内江杂交水稻科技开发中心。

品种审定编号：国审稻2011009。

成果简介：该品种属籼型三系杂交水稻。在长江上游作一季中稻种植，全生育期平均157.5 d，比对照Ⅱ优838短1.2 d。每亩有效穗数15.3万穗，每穗总粒数168.6粒，结实率82.1%，千粒重29.2 g。叶鞘、叶缘、颖尖、茎节紫色，熟期转色好。抗性：稻瘟病综合指数4.0级，穗瘟损失率最高级5级。米质达到国家《优质稻谷》标准2级。2009年、2010年两年区域试验每亩平均产量585.5 kg，比对照Ⅱ优838增产3.9%，增产点比例72.4%。2010年生产试验，每亩平均产量602.0 kg，比对照Ⅱ优838增产7.4%。2012—2014年连续3年被农业部遴选为国家主推品种。

内5优317

主要完成人：肖培村、陈勇、谢从简、张仁、黄湘、袁驰等。

主要完成单位：内江杂交水稻科技开发中心。

品种审定编号：国审稻2010008。

成果简介：该品种属籼型三系杂交水稻。在长江上游作一季中稻种植，全生育期平均159.0 d，比对照Ⅱ优838长1.2 d。叶鞘、叶缘、颖尖、茎节紫色，每亩有效穗数15.1万穗，每穗总粒数172.9粒，结实率79.7%，千粒重30.9 g。抗性：稻瘟病综合指数2.7级，穗瘟损失率最高级5级。米质达到国家《优质稻谷》标准 3 级。2008 年、2009 年两年区域试验每亩平均产量 596.4 kg，比对照 II 优 838 增产 2.8%，增产点比率 63.3%；2009 年生产试验，每亩平均产量 590.4 kg，比对照 II 优 838 增产 6.2%。该品种符合国家稻品种审定标准，通过审定。适宜在贵州、重庆的中低海拔籼稻区（武陵山区除外）、四川平坝丘陵稻区、陕西南部稻区作一季中稻种植。

内 5 优 H25

主要完成人：肖培村、陈勇、谢从简、张仁、梁永霞、袁驰、曾莉等。

主要完成单位：内江杂交水稻科技开发中心。

品种审定编号：国审稻 2012006。

成果简介：籼型三系杂交水稻品种。长江上游作一季中稻种植，全生育期平均 157.9 d，比对照 II 优 838 短 0.4 d。每亩有效穗数 14.7 万穗，每穗总粒数 169.9 粒，结实率 80.0%，千粒重 31.2 g。抗性：稻瘟病综合指数 3.6 级，穗瘟损失率最高级 5 级，抗性频率 46.8%，褐飞虱 9 级。中感稻瘟病，高感褐飞虱。2009 年、2010 年两年区域试验每亩平均产量 588.6 kg，比 II 优 838 增产 4.7%。2011 年生产试验，每亩平均产量 595.6 kg，比 II 优 838 增产 2.2%。适宜在云南、贵州（武陵山区除外）、重庆（武陵山区除外）的中低海拔籼稻区、四川平坝丘陵稻区、陕西南部稻区作一季中稻种植。

内 6 优 498

主要完成人：马炳田、肖培村、李仕贵、陈勇、王玉平、张仁、钦鹏、涂斌。

主要完成单位：四川农业大学水稻研究所、内江杂交水稻科技开发中心。

品种审定编号：国审稻 2013007。

成果简介：籼型三系杂交稻品种。在长江上游作一季中稻种植，全生育期 158.2 d，比对照 II 优 838 短 0.6 d。每亩有效穗数 14.7 万穗，每穗总粒数 173.2 粒，结实率 81.9%，千粒重 30.9 g。抗性：稻瘟病综合指数 3.9 级，穗瘟损失率最高级 5 级，褐飞虱 9 级。中感稻瘟病，高感褐飞虱。米质主要指标：整精米率 51.8%，长宽比为 2.8，垩白粒率 31.0%，垩白度 3.3%，胶稠度 80 mm，直链淀粉含量 15.5%。2010 年、2011 年两年区域试验每亩平均产量 604.7 kg，比 II 优 838 增产 5.4%。2012 年生产试验，每亩平均产量 599.8 kg，比 II 优 838

增产 4.3%。适宜在云南、贵州（武陵山区除外）、重庆（武陵山区除外）的中低海拔籼稻区、四川平坝丘陵稻区、陕西南部稻区作一季中稻种植。

内 7 优 39

主要完成人：肖培村、张仁、陈勇、梁永霞、袁驰、赵鹏等。

主要完成单位：内江杂交水稻科技开发中心。

品种审定编号：国审稻 2014015。

成果简介：籼型三系杂交水稻品种。长江上游作中稻种植，全生育期 157.1 d，比对照 II 优 838 长 0.3 d。结实率 83.8%，千粒重 28.3 g。抗性：稻瘟病综合指数 5.6 级，穗瘟损失率最高级 7 级，褐飞虱 9 级。感稻瘟病，高感褐飞虱。米质主要指标：整精米率 60.4%，长宽比 2.5，垩白粒率 40%，垩白度 4.5%，胶稠度 84 mm，直链淀粉含量 15.5%。2011 年、2012 年两年区域试验每亩平均产量 593.2 kg，比 II 优 838 增产 3.5%；2013 年生产试验，每亩平均产量 588.0 kg，比 II 优 838 增产 7.0%。适宜在云南、贵州（武陵山区除外）的中低海拔籼稻区、重庆（武陵山区除外）海拔 800 m 以下籼稻区、四川平坝丘陵稻区、陕西南部稻区作一季中稻种植。稻瘟病重发区不宜种植。

内香 6 优 9 号

主要完成人：李耘、肖培村、陈勇等。

主要完成单位：四川省农业科学院水稻高粱研究所、内江杂交水稻科技开发中心。

品种审定编号：国审稻 2015007。

成果简介：籼型三系杂交水稻品种。在长江上游作一季中稻种植，全生育期 155.9 d，比对照 II 优 838 长 1.2 d。每亩有效穗数 14.9 万穗，结实率 83.4%，千粒重 31.7 g。抗性：稻瘟病综合指数 4.5 级，穗瘟损失率最高级 7 级，褐飞虱 9 级。抽穗期耐热性中等。米质主要指标：整精米率 47.2%，长宽比 2.7，垩白粒率 52%，垩白度 10.2%，胶稠度 77 mm，直链淀粉含量 21.1%。2012 年、2013 年两年区域试验每亩平均产量 618.4 kg，比 II 优 838 增产 8.1%。2014 年生产试验，每亩平均产量 612.2 kg，比 II 优 838 增产 8.2%。适宜在云南、贵州（武陵山区除外）、重庆（武陵山区除外）的中低海拔籼稻区、四川平坝丘陵稻区、陕西南部稻区作一季中稻种植。稻瘟病重发区不宜种植。

内 6 优 103

主要完成人：张林、张仁、周兴兵、陈勇、刘茂、曹厚明等。

主要完成单位：四川省农业科学院水稻高粱研究所、内江杂交水稻科技开发中心。

品种审定编号：国审稻 2018009。

成果简介：籼型三系杂交水稻品种。在长江上游作一季中稻种植，全生育期 155.8 d，比对照 F 优 498 长 3 d。每亩有效穗数 16.3 万穗，结实率 82.1%，千粒重 32.3 g。抗性：稻瘟病综合指数两年分别为 3.2 级、1.7 级，穗颈瘟损失率最高级 5 级，褐飞虱 9 级。抽穗期耐热性强，耐冷性中等。米质达到国标 2 级。2015 年、2016 年两年区域试验每亩平均产量 648.82 kg，比对照 F 优 498 增产 2.84%；2017 年生产试验，每亩平均产量 624.13 kg，比对照 F 优 498 增产 8.68%。适宜在四川省平坝丘陵稻区、贵州省（武陵山区除外）、云南省的中低海拔籼稻区、重庆市（武陵山区除外）海拔 800 m 以下地区、陕西省南部稻区的稻瘟病轻发区作一季中稻种植。

内 6 优 107

主要完成人：张林、陈勇、周兴兵、张仁、刘茂、曹厚明等。

主要完成单位：四川省农业科学院水稻高粱研究所、内江杂交水稻科技开发中心。

品种审定编号：国审稻 2018010。

成果简介：籼型三系杂交水稻品种。在长江上游作一季中稻种植，全生育期 156.9 d，比对照 F 优 498 长 3.9 d。每亩有效穗数 16.0 万穗，结实率 81.4%，千粒重 31.9 g。抗性：稻瘟病综合指数两年分别为 3.4 级、1.8 级，穗颈瘟损失率最高级 5 级，褐飞虱 9 级。抽穗期耐热性强，耐冷性较弱。米质达到国家标 2 级、部标标 3 级。2015 年、2016 年两年区域试验每亩平均产量为 648.51 kg，比对照 F 优 498 增产 3.35%；2017 年生产试验，每亩平均产量的 629.53 kg，比对照 F 优 498 增产 6.14%。适宜在四川省平坝丘陵稻区、贵州省（武陵山区除外）、云南省的中低海拔籼稻区、重庆市（武陵山区除外）海拔 800 m 以下地区、陕西省南部稻区的稻瘟病轻发区作一季中稻种植。

内 6 优 595

主要完成人：肖培村、张仁、赵鹏、陈勇、郑灵、袁驰、曹厚明、梁永霞等。

主要完成单位：四川丰大农业科技有限责任公司、安徽丰大种业股份有限公司、内江杂交水稻科技开发中心。

品种审定编号：国审稻 20180084。

成果简介：籼型三系杂交水稻品种。在长江上游作一季中稻种植，全生育期 153.2 d，比对照 F 优 498 长 4.4 d。每亩有效穗数 15.4 万穗，结实率 80.3%，千粒重 29.2 g。抗性：稻瘟病综合指数两年均为 2.3 级，穗瘟损失率最高级 3 级，褐飞虱 9 级。抗稻瘟病。米质主要指标：整精米率 51.2%，垩白粒率 25.7%，垩白度 2.8%，直链淀粉含量 12.8%，胶稠度 83.0 mm，长宽比 3.0。2016 年、2017 年两年区域试验每亩平均产量为 635.4 kg，比对照 F 优 498 增产 2.53%；2017 年生产试验，每亩平均产量为 667.31 kg，比对照 F 优 498 增产 2.2%。适宜在四川省平坝丘陵稻区、贵州省（武陵山区除外）、云南省的中低海拔籼稻区、重庆市（武陵山区除外）海拔 800 m 以下地区、陕西省南部稻区作一季中稻种植。

中 9 优 8012

主要完成人：曹立勇、占小登、程式华等。

主要完成单位：中国水稻研究所。

品种审定编号：国审稻 2009019。

成果简介：该品种属籼型三系杂交水稻。在长江中下游作一季中稻种植，全生育期平均 133.1 d，比对照 II 优 838 短 0.1 d。株型适中，茎秆粗壮，剑叶宽而长，叶色淡绿，熟期转色好，稃尖无色、无芒，每亩有效穗数 15.6 万穗，株高 125.7 cm，穗长 26.0 cm，每穗总粒数 184.5 粒，结实率 79.9%，千粒重 26.6 g。2006 年参加长江中下游迟熟中籼组品种区域试验，平均亩产 556.90 kg，比对照 II 优 838 增产 3.74%（极显著）；2007 年续试，平均亩产 578.12 kg，比对照 II 优 838 增产 2.33%（极显著）；两年区域试验平均亩产 567.51 kg，比对照 II 优 838 增产 3.02%，增产点比例 76.2%；2008 年生产试验，平均亩产 558.47 kg，比对照 II 优 838 增产 5.31%。抗性：稻瘟病综合指数

5.4 级，穗瘟损失率最高级 9 级，白叶枯病 7 级，褐飞虱 9 级。米质主要指标：整精米率 55.5%，长宽比 3.1，垩白粒率 31%，垩白度 6.3%，胶稠度 69 mm，直链淀粉含量 25.6%。

内 5 优 8015

主要完成人：程式华、曹立勇、占小登等。

主要完成单位：中国水稻研究所。

品种审定编号：国审稻 2010020。

成果简介：该品种属籼型三系杂交水稻。在长江中下游作一季中稻种植，全生育期平均 133.1 d，比对照 Ⅱ 优 838 短 1.6 d。株型适中，茎秆粗壮，熟期转色好，秕尖无色、无芒，有二次灌浆现象，每亩有效穗数 16.1 万穗，株高 122.2 cm，穗长 26.8 cm，每穗总粒数 157.0 粒，结实率 80.8%，千粒重 32.0 g。2007 年参加长江中下游中籼迟熟组品种区域试验，平均亩产 587.1 kg，比对照 Ⅱ 优 838 增产 2.7%（极显著）；2008 年续试，平均亩产 594.5 kg，比对照 Ⅱ 优 838 增产 3.9%（极显著）。两年区域试验平均亩产 590.8 kg，比对照 Ⅱ 优 838 增产 3.3%，增产点比率 69.0%。2009 年生产试验，平均亩产 591.4 kg，比对照 Ⅱ 优 838 增产 8.8%。抗性：稻瘟病综合指数 5.9 级，穗瘟损失率最高级 9 级，白叶枯病 9 级，褐飞虱 9 级。米质主要指标：整精米率 52.2%，长宽比 3.0，垩白粒率 30%，垩白度 4.4%，胶稠度 76 mm，直链淀粉含量 15.8%，达到国家《优质稻谷》标准 3 级。

内 2 优 111

主要完成人：程式华、曹立勇、占小登等。

主要完成单位：中国水稻研究所。

品种审定编号：国审稻 2012026。

成果简介：该品种属籼型三系杂交水稻品种。长江中下游作一季中稻种植，全生育期平均 134.8 d，比对照 Ⅱ 优 838 长 1.2 d。每亩有效穗数 15.2 万穗，株高 115.2 cm，穗长 26.5 cm，每穗总粒数 164.9 粒，结实率 79.1%，千粒重 31.3 g。2009 年参加长江中下游中籼迟熟组区域试验，平均亩产 575.3 kg，比对照 Ⅱ 优 838 增产 3.8%，2010 年续试，平均亩产 570.3 kg，比 Ⅱ 优 838 增产 6.3%。两年区域试验平均亩产 572.8 kg，比 Ⅱ 优 838 增产 5.0%。2011 年生产试验，平均亩产 576.9 kg，比对照 II 优 838 增产 3.9%。抗性：稻瘟病综合指数 5.5 级，穗瘟损失率最高级 9 级，白叶枯病 7 级。褐飞虱 7 级。高感稻瘟病，感白叶枯病、褐飞虱，抽穗期耐热性一般。米质主要指标：整精米率 57.7%，长宽比 2.9，垩白粒率 43.3%，垩白度 8.9%，胶稠度 75 mm，直链淀粉含量 14.3%。

天优 8012

主要完成人：占小登、曹立勇、程式华等。

主要完成单位：中国水稻研究所。

品种审定编号：国审稻 2013039。

成果简介：该品种属籼型三系杂交水稻品种。在长江中下游作一季中稻种植，全生育期平均 134.1 d，比对照 II 优 838 短 0.1 d。株高 117.9 cm，穗长 22.8 cm，每亩有效穗数 16.1 万穗，每穗总粒数 176.2 粒，结实率 80.1%，千粒重 28 g。2010 年参加长江中下游中籼迟熟组区域试验，平均亩产 570.8 kg，比对照 II 优 838 增产 5.4%；2011 年续试，平均亩产 594.1 kg，比 II 优 838 增产 4.9%；两年区域试验平均亩产 582.4 kg，比 II 优 838 增产 5.1%。2012 年生产试验，平均亩产 562.5 kg，比 II 优 838 增产 6.5%。抗性：稻瘟病综合指数 3.5 级，穗瘟损失率最高级 7 级，白叶枯病 9 级，褐飞虱 7 级。感稻瘟病，高感白叶枯病，感褐飞虱。米质主要指标：整精米率 41.9%，长宽比 2.9，垩白粒率 47.0%，垩白度 9.6%，胶稠度 78 mm，直链淀粉含量 25.2%。

深两优 8012

主要完成人：曹立勇、占小登、程式华等。

主要完成单位：中国水稻研究所。

品种审定编号：国审稻 20180093。

成果简介：该品种属籼型两系杂交水稻品种。在长江中下游作一季中稻种植，全生育期 134.5 d，比对照丰两优四号早熟 1 d。株高 122.4 cm，穗长 25.1 cm，每亩有效穗数 17.3 万穗，每穗总粒数 190.3 粒，结实率 86.6%，千粒重 25.1 g。2016 年参加长江中下游中籼迟熟组区域试验，平均亩产 649.61 kg，比对照丰两优四号增产 4.93%；2017 年续试，平均亩产 636.58 kg，比对照丰两优四号增产 6.73%；两年区域试验平均亩产 643.10 kg，比对照丰两优四号增产 5.81%；2017 年生产试验，平均亩产 615.43 kg，比对照丰两优四号增产 5.18%。抗性：稻瘟病综合指数两年分别为 6.4 级、5.6 级，穗颈瘟损失率最高级 7 级。中感稻瘟病，感白叶枯病，高感褐飞虱，抽穗期耐热性强。米质主要指标：整精米率 49.2%，垩白粒率 18%，垩白度 2.1%，直链淀粉含量 20.6%，胶稠度 68 mm，长宽比 3.1，主要指标达部标 3 级以上。

I优 86

主要完成人：吴升华、赵志杰、黄伟群、张选明、王保军。

主要完成单位：陕西省汉中市农业科学研究所。

品种审定编号：国审稻 2003057。

品种简介：籼型三系杂交水稻，在长江流域作双季晚稻种植全生育期平均 115.5 d，比对照汕优 64 迟熟 0.4 d。株高 95 cm，茎秆粗壮，耐肥抗倒伏，熟期转色较好。每亩有效穗数 18.8 万穗，穗长 22.2 cm，每穗总粒数 126.3 粒，结实率 79.2%，千粒重 28 g。高感稻瘟病，感白叶枯病，高感褐飞虱。加工品质和蒸煮品质较好，外观品质一般。2000 年、2001 年连续两年参加南方稻区晚籼早熟组区域试验，平均亩产 493.0 kg，比对照汕优 64 增产 5.1%，一般亩产 460 kg。适宜在陕西省陕南海拔 850 m 以下的浅山丘陵稻区和关中稻区以及江西、湖南、湖北、安徽、浙江双季稻区的稻瘟病轻发区作晚稻种植。

中两优 206

主要完成人：胡培松、唐绍清等。

主要完成单位：中国水稻研究所。

品种审定编号：国审稻 2016007。

成果简介：籼型三系杂交水稻品种，适宜在江西、湖南、广西北部、浙江中南部的稻瘟病轻发区作早稻种植。全生育期 111.2 d，比对照陆两优 996 短 2.3 d。

抗性：稻瘟病综合指数两年分别为 4.8 级、5.4 级，穗瘟损失率最高级 9 级，白叶枯病 7 级，褐飞虱 9 级，白背飞虱 7 级。高感稻瘟病，感白叶枯病，高感褐飞虱，感白背飞虱。米质主要指标：整精米率 42.4%，长宽比 2.5，垩白粒率 53%，垩白度 9.3%，胶稠度 78 mm，直链淀粉含量 20.5%。2013 年参加早籼迟熟组区域试验，平均亩产 553.2 kg，比对照陆两优 996 增产 7.5%；

2014年续试，平均亩产501.9 kg，比陆两优996增产3.6%；两年区域试验平均亩产527.6 kg，比陆两优996增产5.6%。2015年生产试验，平均亩产535.3 kg，比陆两优996增产6.8%。

陆两优173

主要完成人：胡培松、唐绍清等。

主要完成单位：中国水稻研究所。

品种审定编号：国审稻2014003。

成果简介：籼型两系杂交水稻品种，适宜江西、湖南、浙江、安徽、湖北的双季稻区作早稻种植。全生育期110.7 d，比对照株两优819长2.0 d。株高88.0 cm，穗长19.5 cm，亩有效穗数21.4万穗，穗粒数104.8粒，结实率84.6%，千粒重27.8 g。抗性：稻瘟病综合指数3.5级，穗瘟损失率最高级5级，白叶枯病5级，褐飞虱9级，白背飞虱5级。中感稻瘟病和白叶枯病，高感褐飞虱，中感白背飞虱。米质主要指标：整精米率54.0%，长宽比3.1，垩白粒率86%，垩白度14.6%，胶稠度53 mm，直链淀粉含量19.8%。2011年参加早籼早中熟组区域试验，平均亩产479.2 kg，比对照株两优819增产3.7%；2012年续试，平均亩产476.4 kg，比株两优819增产5.7%；两年区域试验平均亩产477.8 kg，比株两优819增产4.7%；2013年生产试验，平均亩产487.4 kg，比株两优819增产3.0%。

陆两优17

主要完成人：胡培松、唐绍清等。

主要完成单位：中国水稻研究所。

品种审定编号：国审稻2012014。

成果简介：籼型两系杂交水稻品种，适宜在江西、湖南、湖北、浙江及安徽长江以南的白叶枯病轻发的双季稻区作早稻种植。全生育期平均111.7 d，比对照株两优819长0.2 d。亩有效穗数21.3万穗，株高88.2 cm，穗长18.6 cm，每穗总粒数119.4粒，结实率82.2%，千粒重26.0 g。抗性：稻瘟病综合指数3.0级，穗瘟损失率最高级3级，白叶枯病7级，褐飞虱9级，白背飞虱7级。中抗稻瘟病，感白叶枯病，高感褐飞虱，感白背飞虱。米质主要指标：整精米率63.4%，长宽比2.3，垩白粒率97%，垩白度22.9%，胶稠度

60 mm，直链淀粉含量 24.9%。2009 年参加长江中下游早籼早中熟组区域试验，平均亩产 523.8 kg，比对照株两优 819 增产 5.2%；2010 年续试，平均亩产 454.8 kg，比株两优 819 增产 3.6%。2011 年生产试验，平均亩产 510.3 kg，比株两优 819 增产 3.4%。

中 2 优 280

主要完成人：胡培松、唐绍清等。

主要完成单位：中国水稻研究所。

品种审定编号：国审稻 2011002。

成果简介：该品种属籼型三系杂交水稻，适宜在湖南、江西中北部、广西北部、福建北部、浙江中南部的稻瘟病轻发的双季稻区作早稻种植。生育期平均 115.6 d。株高 95.3 cm，每穗总粒数 144.1 粒，结实率 74.7%，千粒重 27.4 g。抗性：稻瘟病综合指数 4.6 级，穗瘟损失率最高级 7 级，白叶枯病 5 级，褐飞虱 9 级，白背飞虱 9 级。感稻瘟病，中感白叶枯病，高感褐飞虱和白背飞虱。米质主要指标：整精米率 65.3%，长宽比 3.0，垩白粒率 19%，垩白度 4.0%，胶稠度 81 mm，直链淀粉含量 13.6%。2008 年参加长江中下游早籼迟熟组品种区域试验，平均亩产 510.8 kg，比对照金优 402 增产 1.4%（显著）；2009 年续试，平均亩产 530.3 kg，比对照金优 402 增产 6.2%，（极显著）。两年平均增产点比例为 70.0%。2010 年生产试验，平均亩产 450.9 kg，比对照金优 402 增产 3.9%。

中嘉早 17

主要完成人：胡培松、唐绍清、罗炬、杨尧城、焦桂爱、邵高能。

主要完成单位：中国水稻研究所、浙江省嘉兴市农业科学研究院（所）。

品种审定编号：国审稻 2009008。

成果简介：该品种属籼型常规水稻，适宜在江西、湖南、安徽、浙江的稻瘟病和白叶枯病轻发的双季稻区作早稻种植。生育期平均 109.0 d，比对照浙 733 长 0.6 d。株型适中，分蘖力中等，茎秆粗壮，叶片宽挺，熟期转色好，每亩有效穗数 20.6 万穗，株高 88.4 cm，穗长 18.0 cm，每穗总粒数 122.5 粒，结实率 82.5%，千粒重 26.3 g。抗性：稻瘟病综合指数 5.7 级，穗瘟损失率最高 9 级，白叶枯病 7 级，褐飞虱 9 级，白背飞虱 7 级。米质主要指标：整精米率 66.7%，长宽比 2.2，垩白粒率 96%，垩白度 17.9%，胶稠度 77 mm，直链淀粉含量 25.9%。2007 年长江中下游早中熟早籼组品种区域试验，平均亩产 531.40 kg，比对照浙 733 增产 10.50%（极显著）；2008 平均亩产 503.88 kg，比对照浙 733 增产 7.70%（极显著）；2008 年生产试验，平均亩产 517.88 kg，比对照浙 733 增产 14.71%。

中 3 优 1681

主要完成人：胡培松、唐绍清等。

主要完成单位：中国水稻研究所。

品种审定编号：国审稻 2009022。

成果简介：该品种属籼型三系杂交水稻，适宜在江西、湖南、浙江、湖北及安徽长江以南的稻瘟病轻发的双季稻区作晚稻种植。全生育期平均 113.9 d，比对照金优 207 长 3.0 d。每亩有效穗数 18.9 万穗，株高 106.3 cm，穗长 23.7 cm，每穗总粒数 160.9 粒，结实率 78.4%，千粒重 24.6 g。抗性：稻瘟病综合指数 5.0 级，穗瘟损失率最高级 7 级，白叶枯病 5 级，褐飞虱 9 级。米质主要指标：整精米率 63.2%，长宽比 2.9，垩白粒率 14%，垩白度 1.9%，胶稠度 61 mm，直链淀粉含量 25.4%。2007 年长江中下游早熟晚籼组品种区域试验，平均亩产 515.26 kg，比对照金优 207 增产 6.16%（极显著）；2008 年续试，平均亩产 526.59 kg，比对照金优 207 增产 5.81%（极显著）；两年增产点比例 83.9%，2008 年生产试验，平均亩产 569.15 kg，比对照金优 207 增产 6.60%。

德香优 146

主要完成人：王志、刘定友、项祖芬、侍守佩。

主要完成单位：四川国豪种业股份有限公司、绵阳市农业科学研究院。

品种审定编号：国审稻 2016020。

成果简介：德香优 146 是四川国豪种业股份有限公司用四川省农业科学院水稻高粱研究所选育的不育系德香 074A 与绵阳市农业科学研究院选育的恢复系绵恢 146 组配育成的中籼迟熟三系杂交水稻品种。2013—2014 年参加长江上游中籼迟熟组区域试验，两年区域试验平均亩产 624.5 kg，比 II 优 838 增产 7.4%。2015 年生产试验，平均亩产 620.5 kg，比 II 优 838 增产 7.2%。在

长江上游作一季中稻种植，全生育期 158.4 d，比对照Ⅱ优 838 长 3.1 d。株高
119.0 cm，穗长 26.0 cm，每亩有效穗数 14.3 万穗，每穗总粒数 191.1 粒，结
实率 78.8%，千粒重 31.3 g，抗性较好，米质较优。

蓉 18 优 662

主要完成人：王志、刘定友、项祖芬、黄廷友、彭涛。

主要完成单位：绵阳市农业科学研究院、成都市农林科学院作物研究所。

品种审定编号：国审稻 2012011。

成果简介：籼型三系杂交水稻品种。长江上游作一季中稻种植，全生
育期平均 156.8 d，比对照Ⅱ优 838 短 1.9 d。每亩有效穗数 15.1 万穗，株高
116.4 cm，穗长 25.3 cm，每穗总粒数 179.9 粒，结实率 78.6%，千粒重 28.3 g。
抗性：稻瘟病综合指数 3.9 级，穗瘟损失率最高级 5 级，抗性频率 41.1%，褐
飞虱 9 级。中感稻瘟病，高感褐飞虱。米质达到国家《优质稻谷》标准 2 级。
2009 年参加长江上游中籼迟熟组区域试验，每亩平均产量 553.7 kg，比对照
Ⅱ优 838 增产 0.03%；2010 年续试，每亩平均产量 553.7 kg，比Ⅱ优 838 增产
2.7%。两年区域试验每亩平均产量 565.2 kg，比Ⅱ优 838 增产 1.4%。2011 年
生产试验，每亩平均产量 599.3 kg，比Ⅱ优 838 增产 4.7%。

内 6 优 138

主要完成人：王志、刘定友、项祖芬、黄廷友、彭涛。

主要完成单位：垦丰长江种业科技有限公司、绵阳市农业科学研究院。

品种审定编号：国审稻 2016013。

成果简介：籼型三系杂交水稻品种。在长江上游作一季中稻种植，全生
育期 157.1 d，比对照Ⅱ优 838 长 1.5 d。株高 107.8 cm，穗长 26.3 cm，每亩
有效穗数 15.1 万穗，每穗总粒数 186.5 粒，结实率 81.7%，千粒重 28.8 g。抗
性：稻瘟病综合指数两年分别为 3.5 级、2.9 级，穗瘟损失率最高级 5 级，褐
飞虱 9 级，中感稻瘟病，高感褐飞虱。米质达到国家《优质稻谷》标准 3 级。
2013 年参加长江上游中籼迟熟组区域试验，每亩平均产量为 628.6 kg，比对照
Ⅱ优 838 增产 6.7%；2014 年续试，每亩平均产量为 621.2 kg，比Ⅱ优 838 增产
9.1%；两年区域试验每亩平均产量为 624.9 kg，比Ⅱ优 838 增产 7.9%。2015
年生产试验，每亩平均产量为 621.7 kg，比Ⅱ优 838 增产 7.4%。

花香357

主要完成人：黄廷友、项祖芬、刘定友、彭涛。

主要完成单位：垦丰长江种业科技有限公司、绵阳市农业科学研究院、四川省农业科学院生物技术核技术研究所。

品种审定编号：国审稻20170014。

成果简介：籼型三系杂交水稻品种。在长江上游作一季中稻种植，全生育期157.0 d，比对照F优498长2.7 d。株高117.2 cm，穗长27.0 cm，每亩有效穗数14.8万穗，每穗总粒数191.1粒，结实率78.4%，千粒重30.2 g。抗性：稻瘟病综合指数两年分别为3.5级、2.7级，穗瘟损失率最高级5级，褐飞虱9级，中感稻瘟病，高感褐飞虱。米质达到国家《优质稻谷》标准2级。2014年参加长江上游中籼迟熟组区域试验，每亩平均产量604.7 kg，比对照F优498增产1.5%；2015年续试，每亩平均产量为635.5 kg，比F优498增产3.0%；两年区域试验每亩平均产量620.1 kg，比F优498增产2.2%。2016年生产试验，每亩平均产量为593.1 kg，比F优498增产3.7%。

蓉18优662

主要完成人：王志、刘定友、项祖芬、黄廷友、彭涛。

主要完成单位：绵阳市农业科学研究院、成都市农林科学院作物研究所。

品种审定编号：国审稻2012011。

成果简介：籼型三系杂交水稻品种。长江上游作一季中稻种植，全生育期平均156.8 d，比对照Ⅱ优838短1.9 d。每亩有效穗数15.1万穗，株高116.4 cm，穗长25.3 cm，每穗总粒数179.9粒，结实率78.6%，千粒重28.3 g。抗性：稻瘟病综合指数3.9级，穗瘟损失率最高级5级，抗性频率41.1%，褐飞虱9级。中感稻瘟病，高感褐飞虱。米质达到国家《优质稻谷》标准2级。2009年参加长江上游中籼迟熟组区域试验，平均亩产553.7 kg，比对照Ⅱ优838增产0.03%；2010年续试，平均亩产576.7 kg，比Ⅱ优838增产2.7%。两年区域试验平均亩产565.2 kg，比Ⅱ优838增产1.4%。2011年生产试验，平均亩产599.3 kg，比Ⅱ优838增产4.7%。

五丰优 317

主要完成人：陈可明、顾海永、刘峰、刘俭生、曹清春。

主要完成单位：衡阳市农业科学研究所、广东省农业科学院水稻研究所。

品种审定编号：国审稻 20180007。

成果简介：五丰优 317 是衡阳市农业科学研究所用自主选育的早籼恢复系 CR317 与广东省农业科学院水稻研究所选育的三系不育系五丰 A 配组育成的高产稳产三系杂交早稻新组合。该组合属三系迟熟杂交早稻，在湖南作双季早稻栽培。全生育期 114.0 d 左右，株高 91.5 cm，株型适中，叶姿直立，生长势强，叶鞘、稃尖紫红色，短顶芒，叶下禾，后期落色好。省区试结果：每亩有效穗 22.05 万穗，每穗总粒数 118.72 粒，结实率 81.50%，千粒重 27.71 个。抗性：叶瘟病综合指数平均 3.67 级，穗颈瘟损失率平均 5.34 级，稻瘟病综合指数 3.45 级，白叶枯病抗性平均 6 级，抗倒伏性好。2013 年省区试平均亩产 557.07 kg，比对照增产 4.5%。增产极显著。2014 年省区试续试平均亩产 534.49 kg，比对照增产 6.75%，增产极显著。2014 年进行生产试验，平均亩产 460.9 kg，比对照陆两优 996 增产 4.3%。

铁粳 11

主要完成人：卢铁钢、孙国才、崔月峰等。

主要完成单位：铁岭市农业科学院。

品种审定编号：国审稻 2014041。

成果简介：铁粳 11 于 2011 年、2014 年分别通过辽宁省和国家审定，米质达到国家一级优质稻谷标准，适口性好，食味值高达 86 分，可媲美日本品种越光，获 2015 年全国优质食味粳米"特等奖"；在国家中早粳中熟组区试和生试中分别比对照品种秋光增产 3.1% 和 10.1%，实现了产量和品质在更高水平上的协调统一，既解决了高产与优质的矛盾，也解决了好看与好吃的不同步问题。铁粳 11 抗性强，适应性广，适宜在吉林晚熟稻区、辽宁北部、宁夏引黄灌区、内蒙古赤峰地区和新疆南疆稻区种植，且产量米质表现稳定，很好地解决了优质米品种种植区域狭窄的问题，对促进北方粳稻优质化生产，满足消费者对中高端优质米日益增长的需求，实现品质、市场、效益协调发展，都具有重要意义。

川优 6203

主要完成人：任光俊、陆贤军、高方远、任鄞胜。

主要完成单位：四川省农业科学院作物研究所。

品种审定编号：国审稻 2014016。

成果简介：该品种米质达国颁二级优米标准，2012 年荣获"金奖稻品"称号，2017 年荣获"中国优质籼稻好品种"称号。川优 6203 产量较高，抗病性强，以朱英国院士为组长的专家组认为，川优 6203 是一个优质、高产、多抗突出的绿色杂交水稻新品种，解决了四川杂交水稻高产不优质的技术难题。2015—2016 年为农业部主导品种，2014—2016 年为四川省主导品种。通过政府采购品种、企业集中繁育、项目配套转化模式，在四川省内外累计推广超过 1000 万亩，2015 年以来成为四川省水稻生产种植面积最大的品种。谷黄金集团、中粮集团联合以川优 6203 优质稻米推出"四川长粒香"品牌。

川优 8377

主要完成人：任光俊、陆贤军、高方远、任鄞胜。

主要完成单位：四川省农业科学院作物研究所。

品种审定编号：国审稻 2012012。

成果简介：该品种 2012 年通过国家审定，是我国长江流域第一个通过国家审定的米质达国标一级标准的杂交中籼稻品种。川优 8377 全生育期 156.9 d（两年区试平均），比对照 II 优 838（CK）早熟 1.8 d。株高 114 cm 左右，苗期长势较旺，株型紧散适中，剑叶挺立。穗长 25.2 cm，每穗平均着粒 172.4 粒，结实率 74.8%。米质主要指标：整精米率 69.5 %，长宽比 2.9，垩白粒率 6%，垩白度 0.8%，胶稠度 71 mm，直链淀粉含量 21.3%，达到国标 1 级优质稻谷标准。稻瘟病平均综合指数 3.0 级，强于对照，损失率最高级 5 级；褐飞虱平均 8 级，耐热性强。

川香优 178

主要完成人：任光俊、陆贤军、高方远。

主要完成单位：四川省农业科学院作物研究所。

品种审定编号：国审稻 2009006。

成果简介：在长江上游作一季中稻种植，全生育期平均 158.0 d，比对照 II 优 838 长 2.7 d。株型适中，叶色浓绿，剑叶挺直，谷壳秆黄、无芒、颖尖紫色，每亩有效穗数 16.9 万穗，株高 113.0 cm，穗长 25.7 cm，每穗总粒数 162.7 粒，结实率 75.1%，千粒重 28.7 g。

抗性：稻瘟病综合指数 2.0 级，穗瘟损失率最高级 3 级，褐飞虱 9 级。抽穗期耐热性中等，对低温敏感。

米质主要指标：整精米率 64.5%，长宽比 2.8，垩白粒率 20%，垩白度 2.8%，胶稠度 62 mm，直链淀粉含量 22.6%，达到国家《优质稻谷》标准二级。2006—2007 年长江上游迟熟中籼组两年区域试验平均亩产 559.87 kg，比对照 II 优 838 减产 4.57%；2008 年生产试验，平均亩产 544.96 kg，比对照 II 优 838 减产 2.09%。

川优 727

主要完成人：任光俊、陆贤军、高方远、任鄞胜。
主要完成单位：四川省农业科学院作物研究所。
品种审定编号：国审稻 2011027。
成果简介：在武陵山区作一季中稻种植，全生育期平均 150.1 d，比对照全优 527 长 1.3 d。株高 115.1 cm，穗长 24.2 cm，每亩有效穗数 17.7 万穗，每穗总粒数 155.3 粒，结实率 80.5%，千粒重 27.5 g。株型适中，颖尖无色、无芒。抗性：稻瘟病综合指数 1.4 级，穗瘟损失率最高级 1 级，抗稻瘟病。米质主要指标：整精米率 61.9%，长宽比 3.2，垩白粒率 23%，垩白度 1.9%，胶稠度 50 mm，直链淀粉含量 22.5%，达到国家《优质稻谷》标准 3 级。2009—2010 年参加武陵山区中籼组品种区域试验，两年区域试验平均亩产 579.7 kg，比对照全优 527 增产 3.1%，增产点比例 71.4%。2010 年生产试验，平均亩产 591.8 kg，比对照全优 527 增产 2.8%。

川优 5727

主要完成人：任光俊、陆贤军、高方远等。
主要完成单位：中国种子集团有限公司、四川省农业科学院作物研究所。
品种审定编号：国审稻 20176049。
成果简介：该组合由四川省农业科学院作物研究所和中国种子集团有限

公司合作育成，2017 年通过国家审定。在长江中下游作一季中稻种植，全生育期 135.0 d，比对照丰两优四号早 0.2 d。株高 111.3 cm，穗长 24.8 cm，每亩有效穗数 14.2 万穗，每穗总粒数 176.1 粒，结实率 85.4%，千粒重 30.7 g。抗性：稻瘟病综合指数两年分别为 2.4 级、3.8 级，穗瘟损失率最高级 5 级，白叶枯病 7 级，褐飞虱 9 级。米质主要指标：整精米率 61.6%，长宽比 3.5，垩白粒率 21%，垩白度 4.9%，胶稠度 57 mm，直链淀粉含量 15.9%，达到国家《优质稻谷》标准 3 级。2014—2015 年参加长江中下游中籼迟熟组绿色通道区域试验，两年区域试验平均亩产 627.1 kg，比丰两优四号增产 3.4%。2016 年生产试验，平均亩产 572.8 kg，比丰两优四号增产 0.5%。

川香 8 号

主要完成人：任光俊、陆贤军、高方远等。

主要完成单位：四川省农业科学院作物研究所。

品种审定编号：国审稻 2008009、国审稻 2010042。

成果简介：该组合由四川省农业科学院作物研究所育成，2008 年通过武陵山区国审（国审稻 2008009），2010 年通过中下游国审（国审稻 2010042）。在武陵山区作一季中稻，全生育期比对照 II 优 58 长 2.2 d。抗性：稻瘟病综合指数 1.8 级，穗瘟发病率 5 级，穗瘟损失率最高级 1 级，纹枯病 7 级，稻曲病 7 级。米质主要指标：整精米率 60.8%，长宽比 2.8，垩白粒率 44%，垩白度 3.8%，胶稠度 58 mm，直链淀粉含量 21.8%。2007—2008 年在武陵山区两年区域试验平均亩产 571.2 kg，比对照增产 1.7%。在长江中下游作一季中稻，全生育期比对照 II 优 838 长 0.8 d。稻瘟病综合指数 3.3 级，穗瘟损失率最高级 5 级；白叶枯病平均 8 级，最高 9 级。整精米率 67.7%，长宽比 3.0，垩白粒率 42%，垩白度 6.7%，胶稠度 47 mm，直链淀粉含量 22.2%。2005—2006 年中下游两年区域试验平均亩产 563.0 kg，比对照增产 3.98%。

德优 4727

主要完成人：郑家奎、蒋开锋、任光俊等。

主要完成单位：四川省农业科学院水稻高粱研究所、四川省农业科学院作物研究所、中国种子集团有限公司。

品种审定编号：国审稻 2014019。

成果简介：该组合由四川省农业科学院水稻高粱研究所和作物研究所合作育成，2013年通过云南审定，2014年分别通过四川和国家审定（国审稻2014019、滇审稻2013007、川审稻2014004）。2016年被农业部认定为超级稻品种。该品种在长江上游作中稻种植，全生育期158.4 d，比对照 II 优 838 长1.4 d。株高113.7 cm，穗长24.5 cm，亩有效穗数14.9万穗，穗粒数160.0粒，结实率82.2%，千粒重32.0 g。抗性：稻瘟病综合指数5.3，穗瘟损失率最高级7级，褐飞虱7级，感稻瘟病和褐飞虱。抽穗期耐热性中等。米质达到国家《优质稻谷》标准2级。2011—2012年参加长江上游中籼迟熟组区域试验，两年区域试验平均亩产612.4 kg，比 II 优 838 增产5.6%；2013年生产试验，平均亩产589.0 kg，比 II 优 838 增产6.9%。

泸优 727

主要完成人：李耘、任光俊等。

主要完成单位：四川省农业科学院水稻高粱研究所、四川省农业科学院作物研究所。

品种审定编号：国审稻 2016024。

成果简介：该组合由四川省农业科学院水稻高粱研究所和作物研究所合作育成，2016年通过国家审定，2018年农业部认定为超级稻品种。该品种在上游作一季中稻种植，全生育期157.6 d，比对照 II 优 838 长 1.9 d。株高111.6 cm，穗长24.0 cm，每亩有效穗数15.3万穗，每穗总粒数186.6粒，结实率80.3%，千粒重29.2 g。抗性：稻瘟病综合指数两年分别为3.9级、3.5级，穗瘟损失率最高级7级，褐飞虱9级。抽穗期耐热性表现为敏感，感稻瘟病，高感褐飞虱。米质主要指标：整精米率54.6%，长宽比3.0，垩白粒率35%，垩白度5.6%，胶稠度73 mm，直链淀粉含量21.1%。2013—2014年在长江上游中籼迟熟组两年区域试验平均亩产627.5 kg，比 II 优 838 增产8.9%。2015年生产试验，平均亩产623.0 kg，比 II 优 838 增产7.7%。

川 6 优 713

主要完成人：黄建华、任光俊等。

主要完成单位：四川农大高科农业有限责任公司、四川农业科学院作物研究所。四川华元博冠生物育种有限责任公司。

品种审定编号：国审稻 20176014。

成果简介：该组合由四川农大高科农业有限责任公司和四川农业科学院作物研究所等合作育成。2017 年通过国家审定。在长江上游作中稻种植，全生育期 151.6 d，比对照 F 优 498 长 2.5 d。亩有效穗 15.3 万穗，株高 113.5 cm，穗长 23.5 厘米，每穗总粒数 189.5 粒，结实率 82.2%，千粒重 26.8 g。抗性：稻瘟病年度综合指数分别为 5.3 级、3.5 级，穗瘟损失率最高级 7 级，感稻瘟病，褐飞虱 9 级，抽穗期耐热性 3 级，耐冷性中感。米质主要指标：整精米率 47.5%，长宽比 3.5，垩白粒率 10.0%，垩白度 1.4%，胶稠度 84.0 mm，直链淀粉含量 18.5%。2015—2016 年在长江上游区中籼迟熟组绿色通道两年区域试验平均亩产 632.54 kg，比 F 优 498 增产 4.75%，增产点比例 69.4%。2016 年进行生产试验，平均亩产 608.62 kg，比 F 优 498 增产 1.16%。

中广两优 727

主要完成人：张鹏、任光俊等。

主要完成单位：中国种子集团有限公司、四川省农业科学院作物研究所。

品种审定编号：国审稻 20186053。

成果简介：该组合由中国种子集团有限公司和四川省农业科学院作物研究所合作育成，2018 年通过国家审定。在长江中下游作一季中稻种植，全生育期 131.3 d，比对照丰两优四号早熟 0.8 d。株高 122.9 cm，穗长 24.1 cm，每亩有效穗数 16.1 万穗，每穗总粒数 173.1 粒，结实率 84.7%，千粒重 27.7 g。抗性：稻瘟病综合指数两年分别为 3.0 级、3.1 级，穗颈瘟损失率最高级 7 级。感稻瘟病，感白叶枯病，高感褐飞虱。米质主要指标：整精米率 59.9%，垩白粒率 28%，垩白度 7.2%，直链淀粉含量 23.1%，胶稠度 40 mm，长宽比 3.3。2016—2017 年参加长江中下游中籼迟熟组区域试验，两年区域试验平均亩产 611.62 kg，比对照丰两优四号增产 4.32%；2017 年生产试验，平均亩产 577.38 kg，比对照丰两优四号增产 4.3%。

C 两优 727

主要完成人：曾庆魁、林勇、任光俊等。

主要完成单位：北京金色农华种业科技股份有限公司、四川省农业科学院作物研究所。

品种审定编号：国审稻 20186004。

成果简介：该组合由北京金色农华和四川省农业科学院作物研究所合作育成，2018 年通过国家审定。在长江上游作一季中稻，全生育期比对照晚熟 2.2 d。抗性：稻瘟病综合指数两年分别为 3.3 级、3.0 级，穗颈瘟损失率最高级 3 级，抽穗期耐热性强，耐冷性中等。米质主要指标：整精米率 59.3%，垩白粒率 33%，垩白度 6.5%，直链淀粉含量 15.2%，胶稠度 67 mm，长宽比 3.0。2016—2017 年在长江上游区域试验平均亩产 650.99 kg，比对照 F 优 498 增产 4.70%。在长江中下游作一季中稻，全生育期比对照早熟 0.4 d。稻瘟病综合指数两年分别为 4.6 级、4.0 级，穗颈瘟损失率最高级 9 级，抽穗期耐热性较强。整精米率 55.5%，垩白粒率 49%，垩白度 12.4%，直链淀粉含量 13.1%，胶稠度 79 mm，长宽比 3.2。2016—2017 年长江中下游区域试验平均亩产 641.69 kg，比对照丰两优四号增产 3.61%。

川绿优 105

主要完成人：熊洪、任光俊等。

主要完成单位：科荟种业股份有限公司、四川省农业科学院水稻高粱研究所、四川省农业科学院作物研究所。

品种审定编号：国审稻 20186034。

成果简介：该组合由科荟种业股份有限公司和四川省农业科学院水稻高粱研究所和作物研究所合作育成。2018 年通过国家审定。在长江上游作一季中稻种植，全生育期 151 d，比对照 F 优 498 晚熟 2 d。株高 116.7 cm，穗长 23.8 cm，每亩有效穗数 15.5 万穗，每穗总粒数 186.7 粒，结实率 82.4%，千粒重 28.3 g。抗性：稻瘟病综合指数两年分别为 3.8 级、2.3 级，穗颈瘟损失率最高级 5 级。中感稻瘟病，高感褐飞虱。米质主要指标：整精米率 61.2%，垩白粒率 46%，垩白度 6.3%，直链淀粉含量 24.6%，胶稠度 87 mm，长宽比 2.7。2015—2016 年参加长江上游中籼迟熟组区域试验，两年区域试验平均亩产 629.41 kg，比对照 F 优 498 增产 4.23%。2017 年生产试验，平均亩产 638.61 kg，比对照 F 优 498 增产 3.87%。

川优 5108

主要完成人：张翅、任光俊等。

主要完成单位：成都科瑞农业研究中心、四川省农业科学院作物研究所。

品种审定编号：国审稻2010041。

成果简介：该组合由成都科瑞农业研究中心和四川省农业科学院作物研究所合作育成，2010年通过国家审定。在武陵山区作一季中稻种植，全生育期平均147.8 d，比对照Ⅱ优58长0.6 d。株型适中，每亩有效穗数16.2万穗，株高116.9 cm，穗长23.9 cm，每穗总粒数153.5粒，结实率84.3%，千粒重28.4 g。抗性：稻瘟病综合指数2.0级，穗瘟发病率5级，穗瘟损失率最高级1级，纹枯病5级，稻曲病3级。米质主要指标：整精米率63.0%，长宽比2.6，垩白粒率44%，垩白度5.1%，胶稠度55 mm，直链淀粉含量22.3%。2008—2009年参加武陵山区中籼组品种区域试验，两年区域试验平均亩产582.5 kg，比对照Ⅱ优58增产2.5%，增产点比例为63.6%。2009年生产试验，平均亩产575.8 kg，比对照Ⅱ优58增产4.9%。

龙稻115

主要完成人：张凤鸣、白良明、孙世臣、丁国华、王彤彤、姜辉、洛育、姜树坤。

主要完成单位：黑龙江省农业科学院耕作栽培研究所。

品种审定编号：国审稻20180080。

成果简介：粳型常规水稻品种。在早粳中熟组种植，全生育期142.6 d。株高113.9 cm，穗长19.4 cm，每亩有效穗数26.5万穗，每穗总粒数131粒，结实率88.5%，千粒重24.4 g。抗性：稻瘟病综合指数两年分别为2.5级、3.3级，穗颈瘟损失率最高级5级，中感稻瘟病。米质主要指标：整精米率65.2%，垩白粒率13.7%，垩白度2.7%，直链淀粉含量16.1%，胶稠度62 mm，长宽比2.1，达到农业行业《食用稻品种品质》标准3级。两年区域试验平均亩产879.82 kg，比对照龙稻20增产7.34%；生产试验平均亩产601.2 kg，比对照龙稻20增产10.62%。适宜在黑龙江省第二积温带上限、吉林省早熟稻区、内蒙古兴安盟中南部地区的稻瘟病轻发区种植。

天优3301

主要完成人：王锋、王丰、陈建民、黄慧君、罗家密、苏军等。

主要完成单位：福建省农业科学院生物技术研究所、广东省农业科学院水稻研究所。

品种审定编号：国审稻 2010016。

成果简介：该品种属籼型三系杂交稻。2007 年和 2008 年参加长江中下游中籼迟熟组品种区域试验，平均亩产分别为 586.4 kg 和 610.1 kg，比对照 II 优 838 分别增产 4.4% 和 8.0%，均达极显著水平。两年区域试验平均亩产 598.3 kg，比对照增产 6.19%，增产点比例 83.3%。2009 年生产试验，平均亩产 581.1 kg，比对照 II 优 838 增产 6.9%。在长江中下游作一季中稻种植，全生育期平均 133.3 d，比对照 II 优 838 短 1.7 d。株型适中，长势繁茂，熟期转色好，每亩有效穗数 16.5 万穗，株高 118.9 cm，穗长 24.3 cm，每穗总粒数 165.2 粒，结实率 81.3%，千粒重 29.7 g。米质主要指标：整精米率 47.9%，长宽比 3.1，垩白粒率 36%，垩白度 6.0%，胶稠度 79 mm，直链淀粉含量 23.2%；稻瘟病综合指数 3.3 级，穗瘟损失率最高级 5 级，白叶枯病 9 级，褐飞虱 7 级，耐寒性一般。

金稻优 368

主要完成人：黄慧君、符福鸿、王丰、朱满山、柳武革、廖亦龙等。

主要完成单位：广东省农业科学院水稻研究所。

品种审定编号：国审稻 2012002。

成果简介：该品种属籼型三系杂交稻。2009 年和 2010 年参加华南感光晚籼组品种区域试验，平均亩产分别为 507.8 kg 和 482.4 kg，比对照博优 998 分别增产 4.0% 和 8.2%。两年区域试验平均亩产 495.1 kg，比对照增产 6.0%。2011 年生产试验，平均亩产 459.7 kg，比对照博优 998 增产 5.29%。在华南作双季晚稻种植，全生育期平均 119.4 d，比对照博优 998 长 3.8 d。株型适中，长势繁茂，熟期转色好，每亩有效穗数 16.5 万穗，株高 113.1 cm，穗长 23.2 cm，每穗总粒数 181.8 粒，结实率 80.2%，千粒重 21.9 g。米质主要指标：整精米率 67.1%，长宽比 2.7，垩白粒率 22%，垩白度 2.6%，胶稠度 55 mm，直链淀粉含量 21.1%。稻瘟病综合指数 4.5 级，穗瘟损失率最高级 7 级，白叶枯病 7 级，褐飞虱 9 级。

早丰优 402

主要完成人：王丰、柳武革、刘振荣、黄慧君、廖亦龙、李金华、黄德娟、陈建伟、付崇允。

主要完成单位：江西先农种业有限公司、广东省农业科学院水稻研究所。

品种审定编号：国审稻 2012018。

成果简介：籼型三系杂交水稻品种。2009 年和 2012 年参加长江中下游早籼迟熟组区域试验，平均亩产分别为 515.9 kg 和 437.9 kg，比对照金优 402 分别增产 3.3% 和 3.7%。两年区域试验平均亩产 476.9 kg，比金优 402 增产 3.5%。2011 年生产试验，平均亩产 521.2 kg，比金优 402 增产 5.3%。长江中下游作双季早稻种植，全生育期平均 117.7 d，比对照金优 402 长 0.6 d。每亩有效穗数 22.9 万穗，株高 89.2 cm，穗长 17.6 cm，每穗总粒数 107.2 粒，结实率 79.5%，千粒重 26.2 g。抗性：稻瘟病综合指数 3.4 级，穗瘟损失率最高级 9 级，白叶枯病 5 级，褐飞虱 9 级，白背飞虱 9 级。高感稻瘟病、褐飞虱、白背飞虱，中感白叶枯病。米质主要指标：整精米率 48.3%，长宽比 2.8，垩白粒率 69%，垩白度 14.8%，胶稠度 69 mm，直链淀粉含量 24.4%。

安丰优华占（安优华占）

主要完成人：朱旭东、王丰、杨百建、柳武革、曾庆魁、林勇。

主要完成单位：广东省农业科学院水稻研究所、北京金色农华种业科技有限公司。

品种审定编号：国审稻 2015036。

成果简介（限 300 字以内）：籼型三系杂交水稻品种。2012 年和 2013 年参加长江中下游晚籼早熟组区域试验，平均亩产分别为 563.4 kg 和 583.4 kg，比对照五优 308 分别增产 1.6% 和 5.8%；两年区域试验平均亩产 573.4 kg，比五优 308 增产 3.7%。2014 年生产试验，平均亩产 564.9 kg，比五优 308 增产 4.5%。在长江中下游作双季晚稻种植，全生育期 116.8 d，比对照五优 308 短 0.8 d。株高 105.3 cm，穗长 21.0 cm，每亩有效穗数 22.4 万穗，每穗总粒数 137.3 粒，结实率 83.6%，千粒重 25.1 g。抗性：稻瘟病综合指数 3.8 级，穗瘟损失率最高级 5 级，白叶枯病 9 级，褐飞虱 9 级。抽穗期耐冷性强，中感稻瘟病，高感白叶枯病，高感褐飞虱。米质主要指标：整精米率 56.9%，长宽比 3.1，垩白粒率 16%，垩白度 2.3%，胶稠度 69 mm，直链淀粉含量 21.8%，达到国家《优质稻谷》标准 2 级。

吉优 353

主要完成人：左科生、王丰、柳武革等。

主要完成单位：南昌市德民农业科技有限公司、广东省农业科学院水稻研究所。

品种审定编号：国审稻 2016041。

成果简介：籼型三系杂交水稻品种。2013 年参加长江中下游晚籼早熟组区域试验，平均亩产 577.7 kg，比对照五优 308 增产 5.0 %；2014 年续试，平均亩产 611.3 kg，比五优 308 增产 5.6%；两年区域试验平均亩产 594.5 kg，比五优 308 增产 5.4%。2015 年生产试验，平均亩产 543.8 kg，比五优 308 增产 4.4%。在长江中下游作双季晚稻种植，全生育期 118.1 d，比对照五优 308 短 0.3 d。株高 102.2 cm，穗长 20.6 cm，每亩有效穗 21.6 万穗，每穗总粒数 143.1 粒，结实率 80.5%，千粒重 25.5 g。抗性：稻瘟病综合指数两年分别为 2.1 级、2.9 级，穗瘟损失率最高级 3 级，白叶枯病 7 级，褐飞虱 9 级。中抗稻瘟病，感白叶枯病，高感褐飞虱。米质主要指标：整精米率 52.7%，长宽比 3.2，垩白粒率 20%，垩白度 3.0%，胶稠度 70 mm，直链淀粉含量 24.0%，达到国家《优质稻谷》标准 3 级。

荣优华占

主要完成人：朱旭东、王丰、曾庆魁、柳武革等。

主要完成单位：广东省农业科学院水稻研究所、中国水稻研究所、北京金色农华种业科技有限公司江西分公司。

品种审定编号：国审稻 2016046。

成果简介：籼型三系杂交水稻品种。2013 年和 2014 年参加武陵山区中籼组区域试验，平均亩产分别为 628.95 kg 和 587.07 kg，比对照 II 优 264 分别增产 4.30% 和 7.08%，比组平均增产 3.97%；两年区域试验平均亩产 608.01 kg，比 II 优 264 增产 5.69%，增产点比例 90.5%。2015 年生产试验，平均亩产 648.30 kg，比 II 优 264 增产 9.29%。在武陵山区作中稻种植全生育期 142.6 d，比对照 II 优 264 短 5.2 d。株高 105.1 cm，穗长 23.7 cm，亩有效穗数 17.0 万穗，穗粒数 182.2 粒，结实率 85.5%，千粒重 25.5 g。抗性：稻瘟病综合指数 1.8 级，穗瘟损失率最高级 1 级，抗稻瘟病。耐冷性中感。米质主要指标：整精米率 62.1%，长宽比 3.1，垩白粒率 29%，垩白度 8.7%，胶稠度 49 mm，直链淀粉含量 23.4%。该组合 2012 年、2014 年、2015 年和 2018 年还分别通过江西、广东、湖南和湖北等省的品种审定。

天优 2168

主要完成人：李传国、梁世胡、王丰、符福鸿、刘振荣等。

主要完成单位：广东省农业科学院水稻研究所。

品种审定编号：国审稻 2016046。

成果简介：该品种 2009 年和 2010 年参加长江中下游晚籼中迟熟组品种区域试验，平均亩产分别为 534.4 kg 和 485.1 kg，比对照汕优 46 分别增产 8.7% 和 4.3%，均达极显著。两年区域试验平均亩产 509.7 kg，比对照汕优 46 增产 6.5%，增产点比例 83.3%。2010 年生产试验，平均亩产 473.4 kg，与对照汕优 46 相当。

在长江中下游作双季晚稻种植，全生育期平均 118.8 d，比对照汕优 46 长 1.3 d。株高 111.1 cm，穗长 22.9 cm。每亩有效穗数 17.6 万穗，每穗总粒数 145.8 粒，结实率 76.0%，千粒重 29.9 g。抗性：稻瘟病综合指数 2.8 级，穗瘟损失率最高级 5 级，白叶枯病 7 级，褐飞虱 9 级。米质主要指标：整精米率 52.2%，长宽比 3.1，垩白粒率 20%，垩白度 4.2%，胶稠度 59 mm，直链淀粉含量 22.2%，达到国标优质 3 级。该组合 2006 还分别通过广东和海南等省的品种审定。

徐稻 8 号

主要完成人：王健康、丁成伟、郭荣良、吴玉玲、徐家安、王友霜、胡婷婷、赵轶鹏、刘超。

主要完成单位：江苏徐淮地区徐州农业科学研究所。

品种审定编号：国审稻 2014037。

成果简介：粳型常规水稻品种。2011—2012 年参加国家黄淮粳稻组区域试验，两年每亩平均产量 639.4 kg，比对照徐稻 3 号增产 5.1%；2013 年生产试验每亩平均产量 639.4 kg，比徐稻 3 号增产 6.5%。全生育期 156.5 d，与对照徐稻 3 号相当。株高 103.1 cm，穗长 16.4 cm，穗粒数 137.1 粒，结实率 88.3%，千粒重 25.2 g。抗性：稻瘟病综合抗性指数 3.1 级，穗颈瘟损失率最高级 3 级，条纹叶枯病最高发病率 6.01%。中抗稻瘟病，抗条纹叶枯病。

米质主要指标：整精米率 65.4%，垩白米率 33.3%，垩白度 2.4%，直链淀粉含量 16.0%，胶稠度 82.5 mm。2014 年 10 月经第三届国家农作物品种审定委员会第四次会议审定通过（国审稻 2014037），适宜在河南沿黄、山东南部、江苏淮北、安徽沿淮及淮北地区种植。

徐稻 9 号

主要完成人：王健康、丁成伟、郭荣良、吴玉玲、徐家安、王友霜、胡婷婷、赵轶鹏、刘超。

主要完成单位：江苏徐淮地区徐州农业科学研究所。

品种审定编号：国审稻 2015049。

成果简介：粳型常规水稻品种。2012—2013 年参加国家黄淮粳稻组区域试验，两年每亩平均产量 667.9 kg，比徐稻 3 号增产 5.75%；2014 年生产试验每亩平均产量 629.2 kg，比徐稻 3 号增产 7.25%。全生育期 155.9 d，比对照徐稻 3 号早熟 1 d。株高 96.7 cm，穗长 16.4 cm，每穗总粒数 140 粒，结实率 87.7%，千粒重 26 g。抗性：稻瘟病综合抗性指数 4.7 级，穗颈瘟损失率最高级 5 级，条纹叶枯病最高发病率 10.71%。中感稻瘟病，中抗条纹叶枯病。米质主要指标：整精米率 70.2%，垩白粒率 24.5%，垩白度 2.1%，直链淀粉含量 15.7%，胶稠度 73 mm，达到国家《优质稻谷》标准 3 级。2015 年 9 月经第三届国家农作物品种审定委员会第六次会议审定通过（国审稻 2015049），适宜在河南沿黄及信阳、山东南部、江苏淮北、安徽沿淮及淮北地区种植。

F 两优 6876

主要完成人：王青林、马汉云、扶定、霍二伟、沈光辉、郭桂英等。

主要完成单位：信阳市农业科学院。

品种审定编号：国审稻 2015029。

成果简介：籼型两系杂交水稻品种，全生育期 136.6 d。株高 116.9 cm，穗长 25.2 cm，每亩有效穗数 15.3 万穗，每穗总粒数 201.2 粒，结实率 80.3%，千粒重 26.8 g。抗性：稻瘟病综合指数 5.0 级，穗瘟损失率最高级 7 级，白叶枯病 7 级，褐飞虱 9 级。抽穗期耐热性中等。米质主要指标：整精米率 54.8%，长宽比 3.2，垩白粒率 23%，垩白度 3.7%，胶稠度 81 mm，直链淀粉含量 19.8%，达到国家《优质稻谷》标准 3 级。

产量表现：2012—2013 年参加长江中下游中籼迟熟组区域试验，区域试验平均亩产 608.5 kg，比丰两优四号增产 2.6%。2014 年生产试验，平均亩产 618.1 kg，比丰两优四号增产 6.3%。适宜在湖南（武陵山区除外）、湖北（武陵山区除外）、安徽、江苏的长江流域稻区以及福建北部、河南南部作一季中稻种植。

Y 两优 9826

主要完成人：王青林、马汉云、扶定、霍二伟、沈光辉、郭桂英等。

主要完成单位：信阳市农业科学院。

品种审定编号：国审稻 20170026。

成果简介：籼型两系杂交水稻品种，全生育期 138.6 d。株高 125.1 cm，穗长 27.7 cm，每亩有效穗数 16.8 万穗，每穗总粒数 199.8 粒，结实率 84.3%，千粒重 25.2 g。抗性：稻瘟病综合指数 5.0 级，穗瘟损失率最高级 9 级，白叶枯病 5 级，褐飞虱 9 级。米质主要指标：整精米率 62.3%，长宽比 3.2，垩白粒率 14%，垩白度 1.8%，胶稠度 75 mm，直链淀粉含量 15.5%，达到国家《优质稻谷》标准 3 级。产量表现：2014—2015 年参加长江中下游中籼迟熟组区域试验，平均亩产 657.2 kg，比丰两优四号增产 7.4%。2016 年生产试验，平均亩产 642.9 kg，比丰两优四号增产 6.1%。适宜在湖北（武陵山区除外）、湖南（武陵山区除外）、江西、安徽、江苏的长江流域稻区以及浙江中稻区、福建北部稻区、河南南部稻区作一季中稻种植。

广两优 730

主要完成人：王青林、马汉云、扶定、霍二伟、沈光辉、郭桂英等。

主要完成单位：信阳市农业科学院。

品种审定编号：国审稻 20170055。

成果简介：籼型两系杂交水稻品种，全生育期 141.5 d。株高 123.9 cm，穗长 25.0 cm，每亩有效穗数 14.7 万穗，每穗总粒数 209.3 粒，结实率 80.1%，千粒重 28.0 g。抗性：稻瘟病综合指数 4.0 级，穗瘟损失率最高级 5 级。白叶枯病 5 级，褐飞虱 9 级。米质主要指标：整精米率 56.5%，长宽比 3.0，垩白粒率 26%，垩白度 3.9%，胶稠度 76 mm，直链淀粉含量 22.8%，达到国家

《优质稻谷》标准 3 级。

产量表现：2015—2016 年参加长江中下游中籼迟熟组区域试验，平均亩产 665.7 kg，比丰两优四号增产 7.1%。2016 年生产试验，平均亩产 655.9 kg，比丰两优四号增产 6.7%。适宜在湖北（武陵山区除外）、湖南（武陵山区除外）、江西、安徽、江苏的长江流域稻区以及浙江中稻区、福建北部稻区、河南南部稻区作一季中稻种植。

赣优 735

主要完成人：罗德祥、肖叶青、陆健康、陈明亮、梅佳、熊焕金。

主要完成单位：江苏中江种业股份有限公司、江西省农业科学院水稻研究所。

品种审定编号：国审稻 20176042。

成果简介：该品种来源于赣 73A/ 苏恢 5 号，全生育期 136.2 d，与对照丰两优四号相当。株高 127.6 cm，穗长 24.6 cm，每亩有效穗数 14.5 万穗，每穗总粒数 235.5 粒，结实率 77.7%，千粒重 28.1 g。抗性：稻瘟病综合指数两年分别为 3.9 级、4.1 级，白叶枯病 3 级，褐飞虱 9 级，抽穗期耐热性中等。米质主要指标：整精米率 54.8%，长宽比 3.0，垩白粒率 13%，垩白度 1.5%，胶稠度 73 mm，直链淀粉含量 16.0%，达国家《优质稻谷》标准 2 级。两年区域试验平均亩产 671.7 kg，比对照丰两优四号增产 5.79%。生产试验，平均亩产 609.7 kg，比对照丰两优四号增产 8.26%。适宜在江西、湖南（武陵山区除外）、湖北（武陵山区除外）、安徽、浙江、江苏的长江流域稻区以及福建北部、河南南部作一季中稻种植。

全优 785

主要完成人：黄宗洪、张以华、谢美珠、杨占烈、向关伦、甘雨。

主要完成单位：贵州省水稻研究所、福建省农业科学院水稻研究所。

品种审定编号：国审稻 2014023。

成果简介：全优 785 系贵州省水稻研究所用黔恢 785 与全丰 A 配组而成，2014 年通过长江上游组区试并获国家审定。属中籼迟熟型三系杂交水稻品种，全生育期 157.7 d，株高 110.9 cm，亩有效穗 15.9 万穗，穗长 24.9 cm，每穗总粒数 167.6 粒，结实率 78.9%，千粒重 29.5 g。抗性：稻瘟病综合抗性指数 3.0

级，褐飞虱抗性 7 级，抽穗期耐热性 5 级，耐冷性敏感，米质一般。作为一季中籼稻种植，一般要求在清明季前后播种，育秧方式可采用旱育秧或两段育秧。合理密植，本田期要施足基肥，早施返青肥，中期酌施壮穗肥，后期巧施花肥和壮粒肥，注意控制氮肥施用。水分管理上，做到浅水分蘖，够苗及时晒田，寸水扬花，干干湿湿黄熟，后期切忌过早断水，以促使灌浆结实充分，做好病虫害综合防治。

健优 388

主要完成人：甘雨、杨占烈、龚德华、向关伦、黄宗洪、潘健慧。

主要完成单位：贵州省水稻研究所、福建省农业科学院水稻研究所。

品种审定编号：国审稻 2013006。

成果简介：健优 388 是由贵州省水稻研究所用黔恢 1388 与健 645A 配组育成，于 2013 年通过长江上游区试并获国家审定。属籼型三系杂交水稻品种，适宜在云南、贵州（武陵山区除外）、重庆（武陵山区除外）的中低海拔籼稻区，四川平坝丘陵稻区，陕西南部稻区作一季中稻种植。全生育期平均 159.7 d，株高 112.5 cm，亩有效穗数 15.5 万穗，穗长 24.8 cm，每穗总粒数 176.4 粒，千粒重 27.8 g。抗性：稻瘟病综合抗性指数 2.9 级，褐飞虱抗性 9 级，抽穗期耐热性一般。米质主要指标：整精米率 57.6%，长宽比 2.5，垩白粒率 27.0%，垩白度 6.0%，胶稠度 81 mm，直链淀粉含量 21.9%。

栽培技术要点：适时早播；重施底肥，及时追施分蘖肥及孕穗期肥；始穗期和齐穗期注意防治稻瘟病，并及时防治纹枯病、稻飞虱、螟虫等病虫害。

成优 489

主要完成人：周乐良、陈文强、游年顺、伍祥、石邦志、张上都。

主要完成单位：贵州省水稻研究所、福建省农业科学院水稻研究所。

品种审定编号：国审稻 20140013。

成果简介：成优 489 是由贵州省水稻研究所用恢复系 G489 与成丰 A 配组育成，于 2014 年通过长江上游区试并获国家审定。属籼型三系杂交水稻品种，全生育期平均 158 d，株高 116.1 cm，亩有效穗数 15.1 万穗，穗长 25.1 cm，穗总粒数 168.4 粒，千粒重 31.6 g。抗性：稻瘟病综合抗性指数 3.8 级，褐飞虱抗性 9 级，抽穗期耐热性 5 级，耐冷。米质主要指标：整精米率 50.8%，长宽比

2.8，垩白粒率 90%，垩白度 13.2%，胶稠度 84 mm，直链淀粉含量 16.6%。

栽培技术要点：适时早播、重施底肥、科学管水，及时防治纹枯病、稻飞虱、螟虫等病虫害。

成优 981

主要完成人：周乐良、张以华、陈文强、伍祥、张上都、石邦志。

主要完成单位：贵州省水稻研究所、福建省农业科学院水稻研究所。

品种审定编号：国审稻 2014036。

成果简介：成优 981 是由贵州省水稻研究所用恢复系 G981 与成丰 A 配组育成，于 2014 年通过长江上游区试并获国家审定。属籼型三系杂交水稻品种，全生育期平均 159 d，株高 119.5 cm，亩有效穗数 16.6 万，穗长 25.5 cm，穗总粒数 156 粒，千粒重 31.7 g。抗性：稻瘟病综合抗性指数 2.5 级，纹枯病 5 级，稻曲病 7 级。米质主要指标：整精米率 41.5%，长宽比 3.0，垩白粒率 81%，垩白度 6.9%，胶稠度 73 mm，直链淀粉含量 14.6%。

栽培技术要点：适时早播、重施底肥、科学管水，及时防治纹枯病、稻飞虱、螟虫等病虫害。

秀水 123

主要完成人：姚海根、姚坚。

主要完成单位：浙江省嘉兴市农业科学研究院（所）。

品种审定编号：国审稻 2011024。

成果简介：该品种属粳型常规水稻。在长江中下游作单季晚稻种植，全生育期平均 147.3 d，比对照常优 1 号短 0.5 d。株高 96.6 cm，穗长 16.6 cm，每亩有效穗数 18.9 万穗，每穗总粒数 135.2 粒，结实率 89.1%，千粒重 26.9 g。株型适中，群体整齐，叶片挺直，直立穗，颖尖无芒，谷壳带少量褐色斑点。感稻瘟病，中抗白叶枯病，高感褐飞虱，中感条纹叶枯病。米质达到国家《优质稻谷》标准 3 级。2008—2009 年参加长江中下游单季晚粳组品种区域试验，两年区域试验平均亩产 558.6 kg，比对照常优 1 号增产 2.1%。2010 年生产试验，平均亩产 600.7 kg，比对照常优 1 号增产 1.0%。适宜在浙江、江苏苏南、湖北沿江的稻瘟病轻发的粳稻区作单季晚稻种植。

E两优186

主要完成人：夏明元、李进波。

主要完成单位：袁隆平农业高科技股份有限公司、湖北省农业科学院粮食作物研究所、湖南亚华种业有限公司。

品种审定编号：国审稻20176061。

成果简介：E两优186于2017年6月通过国家农作物品种审定委员会审定。2015年和2016年参加长江中下游中籼迟熟组绿色通道区域试验，两年区域试验平均亩产632.2 kg，比丰两优四号增产4.8%。2016年生产试验，平均亩产604.4 kg，比丰两优四号增产7.4%。E两优186在长江中下游作一季中稻种植，全生育期135.7 d，比对照丰两优四号长1.7 d。株高126.0 cm，穗长25.1 cm，每亩有效穗数15.5万穗，每穗总粒数164.5粒，结实率84.7%，千粒重31.1 g。米质达到国家《优质稻谷》标准3级。

E两优78

主要完成人：金卫兵、李进波。

主要完成单位：四川嘉禾种子有限公司、湖北省农业科学院粮食作物研究所。

品种审定编号：国审稻20180101。

成果简介：E两优78于2018年9月通过国家农作物品种审定委员会审定。2016年和2017年参加长江中下游中籼迟熟组区域试验，两年区域试验E两优78平均亩产616.16 kg，比对照丰两优四号增产3.29%；2017年生产试验，平均亩产653.23 kg，比对照丰两优四号增产7.62%。E两优78在长江中下游作一季中稻种植，全生育期139.0 d，比对照丰两优四号晚熟2.1 d。株高125.8 cm，穗长25.5 cm，每亩有效穗数15.4万穗，每穗总粒数183.3粒，结实率81.8%，千粒重30.2 g。株型适中，茎秆较粗，分蘖力较强，生长势强，后期转色较好，秆青籽黄不早衰。

宜香4245

主要完成人：林纲、赵德明、李云武、贺兵、包灵丰、杨从金、江青山、张杰、王峰、廖宗永、姜方洪。

主要完成单位：宜宾市农业科学院。

品种审定编号：国审稻 2012008。

品种简介：品种来源为宜香 1A×宜恢 4245。籼型三系杂交水稻品种。长江上游作一季中稻种植，全生育期平均 159.2 d，比对照 II 优 838 长 0.5 d。每亩有效穗数 15.2 万穗，每穗总粒数 175.5 粒，结实率 79.5%，千粒重 28.4 g。抗性：稻瘟病综合指数 4.9 级，穗瘟损失率最高级 7 级，抗性频率 63.6%，褐飞虱 9 级。米质主要指标：整精米率 66.0%，长宽比 2.9，垩白粒率 10.5%，垩白度 1.7%，胶稠度 78 mm，直链淀粉含量 17.0%，达到国家《优质稻谷》标准 2 级。2009—2010 年参加长江上游中籼迟熟组区域试验，平均亩产 584.9 kg，比 II 优 838 增产 3.8%。2011 年生产试验，平均亩产 615.0 kg，比对照 II 优 838 增产 7.1%。2015 年农业部超级稻品种（农办科〔2017〕11 号）。2017 年获得四川省第五届"稻香杯"优质米特等奖。

宜香优 1108

主要完成人：林纲、赵德明、李云武、贺兵、包灵丰、杨从金、江青山、张杰、王峰、廖宗永、姜方洪。

主要完成单位：宜宾市农业科学院。

品种审定编号：国审稻 2014018。

品种简介：品种来源为宜香 1A×宜恢 1108。籼型三系杂交水稻品种。长江上游作中稻种植，全生育期 156.3 d，比对照 II 优 838 短 0.3 d。株高 116.1 cm，穗长 26.1 cm，亩有效穗数 14.8 万穗，穗粒数 183.3 粒，结实率 79.1%，千粒重 29.4 g。抗性：稻瘟病综合指数 6.1 级，穗瘟损失率最高级 7 级，褐飞虱 9 级。感稻瘟病，高感褐飞虱。抽穗期耐热性中等。米质主要指标：整精米率 54.0%，长宽比 3.0，垩白粒率 12%，垩白度 1.7%，胶稠度 83 mm，直链淀粉含量 16.0%，达到国家《优质稻谷》标准 2 级。2011—2012 年参加长江上游中籼迟熟组区域试验，两年区域试验平均亩产 600.6 kg，比 II 优 838 增产 5.5%；2013 年生产试验，平均亩产 584.6 kg，比 II 优 838 增产 6.5%。

宜香优 2115

主要完成人：黄富、林纲、李德强、赵德明、赵文生、贺兵、岳元文、江青山。

选育单位：四川省绿丹种业有限责任公司、四川农业大学农学院、宜宾市农业科学院。

品种审定编号：国审稻 2012003。

品种简介：品种来源为宜香 1A×雅恢 2115。籼型三系杂交稻品种。长江上游作一季中稻全生育期平均 156.7 d，比对照Ⅱ优 838 短 1.5 d。每亩有效穗数 15.0 万穗，每穗总粒数 156.5 粒，结实率 82.2%，千粒重 32.9 g。抗性：稻瘟病综合指数 3.6 级，穗瘟损失率最高级 5 级，褐飞虱 9 级，中感稻瘟病，高感褐飞虱。米质主要指标：整精米率 54.5%，长宽比 2.9，垩白粒率 15.0%，垩白度 2.2%，胶稠度 78 mm，直链淀粉含量 17.1%，达到国家《优质稻谷》标准 2 级。2010—2011 年参加长江上游中籼迟熟组区域试验平均亩产 603.9 kg，比Ⅱ优 838 增产 5.6%。2011 年生产试验，平均亩产 623.3 kg，比Ⅱ优 838 增产 7.1%。2015 年农业部超级稻品种（农办科〔2015〕16 号）。2018 年第二届中国（三亚）国际水稻论坛获"最受喜爱的十大优质稻米品种"。

宜香优 5979

主要完成人：林纲、赵德明、李云武、贺兵、包灵丰、杨从金、江青山、张杰、王峰、廖宗永、姜方洪、陈家彬、王丽。

主要完成单位：宜宾市农业科学院。

品种审定编号：国审稻 2014014。

品种简介：品种来源为宜香 1A×宜恢 5979。籼型三系杂交水稻品种。长江上游作中稻种植，全生育期 156.1 d，比对照Ⅱ优 838 短 0.7 d。株高 116.2 cm，穗长 25.9 cm，亩有效穗数 15.4 万穗，穗粒数 182.6 粒，结实率 79.5%，千粒重 28.3 g。抗性：稻瘟病综合指数 6.3 级，穗瘟损失率最高级 7 级，褐飞虱 7 级。感稻瘟病和褐飞虱。米质主要指标：整精米率 59.1%，长宽比 2.6，垩白粒率 58%，垩白度 10.2%，胶稠度 80 mm，直链淀粉含量 21.7%。2011—2012 年参加长江上游中籼迟熟组区域试验，两年区域试验平均亩产 598.3 kg，比Ⅱ优 838 增产 4.4%；2013 年生产试验，平均亩产 588.9 kg，比Ⅱ优 838 增产 7.5%。

渝香 203

主要完成人：李经勇、林纲、唐文群、文明、余官平、卢瑶。

主要完成单位：重庆再生稻研究中心、重庆市农业科学院水稻研究所、宜宾市农业科学院。

品种审定编号：国审稻 2010006。

品种简介：品种来源为宜香 1A×R2103。籼型三系杂交水稻。在长江上游作一季中稻种植，全生育期平均 156.8 d，与对照 II 优 838 相当。穗顶部谷粒有少量顶芒，每亩有效穗数 16.3 万穗，株高 119.2 cm，每穗总粒数 162.8 粒，结实率 76.4%，千粒重 30.1 g。抗性：稻瘟病综合指数 5.0 级，穗瘟损失率最高级 7 级，褐飞虱 9 级。抽穗期耐热性中等，耐冷性较弱。米质主要指标：整精米率 59.0%，长宽比 3.0，垩白粒率 13%，垩白度 2.3%，胶稠度 64 mm，直链淀粉含量 18.7%，达到国家《优质稻谷》标准 2 级。

2007—2008 年参加长江上游中籼迟熟组区域试验，平均亩产 574.3 kg，比对照 II 优 838 减产 2.5%，增产点比例 57.9%。2009 年生产试验，平均亩产 582.9 kg，比对照 II 优 838 增产 4.8%。

红优 3348

主要完成人：朱仁山。

主要完成单位：武汉大学、湖北金广农业科技股份有限公司。

品种审定编号：国审稻 20180091。

成果简介：红优 3348 是武汉大学用珞红 3A 与成恢 9348 配组选育而成的籼型三系杂交水稻品种。在长江中下游作一季中稻种植，全生育期 130.6 d，比对照丰两优四号晚 0.2 d。株高 125.2 cm，穗长 24.2 cm，每亩有效穗数 17.7 万穗，每穗总粒数 183 粒，结实率 82.8%，千粒重 25.9 g。抗性：稻瘟病综合指数两年分别为 4.2 级、3.2 级，穗颈瘟损失率最高级 7 级。感稻瘟病，感白叶枯病，高感褐飞虱，抽穗期耐热性较强。2016 年参加长江中下游中籼迟熟组区域试验，平均亩产 623.04 kg，比对照丰两优四号增产 5.49%；2017 年续试，平均亩产 642.88 kg，比对照丰两优四号增产 7.78%；2017 年生产试验，平均亩产 629.10 kg，比对照丰两优四号增产 7.52%。

三、成果应用

（一）主导品种

序号	品种名称	入选年份	推介单位	主要适宜种植区域	主要育成单位
1	沈农 9816	2012—2016	农业部	辽宁沈阳以南中晚熟稻区	沈阳农业大学
2	龙粳 14	2008—2009	农业部	黑龙江第二积温带	黑龙江省农业科学院水稻研究所
3	龙粳 21	2010—2012	农业部	黑龙江第二积温带	黑龙江省农业科学院水稻研究所
4	龙粳 25	2013—2016	农业部	黑龙江省第三积温带上限	黑龙江省农业科学院水稻研究所
5	龙粳 31	2013—2016	农业部	黑龙江省第三积温带上限	黑龙江省农业科学院水稻研究所等
6	宜优 673	2010	农业部	江西、湖南、湖北、安徽、浙江、江苏的长江流域稻区（武陵山区除外）以及福建北部、湖南南部稻区的稻瘟病、白叶枯病轻发区作一季稻	福建省农业科学院水稻研究所
7	金优 458	2010	农业部	江西、湖南以及福建北部、浙江中南部的稻瘟病轻发的双季稻区作早稻	江西省农业科学院水稻所
8	荣优 225	2014	农业部	江西、湖南的稻瘟病和黑条矮缩病轻发的双季稻区作晚稻	江西省农业科学院水稻所等
9	博优 998	2008—2010	农业部	海南、广西中南部、广东中南部、福建南部双季稻稻瘟病轻发区作晚稻	广东省农业科学院水稻研究所
10	淦鑫 203	2010—2011、2013	农业部	江西平原地区、湖南以及福建北部、浙江中南部的稻瘟病轻发的双季稻区作早稻	广东省农业科学院水稻研究所等
11	秋优 998	2010—2011	农业部	海南、广西中南部、广东中南部、福建南部双季稻稻瘟病轻发区作晚稻	广东省农业科学院水稻研究所

（续）

序号	品种名称	入选年份	推介单位	主要适宜种植区域	主要育成单位
12	天优 998	2008—2016	农业部	江西作晚稻和广东、广西作早稻与晚稻种植，但粤北稻作区作早稻应根据生育期布局慎重选择使用	广东省农业科学院水稻研究所
13	川优 6203	2015—2016	农业部	云南、贵州（武陵山区除外）的中低海拔籼稻区、重庆（武陵山区除外）800 m 以下籼稻区、四川平坝丘陵稻区、陕西南部稻区作一季中稻	四川省农业科学院作物研究所
14	秀水 134	2012—2015	农业部	浙江、上海	浙江省嘉兴市农业科学研究院（所）等
15	内香 2550	2008—2010	农业部	云南、贵州、重庆市中低海拔稻区（武陵山区除外）、四川省平坝丘陵区、陕西省南部稻作区一季中稻	四川省内江市农业科学院内江杂交水稻科技开发中心
16	连粳 7 号	2013—2014	农业部	江苏淮北地区	连云港市农业科学院
17	南粳 9108	2016	农业部	江苏省苏中及宁镇扬丘陵地区	江苏省农业科学院粮食作物研究所
18	松粳 12	2011	农业部	黑龙江省第一积温带	黑龙江省农业科学院五常水稻研究所
19	早籼 788	2012	安徽省	安徽省	安徽省农业科学院水稻研究所
20	泸优 5648	2008	福建省	福建省中稻	福建省南平市农业科学研究所
21	特优 180	2009	福建省	福建省晚稻	福建省南平市农业科学研究所
22	圣丰 2 优 651	2014	福建省农业厅	福建省北部中稻区	福建省南平市农业科学研究所
23	华航 31 号	2012—2019	广东省	广东	华南农业大学植物航天育种研究中心
24	五优 1179	2018	广东省	广东	国家植物航天育种工程技术研究中心（华南农业大学）
25	博优 998	2008—2010	广东省	广东省粤北以外稻作区作早晚季	广东省农业科学院水稻研究所
26	聚两优 751	2013	广东省	广东省粤北以外稻作区作早晚季	广东省农业科学院水稻研究所
27	秋优 998	2010	广东省	广东省粤北以外稻作区作早晚季	广东省农业科学院水稻研究所

（续）

序号	品种名称	入选年份	推介单位	主要适宜种植区域	主要育成单位
28	天优 3618	2013—2018	广东省	广东省粤北以外稻作区作早晚季	广东省农业科学院水稻研究所
29	天优 998	2008	广东省	广东省粤北以外稻作区作早晚季	广东省农业科学院水稻研究所
30	天优 998	2009—2012	广东省	广东省粤北以外稻作区作早晚季	广东省农业科学院水稻研究所
31	博优 225	2009、2013	海南省	海南省作晚稻种植	海南省农业科学院粮食作物研究所
32	海秀占 9号	2009、2013	海南省	海南省作早晚稻种植	海南省农业科学院粮食作物研究所
33	龙稻 18	2015—2018	黑龙江省	黑龙江省第一积温区及第二积温区上限	黑龙江省农业科学院耕作栽培研究所
34	松粳 6 号	2008—2010	黑龙江省	黑龙江省第一积温区下限	黑龙江省农业科学院五常水稻研究所
35	松粳 9 号	2008—2009、2012—2014	黑龙江省	黑龙江省第一积温区上限	黑龙江省农业科学院五常水稻研究所
36	松粳 10	2008—2009	黑龙江省	黑龙江省第二积温区下限	黑龙江省农业科学院五常水稻研究所
37	松粳 12	2009—2010、2012—2014	黑龙江省	黑龙江省第一积温区上限	黑龙江省农业科学院五常水稻研究所
38	松粳 18	2015—2018	黑龙江省	黑龙江省第一积温区下限	黑龙江省农业科学院五常水稻研究所
39	松粳 19	2015—2018	黑龙江省	黑龙江省第一积温区上限	黑龙江省农业科学院五常水稻研究所
40	松粳 16	2016—2017	黑龙江省	黑龙江省第一积温区上限	黑龙江省农业科学院五常水稻研究所
41	鄂中 5 号	2008—2010	湖北省	湖北省鄂西南山区以外的地区作中稻	湖北省农业科学院粮食作物研究所等
42	培两优 3076	2009—2010	湖北省	湖北省鄂西南山区以外的地区作中稻	湖北省农业科学院粮食作物研究所
43	培两优 3076	2010	湖北省	湖北省鄂西南山区以外的地区作中稻	湖北省农业科学院粮食作物研究所
44	广两优 476	2011—2013	湖北省	湖北省鄂西南以外的稻瘟病无病区或轻病区作中稻	湖北省农业科学院粮食作物研究所
45	鄂粳 912	2012	湖北省		湖北省农业科学院粮食作物研究所
46	鄂粳杂 3号	2008—2011	湖北省	湖北省稻瘟病无病区或轻病区作晚稻	湖北省农业科学院粮食作物研究所

（续）

序号	品种名称	入选年份	推介单位	主要适宜种植区域	主要育成单位
47	T优109	2012—2013	湖南省	湖南省一季晚稻区	湖南省水稻研究所
48	吉粳113	2016、2018	吉林省	吉林省四平、长春、吉林、白城、延边等中早熟稻区	吉林省农业科学院
49	吉粳301	2015—2017	吉林省	吉林省四平、长春、吉林、通化、辽源、延边等中熟稻区	吉林省农业科学院
50	吉粳511	2013—2018	吉林省	吉林省四平、通化、吉林、长春、辽源、松原等中晚熟稻区	吉林省农业科学院
51	吉粳528	2018	吉林省	吉林省四平、吉林、长春、通化、松原、辽源等中晚熟稻作区	吉林省农业科学院
52	长白19	2011—2013、2015—2018	吉林省	吉林省中早熟区	吉林省农业科学院
53	九稻58	2009—2013	吉林省	吉林省中熟区	吉林市农业科学院
54	九稻39	2010	吉林省	吉林省中熟区	吉林市农业科学院
55	九稻62	2011	吉林省	吉林省中晚熟区	吉林市农业科学院
56	九稻63	2012—2014	吉林省	吉林省晚熟区	吉林市农业科学院
57	九稻68	2014—2016	吉林省	吉林省中熟区	吉林市农业科学院
58	九稻72	2015—2016	吉林省	吉林省中晚熟区	吉林市农业科学院
59	九稻77	20117—2018	吉林省	吉林省中早熟区	吉林市农业科学院
60	九稻76	2017	吉林省	吉林省晚熟区	吉林市农业科学院
61	九稻80	2018	吉林省	吉林省中晚熟区	吉林市农业科学院
62	九稻86	2019	吉林省	吉林省晚熟区	吉林市农业科学院
63	通育245	2013—2014	吉林省	吉林省四平、吉林、长春、辽源、通化、松原等晚熟稻区	通化市农业科学研究院
64	通育255	2014—2015	吉林省	吉林省四平、通化、吉林、长春、延边、辽源、松原等中晚熟稻区	通化市农业科学研究院
65	通育256	2018	吉林省	吉林省四平、通化、吉林、长春、松原等晚熟稻区	通化市农业科学研究院
66	通育263	2017—2018	吉林省	吉林省通化、吉林、长春、辽源、四平、松原、延边等中晚熟稻区	通化市农业科学研究院
67	通育335	2015—2016	吉林省	吉林省四平、长春、辽源、通化、松原、白城等中熟稻区	通化市农业科学研究院
68	扬两优6号	2010—2013	江苏省	湖北省（武陵山区除外）、湖南省（武陵山区除外）、江西省、安徽省、江苏省的长江流域稻区以及浙江省中稻区、福建省北部稻区、河南省南部稻区的稻瘟病轻发区作一季中稻	江苏里下河地区农业科学研究所

（续）

序号	品种名称	入选年份	推介单位	主要适宜种植区域	主要育成单位
69	扬粳 4227	2010—2015	江苏省	江苏省沿江及苏南地区中上等肥力条件下种植	江苏里下河地区农业科学研究所
70	扬粳 4038	2010—2013	江苏省	江苏省沿江及苏南地区中上等肥力条件下种植	江苏里下河地区农业科学研究所等
71	徐稻 8 号	2017—2018	江苏省	江苏淮北地区	江苏徐淮地区徐州农业科学研究所
72	徐稻 9 号	2017—2018	江苏省	江苏淮北地区	汇苏徐淮地区徐州农业科学研究所
73	连粳 7 号	2014—2015	江苏省	江苏淮北地区	连云港市农业科学院
74	连粳 9 号	2014—2015	江苏省	江苏淮北地区	连云港市农业科学院
75	连粳 10	2014—2015	江苏省	江苏苏中地区	连云港市农业科学院
76	南粳 5055	2012—2018	江苏省	江苏省沿江及苏南地区	江苏省农业科学院粮食作物研究所
77	南粳 9108	2016—2018	江苏省	江苏省苏中及宁镇扬丘陵地区	江苏省农业科学院粮食作物研究所
78	南粳 505	2018	江苏省	江苏省淮北地区、山东省	江苏省农业科学院粮食作物研究所
79	南粳 2728	2018	江苏省	江苏省淮北地区	江苏省农业科学院粮食作物研究所
80	南粳 3908	2018	江苏省	江苏省苏南地区	江苏省农业科学院粮食作物研究所
81	金优 458	2008—2009、2011—2014	江西省	江西、湖南以及福建北部、浙江中南部的稻瘟病轻发的双季稻区作早稻	江西省农业科学院水稻所
82	荣优 225	2009—2016	江西省	江西、湖南的稻瘟病和黑条矮缩病轻发的双季稻区作晚稻	江西省农业科学院水稻所等
83	泰优航 1573	2017—2018	江西省	江西稻瘟病轻发的双季稻区作晚稻	江西省农科院水稻所等
84	宁粳 28 号	2017—2018	宁夏回族自治区	宁夏稻区	宁夏农林科学院农作物研究所
85	宁粳 43 号	2014—2018	宁夏回族自治区	宁夏稻区	宁夏农林科学院农作物研究所
86	宁粳 48 号	2016—2018	宁夏回族自治区	宁夏稻区	宁夏农林科学院农作物研究所
87	圣稻 13	2008—2009	山东省	鲁南、鲁西南地区作为麦茬稻	山东省水稻研究所

（续）

序号	品种名称	入选年份	推介单位	主要适宜种植区域	主要育成单位
88	圣稻 15	2008—2014	山东省	鲁南、鲁西南地区作为麦茬稻	山东省水稻研究所
89	圣稻 16	2010—2013	山东省	鲁南、鲁西南地区作为麦茬稻	山东省水稻研究所
90	圣稻 17	2013	山东省	鲁南、鲁西南麦茬稻区及东营稻区春播	山东省水稻研究所
91	圣稻 18	2014—2016	山东省	鲁南、鲁西南麦茬稻区及东营稻区春播	山东省水稻研究所等
92	圣稻 19	2015—2016	山东省	临沂库灌稻区、沿黄稻区	山东省水稻研究所等
93	川优 727	2010—2011	四川省	四川省平坝丘陵区	四川省农业科学院作物研究所
94	川作 6 优 177	2012—2013	四川省	四川省平坝丘陵区	四川省农业科学院作物研究所
95	川优 8377	2014	四川省	四川省平坝丘陵区	四川省农业科学院作物研究所
96	川优 6203	2013—2016	四川省	四川省平坝丘陵区	四川省农业科学院作物研究所
97	内香 2550	2009	四川省	云南、贵州、重庆市中低海拔稻区（武陵山区除外）、四川省平坝丘陵区、陕西省南部稻作区作一季中稻	四川省内江市农科院内江杂交水稻科技开发中心
98	内 5 优 39	2012—2016	四川省	四川省平坝丘陵区一季中稻	四川省内江市农科院内江杂交水稻科技开发中心
99	宜香 4245	2014—2016	四川省	四川省	宜宾市农业科学院
100	宜香 1108	2014—2016	四川省	四川省	宜宾市农业科学院
101	宜香 3003	2016	云南省	云南省	宜宾市农业科学院
102	宜香 1108	2016	云南省	云南省	宜宾市农业科学院
103	浙粳 22	2007—2012	浙江省	浙江省	浙江省农业科学院作物与核技术利用所研究等
104	浙粳 88	2014	浙江省	浙江省	浙江省农业科学院作物与核技术利用所研究等
105	浙粳 99	2017—2018	浙江省	浙江省	浙江省农业科学院作物与核技术利用所研究等

（续）

序号	品种名称	入选年份	推介单位	主要适宜种植区域	主要育成单位
106	秀水09	2008—2012	浙江省	浙江省	浙江省嘉兴市农业科学研究院（所）
107	秀水123	2009—2010	浙江省	浙江省	浙江省嘉兴市农业科学研究院（所）
108	秀水134	2011—2018	浙江省	浙江省	浙江省嘉兴市农业科学研究院（所）等
109	T优109	2013	重庆市	重庆市中稻迟熟区	湖南省水稻研究所等
110	宜香1108	2017	重庆市	重庆市	宜宾市农业科学院
111	万优66	2017	重庆市	重庆市海拔800 m以下地区	重庆三峡农业科学院
112	万优66	2018	重庆市	重庆市海拔800 m以下地区	重庆三峡农业科学院

（二）主推技术

序号	技术名称	入选年份	推介单位	适宜应用区域	主要研发单位
1	超级杂交稻"三定栽培"技术	2012	农业部	南方稻区	湖南农业大学、湖南省水稻所、华中农业大学
2	水稻灾害防控与补救栽培技术（水稻高温灾害防控技术、水稻低温灾害防控技术、水稻干旱灾害防控技术）	2013—2016	农业部	长江中下游地区	中国水稻研究所
3	水稻"三定"栽培技术	2013—2016	农业部	南方稻区	湖南农业大学、湖南省水稻所、华中农业大学
4	杂交中稻洪涝灾害后蓄留再生稻技术	2014—2015	农业部	川东南海拔400 m以下浅丘、平坝、河谷地区及南方稻区类似生态区	四川省农业科学院水稻高粱研究所
5	水稻害虫生态工程控制技术	2014—2016	农业部	全国稻区	浙江省农业科学院植物保护与微生物研究所
6	水稻高低温灾害防控技术	2017—2018	农业部	全国高低温易发区	中国水稻研究所
7	机收再生稻丰产高效技术	2017—2018	农业农村部	长江以南稻区	华中农业大学

（续）

序号	技术名称	入选年份	推介单位	适宜应用区域	主要研发单位
8	水稻害虫生态工程控制技术	2013—2018	全国农技推广服务中心	全国稻区	浙江省农业科学院植物保护与微生物研究所
9	水稻机械化育插秧技术	2015—2016	湖北省	湖北省水稻主产县	湖北省农业科学院粮食作物研究所
10	水稻旱育抛秧技术	2015—2016	湖北省	湖北省水稻产区	湖北省农业科学院粮食作物研究所
11	水稻"一种两收"再生稻栽培技术	2015—2016	湖北省	湖北省光温条件种植一季稻有余，种植双季稻不足的地区，主要集中在江汉平原北部和鄂东南地区	湖北省农业科学院粮食作物研究所
12	麦秸机械还田轻简稻作技术	2010—2015	江苏省	全省各稻区	江苏里下河地区农业科学研究所
13	优良食味稻米清洁高效生产技术	2016—2017	江苏省	江苏省	江苏省农业科学院粮食作物研究所、扬州大学农学院、江苏太湖地区农业科学研究所
14	优良食味水稻绿色安全生产技术	2018—2019	江苏省	江苏省	江苏省农业科学院粮食作物研究所、扬州大学农学院、江苏太湖地区农业科学研究所
15	水稻优质高产栽培技术	2008	山东省	山东省各稻区	山东省水稻研究所
16	水稻盘育机插秧技术	2012—2016	山东省	山东省各稻区	山东省水稻研究所
17	水稻直播技术	2016	四川省	四川丘陵区冬（水）闲田	南充市农业科学院
18	再生稻综合栽培技术	2011—2014	四川省	川东南海拔400 m以下浅丘、平坝、河谷地区及南方稻区类似生态区	四川省农业科学院水稻高粱研究所
19	水稻害虫生态工程控制技术	2017—2018	浙江省	浙江省	浙江省农业科学院植物保护与微生物研究所

图书在版编目（CIP）数据

现代农业产业技术体系建设理论与实践. 水稻体系分册 / 程式华主编. — 北京：中国农业出版社，2021.5
　　ISBN 978-7-109-27843-1

　　Ⅰ.①现… Ⅱ.①程… Ⅲ.①现代农业 – 农业产业 – 技术体系 – 研究 – 中国②水稻 – 农业产业 – 技术体系 – 研究 – 中国 Ⅳ.①F323.3②F326.11

中国版本图书馆CIP数据核字(2021)第 020027 号

现代农业产业技术体系建设理论与实践——水稻体系分册
XIANDAI NONGYE CHANYE JISHU TIXI JIANSHE LILUN YU SHIJIAN
— SHUIDAO TIXI FENCE

中国农业出版社出版
地址：北京市朝阳区麦子店街 18 号楼
邮编：100125
责任编辑：周益平　李海锋　　文字编辑：刘金华
版式设计：杜　然　责任校对：吴丽婷
印刷：北京通州皇家印刷厂
版次：2021 年 5 月第 1 版
印次：2021 年 5 月北京第 1 次印刷
发行：新华书店北京发行所
开本：700mm×1000mm　1/16
印张：25.5　插页：18
字数：500 千字
定价：98.00 元